小学校学習指導要領(平成 29 年告示)解説

算数編

平成 29 年 7 月

文部科学省

ま え が き

　文部科学省では，平成29年3月31日に学校教育法施行規則の一部改正と小学校学習指導要領の改訂を行った。新小学校学習指導要領等は平成32年度から全面的に実施することとし，平成30年度から一部を移行措置として先行して実施することとしている。

　今回の改訂は，平成28年12月の中央教育審議会答申を踏まえ，

① 教育基本法，学校教育法などを踏まえ，これまでの我が国の学校教育の実績や蓄積を生かし，子供たちが未来社会を切り拓くための資質・能力を一層確実に育成することを目指すこと。その際，子供たちに求められる資質・能力とは何かを社会と共有し，連携する「社会に開かれた教育課程」を重視すること。

② 知識及び技能の習得と思考力，判断力，表現力等の育成のバランスを重視する平成20年改訂の学習指導要領の枠組みや教育内容を維持した上で，知識の理解の質を更に高め，確かな学力を育成すること。

③ 先行する特別教科化など道徳教育の充実や体験活動の重視，体育・健康に関する指導の充実により，豊かな心や健やかな体を育成すること。

を基本的なねらいとして行った。

　本書は，大綱的な基準である学習指導要領の記述の意味や解釈などの詳細について説明するために，文部科学省が作成するものであり，小学校学習指導要領第2章第3節「算数」について，その改善の趣旨や内容を解説している。

　各学校においては，本書を御活用いただき，学習指導要領等についての理解を深め，創意工夫を生かした特色ある教育課程を編成・実施されるようお願いしたい。

　むすびに，本書「小学校学習指導要領解説算数編」の作成に御協力くださった各位に対し，心から感謝の意を表する次第である。

平成29年7月

　　　　　　　　　　　　　　　　　　　　　　文部科学省初等中等教育局長
　　　　　　　　　　　　　　　　　　　　　　　　　髙　橋　道　和

目次

- 第1章 総　説 ……………………………………………………………… 1
  - 1　改訂の経緯及び基本方針 ………………………………………… 1
  - 2　算数科改訂の趣旨及び要点 ……………………………………… 6
- 第2章　算数科の目標及び内容 …………………………………………… 21
  - 第1節　算数科の目標 ………………………………………………… 21
    - 1　教科の目標 ……………………………………………………… 21
    - 2　学年の目標 ……………………………………………………… 29
  - 第2節　算数科の内容 ………………………………………………… 33
    - 1　内容構成の考え方 ……………………………………………… 33
    - 2　各領域の内容の概観 …………………………………………… 42
      - A　数と計算 ……………………………………………………… 42
      - B　図形 …………………………………………………………… 50
      - C　測定 …………………………………………………………… 56
      - C　変化と関係 …………………………………………………… 61
      - D　データの活用 ………………………………………………… 67
      - 〔数学的活動〕 …………………………………………………… 71
- 第3章　各学年の目標及び内容 …………………………………………… 76
  - 第1節　第1学年の目標及び内容 …………………………………… 76
    - 1　第1学年の目標 ………………………………………………… 76
    - 2　第1学年の内容 ………………………………………………… 78
      - A　数と計算 ……………………………………………………… 78
      - B　図形 …………………………………………………………… 88
      - C　測定 …………………………………………………………… 90
      - D　データの活用 ………………………………………………… 94
      - 〔数学的活動〕 …………………………………………………… 96
  - 第2節　第2学年の目標及び内容 …………………………………… 102
    - 1　第2学年の目標 ………………………………………………… 102
    - 2　第2学年の内容 ………………………………………………… 104
      - A　数と計算 ……………………………………………………… 104
      - B　図形 …………………………………………………………… 118
      - C　測定 …………………………………………………………… 122
      - D　データの活用 ………………………………………………… 125
      - 〔数学的活動〕 …………………………………………………… 127

- 第3節　第3学年の目標及び内容 ……………………………… 134
  - 1　第3学年の目標 ……………………………………… 134
  - 2　第3学年の内容 ……………………………………… 136
    - A　数と計算 ………………………………………… 136
    - B　図形 ……………………………………………… 158
    - C　測定 ……………………………………………… 163
    - D　データの活用 …………………………………… 168
    - 〔数学的活動〕 ……………………………………… 172
- 第4節　第4学年の目標及び内容 ……………………………… 179
  - 1　第4学年の目標 ……………………………………… 179
  - 2　第4学年の内容 ……………………………………… 181
    - A　数と計算 ………………………………………… 181
    - B　図形 ……………………………………………… 201
    - C　変化と関係 ……………………………………… 214
    - D　データの活用 …………………………………… 220
    - 〔数学的活動〕 ……………………………………… 224
- 第5節　第5学年の目標及び内容 ……………………………… 232
  - 1　第5学年の目標 ……………………………………… 232
  - 2　第5学年の内容 ……………………………………… 234
    - A　数と計算 ………………………………………… 234
    - B　図形 ……………………………………………… 248
    - C　変化と関係 ……………………………………… 261
    - D　データの活用 …………………………………… 271
    - 〔数学的活動〕 ……………………………………… 276
- 第6節　第6学年の目標及び内容 ……………………………… 284
  - 1　第6学年の目標 ……………………………………… 284
  - 2　第6学年の内容 ……………………………………… 286
    - A　数と計算 ………………………………………… 286
    - B　図形 ……………………………………………… 291
    - C　変化と関係 ……………………………………… 300
    - D　データの活用 …………………………………… 306
    - 〔数学的活動〕 ……………………………………… 314

- 第4章　指導計画の作成と内容の取扱い ……………………………… 322
    1　指導計画作成上の配慮事項 ……………………………… 322
    2　内容の取扱いについての配慮事項 ……………………………… 329
    3　数学的活動の取組における配慮事項 ……………………………… 334
- 付　録 ……………………………………………………………………… 339
    - 付録1：学校教育法施行規則（抄） ……………………………… 340
    - 付録2：小学校学習指導要領 第1章 総則 ……………………………… 344
    - 付録3：小学校学習指導要領 第2章 第3節 算数 ……………………………… 351
    - 付録4：中学校学習指導要領 第2章 第3節 数学 ……………………………… 372
    - 付録5：小学校学習指導要領 第3章 特別の教科 道徳 ……………… 381
    - 付録6：「道徳の内容」の学年段階・学校段階の一覧表 ……………… 386
    - 付録7：幼稚園教育要領 ……………………………… 388

第1章　総説

●1　改訂の経緯及び基本方針

(1) 改訂の経緯

　今の子供たちやこれから誕生する子供たちが，成人して社会で活躍する頃には，我が国は厳しい挑戦の時代を迎えていると予想される。生産年齢人口の減少，グローバル化の進展や絶え間ない技術革新等により，社会構造や雇用環境は大きく，また急速に変化しており，予測が困難な時代となっている。また，急激な少子高齢化が進む中で成熟社会を迎えた我が国にあっては，一人一人が持続可能な社会の担い手として，その多様性を原動力とし，質的な豊かさを伴った個人と社会の成長につながる新たな価値を生み出していくことが期待される。

　こうした変化の一つとして，人工知能（ＡＩ）の飛躍的な進化を挙げることができる。人工知能が自ら知識を概念的に理解し，思考し始めているとも言われ，雇用の在り方や学校において獲得する知識の意味にも大きな変化をもたらすのではないかとの予測も示されている。このことは同時に，人工知能がどれだけ進化し思考できるようになったとしても，その思考の目的を与えたり，目的のよさ・正しさ・美しさを判断したりできるのは人間の最も大きな強みであるということの再認識につながっている。

　このような時代にあって，学校教育には，子供たちが様々な変化に積極的に向き合い，他者と協働して課題を解決していくことや，様々な情報を見極め知識の概念的な理解を実現し情報を再構成するなどして新たな価値につなげていくこと，複雑な状況変化の中で目的を再構築することができるようにすることが求められている。

　このことは，本来，我が国の学校教育が大切にしてきたことであるものの，教師の世代交代が進むと同時に，学校内における教師の世代間のバランスが変化し，教育に関わる様々な経験や知見をどのように継承していくかが課題となり，また，子供たちを取り巻く環境の変化により学校が抱える課題も複雑化・困難化する中で，これまでどおり学校の工夫だけにその実現を委ねることは困難になってきている。

　こうした状況を踏まえ，平成26年11月には，文部科学大臣から新しい時代にふさわしい学習指導要領等の在り方について中央教育審議会に諮問を行った。中央教育審議会においては，2年1か月にわたる審議の末，平成28年12月21日に「幼稚園，小学校，中学校，高等学校及び特別支援学校の学習指導要領等の改善及び必要な方策等について（答申）」（以下「中央教育審議会答申」という。）を示した。

中央教育審議会答申においては，"よりよい学校教育を通じてよりよい社会を創る"という目標を学校と社会が共有し，連携・協働しながら，新しい時代に求められる資質・能力を子供たちに育む「社会に開かれた教育課程」の実現を目指し，学習指導要領等が，学校，家庭，地域の関係者が幅広く共有し活用できる「学びの地図」としての役割を果たすことができるよう，次の6点にわたってその枠組みを改善するとともに，各学校において教育課程を軸に学校教育の改善・充実の好循環を生み出す「カリキュラム・マネジメント」の実現を目指すことなどが求められた。

① 「何ができるようになるか」（育成を目指す資質・能力）
② 「何を学ぶか」（教科等を学ぶ意義と，教科等間・学校段階間のつながりを踏まえた教育課程の編成）
③ 「どのように学ぶか」（各教科等の指導計画の作成と実施,学習・指導の改善・充実）
④ 「子供一人一人の発達をどのように支援するか」（子供の発達を踏まえた指導）
⑤ 「何が身に付いたか」（学習評価の充実）
⑥ 「実施するために何が必要か」（学習指導要領等の理念を実現するために必要な方策）

これを踏まえ，平成29年3月31日に学校教育法施行規則を改正するとともに，幼稚園教育要領，小学校学習指導要領及び中学校学習指導要領を公示した。小学校学習指導要領は，平成30年4月1日から第3学年及び第4学年において外国語活動を実施する等の円滑に移行するための措置（移行措置）を実施し，平成32年4月1日から全面実施することとしている。また，中学校学習指導要領は，平成30年4月1日から移行措置を実施し，平成33年4月1日から全面実施することとしている。

(2) 改訂の基本方針

今回の改訂は中央教育審議会答申を踏まえ，次の基本方針に基づき行った。

①今回の改訂の基本的な考え方

ア 教育基本法，学校教育法などを踏まえ，これまでの我が国の学校教育の実践や蓄積を生かし，子供たちが未来社会を切り拓くための資質・能力を一層確実に育成することを目指す。その際，子供たちに求められる資質・能力とは何かを社会と共有し，連携する「社会に開かれた教育課程」を重視すること。

イ 知識及び技能の習得と思考力，判断力，表現力等の育成のバランスを重視する平成20年改訂の学習指導要領の枠組みや教育内容を維持した上で，知識の理解の質を更に高め，確かな学力を育成すること。

ウ 先行する特別教科化など道徳教育の充実や体験活動の重視，体育・健康に関する指導の充実により，豊かな心や健やかな体を育成すること。

②育成を目指す資質・能力の明確化

　中央教育審議会答申においては，予測困難な社会の変化に主体的に関わり，感性を豊かに働かせながら，どのような未来を創っていくのか，どのように社会や人生をよりよいものにしていくのかという目的を自ら考え，自らの可能性を発揮し，よりよい社会と幸福な人生の創り手となる力を身に付けられるようにすることが重要であること，こうした力は全く新しい力ということではなく学校教育が長年その育成を目指してきた「生きる力」であることを改めて捉え直し，学校教育がしっかりとその強みを発揮できるようにしていくことが必要とされた。また，汎用的な能力の育成を重視する世界的な潮流を踏まえつつ，知識及び技能と思考力，判断力，表現力等をバランスよく育成してきた我が国の学校教育の蓄積を生かしていくことが重要とされた。

　このため「生きる力」をより具体化し，教育課程全体を通して育成を目指す資質・能力を，ア「何を理解しているか，何ができるか（生きて働く「知識・技能」の習得）」，イ「理解していること・できることをどう使うか（未知の状況にも対応できる「思考力・判断力・表現力等」の育成）」，ウ「どのように社会・世界と関わり，よりよい人生を送るか（学びを人生や社会に生かそうとする「学びに向かう力・人間性等」の涵養）」の三つの柱に整理するとともに，各教科等の目標や内容についても，この三つの柱に基づく再整理を図るよう提言がなされた。

　今回の改訂では，知・徳・体にわたる「生きる力」を子供たちに育むために「何のために学ぶのか」という各教科等を学ぶ意義を共有しながら，授業の創意工夫や教科書等の教材の改善を引き出していくことができるようにするため，全ての教科等の目標及び内容を「知識及び技能」，「思考力，判断力，表現力等」，「学びに向かう力，人間性等」の三つの柱で再整理した。

③「主体的・対話的で深い学び」の実現に向けた授業改善の推進

　子供たちが，学習内容を人生や社会の在り方と結び付けて深く理解し，これからの時代に求められる資質・能力を身に付け，生涯にわたって能動的に学び続けることができるようにするためには，これまでの学校教育の蓄積を生かし，学習の質を一層高める授業改善の取組を活性化していくことが必要であり，我が国の優れた教育実践に見られる普遍的な視点である「主体的・対話的で深い学び」の実現に向けた授業改善（アクティブ・ラーニングの視点に立った授業改善）を推進することが求められる。

　今回の改訂では「主体的・対話的で深い学び」の実現に向けた授業改善を進める際の指導上の配慮事項を総則に記載するとともに，各教科等の「第3　指導計画の作成と内容の取扱い」において，単元や題材など内容や時間のまとまりを見通して，その中で育む資質・能力の育成に向けて，「主体的・対話的で深い学び」の実現に

向けた授業改善を進めることを示した。

その際，以下の6点に留意して取り組むことが重要である。

ア　児童生徒に求められる資質・能力を育成することを目指した授業改善の取組は，既に小・中学校を中心に多くの実践が積み重ねられており，特に義務教育段階はこれまで地道に取り組まれ蓄積されてきた実践を否定し，全く異なる指導方法を導入しなければならないと捉える必要はないこと。

イ　授業の方法や技術の改善のみを意図するものではなく，児童生徒に目指す資質・能力を育むために「主体的な学び」，「対話的な学び」，「深い学び」の視点で，授業改善を進めるものであること。

ウ　各教科等において通常行われている学習活動（言語活動，観察・実験，問題解決的な学習など）の質を向上させることを主眼とするものであること。

エ　1回1回の授業で全ての学びが実現されるものではなく，単元や題材など内容や時間のまとまりの中で，学習を見通し振り返る場面をどこに設定するか，グループなどで対話する場面をどこに設定するか，児童生徒が考える場面と教師が教える場面をどのように組み立てるかを考え，実現を図っていくものであること。

オ　深い学びの鍵として「見方・考え方」を働かせることが重要になること。各教科等の「見方・考え方」は，「どのような視点で物事を捉え，どのような考え方で思考していくのか」というその教科等ならではの物事を捉える視点や考え方である。各教科等を学ぶ本質的な意義の中核をなすものであり，教科等の学習と社会をつなぐものであることから，児童生徒が学習や人生において「見方・考え方」を自在に働かせることができるようにすることにこそ，教師の専門性が発揮されることが求められること。

カ　基礎的・基本的な知識及び技能の習得に課題がある場合には，その確実な習得を図ることを重視すること。

④各学校におけるカリキュラム・マネジメントの推進

各学校においては，教科等の目標や内容を見通し，特に学習の基盤となる資質・能力（言語能力，情報活用能力（情報モラルを含む。以下同じ。），問題発見・解決能力等）や現代的な諸課題に対応して求められる資質・能力の育成のためには，教科等横断的な学習を充実することや，「主体的・対話的で深い学び」の実現に向けた授業改善を，単元や題材など内容や時間のまとまりを見通して行うことが求められる。これらの取組の実現のためには，学校全体として，児童生徒や学校，地域の実態を適切に把握し，教育内容や時間の配分，必要な人的・物的体制の確保，教育課程の実施状況に基づく改善などを通して，教育活動の質を向上させ，学習の効果の最大化を図るカリキュラム・マネジメントに努めることが求められる。

このため総則において,「児童や学校,地域の実態を適切に把握し,教育の目的や目標の実現に必要な教育の内容等を教科等横断的な視点で組み立てていくこと,教育課程の実施状況を評価してその改善を図っていくこと,教育課程の実施に必要な人的又は物的な体制を確保するとともにその改善を図っていくことなどを通して,教育課程に基づき組織的かつ計画的に各学校の教育活動の質の向上を図っていくこと(以下「カリキュラム・マネジメント」という。)に努める」ことについて新たに示した。

⑤教育内容の主な改善事項

このほか,言語能力の確実な育成,理数教育の充実,伝統や文化に関する教育の充実,体験活動の充実,外国語教育の充実などについて総則や各教科等において,その特質に応じて内容やその取扱いの充実を図った。

2 算数科改訂の趣旨及び要点

　平成28年12月21日の中央教育審議会答申では，各教科の教科目標や内容等に関する主な改善事項が示されており，この度の小学校算数科の改訂は，これを踏まえて行われたものである。

　小学校算数科においては，数学的に考える資質・能力の育成を目指す観点から，実社会との関わりと算数・数学を統合的・発展的に構成していくことを意識して，数学的活動の充実等を図った。また，社会生活など様々な場面において，必要なデータを収集して分析し，その傾向を踏まえて課題を解決したり意思決定をしたりすることが求められており，そのような能力の育成を目指すため，統計的な内容等の改善・充実を図った。

(1) 現行学習指導要領の成果と課題

　中央教育審議会答申では，算数科・数学科における平成20年改訂の学習指導要領の成果と課題が次のように示されている。

○　現行の学習指導要領により，PISA2015では，数学的リテラシーの平均得点は国際的に見ると高く，引き続き上位グループに位置しているなどの成果が見られるが，学力の上位層の割合はトップレベルの国・地域よりも低い結果となっている。また，TIMSS2015では，小・中学生の算数・数学の平均得点は平成7年（1995年）以降の調査において最も良好な結果になっているとともに，中学生は数学を学ぶ楽しさや，実社会との関連に対して肯定的な回答をする割合も改善が見られる一方で，いまだ諸外国と比べると低い状況にあるなど学習意欲面で課題がある。さらに，小学校と中学校の間で算数・数学の勉強に対する意識に差があり，小学校から中学校に移行すると，数学の学習に対し肯定的な回答をする生徒の割合が低下する傾向にある。

○　さらに，全国学力・学習状況調査等の結果からは，小学校では，「基準量，比較量，割合の関係を正しく捉えること」や「事柄が成り立つことを図形の性質に関連付けること」，中学校では，「数学的な表現を用いた理由の説明」に課題が見られた。また，高等学校では，「数学の学習に対する意欲が高くないこと」や「事象を式で数学的に表現したり論理的に説明したりすること」が課題として指摘されている。

　今回の改訂においては，これらの課題に適切に対応できるよう改善を図った。

(2) 算数科の目標の改善
①目標の示し方
　今回の学習指導要領の改訂では，算数科・数学科において育成を目指す資質・能力を，「知識及び技能」，「思考力，判断力，表現力等」，「学びに向かう力，人間性等」の三つの柱に沿って明確化し，各学校段階を通じて，実社会との関わりを意識した数学的活動の充実等を図っており，小学校算数科の目標についても，「知識及び技能」，「思考力，判断力，表現力等」，「学びに向かう力，人間性等」の三つの柱で整理して示した。

②算数科の学習における「数学的な見方・考え方」
　「数学的な見方・考え方」については，これまでの学習指導要領の中で，「数学的な考え方」として教科の目標に位置付けられたり，思考・判断・表現の評価の観点名として用いられたりしてきた。

　今回の改訂では，目標において，児童が各教科等の特質に応じた物事を捉える視点や考え方（見方・考え方）を働かせながら，目標に示す資質・能力の育成を目指すことを示しているが，中央教育審議会答申において，算数科・数学科における「数学的な見方・考え方」について「事象を数量や図形及びそれらの関係などに着目して捉え，論理的，統合的・発展的に考えること」として示されたことを踏まえると，算数科の学習における「数学的な見方・考え方」については「事象を数量や図形及びそれらの関係などに着目して捉え，根拠を基に筋道を立てて考え，統合的・発展的に考えること」であると考えられる。

　算数科の学習においては，「数学的な見方・考え方」を働かせながら，知識及び技能を習得したり，習得した知識及び技能を活用して探究したりすることにより，生きて働く知識となり，技能の習熟・熟達にもつながるとともに，より広い領域や複雑な事象について思考・判断・表現できる力が育成され，このような学習を通じて，「数学的な見方・考え方」が更に豊かで確かなものとなっていくと考えられる。

　また，算数科において育成を目指す「学びに向かう力，人間性等」についても，「数学的な見方・考え方」を通して社会や世界にどのように関わっていくかが大きく作用しており，「数学的な見方・考え方」は資質・能力の三つの柱である「知識及び技能」，「思考力，判断力，表現力等」，「学びに向かう力，人間性等」の全てに働くものである。

③算数科の学びの過程としての数学的活動の充実
　資質・能力が育成されるためには，学習過程の果たす役割が極めて重要である。算数科・数学科においては，中央教育審議会答申に示された「事象を数理的に捉え，数学の問題を見いだし，問題を自立的，協働的に解決し，解決過程を振り返って概念を形成したり体系化したりする過程」といった算数・数学の問題発見・解決の過程が重要である。

この算数・数学の問題発見・解決の過程は，中央教育審議会答申で示された次の図に示すように，『日常生活や社会の事象を数理的に捉え，数学的に表現・処理し，問題を解決し，解決過程を振り返り得られた結果の意味を考察する，という問題解決の過程』と，『数学の事象について統合的・発展的に捉えて新たな問題を設定し，数学的に処理し，問題を解決し，解決過程を振り返って概念を形成したり体系化したりする，という問題解決の過程』の，二つの過程が相互に関わり合って展開する。その際，これらの各場面で言語活動を充実し，それぞれの過程を振り返り，評価・改善することができるようにする。また，これらの過程については，自立的に，時に協働的に行い，それぞれに主体的に取り組めるようにすることが大切である。このことにより，資質・能力が育成されるよう指導の改善を図ることが重要である。

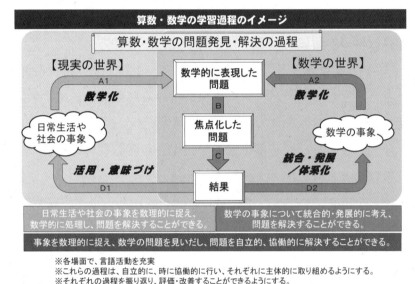

より具体的には，これらの問題解決の過程において，よりよい解法に洗練させていくための意見の交流や議論など対話的な学びを適宜取り入れていくことが必要であるが，その際にはあらかじめ自己の考えをもち，それを意識した上で，主体的に取り組むようにし，深い学びを実現することが求められる。

このような数学的活動は，小・中・高等学校教育を通じて資質・能力の育成を目指す際に行われるものであり，小学校においても，中学校や高等学校と同様に必要な活動である。

そこで，従来の算数的活動を数学的活動とし，目標の中で「数学的活動を通して，数学的に考える資質・能力を育成することを目指す」と示した。

なお，小・中・高等学校を通して，数学的活動を行い，数学的活動を通して育成を目指す資質・能力は同じ方向にあるが，その数学的活動を通して，知識及び技能として習得する具体的な内容は，小学校段階では，日常生活に深く関わり，日常生活の場面を数理化して捉える程度の内容が多い。小学校段階では，数学として抽象的で論理的に構成された内容になっていない。

例えば，「整数」，「比例」という用語は小学校で初めて学習するが，中学校では負の数を学習する際に，これらの用語の意味を捉え直す必要がある。小学校では比

例は，一方が増えればもう一方もそれに対応して増える関係として捉えることができたが，中学校ではxの係数が負の場合も扱うことになり，その場合には，一方が増えればそれに対応して減る関係になる。

　小学校の時に具体物を伴って素朴に学んできた内容を，中学校では数の範囲を広げ，抽象的・論理的に整理して学習し直すことになる。そして，さらに高等学校・大学ではそれらが，数学の体系の中に位置付けられていく。

　以上のことから，小学校では教科名を「算数」とし，中学校以上の「数学」と教科名を分けている。

(3) 算数科の内容構成の改善
①改善の方向性

　中央教育審議会答申では，算数科・数学科の内容に関して，次のように示されている。

> ○「内容」に関しては，育成を目指す「知識・技能」，「思考力・判断力・表現力等」がより明確となり，それらを育成するための学習過程の改善が図られるよう，どのような「数学的な見方・考え方」を働かせて数学的活動を行い，どのような「知識・技能」及び「思考力・判断力・表現力等」を身に付けることを目指すのかを示していくことが必要である。その上で，「内容」の系統性，「内容」と育成される資質・能力とのつながり及びこれまでに明らかになっている課題などを意識した「内容」の構成，配列にすることが求められる。

　このことを踏まえ，算数科の内容については，児童が身に付けることが期待される資質・能力を三つの柱に沿って整理し，「知識及び技能」，「思考力，判断力，表現力等」については指導事項のまとまりごとに内容を示した。また，「学びに向かう力，人間性等」については，指導事項のまとまりごとに内容に示すことはせず，教科の目標及び学年目標において，まとめて示した。

　また，思考力，判断力，表現力等については主なものを記述するとともに，「数学的な見方・考え方」の数学的な見方に関連するものを，「～に着目して」という文言により記述した。

　さらに，指導事項のそれぞれのまとまりについて，数学的な見方・考え方や育成を目指す資質・能力に基づき，内容の系統性を見直し，領域を全体的に整理し直した。結果として「A数と計算」，「B図形」，「C測定」，「C変化と関係」及び「Dデータの活用」の五つの領域とした。下学年は「A数と計算」，「B図形」，「C測定」及

び「Dデータの活用」の四つの領域とし，上学年は「A数と計算」，「B図形」，「C変化と関係」及び「Dデータの活用」の四つの領域としている。

また，数学的活動については，従来，算数的活動として，各学年の内容に位置付け，内容ごとに具体的に示していたものを，今回の改訂において数学的活動としたものであるが，問題発見・解決の過程として数学的活動を位置付けたことに伴い，枠組みのみを示すものとした。

②指導内容の充実

中央教育審議会答申では，指導内容の充実に関し，次のように示されている。

> ○ 算数・数学を学ぶことは，問題解決の喜びを感得し，人生をより豊かに生きることに寄与するものと考えられる。また，これからの社会を思慮深く生きる人間を育成することにも大きく貢献すると考えられる。このため，数学と人間との関わりや数学の社会的有用性についての認識が高まるよう，十分に配慮した内容としていくことが求められる。
>
> ○ これからの時代を生き抜くため，米国等ではＳＴＥＭ（Science,Technology, Engineering and Mathematics）教育の推進が図られており，その基盤に数学が位置付けられている。数学には，諸事象に潜む数理を見いだし，それを的確に表現することへの大きな期待が寄せられている。また，ＰＩＳＡ調査の読解力の定義が，読むテキストの形式として物語,論説などの「連続テキスト」と，表，図，ダイヤグラムなどの「非連続テキスト」があり，両者を含めて読む対象とするとして，より広い言語観に立って規定されているなど，言語としての数学の特質が一層重視されてきており，このことに配慮する必要がある。
>
> ○ また，社会生活などの様々な場面において，必要なデータを収集して分析し，その傾向を踏まえて課題を解決したり意思決定をしたりすることが求められており，そのような能力を育成するため，高等学校情報科等との関連も図りつつ，小・中・高等学校教育を通じて統計的な内容等の改善について検討していくことが必要である。
>
> ○ さらに，プログラミング教育については，他教科においても学習機会の充実に向けた検討がなされているところであるが,小学校の算数科においても，時代を超えて普遍的に求められる力であるプログラミング的思考を身に付けることが重要であると考えられる。そのため，プログラミング的思考と，算数科で身に付ける論理的な思考とを関連付けるなどの活動を取り入れることも有効である。

そこで，引き続き，数や式，表，グラフといった数学的な表現を用いて，筋道を立てて考え表現したりすることを重視した。

また，現代の社会においては，多くの人が，様々なデータを手にすることができるようになってきており，連続データを用いた問題解決の場面も多くみられるようになってきている。そのため，統計的な内容については，連続データの取扱いを充実させており，小学校算数科においては，第6学年にドットプロットを入れ，連続データでも数値データに目を向けて分布をみることができるようにし，それに伴って，中学校第1学年にあった中央値や最頻値といった代表値も取り扱うなどした。

プログラミング教育についても内容の取扱いで触れることとした。

小学校算数科の内容の構成については，知識及び技能の学年別，領域別の概略を図1（12～15ページ）で示している。中学校数学科の内容の構成についても，図2（16～17ページ）で示している。また，小学校算数科・中学校数学科を通した資質・能力（「思考力，判断力，表現力等」，「学びに向かう力，人間性等」）についても，図3（18～19ページ）で示している。

③具体的な内容の移行について

基礎的・基本的な知識及び技能の習得や思考力，判断力，表現力等の育成を図るために，一部の内容の指導時期を改めた。小・中学校間で移行された内容及び小学校において学年間で移行された内容は以下のとおりである。

小学校算数科における内容の移行

第3学年	○メートル法の単位の仕組み（k（キロ），m（ミリ）など接頭語について）←第6学年から
第4学年	○メートル法の単位の仕組み（長さと面積の単位の関係について）←第6学年から
第5学年	●素数→中学校第1学年へ ●分数×整数，分数÷整数→第6学年へ ○メートル法の単位の仕組み（長さと体積の単位の関係について）←第6学年から ○速さ←第6学年から
第6学年	○分数×整数，分数÷整数←第5学年から ●メートル法の単位の仕組み→第3学年，第4学年，第5学年へ ●速さ→第5学年へ ○平均値，中央値，最頻値，階級←中学校第1学年から

（注）○…当該学年に移行して入ってきた内容
　　　●…当該学年から移行してなくなった内容

小学校算数科の内容の構成（下線は主な新設の内容を示す）（図1）

	A　数と計算	B　図形
第1学年	1　数の構成と表し方 　個数を比べること／個数や順番を数えること／数の大小，順序と数直線／2位数の表し方／簡単な場合の3位数の表し方／十を単位とした数の見方／まとめて数えたり等分したりすること 2　加法，減法 　加法，減法が用いられる場合とそれらの意味／加法，減法の式／1位数の加法とその逆の減法の計算／簡単な場合の2位数などの加法，減法	1　図形についての理解の基礎 　形とその特徴の捉え方／形の構成と分解／方向やものの位置
第2学年	1　数の構成と表し方 　まとめて数えたり，分類して数えたりすること／十進位取り記数法／数の相対的な大きさ／一つの数をほかの数の積としてみること／数による分類整理／$\frac{1}{2}$，$\frac{1}{3}$など簡単な分数 2　加法，減法 　2位数の加法とその逆の減法／簡単な場合の3位数などの加法，減法／加法や減法に関して成り立つ性質／加法と減法との相互関係 3　乗法 　乗法が用いられる場合とその意味／乗法の式／乗法に関して成り立つ簡単な性質／乗法九九／簡単な場合の2位数と1位数との乗法	1　三角形や四角形などの図形 　三角形，四角形／正方形，長方形と直角三角形／正方形や長方形の面で構成される箱の形
第3学年	1　数の表し方 　万の単位／10倍，100倍，<u>1000倍</u>，$\frac{1}{10}$の大きさ／数の相対的な大きさ 2　加法，減法 　3位数や4位数の加法，減法の計算の仕方／加法，減法の計算の確実な習得 3　乗法 　2位数や3位数に1位数や2位数をかける乗法の計算／乗法の計算が確実にでき，用いること／乗法に関して成り立つ性質 4　除法 　除法が用いられる場合とその意味／除法の式／除法と乗法，減法との関係／除数と商が1位数の場合の除法の計算／簡単な場合の除数が1位数で商が2位数の除法 5　小数の意味と表し方 　小数の意味と表し方／小数の加法，減法 6　分数の意味と表し方 　分数の意味と表し方／単位分数の幾つ分／簡単な場合の分数の加法，減法 7　数量の関係を表す式 　□を用いた式 8　そろばん 　そろばんによる数の表し方／そろばんによる計算の仕方	1　二等辺三角形，正三角形などの図形 　二等辺三角形，正三角形／角／円，球

第1章　総説

	C　測定	D　データの活用	〔数学的活動〕
第1学年	1　量と測定についての理解の基礎 　量の大きさの直接比較，間接比較／任意単位を用いた大きさの比べ方 2　時刻の読み方 　時刻の読み方	1　絵や図を用いた数量の表現 　絵や図を用いた数量の表現	ア　身の回りの事象を観察したり，具体物を操作したりして，数量や形を見いだす活動 イ　日常生活の問題を具体物などを用いて解決したり結果を確かめたりする活動 ウ　算数の問題を具体物などを用いて解決したり結果を確かめたりする活動 エ　問題解決の過程や結果を，具体物や図などを用いて表現する活動
第2学年	1　長さ，かさの単位と測定 　長さやかさの単位と測定／およその見当と適切な単位 2　時間の単位 　時間の単位と関係	1　簡単な表やグラフ 　簡単な表やグラフ	ア　身の回りの事象を観察したり，具体物を操作したりして，数量や図形に進んで関わる活動 イ　日常の事象から見いだした算数の問題を，具体物，図，数，式などを用いて解決し，結果を確かめる活動 ウ　算数の学習場面から見いだした算数の問題を，具体物，図，数，式などを用いて解決し，結果を確かめる活動 エ　問題解決の過程や結果を，具体物，図，数，式などを用いて表現し伝え合う活動
第3学年	1　長さ，重さの単位と測定 　長さや重さの単位と測定／適切な単位と計器の選択（メートル法の単位の仕組み（←小6）） 2　時刻と時間 　時間の単位（秒）／時刻や時間を求めること	1　表と棒グラフ 　データの分類整理と表／棒グラフの特徴と用い方<u>（内容の取扱いに，最小目盛りが2，5などの棒グラフや複数の棒グラフを組み合わせたグラフを追加）</u>	ア　身の回りの事象を観察したり，具体物を操作したりして，数量や図形に進んで関わる活動 イ　日常の事象から見いだした算数の問題を，具体物，図，数，式などを用いて解決し，結果を確かめる活動 ウ　算数の学習場面から見いだした算数の問題を，具体物，図，数，式などを用いて解決し，結果を確かめる活動 エ　問題解決の過程や結果を，具体物，図，数，式などを用いて表現し伝え合う活動

2　算数科改訂の趣旨及び要点

	A　数と計算	B　図形
第4学年	1　整数の表し方 　　億，兆の単位 2　概数と四捨五入 　　概数が用いられる場合／四捨五入／四則計算の結果の見積り 3　整数の除法 　　除数が1位数や2位数で被除数が2位数や3位数の除法の計算の仕方／除法の計算を用いること／被除数，除数，商及び余りの間の関係／除法に関して成り立つ性質 4　小数の仕組みとその計算 　　小数を用いた倍／小数と数の相対的な大きさ／小数の加法，減法／乗数や除数が整数である場合の小数の乗法及び除法 5　同分母の分数の加法，減法 　　大きさの等しい分数／分数の加法，減法 6　数量の関係を表す式 　　四則を混合した式や（　）を用いた式／公式／□，△などを用いた式 7　四則に関して成り立つ性質 　　四則に関して成り立つ性質 8　そろばん 　　そろばんによる計算の仕方	1　平行四辺形，ひし形，台形などの平面図形 　　直線の平行や垂直の関係／平行四辺形，ひし形，台形 2　立方体，直方体などの立体図形 　　立方体，直方体／直線や平面の平行や垂直の関係／見取図，展開図 3　ものの位置の表し方 　　ものの位置の表し方 4　平面図形の面積 　　面積の単位（cm^2，m^2，km^2）と測定／正方形，長方形の面積（メートル法の単位の仕組み（←小6）） 5　角の大きさ 　　回転の大きさ／角の大きさの単位と測定
第5学年	1　整数の性質 　　偶数，奇数／約数，倍数 2　整数，小数の記数法 　　10倍，100倍，1000倍，$\frac{1}{10}$，$\frac{1}{100}$などの大きさ 3　小数の乗法，除法 　　小数の乗法，除法の意味／小数の乗法，除法の計算／計算に関して成り立つ性質の小数への適用 4　分数の意味と表し方 　　分数と整数，小数の関係／除法の結果と分数／同じ大きさを表す分数／分数の相等と大小 5　分数の加法，減法 　　異分母の分数の加法，減法 6　数量の関係を表す式 　　数量の関係を表す式	1　平面図形の性質 　　図形の形や大きさが決まる要素と図形の合同／多角形についての簡単な性質／正多角形／円周率 2　立体図形の性質 　　角柱や円柱 3　平面図形の面積 　　三角形，平行四辺形，ひし形及び台形の面積の計算による求め方 4　立体図形の体積 　　体積の単位（cm^3，m^3）と測定 　　立方体及び直方体の体積の計算による求め方（メートル法の単位の仕組み（←小6））
第6学年	1　分数の乗法，除法 　　分数の乗法及び除法の意味／分数の乗法及び除法の計算／計算に関して成り立つ性質の分数への適用（分数×整数，分数÷整数（←小5）） 2　文字を用いた式 　　文字を用いた式	1　縮図や拡大図，対称な図形 　　縮図や拡大図／対称な図形 2　概形とおよその面積 　　概形とおよその面積 3　円の面積 　　円の面積の求め方 4　角柱及び円柱の体積 　　角柱及び円柱の体積の求め方

	C　変化と関係	D　データの活用	〔数学的活動〕
第4学年	1　伴って変わる二つの数量 　変化の様子と表や式，折れ線グラフ 2　簡単な場合についての割合 　簡単な場合についての割合	1　データの分類整理 　二つの観点から分類する方法／折れ線グラフの特徴と用い方（内容の取扱いに，複数系列のグラフや組み合わせたグラフを追加）	ア　日常の事象から算数の問題を見いだして解決し，結果を確かめたり，日常生活等に生かしたりする活動 イ　算数の学習場面から算数の問題を見いだして解決し，結果を確かめたり，発展的に考察したりする活動 ウ　問題解決の過程や結果を，図や式などを用いて数学的に表現し伝え合う活動
第5学年	1　伴って変わる二つの数量の関係 　簡単な場合の比例の関係 2　異種の二つの量の割合 　速さなど単位量当たりの大きさ（速さ（←小6）） 3　割合（百分率） 　割合／百分率	1　円グラフや帯グラフ 　円グラフや帯グラフの特徴と用い方／統計的な問題解決の方法（内容の取扱いに，複数の帯グラフを比べることを追加） 2　測定値の平均 　平均の意味	ア　日常の事象から算数の問題を見いだして解決し，結果を確かめたり，日常生活等に生かしたりする活動 イ　算数の学習場面から算数の問題を見いだして解決し，結果を確かめたり，発展的に考察したりする活動 ウ　問題解決の過程や結果を，図や式などを用いて数学的に表現し伝え合う活動
第6学年	1　比例 　比例の関係の意味や性質／比例の関係を用いた問題解決の方法／反比例の関係 2　比 　比	1　データの考察 　代表値の意味や求め方（←中1）／度数分布を表す表やグラフの特徴と用い方／目的に応じた統計的な問題解決の方法 2　起こり得る場合 　起こり得る場合	ア　日常の事象を数理的に捉え問題を見いだして解決し，解決過程を振り返り，結果や方法を改善したり，日常生活等に生かしたりする活動 イ　算数の学習場面から算数の問題を見いだして解決し，解決過程を振り返り統合的・発展的に考察する活動 ウ　問題解決の過程や結果を，目的に応じて図や式などを用いて数学的に表現し伝え合う活動

中学校数学科の内容の構成（下線は新設の内容を示す。）（図２）

	A　数と式	B　図形
第１学年	正の数・負の数 ・正の数と負の数の必要性と意味 ・正の数と負の数の四則計算 ・正の数と負の数を用いて表すこと （用語に「素数」を追加）（←小５） （内容の取扱いに，自然数を素数の積として表すことを追加）（←中３） 文字を用いた式 ・文字を用いることの必要性と意味 ・乗法と除法の表し方 ・一次式の加法と減法の計算 ・文字を用いた式に表すこと 一元一次方程式（比例式） ・方程式の必要性と意味及びその解の意味 ・一元一次方程式を解くこと	平面図形 ・基本的な作図の方法 ・図形の移動 ・作図の方法を考察すること 空間図形 ・直線や平面の位置関係 ・基本的な図形の計量 ・空間図形の構成と平面上の表現
第２学年	文字を用いた式の四則計算 ・簡単な整式の加減及び単項式の乗除の計算 ・文字を用いた式で表したり読み取ったりすること ・文字を用いた式で捉え説明すること ・目的に応じた式変形 連立二元一次方程式 ・二元一次方程式の必要性と意味及びその解の意味 ・連立方程式とその解の意味 ・連立方程式を解くこと	基本的な平面図形と平行線の性質 ・平行線や角の性質 ・多角形の角についての性質 ・平面図形の性質を確かめること 図形の合同 ・平面図形の合同と三角形の合同条件 ・証明の必要性と意味及びその方法 （用語に「反例」を追加）
第３学年	平方根 ・平方根の必要性と意味 ・平方根を含む式の計算 ・平方根を用いて表すこと （内容の取扱いに，誤差，近似値，$a \times 10^n$ の形の表現を追加（←中１） 式の展開と因数分解 ・単項式と多項式の乗法と除法の計算 ・簡単な式の展開や因数分解 （内容の取扱いから，自然数を素因数に分解することを削除）（→中１） 二次方程式 ・二次方程式の必要性と意味及びその解の意味 ・因数分解や平方完成して二次方程式を解くこと ・解の公式を用いて二次方程式を解くこと	図形の相似 ・平面図形の相似と三角形の相似条件 ・相似な図形の相似比と面積比及び体積比の関係 ・平行線と線分の比 円周角と中心角 ・円周角と中心角の関係とその証明 三平方の定理 ・三平方の定理とその証明

C 関数	D データの活用 ←現行「D資料の活用」の名称を変更	〔数学的活動〕
比例，反比例 ・関数関係の意味 ・比例，反比例 ・座標の意味 ・比例，反比例の表，式，グラフ	データの分布の傾向 ・ヒストグラムや相対度数の必要性と意味 多数の観察や多数回の試行によって得られる確率 ・多数の観察や多数回の試行によって得られる確率の必要性と意味（←中2） <u>（用語に累積度数を追加）</u> （用語から，代表値（平均値，中央値，最頻値），階級を削除）（→小6） （内容の取扱いから，誤差，近似値，$a \times 10^n$の形の表現を削除）（→中3）	各領域の学習やそれらを相互に関連付けた学習において，次のような数学的活動に取り組むものとする。 ア 日常の事象を数理的に捉え，数学的に表現・処理し，問題を解決したり，解決の過程や結果を振り返って考察したりする活動 イ 数学の事象から問題を見いだし解決したり，解決の過程や結果を振り返って統合的・発展的に考察したりする活動 ウ 数学的な表現を用いて筋道立てて説明し伝え合う活動
一次関数 ・事象と一次関数 ・二元一次方程式と関数 ・一次関数の表，式，グラフ	データの分布の比較 ・<u>四分位範囲や箱ひげ図の必要性と意味（追加）</u> ・<u>箱ひげ図で表すこと（追加）</u> 場合の数を基にして得られる確率 ・確率の必要性と意味 ・確率を求めること （「確率の必要性と意味」を一部移行（→中1））	各領域の学習やそれらを相互に関連付けた学習において，次のような数学的活動に取り組むものとする。 ア 日常の事象や社会の事象を数理的に捉え，数学的に表現・処理し，問題を解決したり，解決の過程や結果を振り返って考察したりする活動 イ 数学の事象から見通しをもって問題を見いだし解決したり，解決の過程や結果を振り返って統合的・発展的に考察したりする活動 ウ 数学的な表現を用いて論理的に説明し伝え合う活動
関数 $y = ax^2$ ・事象と関数 $y = ax^2$ ・いろいろな事象と関数 ・関数 $y = ax^2$ の表，式，グラフ	標本調査 ・標本調査の必要性と意味 ・標本を取り出し整理すること	

資質・能力（「思考力，判断力，表現力等」「学びに向かう力，人間性等」）（図3）

小学校	A　数と計算	B　図　形	C　測　定
第1学年	ものの数に着目し，具体物や図などを用いて数の数え方や計算の仕方を考える力	ものの形に着目して特徴を捉えたり，具体的な操作を通して形の構成について考えたりする力	身の回りにあるものの特徴を量に着目して捉え，量の大きさの比べ方を考える力
第2学年	数とその表現や数量の関係に着目し，必要に応じて具体物や図などを用いて数の表し方や計算の仕方などを考察する力	平面図形の特徴を図形を構成する要素に着目して捉えたり，身の回りの事象を図形の性質から考察したりする力	身の回りにあるものの特徴を量に着目して捉え，量の単位を用いて的確に表現する力
第3学年	数とその表現や数量の関係に着目し，必要に応じて具体物や図などを用いて数の表し方や計算の仕方などを考察する力	平面図形の特徴を図形を構成する要素に着目して捉えたり，身の回りの事象を図形の性質から考察したりする力	身の回りにあるものの特徴を量に着目して捉え，量の単位を用いて的確に表現する力
	A　数と計算	B　図　形	
第4学年	数とその表現や数量の関係に着目し，目的に合った表現方法を用いて計算の仕方などを考察する力	図形を構成する要素及びそれらの位置関係に着目し，図形の性質や図形の計量について考察する力	
第5学年	数とその表現や計算の意味に着目し，目的に合った表現方法を用いて数の性質や計算の仕方などを考察する力	図形を構成する要素や図形間の関係などに着目し，図形の性質や図形の計量について考察する力	
第6学年	数とその表現や計算の意味に着目し，発展的に考察して問題を見いだすとともに，目的に応じて多様な表現方法を用いながら数の表し方や計算の仕方などを考察する力	図形を構成する要素や図形間の関係などに着目し，図形の性質や図形の計量について考察する力	
中学校	A　数と式	B　図　形	
第1学年	数の範囲を拡張し，数の性質や計算について考察したり，文字を用いて数量の関係や法則などを考察したりする力	図形の構成要素や構成の仕方に着目し，図形の性質や関係を直観的に捉え論理的に考察する力	
第2学年	文字を用いて数量の関係や法則などを考察する力	数学的な推論の過程に着目し，図形の性質や関係を論理的に考察し表現する力	
第3学年	数の範囲に着目し，数の性質や計算について考察したり，文字を用いて数量の関係や法則などを考察したりする力	図形の構成要素の関係に着目し，図形の性質や計量について論理的に考察し表現する力	

第1章
総　説

	D　データの活用	学びに向かう力・人間性等
	データの個数に着目して身の回りの事象の特徴を捉える力	数量や図形に親しみ，算数で学んだことのよさや楽しさを感じながら学ぶ態度
	身の回りの事象をデータの特徴に着目して捉え，簡潔に表現したり考察したりする力	数量や図形に進んで関わり，数学的に表現・処理したことを振り返り，数理的な処理のよさに気付き生活や学習に活用しようとする態度
	身の回りの事象をデータの特徴に着目して捉え，簡潔に表現したり適切に判断したりする力	数量や図形に進んで関わり，数学的に表現・処理したことを振り返り，数理的な処理のよさに気付き生活や学習に活用しようとする態度

C　変化と関係	D　データの活用	学びに向かう力・人間性等
伴って変わる二つの数量やそれらの関係に着目し，変化や対応の特徴を見いだして，二つの数量の関係を表や式を用いて考察する力	目的に応じてデータを収集し，データの特徴や傾向に着目して表やグラフに的確に表現し，それらを用いて問題解決したり，解決の過程や結果を多面的に捉え考察したりする力	数学的に表現・処理したことを振り返り，多面的に捉え検討してよりよいものを求めて粘り強く考える態度，数学のよさに気付き学習したことを生活や学習に活用しようとする態度
伴って変わる二つの数量やそれらの関係に着目し，変化や対応の特徴を見いだして，二つの数量の関係を表や式を用いて考察する力	目的に応じてデータを収集し，データの特徴や傾向に着目して表やグラフに的確に表現し，それらを用いて問題解決したり，解決の過程や結果を多面的に捉え考察したりする力	数学的に表現・処理したことを振り返り，多面的に捉え検討してよりよいものを求めて粘り強く考える態度，数学のよさに気付き学習したことを生活や学習に活用しようとする態度
伴って変わる二つの数量やそれらの関係に着目し，変化や対応の特徴を見いだして，二つの数量の関係を表や式，グラフを用いて考察する力	身の回りの事象から設定した問題について，目的に応じてデータを収集し，データの特徴や傾向に着目して適切な手法を選択して分析を行い，それらを用いて問題解決したり，解決の過程や結果を批判的に考察したりする力	数学的に表現・処理したことを振り返り，多面的に捉え検討してよりよいものを求めて粘り強く考える態度，数学のよさに気付き学習したことを生活や学習に活用しようとする態度

C　関　数	D　データの活用	学びに向かう力・人間性等
数量の変化や対応に着目して関数関係を見いだし，その特徴を表，式，グラフなどで考察する力	データの分布に着目し，その傾向を読み取り批判的に考察して判断したり，不確定な事象の起こりやすさについて考察したりする力	数学的活動の楽しさや数学のよさに気付いて粘り強く考え，数学を生活や学習に生かそうとする態度，問題解決の過程を振り返って検討しようとする態度，多面的に捉え考えようとする態度
関数関係に着目し，その特徴を表，式，グラフを相互に関連付けて考察する力	複数の集団のデータの分布に着目し，その傾向を比較して読み取り批判的に考察して判断したり，不確定な事象の起こりやすさについて考察したりする力	数学的活動の楽しさや数学のよさを実感して粘り強く考え，数学を生活や学習に生かそうとする態度，問題解決の過程を振り返って評価・改善しようとする態度，多様な考えを認め，よりよく問題解決しようとする態度
関数関係に着目し，その特徴を表，式，グラフを相互に関連付けて考察する力	標本と母集団の関係に着目し，母集団の傾向を推定し判断したり，調査の方法や結果を批判的に考察したりする力	数学的活動の楽しさや数学のよさを実感して粘り強く考え，数学を生活や学習に生かそうとする態度，問題解決の過程を振り返って評価・改善しようとする態度，多様な考えを認め，よりよく問題解決しようとする態度

(4) 数学的活動の取組における配慮事項

　数学的活動は，基礎的・基本的な知識及び技能を確実に身に付けたり，思考力，判断力，表現力等を高めたり，算数を学ぶことの楽しさや意義を実感したりするために，重要な役割を果たすものであることから，各学年の内容に示す事項については，児童が数学的活動を行う中で指導するようにすることとした。数学的活動の一層の充実に伴い，その指導の配慮事項として，次のような機会を設けるものとした。

・数学的活動を楽しめるようにする機会を設けること。

・算数の問題を解決する方法を理解するとともに，自ら問題を見いだし，解決するための構想を立て，実践し，その結果を評価・改善する機会を設けること。

・具体物，図，数，式，表，グラフ相互の関連を図る機会を設けること。

・友達と考えを伝え合うことで学び合ったり，学習の過程と成果を振り返り，よりよく問題解決できたことを実感したりする機会を設けること。

第2章　算数科の目標及び内容

小学校学習指導要領における「第3節算数」は,
　第1　目標
　第2　各学年の目標及び内容
　第3　指導計画の作成と内容の取扱い
によって構成されている。

　以下では,はじめに,算数科の教科の目標と学年ごとの目標について解説をする。次に,「A数と計算」,「B図形」,「C測定」,「C変化と関係」及び「Dデータの活用」の五つの領域ごとに領域のねらいや主な内容について解説をする。さらに,これまでの「算数的活動」から名称を変更した「数学的活動」のねらいや内容について解説をする。

第1節　算数科の目標

1　教科の目標

(1) 目標の設定についての考え方

　小学校算数科においては,数量や図形などについての基礎的・基本的な知識及び技能を確実に習得し,これらを活用して問題を解決するために必要な数学的な思考力,判断力,表現力等を育むとともに,数学のよさに気付き,算数と日常生活との関連についての理解を深め,算数を主体的に生活や学習に生かそうとしたり,問題解決の過程や結果を評価・改善しようとしたりするなど,数学的に考える資質・能力を育成することを目指すこととした。

(2) 目標について

　小学校学習指導要領の算数科の目標は,次のとおりである。

　数学的な見方・考え方を働かせ,数学的活動を通して,数学的に考える資質・能力を次のとおり育成することを目指す。
　(1) 数量や図形などについての基礎的・基本的な概念や性質などを理解するとともに,日常の事象を数理的に処理する技能を身に付けるようにする。
　(2) 日常の事象を数理的に捉え見通しをもち筋道を立てて考察する力,基礎

> 的・基本的な数量や図形の性質などを見いだし統合的・発展的に考察する力，数学的な表現を用いて事象を簡潔・明瞭・的確に表したり目的に応じて柔軟に表したりする力を養う。
> (3) 数学的活動の楽しさや数学のよさに気付き，学習を振り返ってよりよく問題解決しようとする態度，算数で学んだことを生活や学習に活用しようとする態度を養う。

今回の改訂では，小学校算数科の目標を，(1)知識及び技能，(2)思考力，判断力，表現力等，(3)学びに向かう力，人間性等の三つの柱に基づいて示すとともに，それら数学的に考える資質・能力全体を「数学的な見方・考え方を働かせ，数学的活動を通して」育成することを目指すことを柱書に示した。すなわち，小学校算数科の目標をなす資質・能力の三つの柱は，数学的な見方・考え方と数学的活動に相互に関連をもたせながら，全体として育成されることに配慮する必要がある。中学校数学でも同様な示し方としている。ここでは，小学校算数科の目標を，大きく六つに分けて説明する。

①「数学的な見方・考え方を働かせ」について

はじめに「数学的な見方・考え方を働かせ，数学的活動を通して」とあるが，これは(1)から(3)に示されている数学的に考える資質・能力の育成を目指すための算数・数学の学習指導の基本的な考え方を述べたものである。

数学的に考える資質・能力の育成に当たっては，算数科の特質に応じた見方・考え方が重要な役割を果たす。算数の学習において，「数学的な見方・考え方」を働かせながら，知識及び技能を習得したり，習得した知識及び技能を活用して課題を探究したりすることにより，生きて働く知識の習得が図られ，技能の習熟にもつながるとともに，日常の事象の課題を解決するための思考力，判断力，表現力等が育成される。そして，数学的に考える資質・能力が育成されることで，「数学的な見方・考え方」も更に成長していくと考えられる。

「数学的な見方・考え方」については，これまでの学習指導要領の中で，教科目標に位置付けられたり，評価の観点名として用いられたりしてきた。今回，小学校算数科において育成を目指す資質・能力の三つの柱を明確化したことにより，「数学的な見方・考え方」は，算数の学習において，どのような視点で物事を捉え，どのような考え方で思考をしていくのかという，物事の特徴や本質を捉える視点や，思考の進め方や方向性を意味することとなった。

「数学的な見方・考え方」のうち，「数学的な見方」については，「事象を数量や図形及びそれらの関係についての概念等に着目してその特徴や本質を捉えること」

であると考えられる。また,「数学的な考え方」については,「目的に応じて数,式,図,表,グラフ等を活用しつつ,根拠を基に筋道を立てて考え,問題解決の過程を振り返るなどして既習の知識及び技能等を関連付けながら,統合的・発展的に考えること」であると考えられる。以上のことから,算数科における「数学的な見方・考え方」は,「事象を,数量や図形及びそれらの関係などに着目して捉え,根拠を基に筋道を立てて考え,統合的・発展的に考えること」として整理することができる。

「数学的な見方・考え方」は,数学的に考える資質・能力を支え,方向付けるものであり,算数の学習が創造的に行われるために欠かせないものである。また,児童一人一人が目的意識をもって問題解決に取り組む際に積極的に働かせていくものである。その意味で「数学的な見方・考え方」は,数学的に考える資質・能力の三つの柱である「知識及び技能」,「思考力,判断力,表現力等」及び「学びに向かう力,人間性等」の全てに対して働かせるものとしている。そして,算数の学習を通じて,「数学的な見方・考え方」が更に豊かで確かなものとなっていくと考えられる。

また,「数学的な見方・考え方」は,算数の学習の中で働かせるだけではなく,大人になって生活していくに当たっても重要な働きをするものとなる。算数の学びの中で鍛えられた見方・考え方を働かせながら,世の中の様々な物事を理解し思考し,よりよい社会や自らの人生を創り出していくことが期待される。

② 「数学的活動を通して」について

数学的活動とは,事象を数理的に捉えて,算数の問題を見いだし,問題を自立的,協働的に解決する過程を遂行することである。数学的活動においては,単に問題を解決することのみならず,問題解決の過程や結果を振り返って,得られた結果を捉え直したり,新たな問題を見いだしたりして,統合的・発展的に考察を進めていくことが大切である。この活動の様々な局面で,数学的な見方・考え方が働き,その過程を通して数学的に考える資質・能力の育成を図ることができる。

これは,「児童が目的意識をもって主体的に取り組む算数に関わりのある様々な活動」であるとする従来の意味を,問題発見や問題解決の過程に位置付けてより明確にしたものである。

今回の改訂では,「数学的な見方・考え方」を働かせた学習を展開するよう内容を整理するとともに,学習指導の過程においては,数学的に問題発見・解決する過程を重視するものとした。算数科においては,「日常の事象を数理的に捉え,数学的に表現・処理し,問題を解決したり,解決の過程や結果を振り返って考えたりする」ことと,「算数の学習場面から問題を見いだし解決したり,解決の過程や結果を振り返って統合的・発展的に考えたりする」ことの二つの問題発見・解決の過程が相互に関わり合っている。また,これらの基盤として,各場面で言語活動を充実させ,それぞれの過程や結果を振り返り,評価・改善することができるようにする

ことも大切である。

③「数学的に考える資質・能力を育成すること」について

「数学的に考える資質・能力」とは，算数科の教科目標に示された三つの柱で整理された算数・数学教育で育成を目指す力のことである。これらの資質・能力は，「数学的な見方・考え方」を働かせた数学的活動によって育成されるもので，算数の学習はもとより，他教科等の学習や日常生活等での問題解決に生きて働くものである。また，育成された資質・能力は「数学的な見方・考え方」の成長にも大きな影響を与えるものである。

以下の④から⑥で，算数科で育成を目指す資質・能力の三つの柱についてそれぞれ解説する。

④「数量や図形などについての基礎的・基本的な概念や性質などを理解するとともに，日常の事象を数理的に処理する技能を身に付ける」について

この部分は「知識及び技能」についての目標を示している。算数の学習で児童が身に付ける基礎的・基本的な概念や性質は，生活や学習の基盤となり欠くことができないものである。それらは日常の生活においても，他教科等や総合的な学習の時間における学習においても，様々な活動の基になるものである。また，これから先の算数の学習や中学校以降の数学の学習において発展させていくための基になるものでもある。

算数科においては，身に付けるべき基礎的・基本的な内容の習得を重視するとともに，その背景にある概念や性質についての理解を深めながら，概念や性質の理解に裏付けられた確かな知識及び技能を習得する必要がある。例えば，分数の除法の計算の仕方を学ぶ際には，意味を踏まえないまま公式などを暗記させたり，計算を形式的に速く処理できることを技能として求めたりするなど，形式的な学習指導に終わるのではなく，計算の仕方の基に原理・原則があることや，原理・原則をうまく使って形式的な処理の仕方が考え出されることを理解することなどが大切である。

知識及び技能は，実際の問題を解決する際に，的確かつ能率的に用いることができるようになって初めてその真価が発揮される。概念や性質についての理解に裏付けられた確かな知識及び技能が，日常生活や社会における事象を数理的に捉え処理して問題を解決することに役立てられるようにすることが大切である。

必要な知識及び技能を身に付けることで終わるのではなく，その身に付ける過程を通して数学的な見方・考え方が更に豊かで確かなものになっていくことも大切にしたい。

問題を解決する過程においては，数学的な概念や性質及び数学的な表現や処理の仕方を活用できるようにすることが大切である。それらの理解を深めたり仕方を習得したりする際には，数学的活動を通して学習できるように配慮する。また，算数

の知識及び技能を問題解決において活用するためには，それらをどのように活用するか，その方法について理解する必要がある。例えば，「比例の関係を用いた問題解決の方法を知ること」のように，いわば「方法知」とでも呼ばれる知識を身に付けることが大切である。

　なお，算数の知識及び技能やそれを支える概念や原理・法則などには，用語や記号によって表現されるものが多い。用語や記号の意味やよさが分かるようにするとともに適切に用いることができるような配慮が必要である。

⑤「日常の事象を数理的に捉え見通しをもち筋道を立てて考察する力，基礎的・基本的な数量や図形の性質などを見いだし統合的・発展的に考察する力，数学的な表現を用いて事象を簡潔・明瞭・的確に表したり目的に応じて柔軟に表したりする力」について

日常の事象を数理的に捉え見通しをもち筋道を立てて考察する力

　この部分は我が国の算数・数学教育のねらいとして長年にわたって強調されてきたことである。

　今回の改訂では「日常の事象を数理的に捉える」ことを明示し，その重要性を強調しているが，「日常の事象」については，これをあまり狭く限定して考えるのではなく，児童の発達の段階に応じて，広く算数の対象となる様々な事象を含めて考える必要がある。「数理的に捉える」とは，事象を算数の舞台にのせ数理的に処理できるようにすることである。事象の中に，そのままでは解決できない問題状況がある場合，既習の概念や原理が適用できるように問題の場面で模型（モデル）を構成し，数学的に問題を解決することが多い。その際，事象を理想化したり，単純化したり，条件を捨象したり，ある条件を満たすものと見なしたりするなど課題の定式化が行われる。このような過程を遂行する資質・能力の育成を目指すことも算数科の目標としていることである。

　「見通しをもつ」と示しているのは，物事について判断したり，推論したりする場合に，見通しをもち筋道を立てて考えることの重要性を述べたものである。問題に直面した際，事象を既習事項を基にしながら観察したり試行錯誤したりしながら結果や方法の見通しをもつことになる。その際，幾つかの事例から一般的な法則を帰納したり，既知の似た事柄から新しいことを類推したりする。また，ある程度見通しが立つと，そのことが正しいかどうかの判断が必要となり，このときは既知の事柄から演繹的に考えたりする。

　「筋道を立てて考える」ことは，正しいことを見いだしたり，見いだしたことの正しさを確かめたりする上で欠くことのできないものである。それは，ある事実の正しさや自分の判断の正しさを他者に説明する際にも必要になる。そのような説明の必要性は学年の進行に伴って増していくが，それらの場面で筋道を立てて説明す

る能力が身につくことが期待される。

このように,算数科では,問題を解決したり,物事を判断したり,推論を進めたりしていく過程において,見通しをもち筋道を立てて考えて,いろいろな性質や法則などを発見したり確かめたり,筋道を立てて説明したりする資質・能力の育成を目指すことを重要なねらいとしている。このような資質・能力の育成を目指す上で,単純なものから複雑なものへ,易から難へというように適切な場を設定しやすいという点で,算数科が担う役割は大きい。

基礎的・基本的な数量や図形の性質などを見いだし統合的・発展的に考察する力

「統合的に考察する」ことは,異なる複数の事柄をある観点から捉え,それらに共通点を見いだして一つのものとして捉え直すことであり,算数の学習で大切にすべきものである。例えば,次のような視点から発展的に考察を深める場面では,統合的に考えることが重要な役割を果たしている。

- 2,4,6…から共通の性質を見いだして「偶数」という一つのものにまとめるというように集合から捉える。
- 整数の乗法の意味や形式を,小数,分数の場合にも考えられるように拡張して捉える。
- 乗法九九を構成する際に,1の段を加えて,九九表が完全になるように補完して捉える。

また,算数の学習で「発展的に考察する」とは,物事を固定的なもの,確定的なものと考えず,絶えず考察の範囲を広げていくことで新しい知識や理解を得ようとすることである。数量や図形の性質を見いだして考察する際,既習の事項を適用すればすむ場合もあれば,新しい算数を創ることが必要な場合もある。特に,後者の場合は,新しい概念を構成したり,新しい原理や法則を見いだしたり,また,それらを適用しながら目的に合った解決が求められたりする。場合によっては,新たな知識及び技能を生み出す場合も考えられる。

このように算数の学習において数量や図形の性質を見いだし,数理的な処理をすることは,それらを統合的・発展的に考察して新しい算数を創ることを意味しているともいえる。算数を統合的・発展的に考察していくことで,算数の内容の本質的な性質や条件が明確になり,数理的な処理における労力の軽減も図ることができる。また,物事を関係付けて考察したり,他でも適用したりしようとする態度や,新しいものを発見し物事を多面的に捉えようとする態度を養うことも期待できる。

数学的な表現を用いて事象を簡潔・明瞭・的確に表したり目的に応じて柔軟に表したりする力

数学的に表現することは,事象を数理的に考察する過程で,観察したり見いだしたりした数量や図形の性質などを的確に表したり,考察の結果や判断などについて

根拠を明らかにして筋道を立てて説明したり，既習の算数を活用する手順を順序よく的確に説明したりする場面で必要になる。数学的な表現を用いることで，事象をより簡潔，明瞭かつ的確に表現することが可能になり，論理的に考えを進めることができるようになったり，新たな事柄に気付いたりすることができるようになる。

また，数学的な表現を簡潔・明瞭・的確なものに高めていくと，その一方で表現自体は抽象的になる。そこで，算数の学習では，「つまり」と具体的な事柄を一般化して表現したり，「例えば」と抽象的な事柄を具体的に表現したりすることも大切である。考えたことを目的に応じて柔軟に表現することで，考えをより豊かにすることができる。こうした経験を通して，数学的な表現の必要性や働き，よさについて実感を伴って理解できるようにすることが大切である。

数学的な表現を柔軟に用いることで，互いに自分の思いや考えを共通の場で伝え合うことが可能となり，それらを共有したり質的に高めたりすることができる。表現することは知的なコミュニケーションを支え，また逆にその知的なコミュニケーションによって数学的な表現の質が高められ，相互に影響しながら算数の学習が充実する。

⑥「数学的活動の楽しさや数学のよさに気付き，学習を振り返ってよりよく問題解決しようとする態度，算数で学んだことを生活や学習に活用しようとする態度」について

数学的活動の楽しさや数学のよさに気付くこと

この部分は，主として算数科における態度および情意面に関わる目標を述べている。例えば，IEA の国際数学・理科教育動向調査（TIMSS）では，これまで我が国では算数が楽しいという児童の割合は増加してはいるものの，国際的に比較すると低いとの結果が報告されており，この状況は現在でも改善されているとはいえない。また，算数が得意であるという児童の割合も国際平均より低い結果が出ており，児童が算数は楽しい，算数は面白いと感じ，算数が得意になるような授業をつくりだしていくことが大切である。

「数学的活動の楽しさ」に気付くという部分は，そのような状況に応えるためのものである。例えば，算数を日常の事象と結び付ける活動，具体物を扱った操作的・作業的な活動，実際の数や量の大きさを実験・実測するなどの体験的な活動，表や図，グラフなどからきまりを発見するなどの探究的な活動，解決した問題から新しい問題をつくるなどの発展的な活動等を含んだ数学的活動を通して，児童が活動の楽しさに気付くことをねらいとしている。児童は問題解決に本来興味をもち，積極的に取り組む姿勢を有している。教科の本質に関わって活動性に富むものや活動が教科ならではの興味深い内容で構成されているものに対して進んで取り組む。そうした児童の本性に根ざす数学的活動を積極的に取り入れることによって，楽しい算

数の授業を創造することが大切である。

後半では「数学のよさに気付く」ことが挙げられている。数学のよさに気付くということは，数学の価値や算数を学習する意義に気付くことであり，学習意欲の喚起や学習内容の深い理解につながり，また，算数に対して好意的な態度が育成されることになる。数学は人間によって生み出された価値あるものであり，数学を用いた問題解決において働く数学的な見方・考え方が数学のよさの根底にある。数学的な見方・考え方は，物事を処理する際に有効な手段として働くものである。児童がこの数学的な見方・考え方を豊かで確かなものとしながら算数を学習し，数学が人間にとって価値あるものであることが分かり，主体的に算数の学習に関われるようにすることが重要である。

よさについては，これを狭く考えずに数量や図形の知識及び技能に含まれるよさもあるし，数学的な思考，判断，表現等に含まれるよさもあり，有用性，簡潔性，一般性，正確性，能率性，発展性，美しさなどの様々な視点から算数の学習を捉えることが大切である。

例えば，算数では「数」を扱い，ものの個数を調べたり，大きさの比較をしたりする。これは日常生活のいろいろな場面で活用されるものである。それは「数」という内容がもつ，有用性に関わるよさである。整数は十進位取り記数法を用いて表されるが，この記数法は，位の位置によって大きさを表せるという優れた方法である。それによって簡潔に分かりやすく数を表したり，数の大小を比較したりできるのである。これは「表現の仕方」がもつ有用性，簡潔性，一般性に関わるよさであり，これらが児童が算数を創り出していく原動力になっていく。

このようにして，各々の内容や方法などのもつよさを明らかにしていくような教材研究を進めることが重要である。よさを児童に知識として覚えさせさえすればよいというようなことがないように留意し，学習の中で児童が自らそうしたよさに気付いていけるように，指導を創意工夫することが重要である。

学習を振り返ってよりよく問題解決しようとする態度

算数は系統的な内容によって構成されており，児童が常に創造的かつ発展的に算数の内容に関わりをもち学び進むことが期待されている。これを受けて，ここでは，算数の学習に粘り強く取り組み，よりよい問題解決に最後まで取り組もうとする態度の育成を目指すというねらいを述べている。よりよく問題解決するということは，一つの方法で解決したとしても別な方法はないかと考えを進め，本質的に違う方法でも解決することであり，二通りの方法を見いだしたら，ほかの場面にそれらの方法を適用し，それぞれの方法の可能性を検討することでもある。このように，数学的に表現・処理したことや自らが判断したことを振り返り，状況によってはそれを批判的に検討するなどして，考察を深めたり多面的に分析したりすることが，より

よい問題解決の実現につながる。数量の処理をより正確，的確かつ能率的に行ったり，図形の概念や性質を生かした事象の正しい判断をしたりするなど，算数の学習には常によりよい結果を追い求めていくことに価値があり，それを日常生活や学習に生かすことが大切である。

算数で学んだことを生活や学習に活用しようとする態度

　算数の授業の中で，基礎的・基本的な知識及び技能を確実に身に付けるだけでなく，身に付けた知識及び技能を活用していくことは極めて重要である。実際，算数は生活や学習の様々な場面で活用することができる。そして，算数の学習で身に付けた資質・能力を生活や学習の様々な場面で活用することによって，児童にとって学習が意味あるものとなり，数学のよさを実感を伴って味わうことができるようになる。

　これらを実現していくためには，算数で学んだことは活用できるように学習されなければならないし，活用を重視した創造的な学習展開を用意する必要がある。数学を生み出していく過程では，児童自らが数学的な見方・考え方を働かせて，筋道を立てて考えたり，統合的・発展的に考えたりする学習が期待される。

　ここでいう「生活や学習」については広く捉えることができる。「生活」については，児童の家庭や学校での生活，地域社会での生活はもとより，将来の社会生活も含められる。また「学習」については，他教科等の学習はもとより，これから先の算数や数学の学習にも含めて考えることが大切である。「活用」の中には，既習の内容を活用して新しい算数の知識及び技能などを生み出すことも含まれる。

2　学年の目標

(1) 学年の目標の設定についての考え方

　算数科の目標は，算数の学習指導全体を通して達成させようとするものであることから，極めて一般的かつ包括的に示している。また，小学校修了時において身に付ける資質・能力を示したものでもある。

　この目標を実際の指導で達成させるためには，さらに具体的な目標が必要となる。これを算数の内容の系統性と児童の発達の段階に応じて，学年ごとに明らかにしたものが各学年の目標である。この各学年の目標は，それぞれの学年で身に付けるべき資質・能力について示したものである。

　したがって，「算数科の目標」を具体化したものが「学年の目標」であり，学年の目標を実現するために「内容」があるといえる。学年の目標は，それぞれの学年だけで捉えられがちであるが，小学校の6年間で漸次達成していく目標としてその系統性にも注意を払い，後述する「内容構成の考え方」との関連を踏まえておく必

(2) 学年の目標の一覧表

第1学年	第2学年	第3学年
(1) 数の概念とその表し方及び計算の意味を理解し，量，図形及び数量の関係についての理解の基礎となる経験を重ね，数量や図形についての感覚を豊かにするとともに，加法及び減法の計算をしたり，形を構成したり，身の回りにある量の大きさを比べたり，簡単な絵や図などに表したりすることなどについての技能を身に付けるようにする。	(1) 数の概念についての理解を深め，計算の意味と性質，基本的な図形の概念，量の概念，簡単な表とグラフなどについて理解し，数量や図形についての感覚を豊かにするとともに，加法，減法及び乗法の計算をしたり，図形を構成したり，長さやかさなどを測定したり，表やグラフに表したりすることなどについての技能を身に付けるようにする。	(1) 数の表し方，整数の計算の意味と性質，小数及び分数の意味と表し方，基本的な図形の概念，量の概念，棒グラフなどについて理解し，数量や図形についての感覚を豊かにするとともに，整数などの計算をしたり，図形を構成したり，長さや重さなどを測定したり，表やグラフに表したりすることなどについての技能を身に付けるようにする。
(2) ものの数に着目し，具体物や図などを用いて数の数え方や計算の仕方を考える力，	(2) 数とその表現や数量の関係に着目し，必要に応じて具体物や図などを用いて数の表し方や計算の仕方などを考察する力，	(2) 数とその表現や数量の関係に着目し，必要に応じて具体物や図などを用いて数の表し方や計算の仕方などを考察する力，
ものの形に着目して特徴を捉えたり，具体的な操作を通して形の構成について考えたりする力，	平面図形の特徴を図形を構成する要素に着目して捉えたり，身の回りの事象を図形の性質から考察したりする力，	平面図形の特徴を図形を構成する要素に着目して捉えたり，身の回りの事象を図形の性質から考察したりする力，
身の回りにあるものの特徴を量に着目して捉え，量の大きさの比べ方を考える力，	身の回りにあるものの特徴を量に着目して捉え，量の単位を用いて的確に表現する力，	身の回りにあるものの特徴を量に着目して捉え，量の単位を用いて的確に表現する力，
データの個数に着目して身の回りの事象の特徴を捉える力などを養う。	身の回りの事象をデータの特徴に着目して捉え，簡潔に表現したり考察したりする力などを養う。	身の回りの事象をデータの特徴に着目して捉え，簡潔に表現したり適切に判断したりする力などを養う。
(3) 数量や図形に親しみ，算数で学んだことのよさや楽しさを感じながら学ぶ態度を養う。	(3) 数量や図形に進んで関わり，数学的に表現・処理したことを振り返り，数理的な処理のよさに気付き生活や学習に活用しようとする態度を養う。	(3) 数量や図形に進んで関わり，数学的に表現・処理したことを振り返り，数理的な処理のよさに気付き生活や学習に活用しようとする態度を養う。

第4学年	第5学年	第6学年
(1) 小数及び分数の意味と表し方，四則の関係，平面図形と立体図形，面積，角の大きさ，折れ線グラフなどについて理解するとともに， 整数，小数及び分数の計算をしたり，図形を構成したり，図形の面積や角の大きさを求めたり，表やグラフに表したりすることなどについての技能を身に付けるようにする。	(1) 整数の性質，分数の意味，小数と分数の計算の意味，面積の公式，図形の意味と性質，図形の体積，速さ，割合，帯グラフなどについて理解するとともに， 小数や分数の計算をしたり，図形の性質を調べたり，図形の面積や体積を求めたり，表やグラフに表したりすることなどについての技能を身に付けるようにする。	(1) 分数の計算の意味，文字を用いた式，図形の意味，図形の体積，比例，度数分布を表す表などについて理解するとともに， 分数の計算をしたり，図形を構成したり，図形の面積や体積を求めたり，表やグラフに表したりすることなどについての技能を身に付けるようにする。
(2) 数とその表現や数量の関係に着目し，目的に合った表現方法を用いて計算の仕方などを考察する力， 図形を構成する要素及びそれらの位置関係に着目し，図形の性質や図形の計量について考察する力， 伴って変わる二つの数量やそれらの関係に着目し，変化や対応の特徴を見いだして，二つの数量の関係を表や式を用いて考察する力， 目的に応じてデータを収集し，データの特徴や傾向に着目して表やグラフに的確に表現し，それらを用いて問題解決したり，解決の過程や結果を多面的に捉え考察したりする力などを養う。	(2) 数とその表現や計算の意味に着目し，目的に合った表現方法を用いて数の性質や計算の仕方などを考察する力， 図形を構成する要素や図形間の関係などに着目し，図形の性質や図形の計量について考察する力， 伴って変わる二つの数量やそれらの関係に着目し，変化や対応の特徴を見いだして，二つの数量の関係を表や式を用いて考察する力， 目的に応じてデータを収集し，データの特徴や傾向に着目して表やグラフに的確に表現し，それらを用いて問題解決したり，解決の過程や結果を多面的に捉え考察したりする力などを養う。	(2) 数とその表現や計算の意味に着目し，発展的に考察して問題を見いだすとともに，目的に応じて多様な表現方法を用いながら数の表し方や計算の仕方などを考察する力， 図形を構成する要素や図形間の関係などに着目し，図形の性質や図形の計量について考察する力， 伴って変わる二つの数量やそれらの関係に着目し，変化や対応の特徴を見いだして，二つの数量の関係を表や式，グラフを用いて考察する力， 身の回りの事象から設定した問題について，目的に応じてデータを収集し，データの特徴や傾向に着目して適切な手法を選択して分析を行い，それらを用いて問題解決したり，解決の過程や結果を批判的に考察したりする力などを養う。
(3) 数学的に表現・処理したことを振り返り，多面的に捉え検討してよりよいものを求めて粘り強く考える態度，数学のよさに気付き学習したことを生活や学習に活用しようとする態度を養う。	(3) 数学的に表現・処理したことを振り返り，多面的に捉え検討してよりよいものを求めて粘り強く考える態度，数学のよさに気付き学習したことを生活や学習に活用しようとする態度を養う。	(3) 数学的に表現・処理したことを振り返り，多面的に捉え検討してよりよいものを求めて粘り強く考える態度，数学のよさに気付き学習したことを生活や学習に活用しようとする態度を養う。

要がある。

　学年の目標は，算数科の目標と同様に各学年で育成を目指す資質・能力の三つの柱である「知識及び技能」，「思考力，判断力，表現力等」，「学びに向かう力，人間性等」に沿ってそれぞれを(1)，(2)，(3)と示した。また，(1)，(2)については，各学年で指導すべき主な内容に対応させた。なお，今回の改訂では，児童の発達の段階に応じて，第1学年，第2学年と第3学年，第4学年と第5学年，第6学年の四つの段階を意識した記述とした。

　各学年で指導する内容は，「A数と計算」，「B図形」，「C測定」（下学年），「C変化と関係」（上学年）及び「Dデータの活用」の五つの領域及び〔数学的活動〕とした。各領域におけるそれぞれの内容において育成を目指す資質・能力は，各領域やそれぞれの内容で閉じたものばかりではなく，異なる領域間で相互に関連し合っているものもある。例えば，「A数と計算」の領域の第5学年での小数の乗法・除法の学習では，整数の場合と同様の乗法・除法のきまりや性質が成り立つことを確認するなど，演算の意味を統合・発展させることになる。また，この小数の乗法・除法の学習で身に付ける内容は，「C変化と関係」の領域の同じく第5学年での二つの数量の関係を取り扱う割合や単位量当たりの大きさの内容の理解を支えるものであり，相互の学習が影響し合いながら演算や計算結果の意味を統合的に捉える力が漸次育成されていくことになる。

　このような趣旨から，常に，「算数科の目標」と「学年の目標」との関連，そして領域相互の関連を考えて，「内容」の指導に当たっていくことが必要である。

　なお，各学年の目標には明記していないが，「算数科の目標」にある「数学的な見方・考え方を働かせ，数学的活動を通して，数学的に考える資質・能力の育成を目指すこと」はいずれの学年においても重要であり，指導に際しては常に留意することが大切である。

第2節 算数科の内容

1 内容構成の考え方

(1) 算数科の内容について

ここでは，改訂の趣旨を踏まえて，算数科の学習の意義を確認するとともに，各学年を通じた小学校算数科の内容の基本的な骨格を示す。

なお，今回の改訂では，学校段階間のつながりを踏まえた教育課程の編成を行っている。そこで，小学校算数科については，児童の発達の段階を踏まえ，小学校算数科と中学校数学科における教育課程の接続という視点から，第1学年，第2学年と第3学年，第4学年と第5学年，第6学年の四つの段階を設定し，当該学年までに育成を目指す資質・能力と働かせる数学的な見方・考え方を明示した内容構成とした。

数学的活動と算数科の学習の意義

算数科の内容については，第1章でも触れたとおり，算数・数学に固有の見方や考え方である「数学的な見方・考え方」を働かせ，数学的活動を通して展開する学習過程で育成を目指す資質・能力を整理した上で示した。

また，学習指導の過程については，従来の用語「算数的活動」を「数学的活動」と改め，算数科の学習を通して育成を目指す資質・能力とそのために望まれる学習過程の趣旨を一層徹底した。

ここで，数学的活動とは，第1節でも述べたとおり，事象を数理的に捉え，算数の問題を見いだし，問題を自立的，協働的に解決する過程を遂行することである。算数科における数学的活動については，具体的には，「日常の事象」及び「数学の事象」を対象とした問題解決の活動と，数学的な表現を生かしながら互いに伝え合う活動を中核とした活動で構成され，このうち，前者の活動は，数学的な問題発見・解決の活動となる。また，下学年には具体的経験を大切にする操作等を通して数量や図形を見いだす活動も数学的活動として明確に位置付けることで小学校に特徴的な数学的活動を重視することとした。

小学校算数科の内容の骨子

今回の改訂では，算数科において育成を目指す資質・能力とそのために必要な指導内容について，数学的活動の中で働かせる数学的な見方・考え方を明示して，内容を整理した。この算数科の内容の骨子を簡略に述べると次のようになる。

① 数概念の形成とその表現の理解，計算の構成と習得
② 図形概念の形成と基本的な図形の性質の理解
③ 量の把握とその測定の方法の理解

④　事象の変化と数量の関係の把握
⑤　不確定な事象の考察
⑥　筋道を立てて考えること
⑦　数学的に表現すること
⑧　数学的に伝え合うこと

このうち，①～⑤は，主として算数科の学習において考察対象となるものとその考察の方法に関する項目である。また，⑥～⑧は，算数科の学習全体を支える数学的な方法などに関する項目である。以下，これらについて説明する。

①数概念の形成とその表現の理解，計算の構成と習得

算数科では，自然数の概念と分数や小数で表現される数（有理数）の概念について理解するとともに，その表現方法を学習する。また，それぞれの数について，数の集合に定義される演算の意味とそれに基づく四則計算の方法を学習する。第4学年までに自然数の計算についての四則計算を，第6学年までに正の有理数の範囲での四則計算の学習が完成することになる。

この基本的な枠組みの中で，基数（集合数）及び序数としての数概念の形成，十進位取り記数法に基づく数の表記，分数や小数の表現による有理数の概念と表記について学習する。このような数の概念とその表し方を理解できるようにしつつ，数についての豊かな感覚が育成されるとともに，整数，小数及び分数の四則の意味とその計算の仕方，具体的な問題場面での計算の利用ができるようにする。

さらに，日常の事象を数理的に捉えて処理したり，日常生活や社会で直面する問題を算数の舞台に載せて解決したりする過程の中で，数や計算を活用したり，概数や概算を用いて処理するなど，数理的な処理のよさが分かるようにする。

②図形概念の形成と基本的な図形の性質の理解

幾何の内容については，平面や空間における基本図形や空間の概念について理解し，図形の概念や基本図形がもつ性質を理解したり，図形について豊かな感覚を身に付けたりするとともに，図形の性質を活用して，具体的な場面で適切に判断したり，的確に表現したり，処理したりできるようにする。また，図形の学習を通して，前提となる条件を明らかにして筋道を立てて考える等，論理的な思考の進め方を知り，それを用いることができるようにするとともに，その過程を通して数学的な見方・考え方の育成を図り，数理的処理のよさが分かるようにする。

そのために，身の回りにあるものの形に目を向けて，次第に図形を捉え，その構成要素に着目しながら基本図形についての概念を形成するとともに，図形を弁別したり，図形を構成（作図）したり，図形の性質を明らかにしたりする。図形の頂点や辺，角等の構成要素を対象とする考察から，平行や垂直のような構成要素間の関係を理解し，さらに合同や縮図・拡大図のような図形間の関係についても学習する。

③量の把握とその測定の方法の理解

　身の回りにある二つのものを比較する場合，比較対象となるものの属性（例えば，長さや重さなど）に着目し，その属性について数値化して表すことがある。算数科で学ぶ量の把握における測定とは，幾つかのものを比較する必要から，ものの特徴を捉えてそれを測り取り，数値化して表すことである。この意味で，量の把握における測定とは，ものの属性に着目し，単位を用いて量を捉え，その単位で測り取った数値に対応させることである。例えば，ものの重さは，「重さ」という属性で単位とする大きさを決めて測定し数値化できる。数学的には，量の測定とは，ものの集合から実数の集合への関数であるとみることができる。

　このようなものの属性の数値化においては，ものの属性を直接比較すること，大小関係の推移律に基づいて行われる間接比較，そして任意の単位を設定して測定した結果の比較，そして普遍単位による測定という過程を通して，測定の意味についての学習を行う。

④事象の変化と数量の関係の把握

　算数科の内容の重要な事項に，身の回りの事象の変化における数量間の関係を把握してそれを問題解決に生かすということがある。これが関数の考えである。問題解決において，ある数量を調べるためにそれと関係のある他の数量を見いだし，それら二つの数量の間に成り立つ関係を把握してその問題を解決する際に用いられる方法である。それは次のような過程を経る。

（a）二つの数量や事象の間の依存関係を考察し，ある数量が他のどんな数量と関係付けられるのかを明らかにすること

（b）伴って変わる二つの数量について対応や変化の特徴を明らかにすること

（c）二つの数量の間の関係や変化の特徴を問題解決において利用すること

　この関数の考えのよさは，二つの数量の間の対応関係に気付き，それを用いることによって，複雑な問題場面をより単純な数量関係に置き換えて考察し，より効率的かつ経済的に作業を行えるという点にある。また，身の回りの事象を理想化・単純化して，数学的に処理したり，問題場面の構造をより簡潔・明瞭・的確に捉えて問題を発展的に考察したりすることを可能にするというよさもある。

　算数科では，具体的な関数としては，比例を中心に扱い，比例の理解を促すために反比例についても学習する。さらに，様々な事象における二つの数量の関係について，それらの数量の間に成り立つ比例関係を前提として乗法的な関係から把握される「割合」について学習する。割合は，二つの数量を比較するときに用いられる関係であり，またその関係を表現する数でもある。

⑤不確定な事象の考察

　児童の身の回りには，偶然に左右され，一つ一つには何の法則もないようにみえ

る事象がある。このような身の回りの事象を観察し，そこにある関係や傾向，法則等を見いだしたり，そうした事象について正しく判断したり，推測したりできるようにする。また，起こり得る場合について考察したり，問題解決のためにデータを集めてそれを分析し，その結果に基づいて判断したりする統計的な問題解決の方法の基礎について学習する。

多くの情報が氾濫する高度情報化社会では，目的に応じて情報を適切に捉え，的確な判断を下すことが求められる。小・中・高等学校の各学校段階を通じて，統計的な問題解決の方法を身に付け，データに基づいて的確に判断し批判的に考察することができるようにする必要がある。算数科では，データを様々に整理したり表現してその特徴を捉えたり，代表値やデータの分布の様子を知って問題解決に生かすなど，統計的な問題解決の方法について知り，それを実生活の問題の解決過程で生かすことを学習する。

⑥筋道を立てて考えること

算数科の目標の中核には，筋道を立てて考える力の育成を目指すことがある。これは論理的な思考力の育成が，数学の主要な陶冶的価値の一つだからである。実際，算数科では，幾つかの事例を考察してそれらに共通する性質を帰納的に考察する場面や，ある事柄を前提としたときにそこから演繹的に導かれる事柄を考察する場面などが教科全体を通してあり，数量や図形の性質などについての統合的・発展的な考察も，このような筋道を立てて考える力によって可能になる。

⑦数学的に表現すること

算数科の学習では，言葉による表現とともに，図，数，式，表，グラフといった数学的な表現の方法を用いることに特質がある。このような多様な表現を問題解決に生かしたり，思考の過程や結果を表現して説明したりすることを学ぶ。中でも式は「数学の言葉である」とも言われるように，日常の事象における数量やその関係等を，的確に，また簡潔かつ一般的に表すことができる優れた表現方法である。

式の指導においては，具体的な場面に対応させて事柄や関係を表すことができるようにするとともに，式を読んだり，式で処理したり考えたり，式変形の過程などを他人に説明したりすることが大切であり，特に，式の表す意味を読み取る指導に重点をおく必要がある。このような指導の過程で式の働きに着目させることによって，式のよさを感じとることができ，式を積極的に活用しようとする態度が育成される。

⑧数学的に伝え合うこと

数学は，日常言語と同様に，それ自体が思考およびコミュニケーションの手段として用いられ，自然や社会の考察に欠かせない言語としての性格をもっている。論証が他者を説得するための術であると言われることがあるように，算数科において

も,事柄の根拠や前提から導かれる結果を説明する等,他者を想定したコミュニケーションの方法を学ぶ。

　上記のような多様な表現を用いて,ある問題についての他者の考えと自分の考えの異同を考察したり,複数の解決のアイディアに基づいてよりよい解決を求めて考えを統合したりすることを学ぶ。これは,算数科のどの領域においても大切な学習内容である。

(2) 内容領域の構成〜五つの領域について〜

　算数科の内容は,「A数と計算」,「B図形」,「C測定」(下学年),「C変化と関係」(上学年),及び「Dデータの活用」の五つの領域で示している。これは,小学校における主要な学習の対象,すなわち,数・量・図形に関する内容とそれらの考察の方法を基本とする領域(「A数と計算」,「B図形」,「C測定」),さらに事象の変化や数量の関係の把握と問題解決への利用を含む領域(「C変化と関係」),不確実な事象の考察とそこで用いられる考え方や手法などを含む領域(「Dデータの活用」)を,それぞれ設定したものである。これらの領域は,算数科において育成を目指す「知識及び技能」,「思考力,判断力,表現力等」がより明確になり,それらを育成するための学習過程の計画が図られるようにするために設定し,内容の系統性や発展性の全体を,中学校数学科との接続をも視野に入れて整理したものである。

　今回の改訂では,主として数・量・図形に関する内容とそれらを考察する方法の観点から整理されてきた従来の内容領域の構成を踏襲しつつ,児童の発達の段階を考慮に入れて,それぞれの内容の指導を通じて育成を目指す資質・能力を明らかにし,内容領域を設定した。特に,以下に述べるような事項を中心として,内容領域を再編成した。このことにより,児童が数学的活動を通して考察を深める内容が,それぞれの領域にまとめられることになり,教師にとって算数科の学習とその指導の趣旨が分かりやすいものになるようにすることを意図している。

　また,児童の発達の段階を踏まえ,算数科と数学科の接続の視点から,第1学年,第2学年と第3学年,第4学年と第5学年,第6学年の四つの段階で育成を目指す資質・能力と,働かせる数学的な見方・考え方を明らかにした。例えば,従来の「量と測定」領域の内容を見直し,下学年に「測定」領域を設定したり,従来の「数量関係」領域における関数の考えの育成について新規に「変化と関係」領域を上学年に設定したりしたのは,この考え方によるものである。

①「A数と計算」の充実：「式の表現や読み」のA領域への位置付け

　「A数と計算」領域は,整数,小数,分数などの数の概念の形成や,数の表し方や計算の習得などの内容によって構成されている。数に関わる学習では,基礎的な計算の習得を大切にしながら,数の概念とその表記に着目し,算数の学習対象や日

小学校算数科における領域構成の見直し

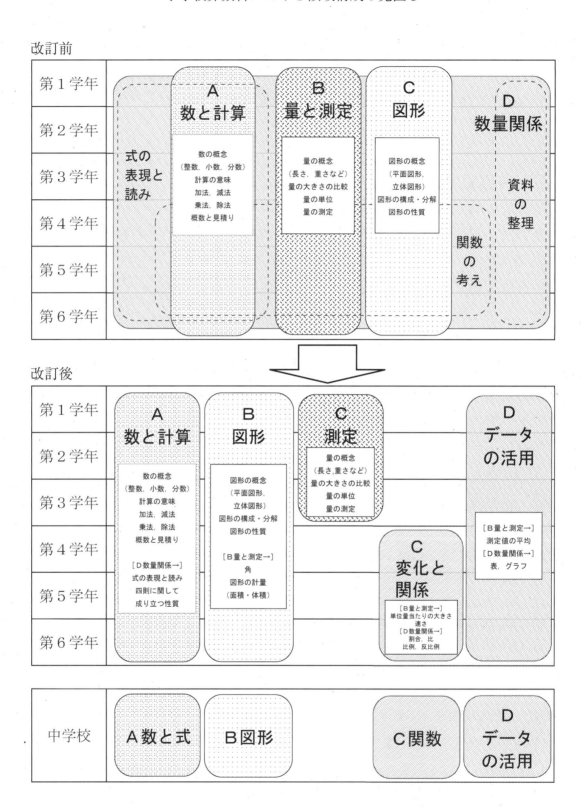

常の事象を数学的に表現して，数学的な見方・考え方を働かせることが大切である。

　計算する際に用いられる加法及び減法，乗法及び除法などの式は，日常生活の場面を算数の舞台に載せる役割を果たしている。文章題は式に表すことができれば，あとは計算で答えを求めることができる。計算の学習は，算数の学習として閉じるのではなく，日常場面で生きて働くことが必要である。そのためには，日常の場面を式に表したり，式を読んだりする内容が欠かせない。

　そこで，従来は「数量関係」において，第1学年から第6学年まで位置付けられていた式の表現と読みに関する内容を，「数と計算」の考察に必要な式として捉え直し，「A数と計算」領域に位置付け直すことにした。これにより，事象を考察する際の式の役割が一層理解しやすくなり，日常生活の場面や算数の学習の場面で，式に表現したり読んだりして問題解決することができるようになる。このことによって数学的活動の充実が一層図られることとなる。

②量を測定するプロセスの充実（下学年）と図形の計量的考察の充実（上学年）

　従来の「B量と測定」領域は，身の回りにあるいろいろな量の単位と測定などの内容によって構成されている。また，「C図形」の領域は，基本的な平面図形や立体図形の概念とその性質，図形の構成などの内容によって構成されている。

　この「量と測定」領域では，第一に，直接比較から間接比較，任意単位による測定，普遍単位による測定という一連のプロセスを大切にし，そこで働かせる数学的な見方・考え方が育成される内容と，面積や体積のように，図形を構成する要素に着目し，図形の性質を基に，量を計算によって求める内容や，二つの数量の関係に着目し，数量の間の比例関係を基に，量を計算で求める単位量当たりの大きさや速さの内容があった。

　下学年において量を捉えるために単位を設定して測定すること，面積や体積を公式によって求めること，単位量当たりの大きさや速さを公式によって求めることについて，実際に児童が考察する仕方は，それぞれ異なるものである。そこで，育成を目指す資質・能力を明確にし，児童が学習する際の考察する仕方が異なる内容をそれぞれに合う領域に移行させることで，領域ごとに指導内容の配置の趣旨がより分かりやすくなるようにした。

　まず，従前の「B量と測定」の内容を，測定のプロセスを充実する下学年での「C測定（下学年）」領域と，計量的考察を含む図形領域としての上学年の「B図形」に再編成した。再編成に当たっては，第一に，新規に「C測定（下学年）」領域を設定することとした。これは，ものの属性に着目し，単位を設定して量を数値化して捉える過程を重視し，それぞれの量について，そこでの測定のプロセスに焦点を当てて学ぶことにしているからである。また，第二に，基本的な平面図形の面積や立体図形の体積などの学習を，図形の特徴を計量的に捉えて考察するという視点か

ら位置付け直し，上学年における「図形」領域の内容に移行した。例えば，三角形の面積は，平行四辺形を対角線で二つに分けることで説明でき，その際に，底辺や高さを基に計算によって求めることができる。つまり，計量をする際は，図形の性質や図形を構成する要素などに着目している。そこで，図形を構成する要素に着目して，図形の性質を考察する領域としての「図形」領域の位置付けを明確にした。新しい「図形」の領域を「図形を構成する要素などに着目して，図形の性質を考察したり，それを活用したりする資質・能力を育む」領域として，領域の趣旨を分かりやすいものとした。

次に，単位量当たりの大きさや速さについては，二つの数量の関係を考察することを重視する観点から，「変化と関係」領域で扱うこととした。このことにより，育成を目指す資質・能力に対応する内容をまとめて示すことにした。

また，第5学年の「測定値の平均」は，「データの活用」領域に移動した。「データの活用」領域では，従来から第6学年で「資料の平均」を学習している。測定値の平均は，一つのものを繰り返し測定し，それらの値を平均することで真の値に近づくことが前提の平均である。この前提には，測定したデータの分布は正規分布になるということがある。一方，「資料の平均」は，データの数値を平均するのみで，前提として分布が正規分布であるかどうかを仮定せず，統計的な問題解決に用いられる。これらの違いの理解を深めるために同一の領域で示すことにした。

③変化や関係を把握する力の育成の重点化と統計教育の充実：数量関係領域の充実

従前の「数量関係」は，主として，関数の考え，式の表現と読み，及び資料の整理と読みの三つの下位領域からなるものであったが，今回の改訂により，従前の「数量関係」の内容を新たに設けた「変化と関係」と「データの活用」に移行した。これにより，数量の変化や関係に着目した考察を重視するとともに統計教育の基礎を充実することにした。

「変化と関係」の領域の新設については，算数科で育成を目指す資質・能力の重要な事項に，事象の変化や関係を捉えて問題解決に生かそうとすることがあり，これが従前から「関数の考え」として重視されてきたことを踏まえている。今回の改訂では，事象の変化や関係を捉える力の育成を一層重視し，二つの数量の関係を考察したり，変化と対応から事象を考察したりする数学的活動を一層充実するために，従来の「数量関係」領域の考え方を生かすものとして，上学年に設けた。この領域の内容は，中学校数学の「関数」領域につながるものであり，小学校と中学校の学習の円滑な接続をも意図している。

なお，「変化と関係」領域を上学年に位置付けたのは，従来の「数量関係」の領域における「関数の考え」が育成される内容が，伴って変わる二つの数量の関係（第

4学年),簡単な比例(第5学年),比例と反比例(第6学年)など,上学年に位置付けられていたことを踏まえたものである。しかしながら,下学年においても,数や図形の等の考察において,数の関係を考察したり,変化の規則に注目したりする場面が多いことに注意が必要であり,そのような場面は「関数の考え」の素地指導をする重要な機会である。

さらに,第1章で述べた統計的な内容の充実を踏まえ,身の回りの事象をデータから捉え,問題解決に生かす力,データを多面的に把握し,事象を批判的に考察する力の育成を目指すとともに,小学校と中学校間との統計教育の円滑な接続のため,従前の「数量関係」領域の資料の整理と読みの内容を中心に,統計に関わる領域「データの活用」を新たに設けた。「データの活用」という名称を用いたことについては,平成21年の3月改訂の高等学校学習指導要領数学Ⅰにおいて,生活の中で活用することや統計学とのつながりを重視し,一般的に使われている「データ」という用語を用いたことや,小・中・高等学校の学習のつながりを考慮したものである。

指導に当たっては,上述の各領域の特徴を踏まえ,教科内容の系統を見通した上で,育成を目指す資質・能力の発達の系統を意識するとともに,各領域に含まれる内容相互の関連にも十分配慮して取り扱う必要がある。

(3) 数学的活動について

数学的活動は,「A数と計算」,「B図形」,「C測定」,「C変化と関係」及び「Dデータの活用」の五つの領域に並列に示しているが,五つの領域とは縦軸と横軸の関係にあり,小学校算数科の教育課程全体に構造的に位置付けられる。つまり,数学的活動を五つの領域の指導内容からいったん切り離した上で,事象を数理的に捉え,算数の問題を見いだし,問題を自立的,協働的に解決する過程を遂行するという観点から三つもしくは四つの活動に集約して,五つの領域を包括し,算数科の内容に位置付けている。これらの数学的活動は,五つの領域の内容やそれらを相互に関連付けた内容の学習を通して実現されるものであり,数学的活動を五つの領域の内容と別に指導することを意味するものではない。

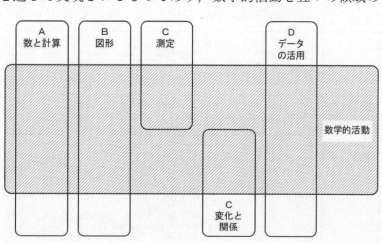

2 各領域の内容の概観

A 数と計算

(1)「A数と計算」の領域のねらい

この領域のねらいは,次の三つに整理することができる。

- 整数,小数及び分数の概念を形成し,その性質について理解するとともに,数についての感覚を豊かにし,それらの数の計算の意味について理解し,計算に習熟すること
- 数の表し方の仕組みや数量の関係に着目し,計算の仕方を既習の内容を基に考えたり,統合的・発展的に考えたりすることや,数量の関係を言葉,数,式,図などを用いて簡潔に,明瞭に,又は,一般的に表現したり,それらの表現を関連付けて意味を捉えたり,式の意味を読み取ったりすること
- 数や式を用いた数理的な処理のよさに気付き,数や計算を生活や学習に活用しようとする態度を身に付けること

(2)「A数と計算」の内容の概観

この領域で働かせる数学的な見方・考え方に着目して内容を整理すると,次の四つにまとめることができる。

① 数の概念について理解し,その表し方や数の性質について考察すること
② 計算の意味と方法について考察すること
③ 式に表したり式に表されている関係を考察したりすること
④ 数とその計算を日常生活に生かすこと

以下の表は,これらの観点から,各学年の内容を整理したものである。

数学的な見方・考え方	・数の表し方の仕組み,数量の関係や問題場面の数量の関係などに着目して捉え,根拠を基に筋道を立てて考えたり,統合的・発展的に考えたりすること			
	数の概念について理解し,その表し方や数の性質について考察すること	計算の意味と方法について考察すること	式に表したり式に表されている関係を考察したりすること	数とその計算を日常生活に生かすこと
第1学年	・2位数,簡単な3位数の比べ方や数え方	・加法及び減法の意味 ・1位数や簡単な2位数の加法及び減法	・加法及び減法の場面の式表現・式読み	・数の活用 ・加法,減法の活用
第2学年	・4位数,1万の比べ方や数え方 ・数の相対的な大きさ ・簡単な分数	・乗法の意味 ・2位数や簡単な3位数の加法及び減法 ・乗法九九,簡単な2位数の乗法 ・加法の交換法則,結合法則	・乗法の場面の式表現・式読み ・加法と減法の相互関係 ・( )や□を用いた式	・大きな数の活用 ・乗法の活用

		・乗法の交換法則など ・加法及び減法の結果の見積り ・計算の工夫や確かめ		
第3学年	・万の単位，1億などの比べ方や表し方 ・大きな数の相対的な大きさ ・小数（$\frac{1}{10}$の位）や簡単な分数の大きさの比較可能性・計算可能性	・除法の意味 ・3位数や4位数の加法及び減法 ・2位数や3位数の乗法 ・1位数などの除法 ・除法と乗法や減法との関係 ・小数（$\frac{1}{10}$の位）の加法及び減法 ・簡単な分数の加法及び減法 ・交換法則，結合法則，分配法則 ・加法，減法及び乗法の結果の見積り ・計算の工夫や確かめ ・そろばんによる計算	・除法の場面の式表現・式読み ・図及び式による表現・関連付け ・□を用いた式	・大きな数，小数，分数の活用 ・除法の活用
第4学年	・億，兆の単位などの比べ方や表し方（統合的） ・目的に合った数の処理 ・小数の相対的な大きさ ・分数（真分数，仮分数，帯分数）とその大きさの相等	・小数を用いた倍の意味 ・2位数などによる除法 ・小数（$\frac{1}{100}$の位など）の加法及び減法 ・小数の乗法及び除法（小数×整数，小数÷整数） ・同分母分数の加法及び減法 ・交換法則，結合法則，分配法則 ・除法に関して成り立つ性質 ・四則計算の結果の見積り ・計算の工夫や確かめ ・そろばんによる計算	・四則混合の式や（ ）を用いた式表現・式読み ・公式についての考え ・□，△などを用いた式表現など（簡潔・一般的）	・大きな数の活用 ・目的に合った数の処理の仕方の活用 ・小数や分数の計算の活用
第5学年	・観点を決めることによる整数の類別や数の構成 ・数の相対的な大きさの考察 ・分数の相等及び大小関係 ・分数と整数，小数の関係 ・除法の結果の分数による表現	・乗法及び除法の意味の拡張（小数） ・小数の乗法及び除法（小数×小数，小数÷小数） ・異分母分数の加法及び減法	・数量の関係を表す式（簡潔・一般的）	・整数の類別などの活用 ・小数の計算の活用
第6学年		・乗法及び除法の適用範囲の拡張（分数） ・分数の乗法及び除法（多面的） ・分数・小数の混合計算（統合的）	・文字 a, x などを用いた式表現・式読みなど（簡潔・一般的）	

(3)「A数と計算」の領域で育成を目指す資質・能力

①数の概念について理解し，その表し方や数の性質について考察すること

整数

　整数は，ものの個数を表したり，ものの順番を表したりするときに用いられる。整数は，十進位取り記数法によって表される。第1学年では整数のことを数（かず）

と呼んで指導し，第3学年からは小数や分数と区別するために，整数という用語を用いるようにする。

第1学年では，数のまとまりに着目し，ものとものとを対応させることによって個数を比べること，個数や順番を正しく数えたり表したりすること，数を大小の順に並べること，一つの数をほかの数の和や差としてみることなどを指導して，整数の意味について理解できるようにする。

第2学年から第4学年では，数のまとまりに着目し，十進位取り記数法により数を表すこと，数を十，百，千，万などを単位としてみること，一つの数をほかの数の積としてみることを指導し，十進位取り記数法の理解を深め，数の比べ方や表し方を統合的に捉えることができるようにする。

第5学年では，乗法及び除法に着目し，観点を決めて整数を類別する仕方を考えたり，数の構成について考察したりすることを指導する。具体的には，偶数，奇数また約数，倍数について指導して，整数の性質についての理解を深めるようにする。

また，数の表し方の仕組みに着目し，数の相対的な大きさを考察することを指導する。

小数と分数

小数および分数は，端数部分の大きさを表すのに用いることで導入される。第3学年では，小数が$\frac{1}{10}$の幾つ分かで表せることや，分数が単位分数の幾つ分かで表せることを指導する。例えば，0.6は0.1の六つ分を意味し，$\frac{3}{4}$は$\frac{1}{4}$という単位分数の三つ分を意味することを指導する。なお，第2学年では，分数や割合の指導の素地として，$\frac{1}{2}$や$\frac{1}{3}$などの簡単な分数を指導する。ここでは，ある大きさのものを2等分，3等分したものを，もとの大きさの$\frac{1}{2}$，$\frac{1}{3}$と表すことや，$\frac{1}{2}$，$\frac{1}{3}$の大きさをそれぞれ二つ，三つ集めるともとの大きさに戻ることを指導する。

また，第3学年では，数のまとまりに着目し，小数や分数でも数を比べたり計算したりできるかどうかを考えることを指導する。ここでは，小数や分数がそれぞれ0.1や$\frac{1}{3}$などの単位で構成されていることの理解を深めるために，$\frac{1}{10}$の位までの小数の加法及び減法，簡単な場合についての分数の加法及び減法についても指導する。

小数については，第4学年から第5学年で，$\frac{1}{100}$の位，$\frac{1}{1000}$の位などについて指導し，小数が十進位取り記数法によって表されることの理解を深めるようにする。整数の場合と同様に数の相対的な大きさについて指導し，小数も整数と同様に十進位取り記数法に基づく数の表し方であることを統合的に理解できるようにする。

分数については，第4学年で，数を構成する単位に着目し，簡単な場合について，大きさの等しい分数があることを指導する。また，1より小さい分数を真分数ということ，1に等しいか1より大きい分数を仮分数ということ，ならびに，仮分数を

整数と真分数の和の形で表したものを帯分数ということを指導する。第5学年では，分数の表現に着目し，除法の結果の表し方を振り返り，分数の意味をまとめることについて指導する。例えば，$2 \div 3 = \frac{2}{3}$などのように，整数の除法の結果を分数で表すことを指導する。また，分数を小数で表すことや，異分母の分数の大小の比べ方などについて指導し，分数についての理解を深めるようにする。

②計算の意味と方法について考察すること

計算の意味

　第1学年では，数量の関係に着目し，加法及び減法の意味を指導する。加法は二つの集合を合わせて新しい集合を作ったときの要素を求めるものであり，また，加法が用いられる場面には，合併，増加，順序数を含む加法などがある。さらに，第1学年では，どの場面でも同じ結果が得られることを具体的な操作や結果を通して理解できるようにする。減法は加法の逆演算であり，求残と求差の場面などを取り扱う。このとき，求差の問題を解決するための「1対1に対応させ，対応がつかなったものの数を数える操作」と「大きい方の数から小さい方の数を取り去ったときの残りの数を求める操作」とを対応付け，同じ結果が得られることを理解できるようにする。

　数量の関係に着目し，第2学年では乗法の意味を，第3学年では除法の意味を指導する。

　第2学年では，乗法は，一つ分の大きさがaのもののb個分の大きさ，あるいはb倍に当たる大きさを求める計算として意味付けられることや，素朴にはaをb個だけ加えること（同数累加）によって，その大きさを求めることができることを指導する。

　第3学年では，除法は乗法の逆演算であることを指導する。除法の場面には，等分除（一つ分の大きさを求める場合）と包含除（幾つ分になるかを求める場合）がある。これらは，計算の仕方としては同一のものとみることができるので，除法としては一つのものとして捉えることができるようにする。なお，包含除の学習と第2学年の倍の学習を関連付け，除法によってある数量が別の数量の何倍かを求めることができることも指導する。

　第4学年では，整数を整数で割ったときに商が小数になる場合を扱うこととの関わりから小数を用いた倍について指導する。例えば，「12cmは8cmの何倍か調べる」という場面で$12 \div 8 = 1.5$であることから，「12cmは8cmの1.5倍」ということを指導する。

　第5学年では，数量の関係に着目し，乗法では乗数が小数の場合に，除法では除数が小数の場合に，それらの計算の意味を拡張する。乗法については，$B \times p$を「Bを基準にする大きさ（1）とみたときに，割合pに当たる大きさを求める計算」と

意味を捉え直すことができ，例えば，「1mが40円のリボンを2.3m買ったときの代金」を求める式は40×2.3と表すことができることを指導する。

上述の割合pに当たる大きさをAとするとB×p＝Aと表すことができ，この関係から，除法が小数の場合に除法を拡張することができる。このとき，上の乗法の逆として割合pを求める場合(①)と，基準にする大きさBを求める場合(②)とがある。

① p＝A÷B
② B＝A÷p

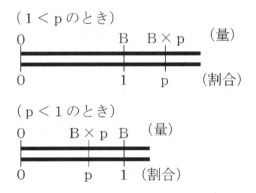

①は，AがBの何倍かを求める考えであり，除法の意味としては，pが整数の場合には，包含除の考えに当たる。②は基準にする大きさを求める考えであり，除法の意味としては，pが整数の場合には，等分除の考えに当たる。

第6学年では，乗数が分数の乗法や除数が分数の除法を学習するが，これは乗法や除法の意味の拡張というよりは，適用される数の範囲の拡張である。第5学年での乗法，除法の意味を基にして，分数の乗法や除法の意味を理解できるようにする必要がある。

計算の仕方

第1学年では，数量の関係に着目し，1位数どうしの加法及びその逆の減法について計算の意味や計算の仕方を考えることを指導する。ここでは，数の合成・分解や10のまとまりに着目させることが大切である。

第2学年から第4学年では，数量の関係に着目し，整数の加法，減法，乗法，除法の計算の仕方を考えたり計算に関して成り立つ性質を見いだし，それらを活用したりすることを指導する。

整数の加法や減法については，十進位取り記数法に着目し，それぞれの位毎に計算することで，多数桁の計算が第1学年で学習した加法や減法の計算に帰着できることを理解させる。また，交換法則や結合法則を学習することで，繰り上がり，繰り下がりが少なくなるなどの計算の工夫について考えさせる。

整数の乗法については，第2学年で乗法九九を指導する。乗法九九の学習では，例えば3×4の場合，その結果が12であることを乗法の意味から考えることと，その結果を「さんしじゅうに」と唱え習熟させることが必要である。このことを基礎として，第3学年から第4学年では，多数桁の乗法を指導する。ここでは計算の意味を拡張する必要はないが，計算を同数累加で行うことは効率的ではない。十進位取り記数法の仕組みに着目し，分配法則を活用することで，計算の仕方を考え，

筆算形式と関連付けていく。また，交換法則や結合法則について理解し，これらを活用した計算の工夫について考えさせる。

整数の除法については，第3学年において，乗法や減法との関係に着目し，計算の仕方を考えさせる。また，余りのある計算について理解させ，その計算に習熟させることが大切である。第4学年では，第3学年までの学習を基に，多数桁の除法の計算の仕方を考えさせる。このとき，十進位取り記数法の仕組みに着目するとともに，乗法，減法，商の見積りなどを活用することが大切である。また，「除数及び被除数に同じ数をかけても，同じ数で割って計算しても商は変わらない」という除法に関して成り立つ性質を調べさせるとともに，それを活用した計算の工夫を考えさせる。

小数の計算については，数の表し方の仕組みや数を構成する単位に着目し，計算の仕方を考えさせる。小数の計算では，0.1や0.01の幾つ分という見方によって，整数の計算に帰着できることに気付かせることが大切である。また，第5学年での乗数が小数の乗法や除数が小数の除法では，具体的な場面の比例の関係を根拠にして計算の仕方を考えさせるとともに，計算に関して成り立つ性質を活用した計算の仕方を考えさせることも大切である。

分数の計算についても，数の表し方の仕組みや数を構成する単位に着目し，計算の仕方を考えさせる。小数が十進位取り記数法で表されているのに対して，分数は二つの数の関係で一つの数が表されており，構成する単位が分数によって異なることに着目する必要がある。同分母の分数の加法及び減法については，$\frac{n}{m}$を$\frac{1}{m}$の幾つ分とみることで，整数の加法及び減法に帰着することができる。異分母の分数の加法及び減法については，分母を通分することで同分母の加法及び減法に帰着することができる。

第6学年では，分数の乗法及び除法を指導する。分数の意味と表現及び計算について成り立つ性質に着目し，分数の乗法及び除法の計算の仕方を多面的に考えることを指導する。上で述べたとおり，小数と分数では数の表し方の仕組みは異なるけれども，小数で学習した比例の関係を根拠にした計算の仕方や，計算に関して成り立つ性質を活用した計算の仕方から類推的に計算の仕方を考えることができる。また，$a \div b = \frac{a}{b}$という関係を活用するなど，分数に固有な計算の性質を活用して，計算の仕方を多面的に考えさせることが大切である。

なお，除数が分数の除法は逆数を用いることによって乗法に直すことができること，整数，小数，分数の乗法は，分数に揃えることで，いつでも計算できることなどを指導し，中学校での数学の学習への円滑な接続を図る。

③式に表したり式に表されている関係を考察したりすること

日常の事象の中に見られる数量やその関係などを表現する方法として，言葉，図，

数，式，表，グラフがある。その中でも式は，事柄や関係を簡潔，明瞭，的確に，また，一般的に表すことができる優れた表現方法である。

式の指導においては，具体的な場面に対応させながら，事柄や関係を式に表すことができるようにする。さらに，式を通して場面などの意味を読み取り言葉や図を用いて表したり，式と図などによる表現を関連付けて考えたり，表現したりすることが大切である。さらに，式を，言葉，図，表，グラフなどと関連付けて用いて自分の考えを説明したり，分かりやすく伝え合ったりできるようにすることが大切である。

式には，$2+3$，$□×5$，$x-5$などのような式と，$2+3=5$，$□×3=12$，$a×b=b×a$などのような等号を含む式がある。また，(単価)×(個数)＝(代金)のような「言葉の式」もある。最初の例については，例えば$2+3$という式が，ある場面での数量についての事柄を表しているという見方ができることが大切である。また，等号を含む式については，例えば$□+3=△$，$x+3=8$という式が，ある場面での数量の関係を表しているという見方ができることが大切である。

式ではこのほかに，( )などを用いて表したり，複数の事柄を一つの式（総合式）で表したりすることもある。

式には，次のような働きがある。
(ア) 事柄や関係を簡潔，明瞭，的確に，また，一般的に表すことができる。
(イ) 式の表す具体的な意味を離れて，形式的に処理することができる。
(ウ) 式から具体的な事柄や関係を読み取ったり，より正確に考察したりすることができる。
(エ) 自分の思考過程を表現することができ，それを互いに的確に伝え合うことができる。

次に，式の読み方として，次のような場合がある。
(ア) 式からそれに対応する具体的な場面を読む。
(イ) 式の表す事柄や関係を一般化して読む。
(ウ) 式に当てはまる数の範囲を，例えば，整数から小数へと拡張して，発展的に読む。
(エ) 式から問題解決などにおける思考過程を読む。
(オ) 数直線などのモデルと対応させて式を読む。

このような式について，第1学年では，数量の関係に着目し，加法及び減法が用いられる場面を式に表したり式を読み取ったりすることを指導する。例えば，「3人で遊んでいるところに4人来たので，全部で7人になりました。」という場面を，$3+4=7$という式に表したり，$5+3$という式をみて，「5人で遊んでいるところに3人来ました。」というような具体的な場面を考えることなどを指導する。

第２学年では，数量の関係に着目し，乗法が用いられる場面を式に表したり式を読み取ったりすることや加法と減法の相互関係について指導する。また，（　）や□を用いて式に表すこともできる。

　第３学年では，数量の関係に着目し，除法が用いられる場面を式に表したり式を読み取ったりすることや，数量の関係を図や式を用いて簡潔に表したり，式と図を関連付けて式を読んだりすることを指導する。なお，ここでは文字としての役割をもつものとしての□を用いた式を指導する。例えば，12÷3の答えを3×□＝12の□に当てはまる数として捉える場合に□を用いる。

　第４学年では，四則の混合した式や公式について指導するとともに，問題場面の数量の関係に着目し，数量の関係を文字としての役割をもつ□，△などを用いて簡潔に，また一般的に表現したり，式の意味を読み取ったりすることを指導する。ここでは，文字の種類が増えるだけでなく，この□や△などは変量を表す記号として用いられるものである。第５学年では，第４学年までの理解の上に，二つの数量の対応や変わり方に着目し，数量の関係を表す式についての理解を深める。

　第６学年では，問題場面の数量の関係に着目し，数量の関係を文字 a，x などを用いて簡潔かつ一般的に表現したり，式の意味を読み取ったりすることを指導し，中学校での数学の学習への円滑な接続を図る。

④数とその計算を日常生活に生かすこと

　数は日常生活のいろいろな場面で活用されるものである。例えば，物の個数を表したり，順序を表したりするのに数が使われるし，物の値段にも数が活用されている。また，長さ，広さ，かさ，重さ，速さなどの量も本質的には数によってその大きさが表されている。数概念は人が生涯にわたって活用していくものであり，小学校段階で確実に定着させておく必要がある。

　計算についても，物を買うときに加法や減法などを用いるし，同じ数のものが幾つかあるときは，乗法を用いてその総数を能率的に求めることができる。利益や消費税に関する計算をするときには，割合の概念を基に，小数や分数の乗法及び除法が確実にできることが大切である。

　第４学年では，概数や四則計算の結果の見積りについて指導する。日常の事象における場面に着目し，目的に応じた四捨五入，切り上げなどの数の処理の仕方を考えさせ，その考え方を日常生活に生かせるように指導する。

　なお，数やその計算の学習の内容は，第１学年の２位数などの数の学習や１位数や簡単な２位数の加法及び減法の学習から始まり，その範囲や演算の種類が学年毎に広がっていく。特に，大きな数や小数，分数などについては形式的な扱いにとどまらず，数についての感覚を豊かにしつつ，活用できる数の範囲が広がることを実感させながら，数や計算を生活や学習に活用しようとする態度を育むことが大切である。

B　図形

(1)「B図形」の領域のねらい

この領域のねらいは，次の三つに整理することができる。

- 基本的な図形や空間の概念について理解し，図形についての豊かな感覚の育成を図るとともに，図形を構成したり，図形の面積や体積を求めたりすること
- 図形を構成する要素とその関係，図形間の関係に着目して，図形の性質，図形の構成の仕方，図形の計量について考察すること。図形の学習を通して，筋道立てた考察の仕方を知り，筋道を立てて説明すること
- 図形の機能的な特徴のよさや図形の美しさに気付き，図形の性質を生活や学習に活用しようとする態度を身に付けること

(2)「B図形」の内容の概観

この領域で働かせる数学的な見方・考え方に着目して内容を整理すると，次の四つにまとめることができる。

① 図形の概念について理解し，その性質について考察すること
② 図形の構成の仕方について考察すること
③ 図形の計量の仕方について考察すること
④ 図形の性質を日常生活に生かすこと

以下の表は，これらの観点から，各学年の内容を整理したものである。

数学的な見方・考え方	・図形を構成する要素，それらの位置関係や図形間の関係などに着目して捉え，根拠を基に筋道を立てて考えたり，統合的・発展的に考えたりすること			
	図形の概念について理解し，その性質について考察すること	図形の構成の仕方について考察すること	図形の計量の仕方について考察すること	図形の性質を日常生活に生かすこと
第1学年	・形の特徴	・形作り・分解		・形 ・ものの位置
第2学年	・三角形，四角形，正方形，長方形，直角三角形 ・箱の形	・三角形，四角形，正方形，長方形，直角三角形 ・箱の形		・正方形，長方形，直角三角形
第3学年	・二等辺三角形，正三角形 ・円，球	・二等辺三角形，正三角形 ・円		・二等辺三角形，正三角形 ・円，球
第4学年	・平行四辺形，ひし形，台形 ・立方体，直方体	・平行四辺形，ひし形，台形 ・直方体の見取図，展開図	・角の大きさ ・正方形，長方形の求積	・平行四辺形，ひし形，台形 ・立方体，直方体 ・ものの位置の表し方

第5学年	・多角形，正多角形 ・三角形の三つの角，四角形の四つの角の大きさの和 ・直径と円周との関係 ・角柱，円柱	・正多角形 ・合同な図形 ・柱体の見取図，展開図	・三角形，平行四辺形，ひし形，台形の求積 ・立方体，直方体の求積	・正多角形 ・角柱，円柱
第6学年	・対称な図形	・対称な図形 ・縮図や拡大図	・円の求積 ・角柱，円柱の求積	・対称な図形 ・縮図や拡大図による測量 ・概形とおよその面積

(3)「B図形」で育成を目指す資質・能力
①図形の概念について理解し，その性質について考察すること

　図形の性質の考察においては，観察や構成などの活動を通して，図形の意味を理解したり，図形の性質を見付けたり，図形の性質を確かめたりすることができるようにする。次の三つに分けて述べていく。

・ものの形に着目して考察すること
・図形を構成する要素に着目して，図形の性質について考察すること
・図形を構成する要素及びそれらの位置関係に着目して，図形の性質を考察すること

ものの形に着目して考察すること

　第1学年では，仲間分けしたり，形遊びをしたり，箱を積んだり，箱でものを作ったり，面を写し取ったりすることを通して，ものの形を認め，形の特徴について捉え，図形についての理解の基礎となる経験を豊かにする。ものの形について，児童が例えば，「さんかく」「しかく」「まる」「箱の形」「ボールの形」などと呼んだり，その特徴を調べたりできるようにする。また，児童は，身近にある箱等を，形に限定せず多様な視点から捉えていくことが予想される。例えば，箱には何が入っていたのか，箱は何色か，箱は大きいか小さいかなど，目的に応じて，色，大きさ，位置，材質，機能，形等の多様な属性に着目するわけである。ものを弁別する際には多様な観点があり，その中の一つに形があるのだという意識がもてるように指導することが大切である。

図形を構成する要素に着目して，図形の性質について考察すること

　次に，図形を構成する要素などに着目して図形の性質を考察することを指導する。辺の数，面の数，角の数などに着目させる。また，図形を，辺の長さや角の大きさが等しいかどうかに着目して分類できるようにする。

　第2学年では，辺の数，直角に着目して三角形，四角形，直角三角形を指導する。また，正方形，長方形，直角三角形も指導する。例えば，四つの辺の長さが等しく，四つの角が直角であるような四角形を正方形と捉えられるようにする。第3学年で

は，二等辺三角形，正三角形を指導する。二等辺三角形は，二つの辺の長さが等しい三角形である。例えば，二等辺三角形を二つに折るなどの活動を通して，二つの角の大きさが等しいという図形の性質を見いだせるようにする。また，中心，半径，直径に着目して円について指導するとともに，球の直径等について，平面図形の円と比べながら指導する。第4学年では，正方形，長方形の数に着目して立方体，直方体を指導する。第5学年では，辺の数や長さなどに着目して多角形や正多角形を，また，底面，側面に着目して，角柱，円柱を指導する。各々の図形指導では，それを構成したり弁別したりする活動を取り入れ，その性質が発見できるように指導するとともに，図形の性質を筋道を立てて説明できるようにする。

図形を構成する要素やそれらの位置関係に着目して図形の性質について考察すること

次に，図形を構成する要素だけでなく，図形を構成する要素の間の関係に着目する。辺と辺，辺と面，面と面の間にある垂直，平行といった位置関係，辺の長さや角の大きさの間にある数量的な関係を取り上げる。

第4学年では，まず直線の位置関係に着目する。辺の長さ，角の大きさといった量ではなく，平行，垂直といった直線どうしの位置関係から図形を特徴付け，平行四辺形，ひし形，台形を指導する。平行四辺形については，「対辺の長さや対角の大きさがそれぞれ等しい」という性質，ひし形について，「対辺がそれぞれ平行である，対角の大きさがそれぞれ等しい，対角線が垂直に交わり互いに他を二等分する」という性質を指導する。また，直方体に関連して，直線や平面の平行や垂直の関係について理解できるようにする。

さらに，対称軸を見いだし，それに対する両側の点，辺の位置関係等を考えることにより，図形を対称といった見方から捉えることができる。第6学年においては，線対称，点対称な図形を指導する。線対称な図形とは，ある直線を折り目として折ったとき，ぴったり重なる図形をさす。また，点対称な図形とは，一つの点を中心にして180度回転したときにぴったり重なる図形をさす。

そして，新たな見方が獲得されると，既習の図形をその見方で統合的に捉え直すことが肝要である。第4学年では，これまで学習した正方形，長方形等を平行，垂直といった見方から捉え直し，第5学年では，角柱における底面，側面といった見方から既習の立方体，直方体を捉え直し，第6学年では，線対称，点対称といった見方から，正方形，長方形，平行四辺形，台形，ひし形等を捉え直すことになる。ここで，二等辺三角形，正三角形，正方形，長方形，ひし形は線対称な図形であり，正方形，長方形，ひし形，平行四辺形は点対称な図形である。

さらに，図形を構成する要素の数量的な関係について考察していく。例えば，三角形を取り上げると，図形を構成する要素である三つの辺，三つの角の間に，何か一般的な性質がないかを考えることを指導する。第5学年では，三角形の三つの角

の大きさの和が180度であること，四角形の四つの角の大きさの和が360度であること等を取り扱う。既に分かっていることを基に，筋道を立てて論理的に説明できるように指導する。

②図形の構成の仕方について考察すること

図形の構成とは，身の回りの物や色板などを使って図形を作ったり，図形を分解したりすること，紙を折ったり切ったりして図形を作ること，コンパス，定規，分度器などを使って作図すること等を意味する。次の二つに分けて述べる。

・図形を構成する要素に着目して，図形の構成の仕方について考察すること
・図形間の関係に着目して，図形の構成の仕方について考察すること

図形を構成する要素に着目して，図形の構成の仕方について考察すること

ここでは，図形を構成する要素に着目して，図形を作ったり分解したりする方法を考えることを指導する。第1学年では，身の回りのものや色板などを使って，身の回りにある具体物の形を作ったり，作った形から逆に具体物を想像したりする。第2学年では，辺，頂点，面，直角に着目して，図形の構成の仕方を考える。例えば，三角形を構成するためには，3本の直線を用いる必要があること，そして，それらのうち2本で頂点を決定する必要があること等を考える。また，頂点，辺，面の個数に着目し，六つの正方形や長方形を組み合わせたり，12本のひごを組み合わせたりすることで，箱の形を構成する方法を考える。第3学年では，辺の長さに着目して，二等辺三角形，正三角形等を作図する方法を考える。また，中心からの距離が等しいことに着目して，円を作図する。第4学年では，平行，垂直といった2直線の位置関係に着目して，平行四辺形，台形，ひし形の作図の仕方を考える。第5学年では，円と関連させて，図形を構成する要素である辺の長さ，角の大きさに着目して，正多角形を作図する方法を考える。第6学年では，対称な図形の性質に着目して，対称な図形の構成の仕方を考える。

図形間の関係に着目して，図形の構成の仕方について考察すること

ここでは，二つの図形の関係に着目して，合同な図形，あるいは，拡大，縮小した図形の構成の仕方などを考察していく。

二つの形が同じかどうかを判断する際，その置き方によらず，動かしてぴったり重なれば，同じ形だと判断できる。「置き方によらない」ことに着目することで，合同の基礎となる考えに焦点があてられる。

しかし，「ぴったり重ねる」という行為は，具体的な操作が許されない場合，作図等の構成活動を通して合同な図形を写し取ることになる。その際，具体的な操作における「ぴったり重ねる」という行為は，図形を構成する要素に着目して「対応する辺や角が全て等しくなるように作図する」行為に置き換えられることになる。これが第5学年における合同な図形の学習である。第6学年では，合同の考えを基

に，縮小もしくは拡大してぴったり重なるかどうかが論点になり，ここでは，縮図や拡大図を指導する。角の大きさの相等に加えて，対応する辺の長さが同じ割合になっていることに着目して考えていくとともに，作図等の活動を振り返り，筋道を立てて論理的に説明できるように指導する。

さらに，立体図形が考察の対象になると，見取図や展開図と立体図形の関係についての考察が始まる。図形を構成する要素である面と面，辺と辺等の位置関係に着目しながら，立体図形を見取図や展開図で表したり，逆に，見取図や展開図から立体図形を構成したりすることになる。第4学年では，直方体の見取図，展開図を指導し，第5学年では，柱体の見取図や展開図を指導する。

③図形の計量の仕方について考察すること

ここでは，見いだされた図形の性質を基に，図形を構成する要素に着目しながら，求積へ活用することを考えることを指導する。

下記の二つに分けて，述べていく。

・図形を構成する要素に着目して，その大きさを数値化すること
・図形を構成する要素に着目して，面積，体積の計算による求め方を考察すること

図形を構成する要素に着目して，その大きさを数値化すること

図形の考察では，図形を構成する要素に着目することが繰り返しなされる。平面図形では，点，辺，角，面が，立体図形では，点，辺，角，面，体がそれに当たり，これらの図形を構成する要素の大きさを数値化することを考えていく。ここで，辺については，その長さが既に数値化されており，図形の考察において活用されているが，角，面，体については，数値化されていないため，角の大きさ，平面図形における面の大きさ，立体図形における体の大きさが，長さと同じように数値化できないかが問題となる。そこで，長さの数値化の仕方を振り返りながら，角の大きさ，面の大きさ，体の大きさも，単位を定めることでその幾つ分かで表せることを指導する。第4学年では，角の大きさ，面の大きさを数値化することを指導する。角の大きさについては，回転の大きさとして捉え，度（°）という単位を指導する。面積については，広がりをもつ面の大きさとして，平方センチメートル（cm^2），平方メートル（m^2），平方キロメートル（km^2）を指導する。第5学年では，体の大きさの数値化を指導する。体積については，身の回りにある箱などの入れ物の大きさなどとして捉えられることや，立方センチメートル（cm^3），立方メートル（m^3）という単位を指導する。

図形を構成する要素に着目して，面積，体積の計算による求め方を考察すること

面積，体積の概念が学習されると，次に，図形を構成する要素などに着目して，その面積，体積の求め方を指導する。

第5学年では，三角形，平行四辺形，ひし形及び台形の面積の求め方を考えることを指導する。例えば，平行四辺形では，具体的な操作等を通して長方形に変形することで面積が求められる。そして，長方形に変形できることについては，操作的・感覚的な確かめに加えて，平行四辺形の性質（平行四辺形の向かい合う辺の長さは等しい等）を用いた説明も少しずつできるようにする。

第6学年では，身の回りにある図形の概形とおよその面積などとともに円の面積を指導する。面積などを測定しようとする身の回りにある図形については，その概形を捉え，見通しをもちその面積などを考察することが大切である。平面図形では，三角形や四角形のように測定しやすい形とみたり，それらに分けたりする。立体図形では，直方体や立方体とみたり，それらに分ける工夫をしたりする。円の面積では，はじめに面積の大きさの見通しをもつとともに，既習の求積が可能な図形に変形して考えていくことが大切である。

さらに，第6学年において，角柱及び円柱の体積の求め方について指導する。ここでは，基本的な空間図形の体積の求め方を，図形を構成する要素などに着目して，既習の求積が可能な図形の体積の求め方を基に考えたり，図形の面積の学習と関連付けたりする。

④図形の性質を日常生活に生かすこと

図形を構成する要素に着目して見いだした性質を基に，それが日常生活に活用できないかを考えることを指導する。その際，下記の四つの観点から活用していく。

一つ目は，図形の性質を生かして，デザインすること（模様づくりなど）である。辺の長さの相等，角の大きさの関係等に着目することで，敷き詰め模様をつくることができる。第2学年では，正方形，長方形，直角三角形の敷き詰め模様，第3学年では，二等辺三角形，正三角形の敷き詰め模様，第4学年では，平行四辺形，ひし形，台形の敷き詰め模様をつくり，図形のもつ美しさが感得できるように指導する。また，第3学年では，円の性質を利用してこま等をつくる指導をする。図形の性質がどのように日常生活に利用されているのかを理解させ，算数の有用性を感得できるような指導をする。

二つ目は，図形がもつ機能的な側面である。円柱，球は転がるというよさがある，角柱は積み重ねることができるといった具合に，図形の機能的な側面は，低学年から取り扱われる。

三つ目は，図形の性質を利用した測量である。第3学年では，サッカーボール等の球の直径を求める。第6学年では，木の高さや校舎の高さなどを，縮図や拡大図の考えを活用して求める。また，湖の面積等を求める際に，その形の概形を捉え，面積を求める指導を行う。目的に応じて理想化して考えていることに留意する必要がある。

四つ目は，位置を決める方法である。平面や空間における位置を特定し表現するためには，何に着目して表現すればよいかを考えることを指導する。第1学年では，方向や位置について，前後，左右，上下などの言葉を用いて言い表せるようにする。そして，第4学年では，平面上，空間上の位置を特定し表現するために，平面であれば二つの要素で，空間であれば三つの要素で，基準点を設定しそこからの距離の組み合わせで表現できることを指導する。

C 測定

(1)「C測定」の領域のねらい

この領域のねらいは，次の三つに整理することができる。

- 身の回りの量について，その概念及び測定の原理と方法を理解するとともに，量についての感覚を豊かにし，量を実際に測定すること
- 身の回りの事象の特徴を量に着目して捉え，量の単位を用いて的確に表現すること
- 測定の方法や結果を振り返って数理的な処理のよさに気付き，量とその測定を生活や学習に活用しようとする態度を身に付けること

(2)「C測定」の内容の概観

この領域で働かせる数学的な見方・考え方に着目して内容を整理すると，次の四つにまとめることができる。

① 量の概念を理解し，その大きさの比べ方を見いだすこと
② 目的に応じた単位で量の大きさを的確に表現したり比べたりすること
③ 単位の関係を統合的に考察すること
④ 量とその測定の方法を日常生活に生かすこと

以下の表は，これらの観点から，各学年の内容を整理したものである。

数学的な見方・考え方	・身の回りにあるものの特徴などに着目して捉え，根拠を基に筋道を立てて考えたり，統合的・発展的に考えたりすること			
	量の概念を理解し，その大きさの比べ方を見いだすこと	目的に応じた単位で量の大きさを的確に表現したり比べたりすること	単位の関係を統合的に考察すること	量とその測定の方法を日常生活に生かすこと
	・直接比較 ・間接比較 ・任意単位を用いた測定	・普遍単位を用いた測定 ・大きさの見当付け ・単位や計器の選択 ・求め方の考察		
第1学年	・長さの比較 ・広さの比較 ・かさの比較	・日常生活の中での時刻の読み		・量の比べ方 ・時刻

第2学年		・長さ，かさの単位(mm, cm, m 及び mL, dL, L) ・測定の意味の理解 ・適切な単位の選択 ・大きさの見当付け ・時間の単位（日，時，分）	・時間の単位間の関係の理解	・目的に応じた量の単位と測定の方法の選択とそれら数表現 ・時刻や時間
第3学年	・重さの比較	・長さ，重さの単位(km及び g, kg) ・測定の意味の理解 ・適切な単位や計器の選択とその表現 ・時間の単位（秒） ・時刻と時間	・長さ，重さ，かさの単位間の関係の統合的な考察	・目的に応じた適切な量の単位や計器を選択と数表現 ・時刻と時間

(3)「C測定」の領域で育成を目指す資質・能力
①量の概念を理解し，その大きさの比べ方を見いだすこと
量の概念と基本的な性質

　量とはものの大きさを表すものである。

　ものの個数は，数えることなどを通して整数で表すことができる。一方，ひもの長さや水の重さなどのような量の大きさは，いくらでも細分することができるものであり，必ずしも整数で表せるとは限らない。

　量には，基本的な量として，長さ，重さ，時間のほかに，広さ，かさ，角の大きさ，速さなどがある。

　これらの量の概念の育成に当たっては，具体物などの量の大きさを比べる活動を行うことが大切である。児童の身の回りにあるものには，長さ，広さ，かさ，重さといった量とともに，色や材質，形状といった特徴がある。ものを実際に比較する活動を通して，どのようなものの量を比べようとしているのか，その量がどのような大きさであるのかが捉えやすくなり，量の概念が次第に形成されていく。

　ものの大小を比較するときは，量の大小を表す言葉を用いるようにすると，意味が捉えやすくなる。例えば，長さについては「長い，短い」という。また，広さでは「広い，狭い」，かさでは「大きい，小さい（多い，少ない）」，重さでは「重い，軽い」，角の大きさでは「大きい，小さい」，速さでは「速い，遅い」などといって，量の大きさの大小を表すことができる。

　長さ，広さ，かさ，重さ，角の大きさなどの量については，次のような基本的な性質がある。例えば，かさは，ある容器に入っている液量を別の形をした容器に移したり，幾つかの容器に分けたりしても，総量は変わらない。このように，ものの形を変形したり，幾つかに分割したり，位置を動かしたりしても，そのものの量の大きさは変わらない性質を，量の保存性という。また，量の保存性を基にすると，例えば，300gのものと500gのものを合わせると物の重さの合計は800gになるといった量の加法性が確かめられる。

また第5学年の「B図形」の領域では，平行四辺形の一部を切り取って二つにして，それらを組み合わせて長方形を作ったとき，はじめの平行四辺形の面積と，あとの長方形の面積は同じであると説明できる。ここでも，量の保存性や，量の加法性が使われている。

「C測定」の領域では，これらの量の中から，長さ，広さ，かさ，時間について扱う。

基本的な性質をもつ量の大きさの比べ方

基本的な性質をもつ量の大きさを比べる際に，直接比較や間接比較，任意単位を用いた測定による比較について指導する。

直接比較では，二つの大きさを直接に比較する。例えば，2本の鉛筆AとBの長さを比較するとき，一方の端を揃えて，他方の端の位置によって大小判断をする。

間接比較では，AとBの大きさをそれと等しい別のものに置き換えて，間接的に比較する。例えば，机の縦と横の長さを紙テープの長さに置き換え，紙テープに写した長さを比較して大小判断をする。直接比較や間接比較をすることで，具体的なものの属性のうち，比べようとしている量は何なのかが明確になる。

任意単位による測定では，AとBの大きさを，それと同種の量の幾つ分という数値に置き換えて比較する。例えば，机の縦と横の長さを鉛筆の長さの幾つ分かに置き換え，縦が四つ分，横が六つ分であれば，横は縦より鉛筆二つ分だけ長いなどと大小判断をする。このように数値化することにより，大きさの違いを明確に表して比べることができるようになる。

量の測定とは，量Bを基準にとるとき，他の量Aがその何倍に等しいかを調べ，この何倍に当たる数pによって量Aの大きさを表現することである。

量の大きさを比べる指導においては，場面や目的及び身の回りのものの特徴に応じて量の大きさの比べ方を見いだすことができるようにすることが大切である。このことは，目的に応じて量の大きさの比べ方を柔軟に選択し，学習した方法を活用する資質・能力の育成を目指す上で特に重要である。

②目的に応じた単位で量の大きさを的確に表現したり比べたりすること

単位とは，大きさを表すのに用いる，基になる大きさである。

ものの大きさは，単位の幾つ分（何倍）という形で表すことができる。例えば，長さの3mは1mの三つ分の大きさであるし，かさの$\frac{2}{3}$Lは，1Lの$\frac{2}{3}$倍の大きさである。

「C測定」の領域においては，長さ，かさ，重さの量の単位について指導する。また，それぞれの単位間の関係についても指導する。その際，単位の意味や単位間の関係を形式的に指導するだけでなく，単位の意味や単位間の関係に基づいて，身の回りのものの大きさを適切な計器を用いて測定し，単位を用いて的確に表現しようとする態度が育成されることが大切である。

例えば，教室の長さを大まかに表現しようとする際には，mmやcmでは数値が大きくなりすぎ，測定した数値を実感をもって捉えることが難しい。しかし，mを単位として表現すれば，量の大きさを実感をもって捉えることができる。その際，量を測定させる前に，だいたいどのくらいの大きさになるのか見積もることや，測定する計器や方法について見通しをもつことで，目的に応じて計器や単位を選択したり，量の大きさを的確に測定したりする資質・能力を高めることができる。

このように，目的に応じた単位で量の大きさを的確に表現したり比べたりすることは，算数を実感を伴って理解する上で特に重要である。

なお，単位については，日本では計量法という法律によって定められている。国際的には「国際単位系」というルールによって定められている。

以下では，「C測定」領域で指導する量とその単位について述べる。

長さ，広さ，かさ，重さの概念と単位

長さは，児童にとって，これまでにも大きさを比較した経験が多い量である。第1学年では，これまでの経験を基に，まず，長さの直接比較を指導する。次に，長さを直接比較することができない曲線の長さなどの間接比較を指導し，身の回りの具体物から長さを取り出し，長さの比較ができるようにする。さらには，身の回りの具体物の長さを共通単位（任意単位）として設定し，身の回りの具体物の長さを数で捉え大きさを比較することを指導する。第2学年では，長さの普遍単位の意味を理解できるようにし，長さの単位(ミリメートル(mm)，センチメートル(cm)，メートル(m))と，それらを用いた測定について指導する。その際，測定する対象の大きさに応じた単位を選択し，測定できるようにすることが大切である。第3学年では，キロメートル(km)の単位について指導する。また，長さについて，測定する対象の大きさや形状に応じた単位や計器を適切に選んで測定できるようにすることが大切である。

広さは，広がりをもつ面の大きさであり，長さと同様に児童が大きさを比較した経験がある量と考えられる。第1学年では，まず，具体物を直接重ねるなどの活動を通して，広さも長さと同様に直接比較することができる量であることを指導する。次に，身の回りの具体物の広さを紙などに写し取って，直接比較をすることが難しい広さを間接比較することを指導する。さらには，身の回りの具体物の広さを共通単位（任意単位）として設定し，身の回りの具体物の広さを数で捉え大きさを比較することを指導する。その際，広さは，二次元の広がりをもつものの量なので，長さだけでは大きさの判断がつかないことを理解できるようにすることが大切である。このような広さを比較する活動が，第4学年以降の「B図形」の領域における面積の学習の理解の基礎となる経験となる。

かさは，三次元の広がりをもつものの量であり，児童にとっては身の回りの入れ

物の大きさなどとして捉えることができる量である。第1学年では，具体物を重ねるなどの活動を通して，かさの直接比較などを指導する。第2学年では，かさの単位について理解できるようにし，かさの単位（ミリリットル(mL)，デシリットル(dL)，リットル(L)）とそれらの単位を用いた測定について指導する。その際，かさは，長さや広さだけでは大きさの判断がつかないことを理解できるようにすることが大切である。このように，かさの大きさを比べる活動が，第5学年以降の「B図形」の領域における図形の体積の学習の理解の基礎となる経験となる。

重さは，ものの見かけだけでは捉えられない大きさであり，具体物を手に持ったり体に身に付けたりして，重さを実感しながら測定することで重さの概念を理解できるようにすることが大切である。第3学年では，重さの単位（グラム(g)，キログラム(kg)）とそれらの単位を用いた測定について指導する。

時間の単位

時間については，日常生活との関連を大切にしながら指導することが大切である。第1学年では，日常生活の中で時刻を読むことができるようにする。第2学年では，時間の単位（日，時，分）とそれらの関係について理解できるようにする。第3学年では，時間の単位（秒）と，時刻や時間の計算について指導する。その際，長針や短針の動きを観察するなどの活動を設定し，時間の概念を実感をもって理解できるようにすることが大切である。

③単位の関係を統合的に考察すること

今回の改訂に伴って，これまで，第6学年の「メートル法の単位と仕組み」の内容において指導してきた単位間の関係を考察することを，それぞれの量の単位及び測定の指導において取り扱うこととした。これは，それぞれの量の単位の指導において単位の関係を取り扱うことで，同じような仕組みに基づいて単位が構成されていることに徐々に気付き，単位間の関係を統合して捉えることができるからである。

メートル法の特徴としては，十進数の仕組みによって単位が定められていることや，基本単位を基にして組み立て単位が作られる仕組みをもっていることが挙げられる。メートル法では，基にしている単位に，次の表で示すような接頭語を付けて単位を作っている。

ミリ(m)	センチ(c)	デジ(d)		デカ(da)	ヘクト(h)	キロ(k)
$\frac{1}{1000}$	$\frac{1}{100}$	$\frac{1}{10}$	1	10倍	100倍	1000倍

例えば，長さの指導においては，mm，cm，m，kmといった単位を取り扱うが，このときm(ミリ)は$\frac{1}{1000}$を表すことや，k(キロ)は1000倍を表すことを理解すると，かさのmLやkLの単位の意味やその単位の大きさが捉えやすくなる。その際，長さの単位の仕組みに着目して，かさや重さの単位との共通点について捉えることか

ら，単位間の理解を深めることが大切である。さらには，単位間の関係を理解することで，身の回りにある様々な単位について関心をもち，身の回りの事象を量の単位に基づいて捉えようとする態度が育成されることも大切である。

④量とその測定の方法を日常生活に生かすこと

この領域は，身の回りの量の大きさについて関わることを学習の基盤としている。そのため，算数科の中でも特に日常生活との関連が深く，日常生活の多くの場面で生かすことができる。例えば，時刻や時間や長さについて，次のようなことが挙げられる。

- 時刻と時間の読みを基に，日常生活における時間の使い方についての計画を立てたり，生活時間の目安をつくったりすること
- 長さの見当付けを基に，本棚の1列に本をだいたい何冊程度収納することができるか見積もること
- 身近な具体物の長さを基に，身の回りのものの大きさを概測すること

また，これ以外にも，商品の表示等で示されている単位等に関心をもったり，その単位の仕組みを長さやかさの単位と関連付けて捉えたりすることも，算数の学習と日常生活との関連を深めたり，生かしたりすることになる。このように，この領域の学習を日常生活に積極的に活用することで，算数への関心を高め，算数を主体的に学ぶ態度の育成へとつなげることが大切である。

その際，様々な具体物について大きさを調べたり，確かめたりする活動を積極的に取り入れて，量の大きさについての感覚を豊かにするよう配慮することや，日常生活の様々な場面と関連付けて量の大きさを比べたり測定したりする活動を行うことも大切である。

この領域で育成される資質・能力は，ほかの学年や領域の内容と密接に関わっている。測定という操作によって，量が数に置き換えられ，具体的な量の問題が数の計算などによって処理できる。つまり量の大きさを表すときは，整数，小数，分数を用いるので，数と計算と関わりがある。また，広さ（面積）やかさ（体積）を求める対象として，平面図形や立体図形があるので，図形領域とも関わる。

C 変化と関係

(1)「C変化と関係」の領域のねらい

この領域のねらいは，次の三つに整理することができる。

- 伴って変わる二つの数量の関係について理解し，変化や対応の様子を表や式，グラフに表したり読んだりするとともに，二つの数量の関係を比べる場合について割合や比の意味や表し方を理解し，これらを求めたりすること

- 伴って変わる二つの数量の関係に着目し，表や式を用いて変化や対応の特徴を考察するとともに，二つの数量の関係に着目し，図や式などを用いてある二つの数量の関係と別の二つの数量の関係の比べ方を考察し，日常生活に生かすこと
- 考察の方法や結果を振り返って，よりよい解決に向けて工夫・改善をするとともに，数理的な処理のよさに気付き，数量の関係の特徴を生活や学習に活用しようとする態度を身に付けること

(2)「C変化と関係」の内容の概観

　この領域で働かせる数学的な見方・考え方に着目して内容を整理すると，次の三つにまとめることができる。

① 伴って変わる二つの数量の変化や対応の特徴を考察すること
② ある二つの数量の関係と別の二つの数量の関係を比べること
③ 二つの数量の関係の考察を日常生活に生かすこと

　以下の表は，これらの観点から，各学年の内容を整理したものである。

数学的な見方・考え方	・二つの数量の関係などに着目して捉え，根拠を基に筋道を立てて考えたり，統合的・発展的に考えたりすること		
	伴って変わる二つの数量の変化や対応の特徴を考察すること	ある二つの数量の関係と別の二つの数量の関係を比べること	二つの数量の関係の考察を日常生活に生かすこと
第4学年	・表や式，折れ線グラフ	・簡単な割合	・表や式，折れ線グラフ ・簡単な割合
第5学年	・簡単な場合についての比例の関係	・単位量当たりの大きさ ・割合，百分率	・簡単な場合についての比例の関係 ・単位量当たりの大きさ ・割合，百分率
第6学年	・比例の関係 ・比例の関係を用いた問題解決の方法 ・反比例の関係	・比	・比例の関係 ・比例の関係を用いた問題解決の方法 ・比

(3)「C変化と関係」の領域で育成を目指す資質・能力
①伴って変わる二つの数量の変化や対応の特徴を考察すること
関数の考え

　事象の変化を捉えて問題解決に生かす資質・能力の中核となるのは，関数の考えである。関数の考えとは，数量や図形について取り扱う際に，それらの変化や対応の規則性に着目して，事象をよりよく理解したり，問題を解決したりすることである。この考えの特徴は，ある数量を調べようとするときに，それと関係のある数量を見いだし，それらの数量との間にある関係を把握して，問題解決に利用するとこ

ろにある。

　関数の考えによって，伴って変わる二つの数量を見いだし，それらの関係に着目し，変化や対応の特徴や傾向を考察できるようにする。また，関数の考えは，この領域にとどまることなく，全ての領域の内容を理解したり，活用したりする際に用いられる汎用性を有している。従って，関数の考えによって，数量や図形についての内容や方法をよりよく理解したり，それらを活用したりできるようにすることも大切である。

　関数の考えを生かしていくために，次のようなことに配慮することが大切である。

　第一に，ある場面での数量や図形についての事柄が，ほかのどんな事柄と関係するかに着目することである。例えば，ある数量が変化すれば，ほかの数量が変化するのかどうか。ある数量が決まれば，ほかの数量が決まるのかどうか。ある図形の要素などが決まれば，ほかの要素や事柄が決まるのかどうか。そうした関係に着目することで，二つの事柄の間の依存関係を調べることができるようになる。これが，関数の考えの第一歩である。その際，考察の対象となる事柄の範囲を明確にすることも大切である。

　第二に，二つの事柄の変化や対応の特徴を調べていくことである。伴って変わる二つの数量の間には，変化や対応の規則性などの関係を見付けられることがある。その際，数量やその関係を言葉，図，数，表，式，グラフを用いて表すことで，そのように表現されたものから，さらに詳しく変化の様子や対応の規則性を読み取ることもできるようになる。

　第三に，上述のようにして見いだした変化や対応の特徴を，様々な問題の解決に活用するとともに，その思考過程や結果を表現したり，説明したりすることである。ここでは，用いた方法や結果を見直し，必要に応じて，目的により適したものに改善することもある。

　関数の考えは，これら一連の過程を通して問題解決に生かされるものである。

伴って変わる二つの数量の関係に着目すること

　これは，ある数量の大きさを知りたいとき，その数量を直接考察することが難しい場合などに，他の関係する数量に置き換えて考察できないかと考え，ある数量が他のどんな数量と関係が付けられるかを明らかにしていくことである。

　第4学年では，加法，減法，乗法，除法のいずれか一つの演算が用いられる具体的な場面において，伴って変わる二つの数量を見いだし，それらの関係に着目する。求めたい数量の大きさに対して，その数量を直接調べにくい時などに，それと関係のある他の数量を使って調べられないかと考えて，可能性のある数量を見いだしていく。第5学年では，簡単な場合についての比例の関係や加法と乗法など二つの演算が必要な場面において，伴って変わる二つの数量を見いだし，それらの関係に着

目する。第6学年では，日常の事象における伴って変わる二つの数量の関係に考察の対象を広げ，比例の関係にあるものを中心に，伴って変わる二つの数量を見いだし，それらの関係に着目する。日常生活で，ある数量を直接調べることが難しい場面において，調べやすく，かつ，その数量と比例の関係にあるとみることのできる別の数量を見いだす。厳密に考えれば誤差があり，比例の関係ではないことも考えられるが，比例の関係にあるとみることで，問題を解決する見通しをもつことができる。

変化や対応の特徴を考察すること

これは，二つの数量の関係を，表や式，グラフを用いて表現し，また，読み取ることを通して，二つの数量の変化や対応の特徴を見いだしていくことである。

第4学年では，変化の様子を表や式，折れ線グラフを用いて表したり，変化の特徴を読み取ったりする基礎的な技能を指導する。そして，表や式を用いて，一方が1ずつ増えたときに，他方が1ずつ減る，2ずつ増えるなどの変化の特徴や，和が一定，差が一定，一方を定数倍すると他方になるなどの対応の特徴を見いだす。第5学年では，簡単な場合について比例の関係を指導する。そして，簡単な場合についての比例の関係や加法と乗法など二つの演算が必要な場面に関わって，一方が2倍，3倍，…になると，他方も2倍，3倍，…になるなどの変化の特徴や，□＝2×△，□＝3×△＋1などの式で表される対応の特徴を見いだす。第6学年では，比例の関係の意味や性質，また，比例の理解を促すために反比例を指導する。そして，比例の関係を用いて問題を解決する場面において，目的に応じて表や式，グラフを用いて，伴って変わる二つの数量の関係を表現して，比例の関係についての変化や対応の特徴を見いだす。

②ある二つの数量の関係と別の二つの数量の関係を比べること

二つの数量の関係と別の二つの数量の関係とを割合を用いて比べること

二つの数量の関係と別の二つの数量の関係を比べるとは，A，Bという二つの数量の関係と，C，Dという二つの数量の関係どうしを比べることである。ここで，比べ方には大きく分けて，差を用いる場合と割合を用いる場合があると考えられる。「A君はBさんより3歳年上である。CさんはD君より5歳年上である。どちらの方が年齢差があるか。」では，AとBの関係とCとDの関係という二つの数量の関係どうしを，差でみて比べている。

一方，比べる対象や目的によって，割合でみて比べる場合がある。割合でみるとは，二つの数量を，個々の数量ではなく，数量の間の乗法的な関係でみていくことである。例えば，全体の中で部分が占める大きさについての関係どうしや，部分と部分の大きさの関係どうしを比べる場合は，割合でみていく。「シュートのうまさ」を，「シュートした数」と「入った数」という全体と部分の関係に着目して比べる

場合などである。また，速さを比べる場合のように，距離と時間などの異種の量についての関係どうしを比べる場合も，割合でみていくことになる。

二つの数量の関係どうしを割合でみて比べる際は，二つの数量の間に比例関係があることを前提としている。二つの数量の関係と別の二つの数量との関係が同じ割合，あるいは，同じ比であることは，問題にしている二つの数量について，比例の関係が成り立つことが前提となっている。上述の「シュートのうまさ」の例で言うと，0.6の割合で入る「うまさ」というのは，10回中6回入る，20回中12回入る，30回中18回入る…などを，「同じうまさ」という関係としてみていることを表している。また，二つの液体AとBを2：3の比で混ぜ合わせてできる「液体の濃さ」も同様である。そして，この前提に基づいて，数量の関係どうしを比べたり，知りたい数量の大きさを求めたりしている。このように，割合では，個々の数量そのものではなく，比例関係にある異なる数量を全て含めて，同じ関係としてみている点が特徴である。

二つの数量の関係に着目すること

これは，日常の事象において，割合でみてよいかを判断し，二つの数量の関係に着目することである。

第4学年では，日常の事象において，比べる対象を明確にし，比べるために必要な二つの数量を，割合でみてよいかを判断する。そして，一方を基準量としたときに，他方の数量である比較量がどれだけに相当するかという数量の関係に着目する。第4学年では特に，基準量を1とみたときに，比較量が，基準量に対する割合として2，3，4などの整数で表される場合について扱う。第5学年では，割合が小数で表される場合や，異種の二つの量の割合として捉えられる数量の関係の指導を通して，二つの数量の関係に着目する力を伸ばす。また，百分率を用いた割合の表し方，単位量当たりの大きさによる比べ方の指導を通して，基準量やその大きさの決め方について判断し，比べ方の見通しをもてるようにする。第6学年では，比の意味や表し方の指導を通して，二つの数量の関係を，割合でみてよいかを判断し，どちらか一方を基準にすることなく，簡単な整数の組としての両者の関係に着目できるようにする。

数量の関係どうしを比べること

これは，図や式を用いて数量の関係を表したり，表された関係を読み取ったりしていくことで，割合や比を用いて数量の関係どうしを比べることである。

第4学年では，日常生活の場面で，二つの数量の組について，基準量をそれぞれ決め，基準量を1とみたときに，比較量がどれだけに当たるかを，図や式で表す。そして，個々の数量の大きさと混同することなく，割合を用いて，数量の関係どうしを比べ，考察していく。第5学年では，日常の事象について，図や式を用いて，

基準量，比較量などの数量の関係を明瞭，的確に表したり，表現されたものから，これらの数量の関係を適切に読み取ったりして，数量の関係どうしを比べていく。また，異種の二つの量の割合として捉えられる数量の関係を，目的に応じて，一方の量の大きさを揃えて他方の量で比べる。第6学年では，比の値や比の相等，等しい比をつくることの指導を通して，図や式を用いて，比を表現し，表現された図や式から，数量の関係を読み取って比べることができるようにする。また，表した二つの数量の間にある比例関係を使って，数量の関係を比べたり，知りたい数量の大きさを求めたりする。

③二つの数量の関係の考察を日常生活に生かすこと

伴って変わる二つの数量の関係の特徴を基に，問題を解決したり，日常生活に生かしたりする

これは，変化や対応の特徴を考察した結果，見いだされた規則性などを，問題の解決や日常生活に生かしていくことである。

第4学年では，加法，減法，乗法，除法のいずれか一つの演算が用いられる具体的な場面において，一方が1ずつ増えたときに，他方が1ずつ減るなどの変化の特徴，和が一定，差が一定などの対応の特徴を適用して，求めたい数量についての結果を導いていく。第5学年では，簡単な場合についての比例の関係や加法と乗法など二つの演算が必要な場面について，見いだした変化や対応についての特徴を適用して，求めたい数量についての結果を導く。第6学年では，日常生活で，比例の関係を用いて効率的に解決する場面において，比例の関係についての変化や対応の特徴を，問題の解決に生かす。また，比例の関係を用いた問題解決の方法について指導する。

二つの数量の関係の特徴を基に，日常生活に生かすこと

これは，二つの数量の関係どうしを割合や比で比べた結果を，日常生活での問題の解決に生かしていくことである。

第4学年では，基準量の異なる二つの数量の関係どうしを，2，3，4などの整数で表される割合を用いて比べる場面で，得られた割合の大小から判断をしたり，割合を用いて計算をした結果から問題を解決したりする。第5学年では，全体と部分，あるいは，部分と部分の関係どうしを考察する場面，異種の二つの量の関係どうしを比べる場面で，得られた割合の大小や単位量当たりの大きさから判断をしたり，それらを使って計算をした結果から問題を解決したりする。第6学年では，部分と部分の関係どうしを考察したり，数量を配分したりする場面などで，数量の関係を比で表現し，等しい比をつくるなどして考察した結果を活用して，判断をしたり，問題を解決したりする。

D　データの活用

(1)「Dデータの活用」領域のねらい

この領域のねらいは，次の三つに整理することができる。

- 目的に応じてデータを集めて分類整理し，適切なグラフに表したり，代表値などを求めたりするとともに，統計的な問題解決の方法について知ること
- データのもつ特徴や傾向を把握し，問題に対して自分なりの結論を出したり，その結論の妥当性について批判的に考察したりすること
- 統計的な問題解決のよさに気付き，データやその分析結果を生活や学習に活用しようとする態度を身に付けること

(2)「Dデータの活用」の内容の概観

この領域で働かせる数学的な見方・考え方に着目して内容を整理すると，次の二つにまとめることができる。

① 目的に応じてデータを収集，分類整理し，結果を適切に表現すること
② 統計データの特徴を読み取り判断すること

以下の表は，これらの観点から，各学年の内容を整理したものである。

数学的な見方・考え方	・日常生活の問題解決のために，データの特徴と傾向などに着目して捉え，根拠を基に筋道を立てて考えたり，統合的・発展的に考えたりすること	
	目的に応じてデータを収集，分類整理し，結果を適切に表現すること	統計データの特徴を読み取り判断すること
第1学年	・データの個数への着目 ・絵や図	・身の回りの事象の特徴についての把握 ・絵や図
第2学年	・データを整理する観点への着目 ・簡単な表 ・簡単なグラフ	・身の回りの事象についての考察 ・簡単な表 ・簡単なグラフ
第3学年	・日時の観点や場所の観点などからデータを分類整理 ・表 ・棒グラフ ・見いだしたことを表現する	・身の回りの事象についての考察 ・表 ・棒グラフ
第4学年	・目的に応じたデータの収集と分類整理 ・適切なグラフの選択 ・二次元の表 ・折れ線グラフ	・結論についての考察 ・二次元の表 ・折れ線グラフ
第5学年	・統計的な問題解決の方法 ・円グラフや帯グラフ ・測定値の平均	・結論についての多面的な考察 ・円グラフや帯グラフ ・測定値の平均
第6学年	・統計的な問題解決の方法 ・代表値 ・ドットプロット ・度数分布を表す表やグラフ ・起こり得る場合の数	・結論の妥当性についての批判的な考察 ・代表値 ・ドットプロット ・度数分布を表す表やグラフ ・起こり得る場合の数

(3)「Dデータの活用」の領域で育成を目指す資質・能力
①目的に応じてデータを収集，分類整理し，結果を適切に表現すること
統計的な問題解決活動

　目的に応じてデータを収集，分類整理し，結果を適切に表現するとは，統計的な問題解決活動を指しているが，統計的な問題解決活動においては，「問題－計画－データ－分析－結論」というような段階からなる統計的探究プロセスと呼ばれるものがある。

問題	・問題の把握	・問題設定
計画	・データの想定	・収集計画
データ	・データ収集	・表への整理
分析	・グラフの作成	・特徴や傾向の把握
結論	・結論付け	・振り返り

　統計的探究プロセスとは，元々の問題意識や解決すべき事柄に対して，統計的に解決可能な問題を設定し，設定した問題に対して集めるべきデータと集め方を考え，その計画に従って実際にデータを集め，表などに整理した上で，集めたデータに対して，目的やデータの種類に応じてグラフにまとめたり，統計量を求めるなどして特徴や傾向を把握し，見いだした特徴や傾向から問題に対する結論をまとめて表現したり，さらなる課題や活動全体の改善点を見いだしたりするという一連のプロセスである。

　これら一連のプロセスは「問題」から「結論」に向けて一方向に進んでいくものではなく，計画を立てながら問題を見直して修正を加えてみたり，グラフを作り直して分析したり，ときにはデータを集め直したり，相互に関連し，行き来しながら進むものである。

　低学年の学習においては，「問題」や「計画」，「結論」の部分はそれほど重く扱わず，児童にとって身近な題材に注目し，関係するデータを整理しながらデータの特徴を捉えることを中心に行う。中学年の学習から，身近な題材から問題を設定する活動や，その問題に対して集めるべきデータとその集め方などについても徐々に扱っていくものとする。高学年では，一連の統計的探究プロセスを意識し，自分たちで問題を設定し，調査計画を立てることや，分析を通じて判断した結論についても別の観点から妥当性を検討できるようにすることも扱う。

　統計的な問題解決は様々な分野で用いられるようになってきており，統計は社会における必須のツールとなってきている。他教科の学習や児童の生活に関わる事柄でも統計的な問題解決は用いることができるため，そのよさを感じて，進んで学習

や生活に生かそうとする態度も養う。

データの種類

統計において扱うデータには，性別や血液型など文字情報として得られる「質的データ」と，身長やハンドボール投げの記録のように数値情報として得られる「量的データ」，各月の平均最高気温などのように時間変化に沿って得られた「時系列データ」がある。データの種類によって分類整理の仕方や用いるグラフなど異なってくるため注意が必要である。

低学年においては，質的データを中心に扱い，各データの個数を集計する活動が主であるが，第3学年では，質的データを集計し表やグラフに表したり，量的データをグラフに表したりする。第4学年では時系列データも扱うようになり，時間経過に伴う変化や傾向についても分析を行う。第5学年では質的データや量的データに対して割合の観点から分析を行い，第6学年では量的データに対して分布の中心やばらつきの様子を分析する。第4学年から，データの種類や目的に応じた適切な分類整理やグラフの表し方についても扱う。

表

データが集められても言葉や数値などの情報がそのまま羅列されているだけの状態からでは特徴や傾向を把握することは難しい。要点を端的に把握するためにも，またグラフなどに表すためにも表に整理することは大切である。

第2学年では，身の回りにある事柄に関する質的データを集計して表に表したり，読み取ったりすることを指導する。第3学年では，観点を定めてデータを分類整理し，簡単な二次元の表にまとめたり，表を読み取ったりすることを指導する。第4学年では，二つの観点からデータを分類整理し，二次元の表に表したり，読み取ったりすることを指導する。第6学年では，量的データに対して度数分布表に表したり，読み取ったりすることを指導する。

グラフ

データをグラフに表すことによって，特徴や傾向について図的表現を介して捉えやすくなるため，統計的な分析をするには欠かせないものとなっている。一方で，グラフによる特徴や傾向の捉えやすさから，社会においては，実態とは異なる印象を与え，誤認させるようにグラフが用いられる場合もあるため，読み取る際には注意が必要である。

第1学年では，一つ一つのデータを抽象的な絵で表し，それらを整理し揃えて並べることで数の大小を比較する簡単なグラフに表したり，読み取ったりすることを指導する。第2学年では，データを〇や□などに抽象化して並べる簡単なグラフに表したり，読み取ったりすることを指導する。第3学年では，質的データの個数か，あるいは量的データの大きさに相当する長さの棒の長さで違いを示す棒グラフに表

したり，読み取ったりすることを指導する。第4学年では，時系列データの変化の様子を示す折れ線グラフに表したり，読み取ったりすることを指導する。第5学年では，データの割合を示す円グラフや帯グラフに表したり，読み取ったりすることを指導する。第6学年では，量的データの分布の様子を示す柱状グラフに表したり，読み取ったりすることを指導する。

なお，各学年において学習するグラフは定められているが，統計的な問題解決活動においては，特定の一つのグラフを用いるだけで解決するとは限らないため，目的やデータの種類に応じて，既習のグラフも適宜合わせて用いることが望ましい。

測定値の平均と代表値

量的データの特徴を端的に捉える指標としては代表値が用いられる。その意味や求め方について理解し，適切に用いることが重要である。

第5学年では，ならす操作としての平均の求め方を考え，測定値の平均の意味につなげる。一つのものの測定値の平均は，測定する対象がもつ真の値を予測した数値である。測定には誤差が伴うため，測定した結果が真の値であるとは限らない。測定した誤差については，真の値より小さくなることと大きくなることが一般的に等しく起こりやすく，また真の値よりもかけ離れた値は確率的に得にくくなっている。このことから，複数回の測定値について平均することで，真の値より小さい値と大きい値とが相殺し合い，1回だけの測定結果よりも真の値に近い値を得ることができる。

第6学年では，量的データの全ての値を足し合わせ，データの数で割ることで得られる，ならす操作としての平均が，ばらつきのある対象に対して，分布の中心がどの当たりになるかを示す指標（平均値）としての意味合いをもっていることを理解させる。このほか，データを順番に並べた際の真ん中に当たる中央値，データの中で最も多くみられる最頻値の意味や求め方について指導する。

起こり得る場合について

算数の授業では，確定した事象を取り扱うことが多い。しかし社会における事象には，結果が確定的に定まっていない不確定な事象も多く，そのような事象についても考察の対象として扱っていく。小学校で学習する起こり得る場合は中学校で学習する確率へとつながっていくものである。

第2学年や第3学年で学習する簡単な表や第4学年で学習する二次元の表に整理することを通じて，どの事柄が起こりやすいのかを捉えることができる。

第6学年では，起こり得る場合について落ちや重なりがないように調べる方法について考察することを指導する。

②統計データの特徴を読み取り判断すること

結論について多面的・批判的に考察すること

統計的な問題解決では，結果が定まっていない不確定な事象を扱うため，データの特徴や傾向を捉えても，結論を断定できない場合や立場や捉え方によって結論が異なってくる場合もある。そのため，自分たちが行った問題設定や集めたデータ，表やグラフを用いての分析の仕方など，問題解決の過程や結論について異なる観点や立場などから多面的に捉え直してみたり，誤りや矛盾はないかどうか妥当性について批判的に考察したりすることが重要である。

自分たちが行った問題解決活動と結論についてレポートやポスターなどの形式にまとめて発表する活動や，それぞれの問題解決について共有したり議論したりするなどの活動も行うとよい。そうすることで表現力を伸ばすことができるとともに，別の観点や立場から捉え直したり，妥当性について考察したりする契機とすることができる。また，問題解決活動の体験や共有を通じて統計的な問題解決のよさを感じさせ，他教科等の学習や自分たちの生活においても生かそうとする態度が育成されることも大切である。

一方で，統計的な主張はニュースや新聞，雑誌など社会においてもよく触れる機会があるが，調査対象が偏っていたり，本来の特徴や傾向とは異なる印象を相手にもたせるように作られたグラフが用いられたりする場合もあるため，注意深く読み取り，その妥当性について批判的に考察することも大切である。

〔数学的活動〕

(1) 数学的活動の指導の意義

数学は，数・量・形やそれらの関係についての抽象的な構造の研究を行うといった面のほかに，現実世界の問題を数学の舞台に載せて解決する方法を提供するという一面をもつ。実際，幾何学の起源は，ナイル川の氾濫によって変形する肥沃な土地を測り，収穫される穀物の量を推測するために古代エジプト人が行った測量術にあると言われている。つまり，数学は，身の回りの事象を観察・解釈し，またそれを通して問題を解決する方法の一つなのであり，もともと実生活において身の回りの事象の仕組みを読み解くことで役に立つという側面をもっているのである。

この意味で，数学とは出来上がった知識の体系という面のみならず，様々な事象について数学的な知識や技能を駆使して考察し，そのなかで数学自体も発展し，体系化されていくという，活動としての面をもっている。今回の改訂では，このような数学的な問題発見や問題解決の過程を学習において実現することを重視している。

平成10年告示の学習指導要領における算数科の目標において用語「算数的活動」がはじめて用いられた。平成20年告示学習指導要領では，その意味が「児童が目

的意識をもって主体的に取り組む算数に関わりのある様々な活動」と規定されている。そして，基礎的・基本的な知識・技能を確実に身に付けるとともに，数学的な思考力・表現力を高めたり，算数を学ぶことの楽しさや意義を実感したりするために，重要な役割を果たすものと位置付けられている。また，算数的活動を生かした指導を一層充実し，言語活動や体験活動を重視した指導が行われるようにするために，小学校では各学年の内容に，算数的活動を具体的に示している。

今回の改訂では，育成を目指す資質・能力の観点からの目標，内容の検討において，算数・数学に固有の見方や考え方である「数学的な見方・考え方」を働かせた学習を展開するよう内容を整理すること，また学習指導の過程においては，数学的な問題発見や問題解決の過程を重視することが求められている。そこで，数学的な問題発見・解決の過程における様々な局面とそこで働かせる数学的な見方・考え方に焦点を当てて算数科における児童の活動を充実するために，用語「算数的活動」を「数学的活動」と改めて，その趣旨を一層徹底することとした。

繰り返しになるが，数学的活動とは，事象を数理的に捉え，算数の問題を見いだし，問題を自立的，協働的に解決する過程を遂行することである。数学的活動においては，単に問題を解決することのみならず，問題解決の過程や結果を振り返って，得られた結果を捉え直したり，新たな問題を見いだしたりして，統合的・発展的に考察を進めていくことが大切である。この活動の様々な局面で，数学的な見方・考え方が働き，その過程を通して数学的に考える資質・能力の育成を図ることができる。

また，今回の改訂では，学習指導の過程においては，数学的に問題発見・解決する過程を重視するものとした。算数科においては，「日常の事象を数理的に捉え，数学的に表現・処理し，問題を解決したり，解決の過程や結果を振り返って考えたりする」ことと，「算数の学習場面から問題を見いだし解決したり，解決の過程や結果を振り返って統合的・発展的に考えたりする」ことの二つの問題発見・解決の過程が相互に関わり合っている。これらの基盤として，各場面で言語活動を充実させ，それぞれの過程や結果を振り返り，評価・改善することができるようにすることも大切である。

数学的活動は，数学を学ぶための方法であるとともに，数学的活動をすること自体を学ぶという意味で内容でもある。また，その後の学習や日常生活などにおいて，数学的活動を生かすことができるようにすることを目指しているという意味で，数学的活動は数学を学ぶ目標でもある。それらのバランスを取りつつ，各領域の学習やそれらを相互に関連付けた学習において，数学的活動の楽しさを実感できるようにすることで，数学的に考える資質・能力を確かに育むことが期待される。

(2) 数学的活動の類型と各学年への位置付け

　上述のような趣旨から，数学的な問題発見・解決の過程に位置付く「日常の事象から見いだした問題を解決する活動」，「算数の学習場面から見いだした問題を解決する活動」及び「数学的に表現し伝え合う活動」を中核とした活動をそれぞれ下学年のイ，ウ，エ及び上学年のア，イ，ウとして数学的活動に位置付けた。以下に，第6学年の場合を示す。

　○日常の事象を数理的に捉え問題を見いだして解決し，解決過程を振り返り，結果や方法を改善したり，日常生活等に生かしたりする活動（第6学年　ア）

　○算数の学習場面から算数の問題を見いだして解決し，解決過程を振り返り統合的・発展的に考察する活動（第6学年　イ）

　○問題解決の過程や結果を，目的に応じて図や式などを用いて数学的に表現し伝え合う活動（第6学年　ウ）

　なお，数学的に表現し伝え合う活動は，言葉や図，数，式，表，グラフなどを適切に用いて，数量や図形などに関する事実や手続き，思考の過程や判断の根拠などを的確に表現したり，考えたことや工夫したことなどを数学的な表現を用いて伝え合い共有したり，見いだしたことや思考の過程，判断の根拠などを数学的に説明したりする活動である。

　多くの場合，この活動は，指導の過程において，日常の事象から見いだした問題を解決する活動や算数の学習場面から見いだした問題を解決する活動と相互に関連し一連の活動として行われることになる。（次の左右の図参照）

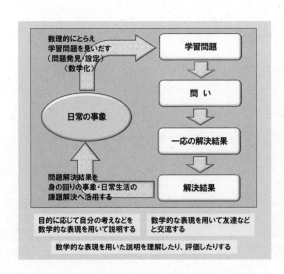
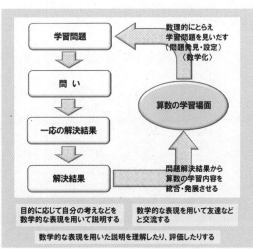

　数学的活動に取り組む機会を設ける際には，活動としての一連の流れを大切にするとともに，どの活動に焦点を当てて指導するのかを明らかにすることが必要である。

　ここで，児童の発達の段階を踏まえ，算数科と数学科の接続の視点から，第1学

年，第2学年と第3学年，第4学年と第5学年，第6学年の四つの段階を設定し，これらの数学的活動を示すこととした。

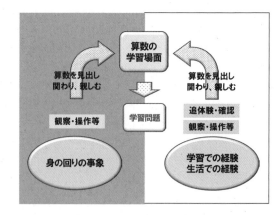

さらに，下学年には，身の回りの事象を観察したり，小学校に固有の具体的な操作をしたりすること等を通して，数量や図形を見いだして，それらに進んで関わって行く活動を明確に位置付けることで，小学校における学習に特徴的な数学的活動を重視することとした。(右の図参照)

○身の回りの事象を観察したり，具体物を操作したりして，数量や図形を見いだす活動（第1学年　ア）

○身の回りの事象を観察したり，具体物を操作したりして，数量や図形に進んで関わる活動（第2学年，第3学年　ア）

これは，義務教育段階の算数科・数学科における活動の趣旨をより一貫したものとして，日常の事象の問題解決と振り返りや日常生活への算数の活用，算数の事象の問題解決と振り返りや統合的・発展的考察を重視するものである。

次ページの表は，第1学年から中学校第1学年までの数学的活動の類型の一覧である。

数学的活動一覧

	数量や図形を見いだし，進んで関わる活動	日常の事象から見いだした問題を解決する活動	算数の学習場面から見いだした問題を解決する活動	数学的に表現し伝え合う活動
第1学年	身の回りの事象を観察したり，具体物を操作したりして，数量や形を見いだす活動	日常生活の問題を具体物などを用いて解決したり結果を確かめたりする活動	算数の問題を具体物など用いて解決したり結果を確かめたりする活動	問題解決の過程や結果を，具体物や図などを用いて表現する活動
第2学年	身の回りの事象を観察したり，具体物を操作したりして，数量や図形に進んで関わる活動	日常の事象から見いだした算数の問題を，具体物，図，数，式などを用いて解決し，結果を確かめる活動	算数の学習場面から見いだした算数の問題を，具体物，図，数，式などを用いて解決し，結果を確かめる活動	問題解決の過程や結果を，具体物，図，数，式などを用いて表現し伝え合う活動
第3学年	同上	同上	同上	同上
第4学年		日常の事象から算数の問題を見いだして解決し，結果を確かめたり，日常生活等に生かしたりする活動	算数の学習場面から算数の問題を見いだして解決し，結果を確かめたり，発展的に考察したりする活動	問題解決の過程や結果を，図や式などを用いて数学的に表現し伝え合う活動
第5学年		同上	同上	同上
第6学年		日常の事象を数理的に捉え問題を見いだして解決し，解決過程を振り返り，結果や方法を改善したり，日常生活等に生かしたりする活動	算数の学習場面から算数の問題を見いだして解決し，解決過程を振り返り統合的・発展的に考察する活動	問題解決の過程や結果を，目的に応じて図や式などを用いて数学的に表現し伝え合う活動
（中学校　第1学年）		日常の事象を数理的に捉え，数学的に表現・処理し，問題を解決したり，解決の過程や結果を振り返って考察したりする活動	数学の事象から問題を見いだし解決したり，解決の過程や結果を振り返って統合的・発展的に考察したりする活動	数学的な表現を用いて筋道立てて説明し伝え合う活動

第3章 各学年の目標及び内容

第1節 第1学年の目標及び内容

1 第1学年の目標

> (1) 数の概念とその表し方及び計算の意味を理解し，量，図形及び数量の関係についての理解の基礎となる経験を重ね，数量や図形についての感覚を豊かにするとともに，加法及び減法の計算をしたり，形を構成したり，身の回りにある量の大きさを比べたり，簡単な絵や図などに表したりすることなどについての技能を身に付けるようにする。
> (2) ものの数に着目し，具体物や図などを用いて数の数え方や計算の仕方を考える力，ものの形に着目して特徴を捉えたり，具体的な操作を通して形の構成について考えたりする力，身の回りにあるものの特徴を量に着目して捉え，量の大きさの比べ方を考える力，データの個数に着目して身の回りの事象の特徴を捉える力などを養う。
> (3) 数量や図形に親しみ，算数で学んだことのよさや楽しさを感じながら学ぶ態度を養う。

第1学年では，算数の学習を始めるに当たって必要となる資質・能力の育成を図る。

(1)では，第1学年の四つの領域で身に付ける知識及び技能について示した。
「知識」に関しては，算数科で学習する内容の基礎となる概念や性質の理解の基礎となる経験を繰り返すことや，算数を豊かに学び続ける上で必要となる感覚の育成が重要である。例えば数の表し方の学習では，具体物などを用いることを通して，数の大きさや数のまとまりに着目してその意味や表し方についての経験を積む。この経験が，その後の数の仕組みを学ぶ素地としての見方を育むことになる。

また，「技能」に関しては，算数の学習を進めていく上で必要な数学的な処理や表現の基礎となる技能を習得する。例えば，繰り上がりのある加法の計算の仕方を具体物を操作することと関連させながら確実に身に付けるとともに，それを繰り下がりのある減法の計算の仕方の学習においても生かすことができるようにし，これ以降の算数の学習に活用することができる技能の基礎を確実に習得することが大切である。

(2)では,第1学年の四つの領域で身に付ける思考力,判断力,表現力等を数学的な見方・考え方と対応する形で示した。

「A数と計算」では,ものの数に着目し,具体物や図などを用いて数の数え方や計算の仕方を考える力を養う。数のまとまりや数量の関係に着目して,ブロックや数え棒といった具体物や図などを使って数の数え方や計算の仕方を考えたり,その過程を表現したりすることを重視するとともにそれらを日常生活に生かすことを重視する。

「B図形」では,ものの形に着目して特徴を捉えたり,具体的な操作を通して形の構成について考えたりする力を養う。身の回りにある様々なものの形に着目してその特徴に関心をもつとともに,空き箱や色板,折り紙などの具体物を使って形を組み合わせたり分解したり,動かして形を変形させてみたりなどの操作を通して形の構成について考えることを重視する。

「C測定」では,身の回りにあるものの特徴を量に着目して捉え,量の大きさを比べる方法を考える力を養う。長さ,広さ,かさなどの量から身の回りの事象の特徴を捉え,具体的な操作を通して量の大きさの比べ方を見いだす。また,時刻と日常生活を結び付けるなど,時刻の読み方を日常生活の中で生かすことを重視する。

「Dデータの活用」では,データの個数に着目して身の回りの事象の特徴を捉える力を養う。身の回りにあるデータに関心をもって,事象の特徴を,データの個数に着目し,大小や順番から捉えることができるようにする。

(3)では,学びに向かう力,人間性等の目標を示した。

第1学年では,数量や図形に親しみをもち,それらに対する感覚を豊かにするとともに,算数を学ぶことのよさや楽しさを感じながら学ぼうとする態度を養う。第1学年では算数の学習との出合いを大切にして,具体物を用いた活動などを有効に活用して,算数に主体的に関わって親しむことを重視する。この活動を基盤として算数を学ぶことが楽しいことを実感し,主体的に算数を学ぶことができるようにする。

なお,幼児期の教育において,遊びや生活の中で,一人一人の幼児がその幼児なりに必要感をもって,数量などへの関心をもち感覚が磨かれるような体験をしていることなどを踏まえ,指導の工夫を行うことが大切である。

2　第1学年の内容

A　数と計算

A(1) 数の構成と表し方

> (1) 数の構成と表し方に関わる数学的活動を通して，次の事項を身に付けることができるよう指導する。
> 　ア　次のような知識及び技能を身に付けること。
> 　　(ア)　ものとものとを対応させることによって，ものの個数を比べること。
> 　　(イ)　個数や順番を正しく数えたり表したりすること。
> 　　(ウ)　数の大小や順序を考えることによって，数の系列を作ったり，数直線の上に表したりすること。
> 　　(エ)　一つの数をほかの数の和や差としてみるなど，ほかの数と関係付けてみること。
> 　　(オ)　2位数の表し方について理解すること。
> 　　(カ)　簡単な場合について，3位数の表し方を知ること。
> 　　(キ)　数を，十を単位としてみること。
> 　　(ク)　具体物をまとめて数えたり等分したりして整理し，表すこと。
> 　イ　次のような思考力，判断力，表現力等を身に付けること。
> 　　(ア)　数のまとまりに着目し，数の大きさの比べ方や数え方を考え，それらを日常生活に生かすこと。

〔用語・記号〕　一の位　十の位

　具体物を操作しながら数に関わりをもつとともに算数に関心をもつ活動を行うことにより，ものの個数や人数などを比べたり数えたりすることなどの児童の日常生活や学校生活の場面と算数の学習をつなげていくことが大切である。
　第1学年では，これを踏まえて，ものとものとを対応させてものの個数を比べる活動などから始め，やがて，その個数を正しく数えたり，個数を数字で表したりできるようにする。こうした活動を通して，数の大小や順序を知り，次第に数の概念や表し方を理解できるようにしていく。そして，数のまとまりに着目しながら，徐々に数の範囲を広げていく。また生活の中で実際に数を使うことで，数を使うよさを

感じ，数についての感覚を豊かにしていく。

　ここで育成される資質・能力は，第2学年以降の数の概念とその表し方や，数の性質の理解に生かされるものである。

ア　知識及び技能

(ｱ)　個数を比べること

　ものの個数を比べる場合，それぞれの個数を数えなくても，1対1の対応を付けることで，個数の大小や相等を判断できる。例えば，下の図では，ブロック■とおはじき●とを1対1に対応させることで，おはじき●の個数の方が大きいことが分かる。

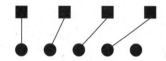

　一方，音の回数のように見えないもの，通りすぎる車の台数のように動いているもの，校庭にある木の本数のように手元で操作できないものも，それらとおはじきなどを1対1に対応させれば，おはじきなどの個数で比べることができる。このように，数えることはものとものを1対1に対応させることが前提となるので，このことを丁寧に扱うことが大切である。

(ｲ)　個数や順番を数えること

　ものの個数を数えるとき，数えるものの集合を明確に捉えることが大切である。次に，数える対象に「いち，に，さん，し，…」という数詞を順に対応させて唱え，最後の数でものの個数を表す。

　また，ものの順番を調べる場合，対象に数を順に対応させていき，その対応する数によってその順番を知ることができる。このとき，最後の順番を表す数は，個数を表す数と一致する。

　数としての0については，次のような意味で用いられることを次第に理解できるよう配慮する。例えば，ゲームで得点がない場合，具体的な量が1ずつ減少していってなくなる場合などのように，何もないという意味に用いたり，70や107の0のように，十進位取り記数法で空位を表すのに用いたり，数直線で，基準の位置を表すのに用いたりする。このような場合，0をほかの数と同様に数とみられるようにすることが大切である。

(ｳ)　数の大小，順序と数直線

　直線上に基準となる点を決めてそれに0を対応させ，決めた長さを単位にして目盛りを付け，点の位置で数を表した直線を数直線という。この数直線を用いると数の大小や順序，系列などを分かりやすく表現できる。

その導入では，一列に並んだものの順番を示すことなどと関連させながら扱うようにする。また，目盛りの単位が5や10などで示された数直線や，途中から目盛りが始まる数直線についても，次第に理解できるようにする。

なお，用語としての数直線は第3学年で扱う。

(エ) 一つの数をほかの数の和や差としてみること

整数についての理解は，ものの個数を数える操作に基づいて始め，次第に，一つの数を合成や分解により構成的にみることができるように活動を通して学んでいくようにする。このような数の合成や分解は，数の概念の形成に欠かせない。例えば下の図のように，5個のおはじきを分解された二つの部分の和としてみることができるようにする。

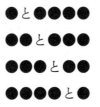

また，一つの数をほかの数と関係付けてみることも大切である。例えば，8を10に関係付けて，8は10より2小さいとみたり，式で10－2と表したりすることで，数を多面的にみることができる。

このような見方は，加法，減法の計算における繰り上がり，繰り下がりについての理解の素地として重要な内容であるので，数についての多面的な見方ができるようにし，数についての感覚を豊かにすることが大切である。

(オ) 2位数の表し方

第1学年では，十進位取り記数法の原理についての基礎的な理解を図ることをねらいとしている。

2位数については，10のまとまりの個数と端数という数え方を基にして表現されていることを理解し，数の構成についての感覚を豊かにする。

数を数字で書き表す場合，十進位取り記数法では，一，十，百などの単位の大きさを，位置で表現するので，記号が少なくてすむ。また，数の大小についての判断や，第2学年で学ぶ筆算形式による四則計算もこれによって簡単にできるようになるなど，この方法のもつよさに気付くようにすることが大切である。

なお，十進位取り記数法の理解を図るために「一の位」，「十の位」の意味と用語を指導する。例えば，43については，一の位は3，十の位は4であり，これは1が3個，10が4個あるという意味である。このように，数を単位の幾つ分の集まりと捉えたり，図や具体物で表したりすることで，数の大きさについての感覚を伴って用いられるようにしていく。

(カ) 簡単な場合の3位数の表し方

120程度までの簡単な場合について，3位数の表し方を指導する。ここでは，100より1大きい数が101であることや，109より1大きい数が110であることなど，百より大きくなっても下2桁は1から99までを数えた時と同じように変化していることを120程度までの数に触れることで気付かせるようにする。そのために，具体物を数えて，100や10のまとまりの個数と端数によって個数を表す活動などに取り組み，2位数までの数の意味や表し方について確実に理解できるようにしたり，第2学年での3位数の学習への連続性や発展性をもてるようにしたりする。

(キ) 十を単位とした数の見方

10のまとまりをつくって数える活動などを通して，十を単位として数の大きさをみることができるようにする。

ここで，十を単位とした数の見方とは，「40は10の4個分である」というように数の中に10のまとまりを見付けたり，「10が6個で60になる」というように10の何個分かで何十になるとみたりするような見方である。

このような十を単位とした数の見方について指導することで，数の構成について理解を深めたり，十を単位としてみられる数の加法及び減法の計算の仕方の学習の素地とする。

(ク) まとめて数えたり等分したりすること

数の概念についての理解を深めるためには，数える活動を多様な方法で行うことが大切である。その際，具体物をまとめて数えることも指導する。2ずつ，5ずつ，10ずつなど幾つかずつにまとめて数え，1ずつ数えたときと比べ，まとめて数えるよさに気付くようにする。特に，10ずつのまとまり作って数えることは，十進位取り記数法の仕組みを理解する基礎となる。その際，既に幾つかずつにまとめられた具体物を数えるのではなく，自分で適当な大きさのまとまりを作って数えたものを整理して表すことが大切である。

具体物を等分することについては，全体を同じ数ずつ幾つかに分けたり，全体を幾つかに同じ数ずつ分けたりすることができるようにする。例えば，8本の鉛筆を，2本ずつや4本ずつなど，同じ数ずつ分けると何人に分けられるかを操作や図で説明したり，分けられた結果を式に表したりする。このようなことを通して，8という一つの数を多面的にみることができるようにし，数についての感覚を豊かにする。

まとめて数えたことを，上のように図や式などに整理して表すことで，一つの数を同じ数のまとまりとしてみたり，等分した数としてみたりできるようにしていく。このように数をみることは，数についての感覚を豊かにし，乗法や除法を考える際の素地となり，自ら計算の仕方を考えていくことにつながっていく。

イ 思考力，判断力，表現力等

(ア) 数のまとまりに着目し，数の大きさの比べ方や数え方を考え，それらを日常生活に生かすこと

数のまとまりに着目し，数の比べ方や数え方を考えること

具体物は，数詞と1対1に対応をさせて唱えることで，数えることができる。対象となる数が大きくなってくると，数え間違わないように数えることや，より手際よい数え方を工夫する必要が出てくる。

例えば2ずつ数えるといったように数のまとまりをつくり，そのまとまりに着目して数えたり比べたりする考えを見いだせるようにする。対象となる数が大きくなると，さらに大きなまとまりを考える必要が出てくる。

そこで，10のまとまりを作ると後から数え直す手間も少なくてすみ，かつ数字や言葉で表現する際にも容易であるよさに気付くようにすることが大切である。それは，数を10と幾つと捉えることや，10が幾つと端数と捉えることがそのまま十進位取り記数法での表現や命数法を用いての表現とつながるからである。

また，簡単な場合についての3位数のものを数える際には，10のまとまりの個数が多くなるので，10のまとまりをさらに10ずつまとめようと考えを進められるように指導する。

このように，具体物を数える活動に取り組み，その活動の中でよりよい数え方を考えていくようにすることで数のまとまりに着目することのよさに気付くようにしていく。

ただ，具体物を数に表すことばかりでなく，徐々に数字からその数の大きさを捉えたり大小を比べたりすることができるようにしていく必要もある。数字で表された数の大小の比べ方を考えるには，どの位の数字に着目すればよいのかということや，数を大小の順に一列に並べる活動などを通し，比べ方を考えていくことが大切である。

こうして考えた比べ方や数え方は，他者との対話的な学びによって，その理解が深まる。どのようにすればうまく比べたり数えたりできるのか，ということを比較の中から学ぶのである。

日常生活に生かすこと

アの(ア)で示した個数を比べることは，机上のおはじきなどで行うだけでなく，二つのグループの人数を比べる場合に，一人ずつが手をつないでいくことで判断するなど，算数の学習を日常生活の場面で使うことが大切である。例えば，ドッジボールの勝ち負けを決める際，内野にいる人がセンターラインに沿って1対1に対応して並ぶことで，どちらのチームの方が人数が内野に多くの残っていたかを判断することができる。

また，アの(ク)では5とびで数えることを学習する。時刻を知りたいとき，時計の長い針が4を示していれば，5，10，15，20と数えて，20分であることが分かる。

順に並ぶこと，数の大小を比べることで量の多少を比べること，時計をはじめ身の回りの数字を読むことなど日々の生活は，算数の学習を通して，効率的になったり豊かになったりする。そのようなことが算数を学ぶよさとして実感できるように，価値付けていくことが大切である。

A (2) 加法，減法

(2) 加法及び減法に関わる数学的活動を通して，次の事項を身に付けることができるよう指導する。
　ア　次のような知識及び技能を身に付けること。
　　(ア) 加法及び減法の意味について理解し，それらが用いられる場合について知ること。
　　(イ) 加法及び減法が用いられる場面を式に表したり，式を読み取ったりすること。
　　(ウ) 1位数と1位数との加法及びその逆の減法の計算が確実にできること。
　　(エ) 簡単な場合について，2位数などについても加法及び減法ができることを知ること。
　イ　次のような思考力，判断力，表現力等を身に付けること。
　　(ア) 数量の関係に着目し，計算の意味や計算の仕方を考えたり，日常生活に生かしたりすること。

〔用語・記号〕　＋　−　＝

第1学年では，加法及び減法の意味を考えたり，加法及び減法が用いられる場面を式に表したり，式を読み取ったりすることができるようにするとともに，1位数の加法及びその逆の減法の計算ができるようにすることをねらいとしている。また，数量の関係に着目し，計算の意味や計算の仕方を考えたりするとともに，それを日常生活に生かそうとする態度を養うことをねらいとしている。さらに，簡単な場合についての2位数などの加法及び減法の計算についても加法及び減法ができることを知り，数についての理解を深めることができるようにする。

ここで育成される資質・能力は，第２学年の２位数の加法及びその逆の減法などの考察に生かされるものである。

ア　知識及び技能
(ア)　加法，減法が用いられる場合とそれらの意味

加法や減法が用いられる場合として，次のようなものを挙げることができる。この学年では，それぞれ(あ)，(い)，(う)の場合を主として取り上げ，(え)や(お)については，児童の実態に合わせて適宜取り扱うことが考えられる。

① 加法が用いられる場合
- (あ)　ある数量に他の数量を追加したり，ある数量が増加したりしたときの数量の大きさを求める場合（増加）
- (い)　同時に存在する二つの数量を合わせた大きさを求める場合（合併）
- (う)　ある番号や順番から，さらに何番か後の番号や順番を求める場合（順序数を含む加法）
- (え)　大小二つの数量の差と小さい方の数量が分かっており，大きい方の数量を求める場合（求大）
- (お)　異種のものの数量を，同種のものの数量に置き換えて，二つの数量を合わせた大きさを求める場合（異種のものの数量を含む加法）

② 減法が用いられる場合
- (あ)　ある数量から，他の数量を取り去ったり，ある数量が減少したりしたときの残りの数量の大きさを求める場合（求残）
- (い)　二つの数量の差を求める場合（求差）
- (う)　ある順番から，幾つか前の順番を求める場合や，二つの順番の違いを求める場合（順序数を含む減法）
- (え)　大小二つの数量の差と大きい方の数量が分かっており，小さい方の数量を求める場合（求小）
- (お)　異種のものの数量を，同種のものの数量に置き換えて，二つの数量の差を求める場合（異種のものの数量を含む減法）

これらの指導に当たっては，具体的な場面について，児童がどの場合も同じ加法や減法が適用される場として判断することができるようにすることが大切である。このように，加法や減法の用いられる場面を次第に一般化して，加法や減法の意味を具体的に捉えることができるようにすることを重視する。そして，加法は二つの集合を合わせた集合の要素の個数を求める演算であり，減法は一つの集合を二つの集合に分けたときの一方の集合の要素の個数を求める演算であることについて，具体物を用いた活動などを通して理解できるようにすることが大切である。

(イ) **加法，減法の式**

　加法や減法が用いられる具体的な場面を，＋や－の記号を用いた式に表したり，それらの式を具体的な場面に即して読み取ったり，式を読み取って図や具体物を用いて表したりすることができるようにする。

　式は，具体的な場面の数量の関係を簡潔に表現したり，答えを求める過程を表現したりするものとして捉えられ，算数・数学固有の表現として重要なものである。

　式を読み取るとは，式からそれに対応する具体的な場面や数量の関係を捉えることである。そこから，言葉や図や具体物を用いて表すことができるようになる。

　指導に当たっては，加法や減法の式を，教室や学校の中での具体物や実生活での具体的場面に結び付けることができるようにするために，それらの式で表される場面を探して言葉や絵や図を用いて表したり，実生活で探した数量について式に表したり，問題づくりをしたりすることが考えられる。

　例えば，あさがおの種について，昨日取れた個数と今日取れた個数を合わせた個数を求めることを，加法の式で表すことができる。また，8－3＝5の式から，「砂場で8人の子供が遊んでいます。3人の子供が帰りました。子供は5人になりました。」というような場面をつくることができる。さらに，6－3＋7の式からは，「りすが6ぴきいます。3びき帰りました。そこへ7ひき遊びに来ました。りすは全部で何びきになりましたか。」などの問題をつくり，絵を用いて表すこともできる。

　このような指導により，式についての理解を深め，式と具体的な場面とを結び付けられるようにする。

(ウ) **1位数の加法とその逆の減法の計算**

　1位数と1位数との加法とその逆の減法については，和が10以下の加法及びその逆の減法と，和が10より大きい数になる加法及びその逆の減法に分けて考える。和が10より大きい数になる加法及びその逆の減法は，「10とあと幾つ」という数の見方を活用して計算する。

　いずれの場合もその後の加法や減法の計算の基礎となる重要な内容である。指導に当たっては，具体物を用いた活動などを通して計算の仕方の理解を確実にするとともに，計算に習熟し，活用できるようにすることが大切である。

(エ) **簡単な場合の2位数などの加法，減法**

　2位数の加法，減法についても，1位数の場合と同様に，加法，減法が用いられることを理解するとともに，数についての理解を一層深めることをねらいとしている。

　簡単な場合とは，次のようなものである。

① **十を単位としてみられる数の加法，減法**

　　ここでの十を単位としてみられる数の加法及び減法とは，例えば，20＋40

や70－30のことである。これらの計算は，十を単位とした数の見方に関連させると，それぞれ，2＋4，7－3を基にして求めることができる。

なお，和が100を超えるような計算は第2学年で扱う。

② 繰り上がりや繰り下がりのない2位数と1位数との加法，減法

ここでの2位数と1位数との加法及び減法とは，例えば，13＋4や20＋5のような繰り上がりのない加法，15－2や38－8のような繰り下がりのない減法である。

このような簡単な場合について，2位数を含む加法及び減法を指導することで，1位数までの計算の理解を確実にしていくだけでなく，2位数までの数の理解もより確実にしていくようにする。

イ 思考力，判断力，表現力等

(ア) 数量の関係に着目し，計算の意味や計算の仕方を考えたり，日常生活に生かしたりすること

数量の関係に着目し，計算の意味を考えること

具体的な場面に基づいて，数量の関係に着目し，計算の意味を考えることをねらいとしている。

指導に当たっては，アの(ア)で示した加法及び減法が用いられる場合について，具体物や図を用いて表したりすることを通して，数量の関係を捉え，児童がどの場合も，同じ加法や減法が用いられる場として，判断できるようにすることが大切である。

例えば，「太郎さんは，前から8番目にいます。太郎さんの後ろに7人います。全部で何人いるでしょう。」という問題について，図を用いて表すと次のようになる。

この場合，図の右のように，太郎が8番目にいるということは，太郎がいるところまでの人数は8人であり，同時に存在する二つの数量を合わせた大きさを求める場面と数量の関係が同じとみて，8＋7というように加法の式に表すことができる。

このように，具体的な場面について，具体物や図を用いたりして表すことを通して，順序数を含む場面でも，数量の関係を捉え直すことで加法や減法が用いられる場合として判断することができるようにするとともに，日常の事象から，加法，減法の場面を見いだし，計算の意味と結び付けて解決していこうとする態度を養うことが大切である。

数量の関係に着目し，計算の仕方を考えること

　加法及び減法の計算の仕方を考える場合，既習の数の見方や計算の仕方を活用することで，未習の計算の仕方を見付け出していくことができる。その際，今までの計算と違うところはどこか，どういう数なら今までの計算が使えるかを考えさせることが大切である。例えば，和が10より大きい数になる加法及びその逆の減法は，「10とあと幾つ」という数の見方や計算の意味に着目し，数を分解して足したり，引いたりすることで，既習の計算が使えるようになる。

　加法の場合には様々な計算の仕方が考えられる。その主なものとしては，加数を分解する場合と被加数を分解する場合がある。例えば，8＋7の場合，加数の7を分けて（8＋2）＋5としたり，被加数の8を分けて5＋（3＋7）としたりして，数を分解して加えて10をつくり，10と5で15と計算する。

　① 7を2と5に分ける。8に2を足して10になる。この10と5で15になる。

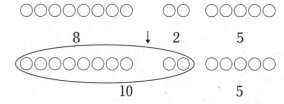

　② 8を5と3に分ける。3に7を足して10になる。この10と5で15になる。

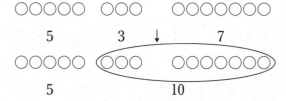

　また，減法の場合にも様々な計算の仕方が考えられる。その主なものとしては，被減数の分解の仕方によって二通り考えられる。例えば12－7の場合，減加法では（10－7）＋2のように10から7を引いて，残り2を加える。減々法は，（12－2）－5のように順々に引いていく方法である。ブロックなどを操作する活動を取り入れるならば，10のまとまりから取っていく方法と，端数から取っていく方法の違いになる。どちらを主にして指導するかは，数の大きさに従い柔軟に対応できるようにすることを原則とするが，児童の実態に合わせて指導することが大切である。

　このように，新たな計算に出合ったときに，既に知っている計算で求めることができるよう，数の見方を工夫して解決しようとする態度や問題解決した過程や結果を具体物や図などを用いて表現し伝え合い，互いの考えを理解しようとする態度を養い，第2学年以降で計算の仕方を考える際に生かしていけるようにする。

日常生活に生かすこと

　日常生活の場面では，第1学年で学習する加法や減法が用いられる場面が多く存在する。このようなときに，加法や減法の式に表すことでそのよさに気付かせ，加

法や減法を日常生活に活かそうとする態度を養うことが大切である。

B　図形

B(1)　図形についての理解の基礎

> (1) 身の回りにあるものの形に関わる数学的活動を通して，次の事項を身に付けることができるよう指導する。
> 　ア　次のような知識及び技能を身に付けること。
> 　　(ｱ)　ものの形を認め，形の特徴を知ること。
> 　　(ｲ)　具体物を用いて形を作ったり分解したりすること。
> 　　(ｳ)　前後，左右，上下など方向や位置についての言葉を用いて，ものの位置を表すこと。
> 　イ　次のような思考力，判断力，表現力等を身に付けること。
> 　　(ｱ)　ものの形に着目し，身の回りにあるものの特徴を捉えたり，具体的な操作を通して形の構成について考えたりすること。

　具体物を操作しながら図形に関わりをもつとともに算数に関心をもつ活動を行うことにより，積み木や箱などを積んだり並べたりすることや，折り紙を折ったり重ね合わせたり比べたりすることなどの児童の日常生活や学校生活の場面と算数の学習をつなげていくことが大切である。

　第1学年では，これを踏まえて，身の回りにあるものの形を観察や構成の対象とし，形を見付けたり，形作りをしたりする活動を重視するとともに，構成や分解の様子を，言葉を使って表すことを指導する。これらの活動を通して，次第に，ものの色，大きさ，位置や材質を捨象して，形を認め，形の特徴について捉えることができるようにする。同時に，形について学ぶことの楽しさを感じる経験を通して，図形に対する関心を喚起し，感覚を豊かなものとする。

　ここで育成される資質・能力は，第2学年での三角形，四角形などの考察に生かされるものである。

ア　知識及び技能
(ｱ)　形とその特徴の捉え方

　第1学年ではものの形に着目して，その形の特徴を捉えることを指導する。
　「ものの形を認める」とは，児童の身の回りにある具体物の中から，色や大きさ，位置や材質などを捨象し，ものの形のみに着目してものを捉えることである。また，

箱の形，筒の形，ボールの形などの身の回りにある立体については，立体を構成している面の形に着目して，「さんかく」，「しかく」，「まる」などの形を見付けることができることである。

このときは個々の辺の長さや角の大きさについては着目せず全体で形を捉えるため，例えば楽器のトライアングルのようにかどが丸みを帯びていたり，一部が切れている形も「さんかく」に含まれることになる。

「形の特徴を知る」とは，「さんかく」や「しかく」は「まる」と比べてかどがある，「さんかく」のかどは三つある，「さんかく」と「しかく」を比べるとかどの個数が異なるといった形状の特徴を捉えることができることである。また，箱の形は平らなところがあるが，ボールの形は平らなところがないといった立体の形状を捉えることや，筒の形は置き方によって，転がりやすくなったり，重ねて積み上げることができたりする形であること，また，ボールの形は転がりやすい形であること，箱の形は，重ねて積み上げることができる形であることなどの機能的な性質についても指導する。

(イ) 形の構成と分解

具体物を用いて形を作るとは，色板などを使って身の回りにある具体物の形を作ったり，作った形から逆に具体物を想像したりすることである。例えば，積み木や箱などの立体を用いて身の回りにある具体物の形を作ることや，色板などを組み合わせたり点を結んで身の回りにあるものの形を作ったりすることが考えられる。具体物を用いて形を分解したりするとは，身の回りにある立体や色板等を用いて作った形から，「さんかく」や「し

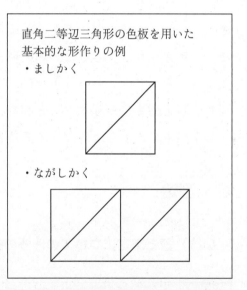

かく」などを見付けられるようにすることである。例えば，箱の側面の形を観察したり，その面を写し取った形と同じ形が身の回りのどこにあるかを見いだしたりすることを通して箱の形の多くは「しかく」で構成されていることを理解できるようにする。色板での形作りでは「しかく」は「さんかく」二枚で構成できること，「ましかく」が二つで「ながしかく」が構成できることなどに児童が気付けるよう配慮する。また，形を構成したり分解したりする活動では，ずらす，まわす，裏返すなどと図形を移動したり，ぴったり同じ形や大きさは違うが似ている形を作ったりすることなどの活動を豊富にさせることが大切である。

(ウ) 方向やものの位置

方向や位置に関する言葉には，前後，左右，上下などの方向を表すものと，一番

前や何番目，真ん中などの位置を表すものがある。これらを用いる際には一定のものを基準として表現する必要があることを児童が理解することが大切である。

　例えば，教室の中の二つのものの位置関係を表すために，「壁に掛かっている時計は時間割の上にある」や「自分から見て，黒板の左にテレビがある」というように表すことができるようにする。この学習では，実際に児童が一列に並ぶ体験や具体物を並べる活動を取り入れることで，方向や位置を実感的に捉えられるようにする。

　イ　思考力，判断力，表現力等
　(ｱ)　**ものの形に着目し，身の回りにあるものの特徴を捉えたり，具体的な操作を通して形の構成について考えたりすること。**

　ものの形に着目し身の回りにあるものの特徴を捉えるとは，ものの形や立体が身の回りでどのようなところに見られるか，それらの用いられ方にどのような特徴があるかということに気付いたり，敷き詰められた模様の中にいろいろな形を認めたりすることである。また，具体的な操作を通して形の構成について考えるとは，形を作ったり分解したりすることを通して，形の構成の仕方について考えることである。このような活動は，例えば色板などを用いて，ロケットや家の形をつくることなどが考えられる。さらに，箱の形であるならば平らな面を使って重ねたり立てたりすることができるというように，その形のもつ性質や特徴を用いて目的を達成したり問題を解決したりすることができるようにし，この学年以降も児童が図形に親しみを深めていけるよう指導することが大切である。

C　測定

C(1) 量と測定についての理解の基礎

> (1) 身の回りのものの大きさに関わる数学的活動を通して，次の事項を身に付けることができるよう指導する。
> 　ア　次のような知識及び技能を身に付けること。
> 　　(ｱ)　長さ，広さ，かさなどの量を，具体的な操作によって直接比べたり，他のものを用いて比べたりすること。
> 　　(ｲ)　身の回りにあるものの大きさを単位として，その幾つ分かで大きさを比べること。
> 　イ　次のような思考力，判断力，表現力等を身に付けること。
> 　　(ｱ)　身の回りのものの特徴に着目し，量の大きさの比べ方を見いだすこと。

具体物を操作しながら量に関わりをもつとともに算数に関心をもつ活動を行うことにより，様々な量の大きさを比べるなどの児童の日常生活や学校生活の場面と算数の学習をつなげていくことが大切である。

第1学年では，これを踏まえて，量の単位を用いて測定する前段階として，身の回りのものの特徴に着目し，量の大きさの比べ方を見いだしたり量の大きさを表現したりすることを主なねらいとしている。

第1学年の量と測定についての理解の基礎となる学習では，児童が体験を通して，学習の中で取り上げられた具体的なものの長さ，広さ，かさなど，身の回りに広くある量に関心をもって調べたり，身の回りのものの大きさの比べ方を見いだそうとしたりする態度を養う。ここで育成される資質・能力は，第2学年の以降の長さ，広さ，かさの大きさの測定や数値化などの学習に生かされるものである。

ア　知識及び技能

(ア) 量の大きさの直接比較，間接比較

量の単位や測定の意味を指導する上で大切なことは，まず，直接あるいは間接的に大きさを比べる活動を通して，その量についての理解を深めていくことである。長さ，広さ，かさのうち，特に長さは，「測定」で取り扱う様々な量の中で基本的な量である。

量の大きさを比較する際，ものを移動して，直接重ね合わせることで比べることがある。これを直接比較という。直接比較で比べられない場合，別のものに写し取ることや，水のようなかさであれば別の容器に入れるなど媒介物を用いて間接的に比較することがある。これを間接比較という。第1学年では，これらの活動を十分に行うことが大切である。

長さの直接比較については，例えば，2本の鉛筆の長さを比べるといった移動のできるものを比べる場合には，並べて置いたり重ねたりして比べることができる。この場合は，一方の端を揃えることにより，反対側の端で長さの大小を比べることができる。

広さについては，例えば2枚のレジャーシートの大きさを比べる場合には，右のように角を揃えて重ねることにより，一方が他方に完全に含まれるのであれば，広さの大小を比べることができる。

かさについては，長さや広さに比べて捉えにくい場合がある。しかし，例えば，大きな箱の中に小さな箱を直接入れることにより，二つのかさを比べることができる。

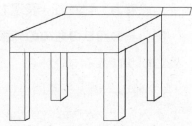

量の大きさを比べる際，ものを移動して，直接重ね合わせることが難しい場合がある。その場合，媒介物を用いて量の大小を比べることができる。

　長さの間接比較については，例えば，机の縦と横の長さを比べる場合は，紙テープや棒を用いて長さを写し取ることにより，基になる大きさと比べることができる。

　広さやかさの大きさも同様に，形を紙に写し取ったり，二つの入れ物にそれぞれにいっぱいに入れた水を第三の容器に移したりすると比べることができる。

　このような直接比較や間接比較についての理解は，第3学年の重さや第4学年の角の大きさを比べる際にも必要になる。

(イ) 任意単位を用いた大きさの比べ方

　量の大きさを比較する際，ものを移動して直接重ね合わせることが難しかったり，適当な大きさの媒介物がなかったりする場合がある。また，二つや三つの量を比べるのでなく，多くのものの量を比べる場合がある。そのようなとき，測るものより小さい任意のものの大きさを単位として，それが幾つ分あるかを調べることで，大きさを数で表すことができ，その数で比べることができる。

　長さの任意単位による測定については，例えば，机の縦と横の長さを，鉛筆の長さの幾つ分かに置き換えるなどの具体的な操作を通して調べ，これを数で表せば比べることができる。

　広さについては，例えば，それぞれの広さの上に同じ大きさの色板を並べ，色板が幾つ分あるかを数えることで比べることができる。色板を並べたり，方眼紙を塗りつぶしたりといった活動を通して，任意単位を用いた広さの比べ方を理解できるようにする。

　かさについては，二つの容器いっぱいに入れた水を，同じコップや茶碗で何杯分あるかを数えるなどして比べることができる。

　このように，身の回りにあるものの大きさを単位として数値化することにより，大きさの違いを数に表して比べることができるようになる。様々な場面で，比較や測定を行うことを通して，長さが長いとは，広さが広いとは，かさが大きいとはといったそれぞれの量の意味やその測定の仕方についての理解をより確かなものにしたり，量の大きさについての感覚を豊かにしたりする。

　なお，属性の捨象や量の保存性，量の加法性といった量のもつ基本的な性質については，(ア)，(イ)の活動を通して次第に理解できるようにしていく。

イ　思考力，判断力，表現力等

(ア) 身の回りのものの特徴に着目し，量の大きさの比べ方を見いだすこと

　身の回りにあるものから，まず，比べたい量を明確にすることが大切である。例えば，2冊の本の大きさについて比べようとするとき，「どちらの本が長いのか」「どちらの本が広いのか」「どちらの本が厚いのか」というように，どの量に着目して

いるのかを明確にする必要がある。そして，その目的に応じて直接比較をして比べる。また，どのくらい違うのかを知りたいときは数値化して比べる。このように，目的に応じて効率よく量の大きさを比べることが大切である。さらに比較の過程では，比べ方について問いを見いだしたり，試行錯誤したりすることが大切である。そして，長さでの比較や測定の仕方と同じように，広さやかさについても，直接比較，間接比較，任意単位による測定という比べ方ができることについて気付くことができるようにする。

また，比べ方の表現については，長さにおいては「大きい・小さい」ではなく，「長い・短い」という表現を用い，使われる長さ（距離）や場所によっては，「遠い・近い」「高い・低い」などの言葉でも多様に表現されることにも触れ，生活の中にある長さについての見方を広げていくことも大切である。

C(2) 時刻の読み方

> (2) 時刻に関わる数学的活動を通して，次の事項を身に付けることができるよう指導する。
> 　ア　次のような知識及び技能を身に付けること。
> 　　(ｱ)　日常生活の中で時刻を読むこと。
> 　イ　次のような思考力，判断力，表現力等を身に付けること。
> 　　(ｱ)　時刻の読み方を用いて，時刻と日常生活を関連付けること。

具体物を操作しながら時刻に関わりをもつとともに算数に関心をもつ活動を行うことにより，児童の日常生活や学校生活の場面と算数の学習をつなげていくことが大切である。

第1学年では，これを踏まえて，時刻を表す単位に着目し，日常生活で時刻を読み，時刻と日常生活と関連付けることを主なねらいとしている。

第1学年の時刻の学習は，児童が生活する上で必要な時刻を意識して，主体的に生活の予定を考えたり，時刻の見通しをもって行動したり，時刻を守って楽しく生活しようとしたりすることがねらいである。ここで育成される資質・能力は，第2学年以降の時刻と時間の考察や，それらを日常生活に生かす素地となるものである。

ア　知識及び技能
(ｱ)　時刻の読み方

学校生活や日常生活では，時刻を読んで行動することは必要なことである。短針と長針の位置を基に，それぞれの針が示す数と時刻を表す数との対応を理解し，時

計の観察や操作を通して時刻を読むことができるようにする。

イ　思考力，判断力，表現力等

(ア) 時刻の読み方を用いて，時刻と日常生活を関連付けること

学校生活を含む日常生活の場面における幾つかの時刻とその読み方の例示から，どのように時刻を読むのかを考えたり，時刻を表す単位に着目し，短針や長針の役割（何時，何分）について考えたりする。

また，右の図のような曖昧な位置にある短針について，時計の短針と長針が連動していることや，「8時は過ぎたけれど，まだ1時間目が始まる9時にはなっていない」というように，時刻と日常生活を関連付けて捉えることが大切である。また，「そろそろ9時だから1時間目の準備をしよう」と時刻を基に行動を決めることも大切である。

与えられた時刻を読んだり表したりするだけでなく，児童の日常生活での活動などと時刻とを関連させ，学習の時間以外の学校生活や家庭生活で適切に用い，時刻への関心を高めていくことが大切である。

D　データの活用

D(1) 絵や図を用いた数量の表現

(1) 数量の整理に関わる数学的活動を通して，次の事項を身に付けることができるよう指導する。

　ア　次のような知識及び技能を身に付けること。

　　(ア) ものの個数について，簡単な絵や図などに表したり，それらを読み取ったりすること。

　イ　次のような思考力，判断力，表現力等を身に付けること。

　　(ア) データの個数に着目し，身の回りの事象の特徴を捉えること。

具体物を操作しながら数量に関わりをもつとともに算数に関心をもつ活動を行うことにより，ものの個数や人数などを比べたり，数えたりすることなどの児童の日常生活や学校生活の場面と算数の学習をつなげていくことが大切である。

第1学年では，これを踏まえて，身の回りの事象について関心をもち，個数に着目して簡単な絵や図などに表したり，それらを読み取ったりすることでその事象の特徴を捉えることをねらいとしている。

この内容は，第2学年の簡単な表やグラフを用いて考察することの素地となるものである。

ア　知識及び技能

(ア)　絵や図を用いた数量の表現

ものの個数を数えたり比べたりするとき，幾つかの種類のものについて，種類ごとに分類整理することで数えやすくなる。例えば，きりん，ぞう，うさぎ，しまうまなどを比べるとき，次の図のように並べてみることで一目で数の大小を比べることができるようになる。この図からは，うさぎが最も数が多いことやぞうとしまうまが同じ数であることなどを読み取ることができる。

対象を絵などに置き換える際には，それらの大きさを揃えることや，並べる際に均等に配置することが必要であることを理解できるようにする。

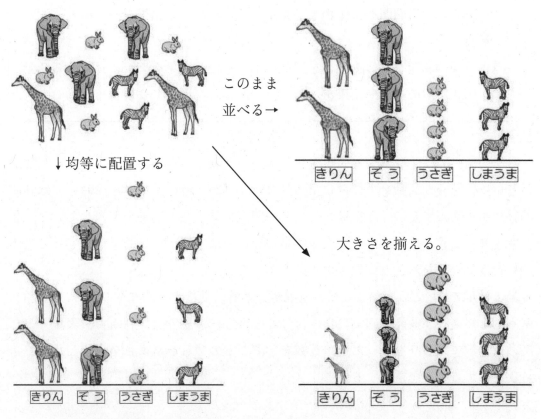

イ　思考力，判断力，表現力等

(ア)　データの個数に着目し，身の回りの事象の特徴を捉えること

データの個数に着目し，身の回りの事象の特徴を捉えるとは，身の回りの事象に関する数の大小関係を，絵などを用いて整理して表現し，どの項目がどの程度多いのかといったことを捉えることである。

例えば，学級内でどの果物が人気があるのかについて興味をもった際に，一人一つずつ好きな果物を絵に描いて集めるとする。絵の大きさが個人によって異なっていたとしても，それを種類ごとに均等に配置して並べることで，個数を数えること

は容易にできる。また，どの果物が人気があるのかについても積み上げた高さが最も高いものであるということからすぐに判断できる。この結果から，自分の学級ではどの果物が人気があるのか，ほかの果物はどの程度人気があるのかなどについて知ることができる。

〔数学的活動〕

> (1) 内容の「A数と計算」，「B図形」，「C測定」及び「Dデータの活用」に示す学習については，次のような数学的活動に取り組むものとする。
>   ア　身の回りの事象を観察したり，具体物を操作したりして，数量や形を見いだす活動
>   イ　日常生活の問題を具体物などを用いて解決したり結果を確かめたりする活動
>   ウ　算数の問題を具体物などを用いて解決したり結果を確かめたりする活動
>   エ　問題解決の過程や結果を，具体物や図などを用いて表現する活動

　数学的活動では，数学的な問題発見・解決の活動と，数学的な表現を生かしながら互いに伝え合う活動を中核とした活動を行うほか，特に，下学年においては具体的経験を大切にする操作等を通して数量や図形を見いだす活動を重視している。具体物を使って素朴に学ぶための操作活動については，児童が目的意識をもって主体的に行う活動となるように配慮する必要がある。

　第1学年では，これを踏まえて，児童が数学的活動に意欲的に取り組み，基礎的・基本的な知識及び技能を確実に身に付けるとともに，思考力，判断力，表現力等を高め，算数に関わりをもったり，算数を学ぶことの楽しさやよさを実感したりできるようにすることを重視する。

ア　身の回りの事象を観察したり，具体物を操作したりして，数量や形を見いだす活動

　第1学年においては，幼児期の生活の中でそれまでは意識せずに行ってきた認識や行動を基盤にしながら，児童が算数の学びに登場する数量や形と出合ったりそれらを自覚したりすることが大切である。それまでの生活や経験を無視して，算数の内容を指導してしまっては児童の学習意欲を削いでしまう。

　このようなことから，これまでの児童の生活経験が算数の学習につながっていくことが実感できるようにするために，具体物を操作しながら数量やものの形に関わ

りをもつとともに算数に関心をもつ活動を行うことが大切である。
　第1学年における「身の回りの事象を観察したり，具体物を操作したりして，数量や形を見いだす活動」として，例えば次のような活動が考えられる。

身の回りの具体物を操作しながらものの形に親しむ活動〜形との出合い〜
　この活動は，「B図形」の(1)の指導における数学的活動であり，身の回りにある具体物を操作したり，その結果として構成される形に着目したりすることで，図形についての理解の基礎となる経験を豊かにすることをねらいとしている。
　ここでは，具体物を操作しながらものの形への関心を高めて，いろいろな形の積み木や箱などを積んだり，並べたりして身近なものに見立てたり，紙を折ったり切ったりする児童の日常生活の場面を算数の学習につなげていく。
　例えば，チューリップの花を折る場面では，1枚の紙を折ったり切ったりしながら他のものの形を作る経験を踏まえ，最初に下の図に示すように折り紙を折る。

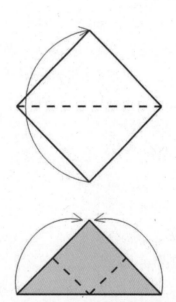

　その際，正方形（ましかく）の折り紙が，一度折ることで三角形（さんかく）に変わったり，さらに折り進むと再び正方形（ましかく）に変わったりする。児童は丁寧に操作をすることで，角と角をぴったり重ねるときれいな形ができることに気付く。また次々と形が変化する様子に関心をもつ。また，一度折った折り紙を開いてみることで，折った線によっていろいろな形ができていることにも気付く。
　「折り紙を半分に折るとさんかくやながしかくができる」「折った後に広げると線ができる」「右と左に同じ形ができてきれいだ」などの児童の素朴な気付きを大切にして，何気なく行ってきた折り紙との関わりから，ものの形に対する関心をもたせるようにする。
　操作活動を主体的に行うことで，ものの形に対して親しみと関心を高め，算数の学習への意欲をもたせるようにすることが大切である。

　イ　日常生活の問題を具体物などを用いて解決したり結果を確かめたりする活動
　児童が経験する日常生活におけるできごとには，算数と結び付けて考えたり判断したりすることで解決が可能になったり，その結果を適切に表現したり処理したりすることがたくさんある。児童はそれらを何気なく行っているが，これらのできごとの背景にある数学的課題には気付いておらず，算数の問題と関わっているとは認

識していないことが多い。

このような児童に，日常生活の中に算数で解決することができる課題があることに関心をもたせるとともに，それを実際に解決したりその結果を確かめたりする活動を経験させることが大切である。日常生活におけるできごとを算数と結び付けて考えたり処理したりする活動を通して，算数を学ぶよさを実感できるようにすることが大切である。

第1学年における「日常生活の問題を具体物などを用いて解決したり結果を確かめたりする活動」として，例えば次のような活動が考えられる。

日常生活にある量の大きさを比べる活動〜長さの比較〜

この活動は，「C測定」の(1)の指導における数学的活動であり，身の回りにあるものの長さに着目し，日常生活における長さの比べ方を考えたり，比べ方を用いたりする経験を通して，日常生活のできごとを測定を用いて処理することに関心をもち算数を学ぶよさを実感することをねらいとしている。

例えば，教室の大掃除をするために，可能ならば教師用机も廊下に出したいということから，「先生の机は教室の入り口から外に出すことができるだろうか。」ということを考える場面において，児童は次のような数学的活動を遂行することが考えられる。

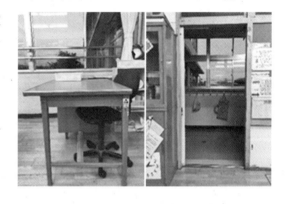

教師の机が重く，運ぶだけでも大変であれば，運ぶ前に，「どうすれば，離れた場所にある先生の机が入り口を通るかどうか分かるか。」という問いが生まれうる。

実際に運んで長さを合わせてみること（直接比較）は大変そうなので，もっと簡単に比べられないかを考えるのである。

「自分の腕の長さを使って比べてみる。」「机の幅と同じ長さの紙テープを作って，教室の入り口の長さと比べてみる。」「みんなの鉛筆を借りて，鉛筆の長さの幾つ分かで比べてみる。」という解決方法が生み出されるかもしれないが，そこで現実の場面に戻って妥当性を考える必要がある。

ある児童は，腕をひろげて机の幅に合わせ，そのまま移動してドアまで移動して比べようとするが，途中で幅が変わってしまい，その方法は正確でないことが分かるだろう。

なわとびのなわや紙テープといった媒介物を用いて長さを写し取る考え（間接比較）で実際に比べてみたり，筆箱など小さいものの幾つ分かで測る考え（任意単位

による測定）で実際に比べてみたりする。このようにして，何か別のものを使うことで長さを比べることができることに気付き，そのよさを感じる。

比較した児童の結論は，教師の机の幅は，ドアの幅より狭いということだった。そこで実際に教師の机を廊下に出して大掃除を行った。

また，同じようにすれば比べられるという見通しをもち，教室にあるロッカーも教室から出せるかなど，直接並べなくても比べる活動を続けて行うことも考えられる。

このように，日常の事象でも算数を用いて解決することができる経験を豊かにすることで算数を学ぶよさを実感することができる。

ほかにも，「学習で使う大きなテレビは教室に入るかどうかも確かめてみたい。」といった場面でも同様な活動はありうる。

このような活動を通して，日常の事象にある課題について筋道を立てて考えるとともに，量の大きさの比べ方についてのアイディアを試してみたり，獲得した比べ方から選んで用いて活用したりして，日常生活の中で量の大きさを比べようとすることは，第2学年で単位を用いて測定する能力につながるものである。

ウ　算数の問題を具体物などを用いて解決したり結果を確かめたりする活動

児童が算数の問題に主体的に関わり，既習事項を基にして考えたり判断したりすることで解決が可能になったり，その結果を適切に表現したり処理したりすることが期待される。

第1学年の児童にとって，算数で学習したことを意識的に活用して課題解決することは決して簡単なことではないが，既習事項を活用することで算数の問題を解決することが容易になることに関心をもたせるとともに，実際に解決したりその結果を確かめたりする活動を経験させることで，自ら算数を学び続ける楽しさを実感できるようにすることが大切である。

第1学年における「算数の問題を具体物などを用いて解決したり結果を確かめたりする活動」として，例えば次のような活動が考えられる。

既習の数の見方に着目し，具体物や図などを用いて，未習の計算の仕方を見付ける活動～（十何）－（1位数）で繰り下がりのある減法の計算の仕方～

この活動は，「A数と計算」の(2)の指導における数学的活動であり，既習の数の見方に着目し，具体物や図などを用いて，未習の計算の仕方を見付けることをねらいとしている。ここでは，（十何）－（1位数）で繰り下がりのある減法の計算の仕

方を考える際，10より大きい数を「10とあと幾つ」と捉えてきた既習の数の見方に着目し，数を分解して10から引くことで，既習の計算に帰着できることに気付かせていくことが大切である。

例えば，13－9という減法の計算の仕方を考える場面である。児童は13－9という式を見て「答えは幾つになるか」と考えようとするが，「3－9は引けない」ことに気付いたり，19－3という計算はできるがこの計算は今までと違い，（十何）－（1位数）で，一の位どうしが引けない減法であることに気付いたりするだろう。

「一の位どうしが引けない13－9のような計算はどのように答えを出せばよいのだろう。」と問いが明確になれば，解決に向けて，ブロックなどの具体物を用いて考えることになる。

　　　　　　　○○○○　○○○○○○○○○→
　　　　　　　　　　　９８７６５４３２１

多くの児童は上のように，一つずつ数えて9を取り答えを出すことができる。

また，まとまりとして9を10から取る考えをする児童もいるだろう。

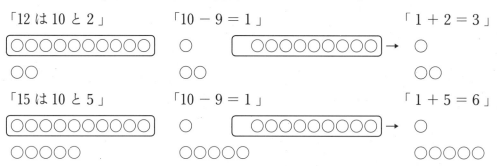

この手続きを支えている考え方を共有した後で，10から9をまとめて引けばよいことなど，この考えのよさについて話し合うことで，12－9など，同じように考えれば，ほかの（十何）－9の計算も簡単にできるのではないかと，児童自らが次の問いを考え，実際に真似して計算することもできる。

このように繰り返し9を引く計算をした後で，学習を振り返ることにより，数え引くのではなく，10のまとまりからまとめて9を取ると簡単だったことや，12－8などほかの（十何）－（1位数）の計算も同じようにできるのではないかといった気付きを確認することができる。

このような活動を通して，新たな計算に出合ったときに，既に知っている計算で解決できるよう，数の見方を工夫して解決しようとする態度や，ある数の計算の仕方を見付けたときに，それを基にして他の計算を発展的に考えようとする態度が育成されるようにする。

エ　問題解決の過程や結果を，具体物や図などを用いて表現する活動

今回の改訂では，算数科では，算数の問題解決の過程やその結果を具体物や図などを使って表現するとともに他者とのコミュニケーションによって算数を深く学ぶことを目指している。

第1学年の児童においても，具体物や図などを用いることで自ら取り組んでいる問題解決の過程やその結果を分かりやすく表すことを目指す。計算の方法や量の測定方法，さらにはものの形の構成や分解など形式的な手続きの理解を図るためには，具体物や図などを用いてそれらを可視化することが有効であり，他者との対話的な学びを支えていくことにもつながる。

第1学年における「問題解決の過程や結果を，具体物や図などを用いて表現する活動」として，例えば次のような活動が考えられる。

咲いたあさがおをグラフに表す活動～絵グラフ～

この活動は，「Dデータの活用」の(1)の指導における数学的活動であり，身の回りにある資料を絵グラフに表すことで，集めた資料の結果を分かりやすく表現できるようにすることをねらいとしている。

第1学年の生活科であさがおを育てている学校は多い。「先生，僕のあさがおが三つ咲いたよ。」「私は，四つ咲いたよ。」などと児童はあさがおの咲いている状況を数で表現するだろう。このようなことを捉えて，算数を活用する経験を豊かにする。

例えば，次のような活動が考えられる。

教師は色の塗っていないあさがおの絵を幾つも用意し，一人ひとりに咲いた数だけあさがおの絵を渡し，曜日を記入させ，色を塗らせ，台紙に曜日ごとに貼らせる。このようなことを一週間続けた後，この一週間あさがおがたくさん咲いたことについて振り返り話し合う。

児童は，台紙を見ながら，全体の個数や日ごとの数，色別の数などに着目して次々と話し始めるであろう。「一週間で全部で何個咲いたかな。」「何曜日が一番咲いたかな。」「何色が一番咲いたかな。」「クラスで一番咲いたのは誰かな。」

これらの問いの中で，「どの曜日が一番多いかな。」という問いから，絵グラフに表したよさに気付くだろう。

また，「何色が一番咲いたかな。」という問いに対して，児童はあさがおの絵を色ごとに並び替えたグラフを作るだろう。

このような活動を行うことで，整理する観点によって並び方を変えると，同じ資料でも絵グラフが変わり，よく分かることも変わることを感じることができる。こうした活動は次学年以降の学習につながっていく。

第2節　第2学年の目標及び内容

1　第2学年の目標

> (1) 数の概念についての理解を深め，計算の意味と性質，基本的な図形の概念，量の概念，簡単な表とグラフなどについて理解し，数量や図形についての感覚を豊かにするとともに，加法，減法及び乗法の計算をしたり，図形を構成したり，長さやかさなどを測定したり，表やグラフに表したりすることなどについての技能を身に付けるようにする。
>
> (2) 数とその表現や数量の関係に着目し，必要に応じて具体物や図などを用いて数の表し方や計算の仕方などを考察する力，平面図形の特徴を図形を構成する要素に着目して捉えたり，身の回りの事象を図形の性質から考察したりする力，身の回りにあるものの特徴を量に着目して捉え，量の単位を用いて的確に表現する力，身の回りの事象をデータの特徴に着目して捉え，簡潔に表現したり考察したりする力などを養う。
>
> (3) 数量や図形に進んで関わり，数学的に表現・処理したことを振り返り，数理的な処理のよさに気付き生活や学習に活用しようとする態度を養う。

第2学年では，第1学年の学習を踏まえて，引き続き具体物などを用いることを通して算数の学習に関心をもち，基礎的・基本的な概念や性質などを理解するとともに，日常の事象や算数の学習場面を，数学的に表現したり処理したりすることを重視する。

(1)では，第2学年の四つの領域で身に付ける知識及び技能について示した。

「知識」に関しては，第1学年での学習内容を基に基本的な数量や図形の概念や意味，性質を確実に理解することや数量や図形の感覚をより豊かにすることが重要になる。例えば，乗法九九の構成の学習では，具体物や九九表などを用いることを通して，数のまとまりや数量の関係に着目して乗法に関して成り立つ簡単な性質について理解できるようにするとともに数についての感覚を豊かにする。

また「技能」に関しては，第1学年の学習を踏まえて，数学的な処理や表現の基礎となる技能の習得が必要である。例えば，長さを測定する際におよその長さの見当をつけるとともにそれを表現するのに適切な単位を選択することができるようにするが，その手続きを，かさの測定においても用いることができるようにするなど，他の学習場面にも活用することができるようにすることが大切である。

(2)では，第2学年の四つの領域で身に付ける思考力，判断力，表現力等を数学

的な見方・考え方と対応する形で示した。

「A数と計算」では，数とその表現や数量の関係に着目し，必要に応じて具体物や図などを用いて数の表し方や計算の仕方などを考察する力を養う。具体物などを用いることを通して，身の回りの数への関心を高め，数についての感覚を豊かにするとともに数の大きさや仕組みに着目して表し方を考える。また加法及び減法の可能性や相互関係に着目して計算の仕方を考えたり，乗法の計算の仕方を考えたり，それらを日常生活に生かしたりすることができるようにする。さらに，具体物などを用いることを通して，数量やその関係に着目して，言葉，数，式，図などに表したり読み取ったり，それらを日常生活に生かせるようにする。

「B図形」では，平面図形の特徴を図形を構成する要素に着目して捉えたり，身の回りの事象を図形の性質から考察したりする力を養う。この学年から身の回りの事象を図形として捉え，図形の特徴を図形を構成する要素に着目して捉えたり図形の性質から考察したりすることを重視する。第1学年同様に，空き箱や色板，折り紙などの具体物を使って形を組み合わせたり分解したり，動かして形を変形させてみたりするなどの操作を大切にするが，図形を構成する要素に関心をもったりその性質を考えたりすることを重視する。

「C測定」では，身の回りにあるものの特徴を量に着目して捉え，量の単位を用いて的確に表現する力を養う。長さ，かさの量から身の回りの事象の特徴に着目し，実験・実測を通して目的に応じた普遍単位を用いることで量を的確に表現したり比べたりすることを重視する。また，時間の単位に着目して，時刻や時間を日常生活の中で生かせるようにする。

「Dデータの活用」では，「身の回りの事象をデータの特徴に着目して捉え，簡潔に表現したり考察したりする力」を養う。身の回りの事象をデータを整理する観点に着目し，その事象の特徴を簡単な表やグラフに表して考察することができるようにする。

なお，児童の発達の段階を考慮して，この「(2)思考力・判断力・表現力等」の目標については，次の第3学年でも基本的に同様の内容とする。

(3)では，学びに向かう力，人間性等の目標を示した。

第2学年では，数量や図形に進んで関わり，数学的に表現・処理したことを振り返り，数理的な処理のよさに気付き生活や学習に活用する態度を養う。第1学年での算数の学習で経験したことを踏まえて，第2学年では，算数の学習で表現・処理したことへの振り返りや数理的処理のよさに気付くこと，さらにはそれらを生活や学習へ活用することが期待されている。算数を学ぶことの価値を実感し，それが新たに主体的に算数に関わる態度を育むことにつながる。

なお，児童の発達の段階を考慮して，この「(3)学びに向かう力，人間性等」の

目標については，次の第3学年でも同様の内容とする。

2　第2学年の内容

A　数と計算

A(1) 数の構成と表し方

(1) 数の構成と表し方に関わる数学的活動を通して，次の事項を身に付けることができるよう指導する。
　ア　次のような知識及び技能を身に付けること。
　　(ア) 同じ大きさの集まりにまとめて数えたり，分類して数えたりすること。
　　(イ) 4位数までについて，十進位取り記数法による数の表し方及び数の大小や順序について理解すること。
　　(ウ) 数を十や百を単位としてみるなど，数の相対的な大きさについて理解すること。
　　(エ) 一つの数をほかの数の積としてみるなど，ほかの数と関係付けてみること。
　　(オ) 簡単な事柄を分類整理し，それを数を用いて表すこと。
　　(カ) $\frac{1}{2}$，$\frac{1}{3}$ など簡単な分数について知ること。
　イ　次のような思考力，判断力，表現力等を身に付けること。
　　(ア) 数のまとまりに着目し，大きな数の大きさの比べ方や数え方を考え，日常生活に生かすこと。

〔用語・記号〕　　　＞　＜

（内容の取扱い）

(1) 内容の「A数と計算」の(1)については，1万についても取り扱うものとする。

第1学年では，120程度までの数について，数のまとまりに着目し，数の比べ方

や数え方を考えることを指導してきた。

　第2学年では数の範囲を4位数まで広げて，数の概念や性質についての理解を深めるとともに，乗法的な見方や数の用いられ方についても指導し，数を用いる能力を伸ばし，数についての感覚をより豊かにすることをねらいとしている。また，数への関心を高め，主体的に数に関わる態度を育んでいく。

　ここで育成される資質・能力は，第3学年での万の単位，第4学年での億や兆の単位の学習につながり，その素地となるものである。

ア　知識及び技能

(ア)　まとめて数えたり，分類して数えたりすること

　必要に応じてものの個数を2ずつ，5ずつ，10ずつまとめて数えたり，ものの色，形，位置，種類などに目を付けて分類して数えたりすることを指導する。同じ大きさの数ずつまとめて数えることは，乗法の意味の理解につながるものである。さらに，多くのものの個数を数えるときに，10ずつのまとまりを作り，それをさらに10ずつのまとまりにして数えていくことは，十進位取り記数法に発展していく。

(イ)　十進位取り記数法

　数の範囲を4位数までに広げ，十進位取り記数法による数の表し方及び数の大小，順序などについて知り，数についての理解を深めるようにする。この際，3位数から4位数へと数の範囲を徐々に広げて理解を深められるような配慮が必要である。

　十進位取り記数法は，それぞれの位を単位とする数が10になると次の位に進み，10に満たない端数がそれぞれの位の数字として表されることと，位置によってその単位の大きさを表す数が示されるということから成り立っている。位ごとに異なる記号を用いるのではないところにその特徴がある。

　また，数の読み方との比較によって，記数法の特徴を理解することができる。例えば，8235を読むときには，全ての位を言うことになる。8000を読むときには，必要な位だけを言えばよいが，書くときには0を各位に記入しておかなければならない。

　ここで，数の大小を調べることに関連して，数の大小関係を不等号「＞」，「＜」を用いて簡潔に表現できることを指導する。

　「内容の取扱い」の(1)では，「1万についても取り扱うものとする」と示している。9999の次の数などとして1万について取り扱うことで，第3学年で指導する1万を超える数へと連続性や発展性をもって接続できるよう配慮することが大切である。

(ウ)　数の相対的な大きさ

　「数の相対的な大きさについての理解」とは，十，百などを単位として，数の大きさを捉えることである。例えば，6000を「10が600個集まった数」とみたり「100

が60個集まった数」とみたりすることである。数の相対的な大きさを捉えることによって，数の仕組みについての理解を深めるとともに，数についての感覚を豊かにすることをねらいとしている。その際には，形式的な指導でなく，具体物を用いた活動を通して，数の相対的な大きさについて理解できるようにすることが大切である。

数を相対的な大きさで理解することは，今後計算の結果を見積ったり，除法の計算をするとき，商の大きさを捉えたりすることに有効に働くものであり，その基礎となる力を養うためにも大切である。

(エ) 一つの数をほかの数の積としてみること

ものの集まりを幾つかずつにまとめて数えることを通して，数の乗法的な構成についての理解を図ることをねらいとしている。また，ある部分の大きさを基にして，その幾つ分として，全体の大きさを捉えることができるようにする。

例えば，「12個のおはじきを工夫して並べる」という活動を行うと，いろいろな並べ方ができる。下の図のように並べると，2×6，6×2，3×4，4×3などのような式で表すことができる。このように，一つの数をほかの数の積としてみることができるようにし，数についての理解を深めるとともに，数についての感覚を豊かにする。

●●●●●●　　　　　　●●●●
●●●●●●　　　　　　●●●●
　　　　　　　　　　　●●●●
2×6又は6×2　　　3×4又は4×3

(オ) 数による分類整理

現代の生活では様々なところに数が使われている。例えば，電話番号，自動車のナンバー，ホテルやマンションの部屋の番号，図書の分類番号など，物事を分類整理した結果を表すのに数を用いる場合がある。例えばホテルの部屋の番号では，517は5階の17号室を表すとするなどである。分類整理してその結果を数を用いて示す考え方については，日常生活との関連に配慮し，具体的な経験を通して，そのよさを理解できるようにする。

(カ) $\frac{1}{2}$，$\frac{1}{3}$ などの簡単な分数

簡単な分数とは，$\frac{1}{2}$，$\frac{1}{3}$，$\frac{1}{4}$ のように，具体物を操作することによって得られる大きさを表した，分母が1桁程度の単位分数のことである。

1，2，3，4，…などの数を用いると，ものの個数などを表すことができるが，ものを半分にした大きさを表すことまではできない。分数を用いると，半分にした大きさなどを表すことができる。

折り紙やロープなどの具体物を半分にすると，元の大きさの $\frac{1}{2}$ の大きさができ

る。$\frac{1}{2}$は「二分の一」と読む。これは，二つに等分した大きさの一つ分という意味である。それらを更に半分にすると，元の大きさの$\frac{1}{4}$の大きさができる。これは，四つに等分した大きさの一つ分という意味である。このような活動を更に続けると，元の大きさの$\frac{1}{8}$の大きさができる。

　このように具体物を操作することによって，$\frac{1}{2}$，$\frac{1}{4}$，$\frac{1}{8}$などの大きさをつくることや，$\frac{1}{2}$，$\frac{1}{4}$，$\frac{1}{8}$などの数を分数と呼ぶことを指導する。

　さらに，$\frac{1}{2}$，$\frac{1}{3}$，$\frac{1}{4}$などの大きさをつくる具体的な活動を通して，乗法及び除法の見方の素地となるように指導する。おはじきなどの具体物を用いて，元の大きさとその$\frac{1}{2}$の大きさや$\frac{1}{3}$の大きさを直接に比べて，その観察を通して，「…の半分の大きさ（$\frac{1}{2}$）」「…を三つに分けた一つ分の大きさ（$\frac{1}{3}$）」であることを確かめ，そうした表現を用いることができるようにする。

　例えば，12個のおはじきが次の図のように並んでいるとする。この図から，12個の$\frac{1}{2}$は6個で，12個の$\frac{1}{3}$は4個で，12個の$\frac{1}{4}$は3個とみることができる。

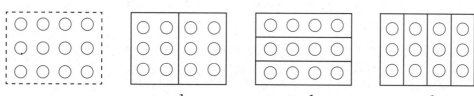

12個の$\frac{1}{2}$は6個　　12個の$\frac{1}{3}$は4個　　12個の$\frac{1}{4}$は3個

　同じ図で見方を変えると，12個は6個の2倍であり，4個の3倍であり，3個の4倍ともみられる。このように，元の大きさの$\frac{1}{2}$の大きさや$\frac{1}{3}$の大きさから元の大きさをみると「…の2倍の大きさ」，「…の3倍の大きさ」などの見方ができることについても知ることができるようにする。また，このように「aの大きさの2倍（$\frac{1}{2}$）がbの大きさ」という場合は，「2倍（$\frac{1}{2}$）」という言葉だけでは，bの大きさをはっきり表すことにはならないので，aの大きさをはっきりさせる必要があることについても知ることができるようにする。例えば，具体的に，元の大きさが40の場合と元の大きさが4の場合では，2倍（又は$\frac{1}{2}$）の大きさが変わることを確かめるとよい。

　分数の意味や表し方については，第3学年から本格的に指導するが，第2学年では，分数についての理解の素地となる学習活動を行い，分数の意味を実感できるようにするとともに，日常生活で生かすようにすることがねらいである。

　イ　思考力，判断力，表現力等
　　㋐　数のまとまりに着目し，大きな数の比べ方や数え方を考え，日常生活に生かすこと

数のまとまりに着目し，大きな数の比べ方や数え方を考えること

具体物の手際のよい比べ方や数え方を考えていくことができるようにすることがねらいである。扱う数の大きさが第１学年より大きくなっているため，後で比べたり数え直したりが容易になるように，工夫して数える必要が出てくる。そこから，数のまとまりに着目するよさに気付くことができるようにする。

例えば，マス目のような静止して整ったものを数える場面があるとする。数える数が４位数になると，初めは１ずつや２ずつ数えていても，幾つか数えていく中で，同じまとまりを作って数えるとよいことを見いだしていく。そうすると，その後は，そのまとまりが分かるように囲んでいく。そして，そのまとまりの数を数える。そのまとまりの数が多ければ，まとまりからさらに大きなまとまりを作る。このようにしてより手際よい方法を考えていく。

また，例えば 4035 と 912 といった桁数の異なるものを比べたり，3781 と 3871 といった桁数の同じものを比べたりして，どちらが大きいか，またどのように判断したのかを具体物や図，数直線などを使って表現できるようにしていくことも大切である。

日常生活に生かすこと

大きな数を数えたり比べたりできるようになっていることを，様々な場面で使うようにしていく。例えば，生活科で育てたひまわりの種を数えることや，木の実を拾った数を数えることなどが考えられる。また数で表したり，数で表されたものを比べたりすることも積極的に取り入れたい。第３学年以降で学習する５位数より大きい数は，実際に数えることは難しくなる。この学年では具体物と数とを結びつける活動を十分に行うようにすることが大切である。

A(2) 加法，減法

(2) 加法及び減法に関わる数学的活動を通して，次の事項を身に付けることができるよう指導する。
　ア　次のような知識及び技能を身に付けること。
　　(ｱ)　２位数の加法及びその逆の減法の計算が，１位数などについての基本的な計算を基にしてできることを理解し，それらの計算が確実にできること。また，それらの筆算の仕方について理解すること。
　　(ｲ)　簡単な場合について，３位数などの加法及び減法の計算の仕方を知ること。
　　(ｳ)　加法及び減法に関して成り立つ性質について理解すること。
　　(ｴ)　加法と減法との相互関係について理解すること。

> イ 次のような思考力，判断力，表現力等を身に付けること。
> (ア) 数量の関係に着目し，計算の仕方を考えたり計算に関して成り立つ性質を見いだしたりするとともに，その性質を活用して，計算を工夫したり計算の確かめをしたりすること。

（内容の取扱い）

> (2) 内容の「A数と計算」の(2)については，必要な場合には，（ ）や□などを用いることができる。また，計算の結果の見積りについて配慮するものとする。
> (3) 内容の「A数と計算」の(2)のアの(ウ)については，交換法則や結合法則を取り扱うものとする。

第1学年では，1位数と1位数との加法及びその逆の減法について，数量の関係に着目し，計算の意味や計算の仕方を考えることを指導してきた。

第2学年では，2位数の加法及びその逆の減法の計算ができるようにするとともに，それらの筆算の仕方や，加法及び減法に成り立つ性質，加法と減法との相互関係について理解できるようにすることをねらいとしている。また，数量の関係に着目し，計算の仕方を考えたり計算に関して成り立つ性質を見いだしたりできるようにするとともに，それらを活用して，計算を工夫したり計算の確かめをしたりすることができるようにすることをねらいとしている。

ここで育成される資質・能力は，第3学年の3位数や4位数の加法及び減法などの考察に生かされるものである。

ア 知識及び技能
(ア) 2位数の加法とその逆の減法

第2学年では，初めに2位数の加法及びその逆の減法の計算を指導する。その際には，第1学年で指導した1位数と1位数との加法とその逆の減法及び簡単な場合の2位数の加法と減法を基にして，和と差を求めることができる。

例えば，28＋57の場合，一の位どうしを加えた8＋7＝15と，10のまとまりを加えた20＋50＝70とを合わせて85と計算することができる。このことをそのまま筆算として反映するならば，次のページの図の左のような形式化されていない状態のものが生まれてくることもある。繰り上がりの考え方が明確になったとき，通常行われている筆算を理解することができるようになっていく。

```
   2 8              2 8
 + 5 7            + 5 7
 ─────            ─────
   1 5  …8+7  →    8 5
 + 7 0  …20+50
 ─────
   8 5
```

　このように各位の計算を，位を揃えてかけば，2位数の計算が各位の数の計算に帰着され，1位数の加法及びその逆の減法などの計算で処理できることになる。これを形式的に処理しやすくしたものが筆算形式である。なお，この計算方法は十進位取り記数法に基づく計算であり，以降の乗法や除法の計算の原理にもなる。なお，これらの計算の指導に当たっては，児童の実態に応じて，具体物や図などを用いることも大切である。

　減法についても同様に，具体物や図などを用いて，計算の仕方を考えさせ，筆算を指導する。

　なお，「内容の取扱い」の(2)では，「計算の結果の見積りについて配慮するものとする」と示されている。計算の仕方を考えたり計算の確かめをしたりするときなどに，計算の結果がおよそどのくらいの大きさになるのか，何桁の数になるのかを見積もることは，以降の計算指導においても大切である。

(イ) 簡単な場合の3位数などの加法，減法

　2位数までの加法及びその逆の減法やこれまでの数の学習を基にして，簡単な場合について，3位数などの加法及び減法の仕方を知るとともに，計算の仕方についての理解を一層深めることをねらいとしている。

　簡単な場合とは，次のようなものである。

① 百を単位としてみられる数の加法，減法

　　ここでの百を単位としてみられる数の加法及び減法とは，例えば，800＋700，500－100などの計算である。これらの計算は，百を単位とした数の見方に関連させると，それぞれ，8＋7，5－1を基にして求めることができる。

② 3位数と2位数などの加法及び減法

　　ここでの加法とは，百の位への繰り上がりがないもので，例えば，628＋7，234＋57などの計算である。また，減法とは，百の位からの繰り下がりがないもので，例えば，753－6，683－51，546－27などの計算である。

　このような簡単な場合の3位数までの加法及び減法を指導することで，2位数までの計算の理解を確実にしていくだけでなく，3位数までの数の理解もより確実に

していくようにする。また，このような計算の仕方を理解することは，第3学年で取り扱う3位数や4位数についての加法及び減法の計算の仕方を考える際に有効に働くことになる。

(ウ) 加法及び減法に関して成り立つ性質

ここで取り扱う性質としては，第2学年の「内容の取扱い」の(3)で「交換法則や結合法則を取り扱うものとする」と示しているように，加法に関して成り立つ結合法則や交換法則を指導する。指導に当たっては，具体的な場面において，これらの法則が成り立つことを確かめ，理解できるようにすることが大切である。なお，計算法則そのものを一般的に調べていくのは，第4学年の内容である。

「内容の取扱い」の(2)では，「必要な場合には，（ ）や□などを用いることができる」と示されている。これは，加法に関して成り立つ結合法則についての理解を深める指導において，児童が工夫して取り組むことができるようにするためのものである。

(エ) 加法と減法との相互関係

三つの数量A，B，Cについて，例えば，次の図のような関係にあるとき，AとBが分かっていてCを求める場合が加法で，A＋B＝CやB＋A＝Cとなる。

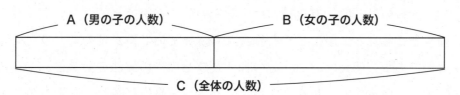

また，CとA又はBのいずれか一方が分かっていて，B又はAを求める場合が減法で，C－A＝BやC－B＝Aとなる。このとき，加法と減法は三つの数量のどれを求めるかによって，相互に関係付けられている。このような加法と減法との関係を，加法と減法との相互関係という。

このような加法と減法との相互関係について，次の①，②，③のような場面を取り上げて指導する。

① 数量の関係表現は減法の形であるが，計算は加法を用いることになる場合

例えば，「はじめにリンゴが幾つかあって，その中から5個食べたら7個残った。はじめに幾つあったか」を求めるような場合である。図で表せば，次のような場合で，□を7＋5として求める。

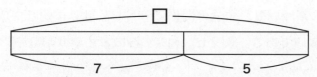

② 数量の関係表現は加法の形であるが，計算は減法を用いることになる場合

例えば，「はじめにリンゴが幾つかあって，5個もらったら12個になった。

　　　　はじめに幾つあったか」を求めるような場合である。
　③　減法の減数が未知のとき，その減数を求めるのに減法を用いる場合
　　　例えば，「はじめにリンゴが12個あって，幾つか食べたので残りは7個になった。幾つ食べたか」を求めるような場合である。

　なお，これらの場面を加法や減法の式で表すことを通して，式が事柄や数量の関係を簡潔に表すものであるという理解を深めるようにする必要がある。

　なお，「内容の取扱い」の(2)では，「必要な場合には，（　）や□などを用いることができる」と示されている。加法と減法との相互関係について理解する際に，図と関連付けることで，□を用いて□＋5＝12と表すことができることを示すものである。

イ　思考力，判断力，表現力等
(ア)　数量の関係に着目し，計算の仕方を考えたり計算に関して成り立つ性質を見いだしたりするとともに，その性質を活用して，計算を工夫したり計算の確かめをしたりすること

数量の関係に着目し，計算の仕方を考えること

　加法及び減法の計算の仕方を考える場合，既習の数の見方や計算の仕方を活用することで，未習の計算の仕方を見付け出していくことができる。その際，今までの計算と違うところはどこか，どういう数なら今までの計算が使えるかを考えさせることが大切である。例えば，2位数の加法及びその逆の減法の計算は，十進位取り記数法による数の表し方や数を十を単位としてみる見方に着目し，数を位ごとに足したり，引いたりすることで，既習の計算が使えるようになる。

　指導に当たっては，第1学年で，1位数と1位数との加法及びその逆の減法は，「10とあと幾つ」という数の見方に着目し，数を分解して計算したことを想起させ，2位数をどのようにみると既習の計算が使えるのか考えさせることが大切である。その際，必要に応じて具体物や図などを用いて，計算の仕方を考えたり，説明したりできるようにする。また，見いだした計算の仕方を振り返り，位ごとに計算すると1位数どうしの計算に帰着できること，加法では，ある位の数が10集まったら，1繰り上がること，減法では，ある位の数どうしが引けないときは，1繰り下げて計算するという計算の仕組みに気付くことができるようにする。

数量の関係に着目し，計算に関して成り立つ性質を見いだすこと

　具体的な場面に基づいて，数量の関係に着目し，計算に関して成り立つ性質を見いだすことがねらいである。例えば，「ふくろにどんぐりが8個，もう一つのふくろにどんぐりが16個入っています。どんぐりは全部で何個でしょう。」のような問題の場面を図や式を用いて表すと次のようになる。

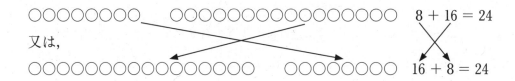

又は,

　8＋16の結果と16＋8の結果とを比べることで，加法では，順序を変えて計算しても答えは変わらないことが分かる。図からも，左右の数を入れ替えても，全体の数は変わらないことを見いだすことができる。

計算に関して成り立つ性質を活用して，計算を工夫したり計算の確かめをしたりすること

　加法についての結合法則や交換法則といった計算に関して成り立つ性質を活用して，新しい計算の仕方を生み出したり，計算の仕方を工夫したりすることができる。例えば，幾つかの数をまとめたり，順序を変えたりすると，計算を能率的にすることができる場合がある。例えば，一の位を足して10になる数の組み合わせに着目すると，25＋19＋1＝25＋（19＋1）＝25＋20や，18＋6＋2＝18＋2＋6＝20＋6のように工夫して計算することができる。

　また，計算に関して成り立つ性質を活用して「計算の確かめ」をすることもできる。例えば，加法の交換法則を活用して，8＋16の結果と16＋8の結果とを比べることで，計算の確かめをすることができる。

　このように，計算の工夫や計算の確かめに計算に関して成り立つ性質を活用していくことで，計算に関して成り立つ性質が「覚えるもの」ではなく「活用するもの」であることに気付き，活用しようとする態度を育むことになる。

A(3) 乗法

(3) 乗法に関わる数学的活動を通して，次の事項を身に付けることができるよう指導する。
　ア　次のような知識及び技能を身に付けること。
　　(ア)　乗法の意味について理解し，それが用いられる場合について知ること。
　　(イ)　乗法が用いられる場面を式に表したり，式を読み取ったりすること。
　　(ウ)　乗法に関して成り立つ簡単な性質について理解すること。
　　(エ)　乗法九九について知り，1位数と1位数との乗法の計算が確実にできること。
　　(オ)　簡単な場合について，2位数と1位数との乗法の計算の仕方を知ること。
　イ　次のような思考力，判断力，表現力等を身に付けること。

(ア) 数量の関係に着目し，計算の意味や計算の仕方を考えたり計算に関して成り立つ性質を見いだしたりするとともに，その性質を活用して，計算を工夫したり計算の確かめをしたりすること。

(イ) 数量の関係に着目し，計算を日常生活に生かすこと。

〔用語・記号〕　　　×

（内容の取扱い）

(4) 内容の「A数と計算」の(3)のアの(ウ)については，主に乗数が1ずつ増えるときの積の増え方や交換法則を取り扱うものとする。

　第1学年では，加法の意味について理解することや，その計算の仕方を考えることを指導してきた。また，第2学年では，数のまとまりに着目し，数を2ずつ，5ずつなどの同じ大きさの集まりにまとめて数えることを指導してきている。

　第2学年では，乗法が用いられる実際の場面を通して，乗法の意味について理解できるようにする。また，この意味に基づいて乗法九九を構成したり，その過程で乗法九九について成り立つ性質に着目したりするなどして，乗法九九を身に付け，1位数と1位数との乗法の計算が確実にできるようにするとともに，計算を生活や学習に活用する態度を養うことをねらいとしている。

　なお，ここでの学習の内容は，第3学年の多数桁の乗法や除法の学習の素地となるものである。

ア　知識及び技能

(ア) 乗法が用いられる場合とその意味

　乗法は，一つ分の大きさが決まっているときに，その幾つ分かに当たる大きさを求める場合に用いられる。

　例えば，「1皿に5個ずつ入ったみかんの4皿分の個数」を求めることについて式で表現することを考える。

「5個のまとまり」の4皿分を加法で表現する場合，5＋5＋5＋5と表現することができる。また，各々の皿から1個ずつ数えると，1回の操作で4個数えることができ，全てのみかんを数えるために5回の操作が必要であることから，4＋4＋4＋4＋4という表現も可能ではある。しかし，5個のまとまりをそのまま書き表す方が自然である。そこで，「1皿に5個ずつ入ったみかんの4皿分の個数」を乗法を用いて表そうとして，一つ分の大きさである5を先に書く場合5×4と表す。このように乗法は，同じ数を何回も加える加法，すなわち累加の簡潔な表現とも捉えることができる。言い換えると，（一つ分の大きさ）×（幾つ分）＝（幾つ分かに当たる大きさ）と捉えることができる。

また乗法は，幾つ分といったことを何倍とみて，一つ分の大きさの何倍かに当たる大きさを求めることであるという意味も，併せて指導する。このときも，一つ分に当たる大きさを先に，倍を表す数を後に表す場合，「2mのテープの3倍の長さ」であれば2×3と表す。

なお，海外在住経験の長い児童などへの指導に当たっては，「4×100mリレー」のように，表す順序を日本と逆にする言語圏があることに留意する。

ここで述べた被乗数と乗数の順序は，「一つ分の大きさの幾つ分かに当たる大きさを求める」という日常生活などの問題の場面を式で表現する場合に大切にすべきことである。一方，乗法の計算の結果を求める場合には，交換法則を必要に応じて活用し，被乗数と乗数を逆にして計算してもよい。

乗法による表現は，単に表現として簡潔性があるばかりでなく，我が国で古くから伝統的に受け継がれている乗法九九の唱え方を記憶することによって，その結果を容易に求めることができるという特徴がある。

　(イ) **乗法の式**

乗法が用いられる具体的な場面を，×の記号を用いた式に表したり，その式を具体的な場面に即して読み取ったり，式を読み取って図や具体物を用いて表したりすることを重視する必要がある。その際，乗法の式から場面や問題をつくるような活動も，乗法についての理解を深め，式を用いる能力を伸ばすために大切である。

式に表す指導に際しては，「1皿に5個ずつ入ったみかん4皿分の個数」というような文章による表現，○やテープなどの図を用いた表現，具体物を用いた表現などと関連付けながら，式の意味の理解を深めるとともに，記号×を用いた式の簡潔さや明瞭さを味わうことができるようにする。

式を読み取る指導に際しては，例えば，3×5の式から，「プリンが3個ずつ入ったパックが5パックあります。プリンは全部で何個ありますか。」という問題をつくることができる。このとき，上で述べた被乗数と乗数の順序が，この場面の表現において本質的な役割を果たしていることに注意が必要である。「プリンが5個ず

つ入ったパックが3パックあります。プリンは全部で幾つありますか。」という場面との対置によって，被乗数と乗数の順序に関する約束が必要であることやそのよさを児童が理解することが重要である。

このようにかけ算の式を具体的な場面と関連付けるようにすること，さらに，読み取ったことを，○などの図を用いたり，具体物を用いたりして表現することが，式を読み取る能力を伸ばすためには大切である。

(ウ) 乗法に関して成り立つ簡単な性質

「内容の取扱い」の(4)で「主に乗数が1ずつ増えるときの積の増え方や交換法則を取り扱うものとする」と示されているように，ここでは，乗法に関して乗数が1増えれば積は被乗数分だけ増えるという性質や，乗法についての交換法則について児童が自ら調べるように指導する。乗法九九を構成するときに乗数が1増えれば積は被乗数分だけ増えること，乗法についての交換法則などを活用し，効率よく乗法九九などを構成したり，計算の確かめをしたりすることも大切である。ここで「主に」と書かれているのは，児童の実態に応じて，図などと関連付けながら，乗法についての結合法則や分配法則に基づいた考えに触れてもよいことを意味している。

(エ) 乗法九九

乗法九九は，以後の学年で取り扱う乗法や除法の計算の基盤となるものとして必要なものである。したがって，乗法九九を構成したり理解したりする際には，体験的な活動や身近な生活体験などと結び付けるなどして指導の方法を工夫することが重要である。また，どの段の乗法九九についても十分に習熟し，確実に計算することができるようにするとともに，それらを生活や学習に活用することが大切である。乗法九九を生活や学習の場面で活用することによっても，技能の習熟が図られる。

(オ) 簡単な場合の2位数と1位数との乗法

簡単な場合についての2位数と1位数との乗法として，12程度までの2位数と1位数との乗法を指導する。その計算の仕方については，乗法九九を基にして，乗数が1増えれば積は被乗数分だけ増えるという性質を用いるなどして説明することができる。

4に2位数をかける乗法の計算を例に挙げると，まず，4の段の乗法九九の$4 \times 9 = 36$から，$4 \times 10 = 40$（36より4だけ増える）となることが分かる。さらに，$4 \times 11 = 44$（40より4だけ増える），$4 \times 12 = 48$（44より4だけ増える）のようにして積を求めることができる。

また，10×4は，10が4つあることから，40になると分かる。さらに，$11 \times 4 = 11 + 11 + 11 + 11 = 44$，$12 \times 4 = 12 + 12 + 12 + 12 = 48$となることが，乗法の意味から求められる。

このような簡単な場合の2位数と1位数との乗法の計算の仕方を考えることは，

第3学年において，2位数や3位数などの乗法の計算の仕方を考える上での素地的な学習となるものである。

イ 思考力，判断力，表現力等

(ア) 数量の関係に着目し，計算の意味や計算の仕方を考えたり計算に関して成り立つ性質を見いだしたりするとともに，その性質を活用して，計算を工夫したり計算の確かめをしたりすること

数量の関係に着目し，計算の意味や計算の仕方を考えること

乗法における数量の関係に着目し，児童が自ら乗法の意味について考えたり，乗法九九を構成したりしながらそれらを身に付けていくことが大切である。例えば，「4皿に3個ずつみかんが乗っている」場面を式に表す際，乗法の意味に基づいて3×4と表すことを考えることがある。また，3の段の九九の計算の仕方について，3×5を3＋3＋3＋3＋3＝15のように乗法の意味に基づいて構成したり，3×4の積12に3を加えることで求めたりするのである。こうした方法を後で学習する4の段などの九九の構成に生かしていくことが大切である。

数量の関係に着目し，計算に関して成り立つ性質などを見いだすこと

数量の関係に着目し，乗法に関して成り立つ性質などを見いだすことができるようにする。例えば，児童が3の段の乗法九九の構成を通して「かける数が1増えれば答えは3ずつ増える」ということを見付けることがある。このことについて，ほかの段の乗法九九でも同様なことが言えるのかを，乗法九九の表を構成したり，完成した乗法九九の表を観察したりして調べ，帰納的に考えて「乗数が1増えれば積は被乗数分だけ増える」という計算に関して成り立つ性質を見付けることができる。

また，児童が乗法九九の構成を通して「3×4」と「4×3」の答えが同じ12になることを見付ける場合がある。このことについても，幾つかの場合から帰納的に考えて「乗数と被乗数を交換しても積は同じになる」という計算に関して成り立つ性質を見付けることができる。

なお，乗法九九の表における数量の関係に着目すると，児童が見いだすきまりは，例えば，3の段と4の段の和が7の段になること，1×1，2×2，3×3，…というように同じ数どうしをかける計算は斜めに並んでいることなど，様々である。

乗法九九を構成したり観察したりすることを通して，乗法九九の様々なきまりを見付けるように指導することは，児童が発見する楽しさを味わうことにつながるものである。

計算に関して成り立つ性質を活用して，計算を工夫したり確かめをしたりすること

乗法に関して成り立つ性質を用いると，計算の工夫や確かめをすることができる。例えば，3×9については，3の9個分を求めるために，累加で求めてもよいが，交換法則を認めれば3×9＝9×3＝9＋9＋9＝27と求めることもできる。ま

た,ある九九を忘れたり曖昧だったりする場合,交換法則や乗法に関して成り立つ性質を用いて,知っている九九を手がかりに,積を再構成することができる。

また,図を基に5×4と3×4を合わせると8×4になることから,8×5や8×6も同じようにできるのではないかと考えて,計算の工夫をしたり確かめをしたりすることもできる。

こうした計算の工夫や確かめは,ここでの乗法だけでなく,後の学年で指導する乗法の計算の仕方を考えるときにも活用していくことができる。

このように,数量の関係に着目し計算について考えることによって,計算が簡単になったり,計算の確かめをしたりすることができるという数学のよさに気付き,これらの方法を学習に活用しようとする態度を養うことが大切である。

(イ) 数量の関係に着目し,計算を日常生活に生かすこと

身の回りには,同じ個数のものの集まりが多くある。これらの数を知りたいとき,乗法を活用することで,その数を簡単に知ることができる。靴箱の数や,教室の絵画や習字の作品の数など,長方形のように配列されたものの数は数えることによってではなく乗法で求めることができるという,乗法や乗法九九のよさを味わわせ,日常生活で生かそうとする態度を養うことが大切である。

B 図形

B (1) 三角形や四角形などの図形

> (1) 図形に関わる数学的活動を通して,次の事項を身に付けることができるよう指導する。
>   ア 次のような知識及び技能を身に付けること。
>   (ア) 三角形,四角形について知ること。
>   (イ) 正方形,長方形,直角三角形について知ること。
>   (ウ) 正方形や長方形の面で構成される箱の形をしたものについて理解し,それらを構成したり分解したりすること。
>   イ 次のような思考力,判断力,表現力等を身に付けること。
>   (ア) 図形を構成する要素に着目し,構成の仕方を考えるとともに,身の回りのものの形を図形として捉えること。

〔用語・記号〕　直線　直角　頂点　辺　面

(内容の取扱い)

(5) 内容の「B図形」の(1)のアの(イ)に関連して，正方形，長方形が身の回りで多く使われていることが分かるようにするとともに，敷き詰めるなどの操作的な活動を通して，平面の広がりについての基礎となる経験を豊かにするよう配慮するものとする。

　第1学年においては，ものの形に着目し，形の特徴を捉えることを指導してきた。
　第2学年では，三角形や四角形，正方形，長方形，直角三角形について，図形を構成する辺や頂点の数に着目し，図形を弁別することを指導する。また，身の回りにある箱の形をしたものを取り上げ，立体図形について理解する上で素地となる学習を行う。基礎となる図形を構成する要素に着目し，それを基に考えていく態度を養う。
　ここで学習する図形を構成する要素に着目して図形を捉える際に働かせる数学的な見方・考え方により，第3学年では辺の長さの相等に着目して更に詳しく図形を考察していく。

ア　知識及び技能

(ア)　三角形，四角形

　第1学年では「さんかく」，「しかく」などと呼び図形を捉えていたが，第2学年では，3本の直線で囲まれている形を三角形といい，4本の直線で囲まれている形を四角形ということを約束する。これは，図形を構成する要素である辺の数に着目して，いろいろな図形から三角形，四角形を弁別しているのである。また，三角形，四角形の頂点にも着目できるようにする。その際には，三角形や四角形の約束や特徴を実感的に理解していく活動を取り入れることが大切である。

(イ)　正方形，長方形と直角三角形

　第2学年では，正方形，長方形と直角三角形の意味や性質について指導する。三角形や四角形の指導と同様に，正方形，長方形，直角三角形の意味やその特徴を形式的に指導するのではなく，辺の長さや直角といった図形を構成する要素に着目して児童がこれらの図形について理解を深めていくことが大切である。
　直角とは次のページの右の図のように紙を折った際に構成される角のことである。身の回りから，角の形が直角であるものを見付けたり，紙を折って直角を作ったり

するなどの活動を行い，直角の意味を理解できるようにする。

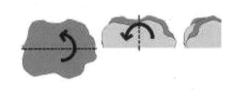

　四つの辺の長さが等しく，四つの角が直角である四角形を正方形という。正方形には大きさは様々なものがあるが，形は全て同じである。また，四つの角が直角である四角形を長方形という。長方形には，縦と横の長さの組み合わせによって，様々な形がある。

　直角三角形は，正方形や長方形を，例えば右の図のように，向かい合う頂点を結び二つに分けることによってできる三角形である。直角三角形は，正方形，長方形と同様に日常生活の多くの場面で見いだすことができる図形である。これらの図形を観察したり，分解したりする活動を通して理解できるようにすることが大切である。

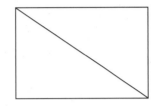

　また，「内容の取扱い」の(5)に示されているように，これらの図形を敷き詰める活動を通して，平面の広がりや，一定のきまりに従って図形を並べることによって出来上がる模様の美しさについて感じることができるようにすることが大切である。例えば長方形は，次のように敷き詰めていくことができる。

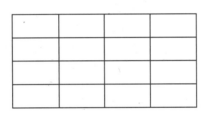 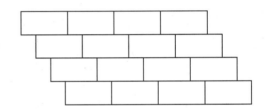

長方形の敷き詰め

(ウ) 正方形や長方形の面で構成される箱の形

　第1学年において，児童は箱の形について形を全体的に捉える見方と機能的な性質に着目して学習してきた。第2学年では正方形や長方形の面で構成されている箱の形について指導する。第4学年で指導する立方体，直方体を理解する上で素地となるようにする。

　第2学年では図形を全体的に捉える見方に加え，平面図形と同様に頂点，辺，面といった図形を構成する要素の存在にも気付くことができるようにする。例えば，箱の形をした具体物を観察すると，正方形，長方形の形をした面があることに気付く。面と面の間に辺があり，辺が集まったところが頂点である。

　また，頂点，辺，面の個数についても調べることができるようにする。そのためには，箱の形をしたものを観察したり，構成したり，分解したりする活動を丁寧に取り扱う。例えば，6枚の長方形や正方形を貼り合わせて箱の形を構成したり，12

本のひごを用いて箱の形を構成したりする。また，紙の箱を集めて，面を切り取ってみたり，切り取った形から箱を組み立てたりして，立体図形は平面図形によって構成されていることに気付くようにする。

イ　思考力，判断力，表現力等
(ア) 図形を構成する要素に着目し，構成の仕方を考えるとともに，身の回りのものの形を図形として捉えること

第1学年で，児童は身の回りのものの形について，形を全体的に捉える見方を学習してきた。第2学年では，辺の長さや直角の有無といった約束に基づいて図形を弁別できるようにする。図形を構成する要素に着目するとは，図形を捉える際に辺や頂点，面，直角といったものに着目することである。構成の仕方を考えるとは，例えば，三角形を構成するためには3本の直線を用いる，また，それらのうち2本で頂点を構成する，というように，図形を構成する要素に着目し構成の仕方に見通しをもつことである。具体的には，次のような活動例が考えられる。

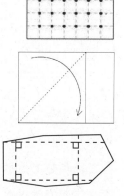

- 右の図のような格子状に並んだ点を結んで，正方形，長方形，直角三角形をかく活動を通して，図形を構成する要素の特徴を捉えさせること。
- 右のような長方形の紙を折って正方形を作るなどの活動を通して，図形を構成する要素に着目し，4辺の長さが等しくなることや角が直角となる理由を説明する力を育てていくようにすること。
- 右のような紙の四か所を直角に折っていって，長方形を作る活動を通して，図形を構成する要素に着目させること。

このように図形を構成する活動を行う際には，図形を構成できない経験も大切にすることで構成の仕方を明確にすることが必要である。

身の回りのものを図形として捉えるとは，第1学年で全体的に捉えてきたものの形の見方から，図形を構成する要素に着目した約束に基づき，身の回りのものの形から三角形や四角形，正方形や長方形を見いだしたり弁別したりすることである。これらの学習を通して，日常にある図形や事象を捉える際にも，全体を見て概要を捉えた後に図形を構成する各要素に着目して思考し判断する態度の育成を目指す。

C 測定

C(1) 長さやかさの単位と測定

> (1) 量の単位と測定に関わる数学的活動を通して,次の事項を身に付けることができるよう指導する。
>   ア 次のような知識及び技能を身に付けること。
>   　(ア) 長さの単位(ミリメートル(mm),センチメートル(cm),メートル(m))及びかさの単位(ミリリットル(mL),デシリットル(dL),リットル(L))について知り,測定の意味を理解すること。
>   　(イ) 長さ及びかさについて,およその見当を付け,単位を適切に選択して測定すること。
>   イ 次のような思考力,判断力,表現力等を身に付けること。
>   　(ア) 身の回りのものの特徴に着目し,目的に応じた単位で量の大きさを的確に表現したり,比べたりすること。

> 〔用語・記号〕 単位

　第1学年では,長さ,広さ,かさなどの量を具体的な場面で直接比べたり(直接比較),他の物を用いて比べたり(間接比較),任意単位を設定してものの大きさを数で表現して比べたり(任意単位による測定)することについて指導してきている。第2学年では,普遍単位を用いることの必要性に気付かせ,単位の意味について理解させるとともに,それを用いて正しく測定すること(普遍単位による測定)を主なねらいとしている。また,身の回りのものの特徴に着目し,目的に応じた単位で量の大きさを的確に表現したり比べたりすることを主なねらいとしている。

　第2学年の長さやかさの学習では,児童が,ものの大きさについて普遍単位を用いて進んで表現したり,測定する対象の大きさに応じた適切な単位を選択して的確に伝えようとしたりする態度を養う。

　なお,ここで学習する内容は,第3学年の長さや重さについての学習の素地となるものである。

ア 知識及び技能
　(ア) 長さやかさの単位と測定
　単位とは,測定のために用いる基になる大きさのことである。また,測定とは,

一定の量を基準として，その量の大きさを数値化することである。

　長さやかさについては，その大きさを普遍単位を用いて数値化した表現のよさや，普遍単位を用いることの必要性に気付くことができるようにする。

　長さについては，測定するものの大きさに合わせて，ミリメートル(mm)，センチメートル(cm)，メートル(m)について指導する。1ミリメートル(mm)は，1センチメートル(cm)を10等分した一つ分を単位としていることなど，単位の端下の処理に関連して，ミリ(m)，センチ(c)などの接頭語の付いた単位の必要性にも着目させ，単位の意味や役割について理解できるようにすることが大切である。

　その際には，ものの長さをものさしなどで測定することを通して，ものさしの目盛りの仕組みについても理解できるようにする。ものさしは，計器として初めて用いるものであり，直線の長さを正しく測定できるように考慮する。

　かさについても同様に，測定するものの大きさに合わせて，ミリリットル(mL)，デシリットル(dL)，リットル(L)について指導する。長さと同様に1デシリットル(dL)は，1リットル(L)を10等分した一つ分を単位としていることを理解できるようにする。なお1ミリリットル(mL)については，1デシリットル(dL)の単位では測り取れない大きさを測るとき，その量を表すことに用いる単位であることや，1Lは1000mLであることを知らせる程度とする。

　「1リットルます」を用いてかさを測定することを通して，1リットルますの目盛りの仕組みと単位の意味についての理解を深めることも大切である。

(イ) およその見当と適切な単位

　長さやかさの測定をする際には，身の回りの大きさがだいたいどのくらいの大きさかを知っていると，そのものの大きさを手掛かりに，およその大きさの見当を付けることができる。例えば，机の横の長さが約60cmであることを知っていればそのことを手掛かりに，ノートの横の長さの見当を付けることができる。

　このように，長さやかさについて，およその見当を付けて測定し，適切な単位で量を表すことができるようにする。

イ　思考力，判断力，表現力等

(ア) 身の回りのものの特徴に着目し，目的に応じた単位で量の大きさを的確に表現したり，比べたりすること

　第2学年では，ものの特徴として長さやかさに着目する。目的に応じて大きさを捉えるのに適切な単位を選択して測定し，大きさを表現したり，大きさを比べたりする。例えば，教室の横の長さを測定するのにセンチメートルを単位として用いると，数値が大きくなりすぎて大きさを捉えるのが難しい。この場合はメートルを用いる。

　このように測定する対象に応じた単位を選択する場面を問題の解決過程に位置付

けることにより，目的に応じた単位で量の大きさを的確に表現することができるようにする。

C(2) 時間の単位

> (2) 時刻と時間に関わる数学的活動を通して，次の事項を身に付けることができるよう指導する。
> 　ア　次のような知識及び技能を身に付けること。
> 　　(ア)　日，時，分について知り，それらの関係を理解すること。
> 　イ　次のような思考力，判断力，表現力等を身に付けること。
> 　　(ア)　時間の単位に着目し，時刻や時間を日常生活に生かすこと。

　第1学年では，日常生活で時刻を読んだり，時刻の読み方を用いて，日常生活を時刻を基に捉えたりすることについて指導してきた。第2学年では，時間の単位に着目し，時刻や時間の単位やそれらの関係を理解することを主なねらいとしている。
　第2学年の時間の単位の学習では，児童が体験を通して，日常生活における時間の使い方を工夫したり，時間の過ごし方について努力して改善しようとしたりする態度を養うことにつながる。

ア　知識及び技能
(ア)　時間の単位と関係

　時間は，時刻のある点からある点までの間隔の大きさを表す量である。日常生活の中では，時刻と時間の区別が明確ではない場合もあるため，時刻と時間を区別する必要がある。例えば，「朝7時に起きてから，学校が始まる8時まで」などの時刻についての具体的な場面を通して，長針が1回転する時間は1時間であるが，それが60分間であることを実感する。また，長針が1回転する間の短針の動きから1時間は60分であるという関係を理解したり，短針が1回転するのに要する時間から1日が24時間であるという関係を，図や時計の模型等を基に理解したりして，それらを用いることができるようにする。また，日常生活で使う日時に関する「昼前」「昼すぎ」や「昼食の前」「昼食の後」などの経験を基にして，「午前」「午後」「正午」の時間帯を捉え，午前や午後はそれぞれ12時間ずつあることを理解したり，時刻の起点から終点までの量の大きさを表す時間について，時計の模型等の長針の動

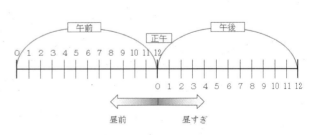

きや図を用いて捉えるなどして,時刻と時間の関係について理解を深めることを大切にする。

イ 思考力,判断力,表現力等
(ア) 時間の単位に着目し,時刻や時間を日常生活に生かすこと

時間の単位に着目し,短針や長針の動きを基に経過した時間を捉えて日常生活に生かすことが必要である。例えば,給食の始まりから終わりまでの時間を調べて,食事のペースの見通しをもったり,起きている時刻や学校が始まる時刻,学校から帰る時刻や寝る時刻などを「午前」「午後」を用いて表現し,その間の時間を調べて生活リズムを意識したりすることは大切である。必要な時間を確保して的確に判断し,行動することにつながる。

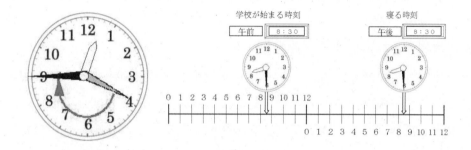

D データの活用

D(1) 簡単な表やグラフ

(1) データの分析に関わる数学的活動を通して,次の事項を身に付けることができるよう指導する。

　ア 次のような知識及び技能を身に付けること。
　　(ア) 身の回りにある数量を分類整理し,簡単な表やグラフを用いて表したり読み取ったりすること。
　イ 次のような思考力,判断力,表現力等を身に付けること。
　　(ア) データを整理する観点に着目し,身の回りの事象について表やグラフを用いて考察すること。

第1学年では,データの個数について着目し,簡単な絵や図を用いて表したり読み取ったりすることで特徴を捉えることを学んできた。

第2学年では,身の回りの事象に関心をもち,データを整理する観点を定め,簡単な表やグラフを通じて特徴を捉え,考察することができるようになることをねら

いとする。

この内容は第3学年での簡単な二次元の表や棒グラフを用いて考察することの素地となるものである。

ア　知識及び技能
(ｱ)　簡単な表やグラフ

身の回りにある数量について，分類整理して簡単な表やグラフに表すことで特徴が捉えやすくなる。ここでいう簡単な表とは，観点が一つの表である。また，簡単なグラフとは，○などを並べて数の大きさを表したグラフのことである。このような表やグラフから，個数が最も多いなどの特徴を読み取ることができるようにする。

イ　思考力，判断力，表現力等
(ｱ)　データを整理する観点に着目し，身の回りの事象について表やグラフを用いて考察すること

データを整理する観点に着目すること

データを整理する観点に着目し，身の回りの事象について表やグラフを用いて考察するとは，データを分析する際に注目する観点を定め，その観点に沿って分類整理し，簡単な表やグラフに表してデータの特徴を読み取り，事象について考察することである。

例えば，町探検で見付けたお店や施設をカードにかいたデータがあったとする。

これらを整理する際に，どの町に多いのかという観点や，どんな規模のものが多いのかといった観点に着目することで，分類整理の仕方が異なる。何を知りたいかによって，着目する観点を考えられるようにする。

校くのしせつしらべ(こ)

○町	△町	□町	☆町
7	4	4	2

身の回りの事象について表やグラフを用いて考察すること

カードを並び替えて整理することもできるが，表やグラフを用いることで簡潔に，視覚的に分かりやすくなることに気付き，考察できるようにする。

例えば，先の例でどの町に多いのかに着

目して分類整理すると,前のページの右のような簡単な表やグラフにまとめられる。

こうしてまとめた結果を読み取ることで,自分たちの校区では,どの町に施設が多いかなどを知ることができるだけでなく,「〇町は大きな道路があるからお店やさんが多いのだろう」,「☆町はほかの町より狭いので少ないのだろう」といった考察ができる。

〔数学的活動〕

> (1) 内容の「A数と計算」,「B図形」,「C測定」及び「Dデータの活用」に示す学習については,次のような数学的活動に取り組むものとする。
> 　ア　身の回りの事象を観察したり,具体物を操作したりして,数量や図形に進んで関わる活動
> 　イ　日常の事象から見いだした算数の問題を,具体物,図,数,式などを用いて解決し,結果を確かめる活動
> 　ウ　算数の学習場面から見いだした算数の問題を,具体物,図,数,式などを用いて解決し,結果を確かめる活動
> 　エ　問題解決の過程や結果を,具体物,図,数,式などを用いて表現し伝え合う活動

第1学年での算数の学習経験を踏まえて,児童が引き続き数学的活動に意欲的に取り組み,基礎的・基本的な知識及び技能を確実に身に付けるとともに,思考力,判断力,表現力等を高め,算数に関わりをもったり,算数を学ぶことの楽しさやよさを実感したりできるようにすることを重視する。

特に,これまで以上に数量や図形に積極的に関わるとともに,日常の事象や算数の学習場面から見いだした算数の問題について,これまで学習した数や式などの方法を有効に使うなどして思考したり表現したりできるようにする。なお,児童の発達の段階を考慮して,これらの数学的活動の視点は次の第3学年でも同様の内容とする。

ア　身の回りの事象を観察したり,具体物を操作したりして,数量や図形に進んで関わる活動

前学年での算数の学習経験を生かしながら,数量や図形に進んで関わり,算数の学習を楽しみながら取り組めるようにすることが大切である。それまでの児童の生活や学習での経験が第2学年の算数の学習につながっていくことが実感できるよう

にするために,事象を丁寧に観察したり具体物を操作したりしながら数量や図形に関わる活動を行うことが大切である。

第2学年における「身の回りの事象を観察したり,具体物を操作したりして,数量や図形に進んで関わる活動」として,例えば次のような活動が考えられる。

ものの個数を数える際に,数のまとまりに関心をもつ活動～乗法との出合い～

この活動は,「A数と計算」の(3)の指導における数学的活動であり,同数累加の簡潔な表現として,乗法の式と出合う活動である。第1学年では,10のまとまりが幾つあるかを数えたり,2とびや5とびでものの数を数えたりするなどして,数のまとまりに着目する経験をしてきている。ここではこれらの経験を踏まえて,ものの数をまとまりとして捉えることで構成を再現しやすくなることに気付き,乗法的にみることへとつなげていくことをねらいとしている。

例えば,映像を見て,そこに表されたものの数をブロックで並べる活動を行う。

左のような映像を見て全部で幾つあるかを考える際,「同じ数ずつ」あることに気付くことができれば,それが幾つあるのか,まとまりの個数を数える必要性が生まれる。串が3本あること,団子が4個ずつ並んでいることを見いだせば,同じようにブロックを並べることができる。全部の数も,並べた後で数えることができる。

この団子の数は,数えると12個である。式で表現すれば,4+4+4と表現できる。しかし,その式では3本と見いだした数を直接表現できていない。そのことを表すために乗法を使って4×3という式に表すことを知る。

また,右のような場面では,「同じ数ずつ」縦横に並んでいることが共有できれば,何をみればよいかが焦点化できる。「縦は何段か。」「横は何列あったか。」などである。それらが分かれば,ブロックを並べることができる。縦に3段あること,横に

4列あることが見いだせれば,3×4,又は4×3と式で表すことができる。答えは,3+3+3+3として求めることもできるし,並べたブロックを数えて求めることもできる。

このようにして新たな式と出合うことから,次はその式で表せるものがないか,自分で探すことになる。教室の机の並び,教室の窓,時間割表のコマ数,ノートのマス目などである。数のまとまりに着目し,それらが同じ数ずつあることを見いだ

せば，乗法に表すことができることを知り，その答え（積）を簡単に求めたいという思いから乗法九九についての関心を高めるようにする。

イ 日常の事象から見いだした算数の問題を，具体物，図，数，式などを用いて解決し，結果を確かめる活動

児童が経験する日常生活におけるできごとには，算数と結び付けて考えたり判断したりすることで解決が可能になったり，その結果を適切に表現したり処理したりすることがたくさんある。

このような児童に対して，日常生活の中から見いだした算数の問題を，これまでの学習で使用してきた具体物，図，数，式によって解決したりその結果を確かめたりする活動を経験させることが大切である。日常生活におけるできごとを算数と結び付けて考えたり処理したりする活動を通して，算数を学ぶよさを実感できるようにすることが大切である。

第2学年における「日常の事象から見いだした算数の問題を，具体物，図，数，式などで解決し，結果を確かめる活動」として，例えば次のような活動が考えられる。

データを整理して判断する活動～簡単な表の利用～

この活動は，「Dデータの活用」の(1)の指導における数学的活動であり，学級の一人一人の意見の中で人気があるものを把握することを通して，データを整理して判断することができるようにすることをねらいとしている。

例えば，学級のみんなで何をして遊ぶのかをデータを基に決める場面では，児童は次のような数学的活動を遂行することが考えられる。

遊びの候補が六つあり，児童が各自一つずつ選んだ結果が名簿にまとめられている元のデータを観察する。遊びを決めるという目的から，「どれが一番人気があるのか」，「それぞれを選んだ人が何人ずついるのか」といった問題が生まれている。

そこで，この問題の解決のために，各候補について何人が選んでいるのかを集計し，見やすく表に整理する。また，それを簡単なグラフに表すことで，それぞれを選んだ人数の違いが捉えやすくなり，結果をみんなに伝えたり，共

すきなあそびしらべ

おにごっこ	ドッジボール	いすとりゲーム	クイズ	かくれんぼ	てつぼう
5	12	7	5	2	4

有しやすくなったりする。

このように整理された表やグラフから，一番人気があるもの，次に人気があるもの，またそれぞれの候補の人数の違いなど様々な情報を読み取ることができる。

絵グラフや表から結果を読み取る過程で，「外遊びと中遊びがまじっているから，晴れの日の遊びと雨の日の遊びに分けて，もう一度調べてみよう。」といった新たな問題解決活動へとつながることも考えられる。

こうした活動を通して，観点を定めてデータを整理し特徴を把握することや，身の回りの事象についてデータを通じて考察する力の育成を目指す。

ウ　算数の学習場面から見いだした算数の問題を，具体物，図，数，式などを用いて解決し，結果を確かめる活動

児童が算数の問題に主体的に関わり，既習事項を基にして考えたり判断したりすることで解決が可能になったり，その結果を適切に表現したり処理したりすることが期待される。

第2学年の児童にとって，算数の学習場面から見いだした算数の問題について，事象を観察するとともに既習事項との関連を意識させるなどして問題解決の見通しを丁寧に扱うことが大切である。また，これまでの学習で使用してきた具体物，図，数，式を活用して問題を解決したりその結果を確かめたりする活動を経験させることで，自ら算数を学び続ける楽しさを実感できるようにすることが大切である。

第2学年における「算数の学習場面から見いだした算数の問題を，具体物，図，数，式などを用いて解決し，結果を確かめる活動」として，例えば次のような活動が考えられる。

構成要素に着目して立体をつくる活動〜箱の形の探究〜

この活動は，「B図形」の(1)の指導における数学的活動であり，身近な箱を構成する活動を通して，箱の形がもつ基本的な性質を理解することをねらいとしている。

児童は正方形や長方形の面で構成される箱の形をしたものについて観察したり，面を写し取ったりする活動から図形についての理解を深めている。そして「さいころの形は全部の面が正方形で構成されている」「長方形が六つで箱の形ができている」といったことについては学習をしてきた場面である。

例えば，さいころの形や箱の形を作ることができる，いろいろな大きさの正方形や長方形を2，3種類用意しておき，これらを使って箱の形を作ろうという問題場面では，児童は，次のような数学的活動を遂行することが考えられる。

正方形や長方形の紙を見た児童は，「これらの形を使うとどんな箱の形ができるかな。」という問いをもち，さいころの形やふつうの箱の形ができるという見通し

をもつ。

さいころの形を作ろうと決めた児童の中で,前時までの学習を思い出した児童は,合同な正方形を6枚使いさいころの形を作ろうとする。

「どうして正方形6枚持ってきたの？」と分からない児童が友達に聞き,「さいころの形は正方形6枚でできているから。」と教えてもらうこともあるかもしれない。そのようにして,さいころの形を友達と協力し合って作っていく。

そのとき,「きれいなさいころにならない。」「ここがずれているからじゃないか。」などのやりとりの中から,辺と辺を合わせることの必要性に気付いていくこともあるかもしれない。

このようにしてさいころの形を作った後に学習を振り返る。友達が作ったさいころの形を鑑賞し,いろいろな大きさのさいころの形ができたことを認め合う。「ほかの形もできるだろう。」「もっと作りたい。」という思いから,ほかの箱の形（直方体）も作ることになるだろう。

けれども直方体は立方体より難しい。同じ長さの辺を合わせることを意識して作成していたが,同じ大きさの長方形を隣り合わせで張ってしまい,上手に組み立てられない児童がいることが考えられる。そのような児童がいる場合,「なぜうまくいかなかったのだろう。どのようにすると箱の形が作れるのだろうか。」と問いを焦点化していく。

そこで今度はできあがった箱を見ながら作っていく。完成した箱と自分が作った形を比べて観察することで,同じ大きさの長方形は,隣り合うのではなく,向かい合う位置になるように組み立てる必要があることに気付いていくだろう。

このような活動を通して,児童は箱の形を作るのに必要な面について理解を深めたり,実際に面を基に箱の形を構成したりすることができる。

エ　問題解決の過程や結果を，具体物，図，数，式などを用いて表現し伝え合う活動

今回の改訂では,算数科では,算数の問題を解決している過程やその結果を簡潔で明瞭かつ的確に表現するとともに他者との数学的なコミュニケーションによって算数を学び続けることを目指している。

第2学年の児童においては,これまでの学習で使用してきた具体物,図,数,式によって自ら取り組んでいる問題解決の過程やその結果を分かりやすく表現することを目指す。計算の方法や量の測定方法,さらには図形の性質の理解など形式的な手続きの理解を図るためには,具体物,図,数,式を用いてそれらを可視化することが有効であり,他者との対話的な学びを確かなものにしていくことにもつながる。

第2学年における「問題解決の過程や結果を，具体物，図，数，式などを用いて

表現し伝え合う活動」として，例えば次のような活動が考えられる。

問題場面と図，図と式を関連付けて解決の仕方を伝え合う活動
～加法と減法との相互関係～

　この活動は，「A数と計算」の(2)の指導における数学的活動であり，逆思考の問題場面について，図に表したり，図と式を関連付けたりして解決の仕方を考えることをねらいとしている。

　ここでは，問題の文脈にそって図に表し，加法と減法との相互関係に着目して，図を頼りに答えを求める式を考え，解決すること，また，それらの数学的な表現を関連付けて，解決の仕方について分かりやすく伝え合うことが大切である。

　例えば「はじめにリンゴが幾つかあって，5こもらったら12こになりました。はじめに幾つありましたか。」という問題場面では，児童は次のような数学的活動を遂行することが考えられる。

　この問題を読み，「もらった」のだから，加法で答えが求められると考える児童や，減法で求められるという児童がいることが想定される。

　これらの児童の対話の中で，「この問題は，たし算で答えが求められるのか，ひき算なのかはっきりさせよう」などの問いが生まれるだろう。そして，加法なのか，減法なのかをはっきりさせるために，「この問題場面を図にして，その計算でいい理由を図から考えよう。」と，見通しをもつ。

　問題解決の段階では，次のように，リンゴを○として図に表して考える児童がいるかもしれない。

　最初は分からないから　　　　　□□□□□

　5こもらったから　　　　　　　□□□□□　○○○○○

　全部で12こになったから　□○○○○○○○○□　○○○○○

　また，数量の関係をつかむために，問題文を短く区切り，下のようなテープ図を文脈に沿って少しずつかき加えている児童がいるかもしれない。

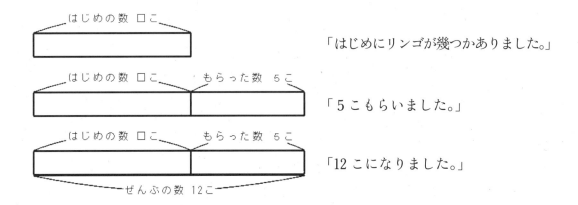

友達との対話の中で，このように少しずつ図をかき加えていくことで正しく場面を表すことができることが広がっていく。

このようにして問題場面を図に表すことができた児童は，次に「□の数は，どのような計算で求めたらよいのだろう。」と考えを進めることになる。

○の図で考えた児童は，図から○が7個であることに気付くだろう。

テープ図で考えた児童は，この図を見て□に当てはまる数の求め方を考えることになる。そして，全部の数の12個から5個を引けば，はじめの数が分かることに気付くだろう。

これらのことから，12－5＝7で答えが求められること。□に7を入れて確かめてみたら，7＋5＝12なので，その答えでよいことを見いだしていく。

最後に学習を振り返り，問題の順に少しずつ図に表していくと，問題の場面を正しく捉えられることなどを確認したり，さらに「はじめに5こもっていて，幾つかもらったら11こになった」というような似た場面について考えたりする。

このように，数量の関係がつかめないときや，解決の仕方が分からないときには，問題場面に沿って図に表すことで問題の構造がつかみやすくなったり，正しい計算を見いだしたりすることなどを確認し，図という数学的な表現のよさに気付かせることが大切である。

このような活動を通して，問題解決の過程や結果について，数学的表現を用いて考えたり伝え合ったりしようとする態度が育成されるようにする。

第3節 第3学年の目標及び内容

1 第3学年の目標

> (1) 数の表し方，整数の計算の意味と性質，小数及び分数の意味と表し方，基本的な図形の概念，量の概念，棒グラフなどについて理解し，数量や図形についての感覚を豊かにするとともに，整数などの計算をしたり，図形を構成したり，長さや重さなどを測定したり，表やグラフに表したりすることなどについての技能を身に付けるようにする。
>
> (2) 数とその表現や数量の関係に着目し，必要に応じて具体物や図などを用いて数の表し方や計算の仕方などを考察する力，平面図形の特徴を図形を構成する要素に着目して捉えたり，身の回りの事象を図形の性質から考察したりする力，身の回りにあるものの特徴を量に着目して捉え，量の単位を用いて的確に表現する力，身の回りの事象をデータの特徴に着目して捉え，簡潔に表現したり適切に判断したりする力などを養う。
>
> (3) 数量や図形に進んで関わり，数学的に表現・処理したことを振り返り，数理的な処理のよさに気付き生活や学習に活用しようとする態度を養う。

　第3学年では，第2学年の学習を踏まえて，算数の学習に関心をもち，基礎的・基本的な概念及び意味や性質などを理解するとともに，日常の事象や算数の学習場面を，数学的に表現したり処理したりすることを重視する。

　(1)では，第3学年の四つの領域で身に付ける知識及び技能について示した。

　「知識」に関しては，第2学年での学習内容を踏まえて，基本的な数量や図形の概念及び意味，性質を確実に理解することや数量や図形の感覚をより豊かにすることが重要になる。例えば，三角形の学習では，二等辺三角形や正三角形の観察や操作活動などを通して，図形を構成する要素である辺の長さに着目して図形の概念や性質について理解できるようにするとともに図形の感覚を豊かにする。

　また，「技能」に関しては，第2学年の学習を踏まえて，数理的な処理や表現の基礎となる技能のより確かな習得が必要である。例えば，乗法の学習では，数の仕組みや乗法九九および乗法の性質に着目して2位数や3位数に1位数や2位数をかける乗法の計算の仕方について身に付けるようにする。既習の知識及び技能と結び付けながら新しい学習にも生かせる技能となるように指導することが大切である。

　(2)では，第3学年の四つの領域で身に付ける思考力，判断力，表現力等を数学的な見方・考え方と対応する形で示した。

「A数と計算」では，数とその表現や数量の関係に着目し，必要に応じて具体物や図などを用いて数の表し方や計算の仕方などを考察する力を養う。身の回りの数や数量の関係への関心を高め，数についての感覚を一層豊かにするとともに数の大きさや構造に着目して表し方を考え，日常生活に生かせるようにする。また，数量の関係に着目し，加法及び減法，乗法及び除法の計算の仕方を考えたり計算に関して成り立つ性質を見いだしたりするとともに，計算に関して成り立つ性質を活用し計算の工夫やその確かめができるようにする。さらに，数量の関係に着目して，数量の関係を図や式を用いて簡潔に表したり式と図を関連付けて式を読んだり，それらを日常生活に生かすことができるようにする。

「B図形」では，平面図形の特徴を図形を構成する要素に着目して捉えたり，身の回りの事象を図形の性質から考察したりする力を養う。身の回りの事象を図形として捉え，図形の特徴を図形を構成する要素に着目して捉えたり図形の性質から考察したりすることを重視する。具体物を操作しながら形を構成したり分解したりして，図形を構成する要素に着目しながらその性質を見いだしたり，それを日常の事象の考察に生かしたりすることを重視する。

「C測定」では，身の回りにあるものの特徴を量に着目して捉え，量の単位を用いて的確に表現する力を養う。長さ，重さの量から身の回りの事象の特徴に着目し，実験・実測などを通して目的に応じた普遍単位を用いることで量を的確に表現したり単位を統合的に捉えたりすることを重視する。また，時間の単位に着目して，時刻や時間の求め方について考察し，それを日常生活で生かせるようにする。

「Dデータの活用」では，身の回りの事象をデータの特徴に着目して捉え，簡潔に表現したり適切に判断したりする力を養う。身の回りの事象のデータを整理する観点に着目し，その事象の特徴を簡単な表や棒グラフに表すとともにそれを基に適切な判断ができるようにする。

(3)では，学びに向かう力，人間性等の目標を示した。数量や図形に進んで関わり，数学的に表現・処理したことを振り返り，数理的な処理のよさに気付き生活や学習に活用する態度を養う。第2学年までの算数の学習での経験を踏まえて，第3学年でも算数の学習で表現・処理したことを振り返ることや数理的処理のよさに気付くこと，さらにはそれらを生活や学習へ活用することが期待されている。算数を学ぶことの価値を実感し，それが新たに主体的に算数に関わる態度を育むことにつながる。

2 第3学年の内容

A 数と計算

A(1) 数の表し方

> (1) 整数の表し方に関わる数学的活動を通して,次の事項を身に付けることができるよう指導する。
>   ア 次のような知識及び技能を身に付けること。
>   (ア) 万の単位について知ること。
>   (イ) 10倍,100倍,1000倍,$\frac{1}{10}$の大きさの数及びそれらの表し方について知ること。
>   (ウ) 数の相対的な大きさについての理解を深めること。
>   イ 次のような思考力,判断力,表現力等を身に付けること。
>   (ア) 数のまとまりに着目し,大きな数の大きさの比べ方や表し方を考え,日常生活に生かすこと。

> 〔用語・記号〕 等号 不等号 数直線

(内容の取扱い)

> (1) 内容の「A数と計算」の(1)については,1億についても取り扱うものとする。

　第2学年では,4位数までの整数について,数のまとまりに着目し,大きな数の大きさの比べ方や数え方を考えることを指導してきた。

　第3学年では,整数を万の単位にまで広げて指導するとともに,10倍や100倍,1000倍,$\frac{1}{10}$の大きさの数や,相対的な大きさについて指導することを通して,整数の表し方について理解することや大きな数の大きさの比べ方や表し方を考えることをねらいとしている。また,身の回りから見いだせる大きな数に関心をもち,進んで調べていく態度を育むようにするとともに,数についての感覚を豊かにする。

　ここで育成される資質・能力は,さらに大きな数の表し方を考えていくことに生かされるだけでなく,小数の理解や,かけ算の計算の仕方などの考察にも生かされ

るものである。

ア　知識及び技能

(ｱ)　万の単位

万の単位の指導に際しては，1万という数の大きさについて実感的に捉えられるようにすることが大切である。1万の大きさは，1000が10個集まった大きさ，9999より1大きい数などのように捉えることができる。さらに，5000と5000を合わせたものであるとか，100の100倍であるなどという多面的な見方を通して，その大きさを捉えられるようにする。

また，数の表し方については，1万より大きい数について，万を単位として，十万，百万，千万のように，十，百，千を用いて表せるようにする。

1万より大きな数については，具体的に数えたり，数を唱えたりする経験は少ないので，その指導に当たっては，十進位取り記数法の原理を基にして理解を図ったり，万の単位の目盛の付いた数直線の上で数を表すことによって理解できるようにするなどの指導が大切である。その際に，数直線の用語を指導する。

また，数の大きさを比較する際に等号，不等号の用語を指導する。

なお，「内容の取扱い」の(1)では，「1億についても取り扱うものとする」と示している。これは，第4学年での億の単位の学習に，円滑に接続できるように指導するものである。

(ｲ)　10倍，100倍，1000倍，$\frac{1}{10}$の大きさ

整数を10倍，100倍，1000倍，$\frac{1}{10}$にした大きさの数について調べ，その数字の並び方は変わらないことや，対応する数字の単位の大きさはそれぞれ，10倍，100倍，1000倍，$\frac{1}{10}$した関係になっていることに気付き，理解できるようにする。

(ｳ)　数の相対的な大きさ

第3学年では，数の範囲を万の単位に広げて捉えられるようにする。その際，十，百，千，万を単位として数の相対的な大きさを捉えるようにする。

500や700は百を単位とすると5や7とみられることから，500＋700は5＋7とみられる。また800は百を単位とすると8とみられることから，800×5は8×5とみられる。このような数の相対的な見方を活用して，数を捉えたり，数の大きさを比較したり，計算の仕方を考えたりできるようにする。第2学年における学習を踏まえ，数の範囲が大きくなっても，このように相対的な大きさについて，理解が深まるようにする必要がある。

イ　思考力・判断力・表現力等

(ｱ)　数のまとまりに着目し，大きな数の比べ方や表し方を考え，日常生活に生かすこと

数のまとまりに着目し，大きな数の比べ方や表し方を考えること

1万より大きい数について，その数をどう書き表すか，表された大きい数の唱え方や，それをどう捉えたりすればよいのかを考えていく。

　その学習過程と，10倍，100倍，1000倍，$\frac{1}{10}$にした大きさの数を見いだす過程では，数のまとまりに着目していく。これまでも十のかたまり（十の束）を作り，それを更に十で束ねるということを繰り返して大きな数を捉えたり表したりしてきた。この学年でも，今までの学習を生かして捉えていくようにする。

　十進位取り記数法で表された数を比べる際には，数字の位置により単位の大きさを表すことから，大きい位を見れば大小を比べられることや，数のまとまりをそれぞれの位に表すことで数字として表すことができることを考える。

　また，整数を10倍，100倍などにする操作を通し，数を比較したり，大きさを相対的に捉えたりする。例えば，234を10倍すると，百の位の2が千の位に，十の位の3が百の位に，一の位の4が十の位にくるという関係を見いだすことや，数を相対的な見方で捉えることで，その大きさのおよそをつかむことができる。

日常生活に生かすこと

　日常生活で万の単位の数が使われている例として，統計資料などがある。第3学年では社会科の学習も始まり，地域のことを調べていく過程で見付けることのできる数について，その大きさをつかんだり読んだりすることで，学習を生かしていく。

　また，万を超える大きさの数になってくると，その大きさを実感的につかむことが難しくなってくる。そこで，数を相対的な大きさで捉え，10000kg（10t）の重さは体重がおよそ1000kgの象が10頭分だ，などとして捉えることも学習を生かすことにつながる。

A(2) 加法，減法

---

(2) 加法及び減法に関わる数学的活動を通して，次の事項を身に付けることができるよう指導する。

　ア　次のような知識及び技能を身に付けること。

　　(ア)　3位数や4位数の加法及び減法の計算が，2位数などについての基本的な計算を基にしてできることを理解すること。また，それらの筆算の仕方について理解すること。

　　(イ)　加法及び減法の計算が確実にでき，それらを適切に用いること。

　イ　次のような思考力，判断力，表現力等を身に付けること。

　　(ア)　数量の関係に着目し，計算の仕方を考えたり計算に関して成り立つ性質を見いだしたりするとともに，その性質を活用して，計算を工夫した

> り計算の確かめをしたりすること。

(内容の取扱い)

> (2) 内容の「A数と計算」の(2)及び(3)については，簡単な計算は暗算できるよう配慮するものとする。また，計算の結果の見積りについても触れるものとする。

　第2学年では，2位数の加法及びその逆の減法について，数量の関係に着目し，計算の仕方を考えたり計算に関して成り立つ性質を見いだしたりするとともに，その性質を活用して，計算を工夫したり計算の確かめをしたりすることを指導してきた。

　第3学年では，3位数や4位数の加法及び減法の計算ができるようにするとともに，それらの筆算の仕方を理解できるようにすることをねらいとしている。また，数量の関係に着目し，計算の仕方を考えたり計算に関して成り立つ性質を見いだしたりするとともに，その性質を活用し，計算を工夫したり，計算の確かめをしたりすることができるようにすることをねらいとしている。

　ここで育成される資質・能力は，小数や分数の加法及び減法などの考察に生かされるものである。

ア　知識及び技能
(ア)　3位数や4位数の加法，減法の計算の仕方

　第2学年で指導した2位数及び簡単な3位数の加法及び減法の計算を基にして，3位数や4位数の加法及び減法の計算の仕方を考えることを指導する。

　例えば，154 + 172 の計算を考える場合，54 + 72 = 126 と同様に，一の位どうしを加えた 4 + 2 = 6 と，十の位どうし（10 のまとまり）を加えた 50 + 70 = 120 と，百の位どうし（100 のまとまり）を加えた 100 + 100 = 200 を合わせて 326 と計算することができる。

　その際に，第2学年で指導した2位数の加法及び減法の筆算の仕方を基に，3位数や4位数の加法及び減法についても位を揃えて筆算により計算できるように指導する。

(イ)　加法，減法の計算の確実な習得

　3位数や4位数の加法及び減法の計算の技能を確実に身に付けて，必要な場面でそれらの計算を活用できるようにする。

「内容の取扱い」の(2)で示している簡単な計算の暗算とは，2位数どうしの加法やその逆の減法である。こうした計算は，日常生活でも多く用いられるし，また乗法や除法の計算を行う過程でも必要になるからである。日常生活においては，暗算で結果の見当を付けることも多い。指導に当たっては，そうした活用に配慮することが大切である。

また「内容の取扱い」の(2)では，「計算の結果の見積りについても触れるものとする」と示されている。3位数及び4位数の加法や減法の計算の仕方を考えたり，計算の確かめをしたりするときには，計算の結果の見積りを生かすよう配慮する必要がある。例えば，389＋4897の計算において位を揃えずに計算し8787と答えを求めたとき，389をおよそ400，4897をおよそ5000とみれば答えは5400になることから8787という答えは間違っていることに気付けるという場面である。このような場面で，児童自ら見積りができるようにすることが大切である。

　　イ　　思考力，判断力，表現力等
　　　(ア)　数量の関係に着目し，計算の仕方を考えたり計算に関して成り立つ性質を見いだしたりするとともに，その性質を活用して，計算を工夫したり計算の確かめをしたりすること

数量の関係に着目し，計算の仕方を考えること

加法及び減法の計算の仕方を考える場合，既習の数の見方や計算の仕方を活用することで，未習の計算の仕方を見付け出していくことができる。その際，今までの計算と違うところはどこか，どういう数なら今までの計算が使えるかを考えさせることが大切である。例えば，3位数や4位数の加法及び減法の計算は，第2学年で学習した2位数の加法及び減法における計算の仕方を基にして，十進位取り記数法による数の表し方や数を十や百などを単位としてみる見方に着目し，数を百の位，十の位，一の位に分けて捉え，位ごとに足したり，引いたりすることで，既習の計算が使えるようになる。

指導に当たっては，第2学年で，2位数の加法及びその逆の減法は，十進位取り記数法による数の表し方や数を十を単位としてみる見方に着目し，位ごとに数を計算したことを想起させ，3位数や4位数をどのようにみると既習の計算が使えるのか考えさせることが大切である。その際，必要に応じて具体物や図などを用いて，計算の仕方を考えたり，説明したりできるようにする。また，見いだした計算の仕方を振り返り，位ごとに計算すると1位数どうしの計算に帰着できること，加法では，ある位の数が10集まったら，1繰り上がること，減法では，ある位の数どうしが引けないときは，1繰り下げて計算するという計算の仕組みが2位数の計算と同じであることに気付くことができるようにする。

例えば，568＋437の場合を考える。まず，百の位どうしを足して900になるの

で答えが900より大きくなると見通しを立てる。実際に計算する際は，第2学年で指導した68＋37のような2位数の加法における計算の仕方を基に，百の位，十の位，一の位に分けて捉え，位ごとに計算する。その際，繰り上がりの1の処理の仕方を考えると，十の位は「3と6と繰り上がりの1を合わせて10」，百の位は「4と5と繰り上がりの1を合わせて10」となり，答えが求まる。このことは次のように図で表現すると分かりやすく説明することができる。

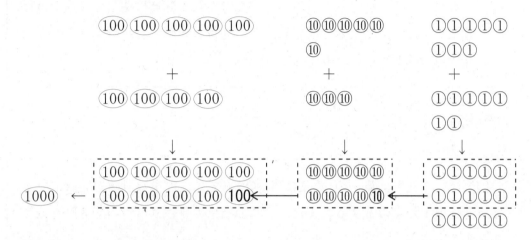

数量の関係に着目し，計算に関して成り立つ性質を見いだすこと

第2学年で見いだした計算に関して成り立つ性質について，3位数や4位数に数の範囲を広げる。第3学年では，計算の仕方を考えたり計算の確かめをしたりする際に，計算に関して成り立つ性質を調べていくようにすることが大切である。なお，計算法則などを式に表し一般的に扱うのは第4学年の内容である。

計算に関して成り立つ性質を活用して，計算を工夫したり計算の確かめをしたりすること

幾つかの数をまとめたり，順序を変えたりすると，計算を能率的にすることができる。例えば，足して100になる数の組み合わせに着目すると，387＋75＋25を387＋（75＋25）と工夫して計算することができる。

このように，計算の工夫や計算の確かめに，計算に関して成り立つ性質を活用していくことが大切である。

A(3) 乗法

(3) 乗法に関わる数学的活動を通して，次の事項を身に付けることができるよう指導する。

ア　次のような知識及び技能を身に付けること。

(ア)　2位数や3位数に1位数や2位数をかける乗法の計算が，乗法九九な

> どの基本的な計算を基にしてできることを理解すること。また，その筆算の仕方について理解すること。
> 　(イ)　乗法の計算が確実にでき，それを適切に用いること。
> 　(ウ)　乗法に関して成り立つ性質について理解すること。
> イ　次のような思考力，判断力，表現力等を身に付けること。
> 　(ア)　数量の関係に着目し，計算の仕方を考えたり計算に関して成り立つ性質を見いだしたりするとともに，その性質を活用して，計算を工夫したり計算の確かめをしたりすること。

（内容の取扱い）

> (2)　内容の「A数と計算」の(2)及び(3)については，簡単な計算は暗算でできるよう配慮するものとする。また，計算の結果の見積りについても触れるものとする。
> (3)　内容の「A数と計算」の(3)については，乗数又は被乗数が0の場合の計算についても取り扱うものとする。
> (4)　内容の「A数と計算」の(3)のアの(ウ)については，交換法則，結合法則，分配法則を取り扱うものとする。

　第2学年では，乗法について，数量の関係に着目し，乗法の意味や計算の仕方を考えたり計算に関して成り立つ性質を見いだしたりするとともに，その性質を活用して，計算を工夫したり計算の確かめをしたりすることなどを指導してきている。

　第3学年では，乗法に関して成り立つ性質について理解し，その性質を用いて，2位数や3位数に1位数や2位数をかける乗法の計算の仕方を考える。そして，これらの乗法が乗法九九などの基本的な計算を基にしてできることを理解するとともに，その計算が確実にできるようにする。

　なお，ここで育成される資質・能力は，第4学年の多数桁の除法の学習や第5学年の小数の乗法及び除法の考察に生かされるものである。

　　ア　知識及び技能
　　　(ア)　2位数や3位数に1位数や2位数をかける乗法の計算

　乗数が1位数の計算の場合，数のまとまりに着目して計算する。例えば，23×4の計算は，23を20＋3とみて，20×4と3×4という基本的な計算を基にしてできることを理解できるようにする。これは，筆算の仕方に結び付く考えである。

3位数に1位数をかける計算の指導に当たっても同様である。

乗数が2位数の計算は，何十をかける計算と，1位数をかける計算を基にしてできる。例えば，23×45の計算の場合，乗数の45を40＋5とみて，23×40と23×5に分けるとよい。ここでも分配法則を活用しているが，乗数が1位数の場合は被乗数を位ごとに分けるのに対して，乗数が2位数の場合は，乗数を位ごとに分けて計算する。

(イ) 乗法の計算が確実にでき，用いること

乗法の計算には，乗数や被乗数が人数や個数などの場合がある。また，例えば，「1mのねだんが85円のリボンを25m買うと代金はいくらか。」などのような場合にも用いることができる。さらに，除法の逆としての乗法の問題，例えば「ひもを4等分した一つ分を測ったら9cmあった。はじめのひもの長さは何cmか。」のような場合にも，乗法が用いられることについて理解を深める。乗法が用いられる場面を判断し，適切に用いることができるよう指導することが大切である。

「内容の取扱い」の(2)では，「計算の結果の見積りについても触れるものとする」と示している。例えば，19×6の積について，20×6が120であることから，120より小さくなるといった見積りができることは，計算の確かめなどに役立てることができる。さらに，ここでは，「簡単な計算は暗算でできるよう配慮するものとする」と示している。これは，乗法や除法の計算の過程で暗算を必要とすることがあるためである。また，日常生活においても，暗算で見当を付けたり結果を求めたりすることが多いためである。ここでいう簡単な計算とは，2位数に1位数をかける程度の乗法であるが，その扱いについては，児童にとって過度の負担にならないよう配慮する必要がある。なお，指導に当たっては，筆算をしたり見積りをしたりする際に，暗算を生かすようにすることが大切である。

また，「内容の取扱い」の(3)では，「乗数又は被乗数が0の場合の計算についても取り扱うものとする」と示している。例えば，的当てで得点を競うゲームなどで，0点のところに3回入れば，0×3と表すことができる。3点のところに一度も入らなければ，3×0と表すことができる。0×3の答えは，実際の場面の意味から考えたり，乗法の意味に戻って0＋0＋0＝0と求めたりする。また3×0の答えは，具体的な場面から0と考えたり，乗法のきまりを使って3×3＝9，3×2＝6，3×1＝3と並べると積が3ずつ減っていることから，3×0＝0と求めることができることに気付くようにする。また，こうした0の乗法は，30×86や54×60のような計算の場合にも活用される。

(ウ) 乗法に関して成り立つ性質

第2学年では，乗数が1ずつ増えるときの積の変化や交換法則などを指導してきている。第3学年では，「内容の取扱い」の(4)で示しているように，乗法の交換法則，

結合法則，分配法則を指導する。また，乗数が1ずつ増えるときの積の変化の様子を基に，$a×(b±1)=a×b±a$のように，乗数が1ずつ増減したときの積が被乗数の大きさずつ増減することについて成り立つことを調べ，この法則を活用できるようにする。分配法則については，$a×(b±c)=a×b±a×c$という分配法則の式が成り立つことを調べ，筆算形式で処理する際などに用いてきていることを理解できるようにする。また，結合法則$(a×b)×c=a×(b×c)$についても，計算の仕方を考えたり，工夫をするのに様々に用いられるものである。これらの法則については，幾つかの場合について具体的な数で計算して法則を見いだすなどして，児童が主体的に調べていけるようにすることが大切である。

なお，これらの性質についての理解をまとめ，これらの性質が小数も含めて成り立つことについて理解できるようにするのは，第5学年の内容である。

イ　思考力，判断力，表現力等

(ア)　数量の関係に着目し，計算の仕方を考えたり計算に関して成り立つ性質を見いだしたりするとともに，その性質を活用して，計算を工夫したり計算の確かめをしたりすること

計算の仕方を考えたり計算に関して成り立つ性質を見いだしたりするとともに，その性質を活用して計算の確かめをすること

乗数が1位数の計算の指導に当たっては，児童が自らその計算の仕方を考えることができるよう指導することが大切である。例えば，$18×4$の計算を考える場合，乗法の意味に基づき，$18+18+18+18=72$と考えることができる。また，18を$9+9$とみて，$9×4$と$9×4$を合わせて$36+36=72$と考えることもできる。後に学習する筆算に結び付く考えは，18を$10+8$とみて，$10×4$と$8×4$に分けて，$40+32=72$と考えることである。このことは次のような図で表現し，式と関連付けられるようにする。このようなことは計算の確かめにもなっている。

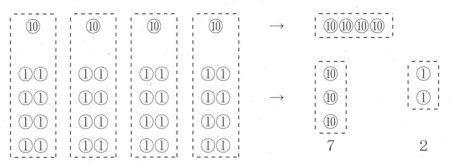

このように，これまでに児童が学習してきた乗法の意味や，十進位取り記数法や乗法九九などを基にして，新しい計算の仕方を考えていけるようにすることが大切である。また，3位数に1位数をかける計算の仕方を考えるときには，2位数に1位数をかける計算の仕方を基に類推的に考えることを大切にしたい。

また，乗数が2位数の計算の仕方を考えるときには，分配法則を活用する場合に

乗数を位ごとに分けて計算する必要がある。何十をかける乗法が既習であることを念頭におき，計算の仕方を考えさせる必要がある。

計算に関して成り立つ性質を活用して，計算を工夫すること

計算に関して成り立つ性質を活用することで，計算の工夫ができる場合がある。

例えば，4×7×25の場合，4×7を28と計算し，その積28に25をかけるのではなく，計算に関して成り立つ性質を使うと次のように計算の工夫も可能である。まず，交換法則を用いて，4×7×25を7×4×25とする。つぎに，7×4を先に計算するのではなく，結合法則を用いて先に4×25を計算し，7にその積100をかけることで700を得る。

このような計算の工夫を通して，問題解決などにおいて，よりよいものを求め続けようとする態度や，多面的に考えようとする態度が育成されるようにする。

A (4)除法

(4) 除法に関わる数学的活動を通して，次の事項を身に付けることができるよう指導する。

ア 次のような知識及び技能を身につけること。
　(ア) 除法の意味について理解し，それが用いられる場合について知ること。また，余りについて知ること。
　(イ) 除法が用いられる場面を式に表したり，式を読み取ったりすること。
　(ウ) 除法と乗法や減法との関係について理解すること。
　(エ) 除数と商が共に1位数である除法の計算が確実にできること。
　(オ) 簡単な場合について，除数が1位数で商が2位数の除法の計算の仕方を知ること。

イ 次のような思考力，判断力，表現力等を身に付けること。
　(ア) 数量の関係に着目し，計算の意味や計算の仕方を考えたり，計算に関して成り立つ性質を見いだしたりするとともに，その性質を活用して，計算を工夫したり計算の確かめをしたりすること。
　(イ) 数量の関係に着目し，計算を日常生活に生かすこと。

〔用語・記号〕 ÷

第2学年では，乗法について，数量の関係に着目し，乗法の意味や計算の仕方を

考えたり計算に関して成り立つ性質を見いだしたりするとともに，その性質を活用して，計算を工夫したり計算の確かめをしたりすることなどを指導してきている。

第3学年では，第2学年での学習の上に，乗法の逆算である除法について学習する。除法の意味および除法と乗法や減法の意味について理解させるとともに，除数と商が共に1位数である除法の計算を学習する。このとき，計算の仕方を形式的に知るだけでなく，除法の計算の仕方を主体的に考えたり，計算に関して成り立つ性質を見いだし，その性質を計算の工夫や確かめに活用するとともに，日常生活に生かす態度を育むことが大切である。

ここで育成される資質・能力は，第4学年で学習する多数桁の除法，小数の除法，及び真分数を帯分数で表現することなどの考察に生かされるものである。

ア　知識及び技能

(ア)　除法が用いられる場合とその意味

除法が用いられる具体的な場合として，大別すると次の二つがある。

一つは，ある数量がもう一方の数量の幾つ分であるかを求める場合で，包含除と呼ばれるものである。他の一つは，ある数量を等分したときにできる一つ分の大きさを求める場合で，等分除と呼ばれるものである。なお，包含除は，累減の考えに基づく除法ということもできる。例えば，$12 \div 3$の意味は，12個のあめを1人に3個ずつ分けて何人に分けられるかを求めること（包含除）と，12個のあめを3人に同じ数ずつ分けて一人何個になるかを求めること（等分除）がある。

第2学年において乗法は，（一つ分の大きさ）×（幾つ分）＝（幾つ分かに当たる大きさ）と捉えていたが，このとき（一つ分の大きさ）を求める場合が等分除で，（幾つ分）を求めることが包含除であると捉えることができる。このようなことを通して，除法が乗法の逆算であることを捉えられるようにしていく。

包含除と等分除を比較したとき，包含除の方が操作の仕方が容易であり，「除く」という意味に合致する。また，「割り算」という言葉の意味からすると等分除の方が分かりやすい。したがって，除法の導入に当たっては，これらの特徴を踏まえて取り扱うようにする必要がある。

なお次に述べるように，包含除と等分除を統合的に捉えることも大切である。

例えば，12個のものを3人に等しく分けるという等分除の操作において，まず1人に1個ずつ配ると3個必要になり，もう一度1個ずつ配ると3個必要になる…というように等分除の操作を行うとき，この操作は，包含除の12個のものを3個ずつ配ることができる回数とみることができる。このことから，どちらも同じ式で表すことができることが分かるようにする。

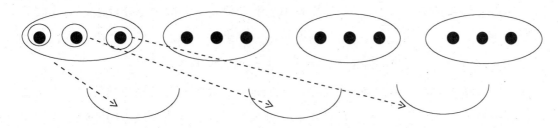

　また,第2学年の乗法が用いられる場合として,倍に当たる大きさを求める場合があることを学習している。ここでは,倍に当たる数値などが整数である場合について,ある数量がもう一方の数量の何倍かを求める場合や基にする大きさを求める場合に除法が用いられることも指導する。その際,図などを基にして,何倍かを求める場合は,幾つ分を求める場合(包含除)とも考えられ,基にする大きさを求める場合は,一つ分の大きさを求める場合(等分除)であると考えられることから,演算として同じ除法を用いるなど,既習の除法の意味と関連付けて理解できるようにすることが大切である。

　除法が用いられる場合として,ほかに,例えば,重さが4kgで長さが2mである棒の1mの重さを求める場合,2kgで400円のものの1kgの値段を求める場合など,一人分を求める場合でなく,比例関係を仮定できる,伴って変わる二つの数量がある場合にも用いられる。第4学年などで,このような場合も図を用いるなどして等分除や包含除とみられることに気付かせ,除法が用いられることを理解できるようにしていく。

　また,除法には割り切れない場合があり,その場合には余りを出すことを指導する。例えば「13枚のカードを1人に4枚ずつ配る」場面や「13枚のカードを4人に同じ枚数ずつ分ける」場面で,13÷4は4×□や□×4が13以下で13に最も近くなるときの整数□とそのときの余りを求めること,つまり整数の除法13÷4は,カードを分ける操作で最大の回数や1人当たりの最大の枚数を求めることに当たっていること,そしてそのときの余りの大きさは除数よりも小さくならなければならないことなどについて理解できるようにする。

　(イ) 除法の式

　第3学年では,除法が用いられる場合の記号÷を用いた式について理解できるようにする。指導に当たっては,これまでの加法,減法及び乗法と同様に,数量の関係を式に表したり,式を読み取ったりすることを重視することが大切である。

　式に表す指導に際しては,「12個のあめを3人に同じ数ずつ分ける」というような言葉(文章)による表現,○やテープなどの図を用いた表現,具体物を用いた操作などと関連付けながら,式の意味の理解を深めるとともに,記号÷を用いた式の簡潔さや明瞭さを味わうことができるようにする。

　また,式を読み取るとは,式から具体的な数量の関係を捉えることである。例え

ば，15÷3の式から「みかんが15個あります。一人に3個ずつ分けると何人に分けられますか。」というような問題場面を見いだすことができる。このように，式と具体的な場面を関連付けるようにすることが大切である。

また，言葉や図などと関連付けながら，「乗法における乗数や被乗数が，除法における除数に相当する」など，除法の式の意味を乗法の式の意味との関係から捉えていくことができるようにすることも大切である。

(ウ) 除法と乗法，減法との関係

除法は，ある数量から，一定の大きさの数量を取り去るときの最大の回数を求める場合（累減）とも考えることができる。例えば，12÷3の答えは，12－3－3－3－3＝0となるときの3の個数とも考えられる。この考えは包含除と捉えることもできる。

また，除法は，乗法の逆算ともみられる。そこで，乗法と関連させて，被乗数，乗数のいずれを求める場合に当たっているかを明確にすることも大切である。等分除は，□×3＝12の□を求める場合であり，包含除は3×□＝12の□を求める場合である。

(エ) 除数と商が1位数の場合の除法の計算

除数と商が1位数の場合の除法を指導する。例えば，48÷6や13÷4など，乗法九九を1回用いて商を求めることができる計算である。こうした計算は，今後指導する商が2位数の除法及び小数の除法の計算のためにも必要であり，確実に身に付けておく必要がある。

(オ) 簡単な場合の除数が1位数で商が2位数の除法

除数と商が1位数の場合の除法を活用して，簡単な場合についての除数が1位数で商が2位数の除法についても指導する。ここでは次のような簡単な場合についての計算を指導する。

一つは，80÷4や90÷3のように，被除数が何十で，被除数の十の位の数が除数で割り切れる計算である。80÷4の場合，児童自らが80を「10が8個」と捉え，その「8個」を4で割ると答えは「10が2個」というように単位の考えに基づいて考えることが大切である。

もう一つは，被除数が2位数で，69÷3のように，十の位の6と一の位の9がそれぞれ除数の3で割りきれる除法である。69÷3の場合，単位の考えによる60÷3の計算の仕方の理解に立ち，児童自らが2位数の乗法と同じように69を60と9に分けて捉えた上で，60÷3＝20，9÷3＝3として答えは23と考えることができる。こうした計算の仕方を考える指導は，除数と商が1位数の場合の除法の計算技能及び計算の意味の理解を確実なものとし，身に付けた知識及び技能を活用する力の育成を目指す上で重要である。

イ 思考力，判断力，表現力等
　㋐ 数量の関係に着目し，計算の意味や計算の仕方を考えたり，計算に関して成り立つ性質を見いだしたりするとともに，その性質を活用して，計算を工夫したり計算の確かめをしたりすること

計算の意味や計算の仕方を考えたり，計算に関して成り立つ性質を見いだしたりするとともに，その性質を活用して計算を工夫すること

　等分除や包含除のそれぞれの場面の問題を，具体物，図で考え，その結果を確かめたり，それを表現し伝え合ったりする活動を通して，除法は乗法の逆算とみることができることに気付き，計算の仕方を考えることができる。

　例えば，12個のものを3個ずつ分けて，分けられた回数を求める場合（包含除）は，分けられた回数を□とすると，3×□＝12の□を求めることと同じである。また，12個のものを3人で分けて，一人分の数を求める場合（等分除）は，一人分の数を□とすると，□×3＝12の□を求めることと同じである。先に述べたように，等分除の操作は包含除の操作としてもみることができるので，どちらの場合も，12÷3の計算が3の段の乗法九九を用いて能率的に求めることができる。このようなことを考えることができるようにすることがねらいとなる。

　また，80÷4を8÷4と考えて計算したり，84÷2を80÷2と4÷2と分けて計算したりすることは，計算に関して成り立つ性質を活用して計算を工夫することである。このとき，計算に関して成り立つ性質を基に式で考えるだけでなく，図などを用いて考えることは，計算に関して成り立つ性質に気付くことにつながる。

計算に関して成り立つ性質を活用して，計算の確かめをすること

　上で述べたように，除法の計算は乗法によって求めることができる。除法の計算によって得られた商と除数の積が被除数に一致するかどうかを調べることによって，除法の計算の確かめができることを理解させる。また，こうした学習は，余りのある除法や小数の除法でも活用されるものであり，ここでの学習において，計算の結果を確かめる態度を育んでおきたい。

　㋑ 数量の関係に着目し，計算を日常生活に生かすこと

　日常生活において，あるものを何人かで数が等しくなるように分けたり，あるものから同じ数ずつ取り去ったり，同じ数ずつ袋に入れたりすることがある。こうした場面で，除法を活用して問題を能率的に解決できることに気付かせることが大切である。

　また数学的活動で述べるとおり，余りの処理については，商をそのまま答えとできない場合があり，日常生活の場面に即してより適切な答えを考える必要がある。

A(5) 小数の意味と表し方

> (5) 小数とその表し方に関わる数学的活動を通して,次の事項を身に付けることができるよう指導する。
>   ア　次のような知識及び技能を身に付けること。
>   (ア) 端数部分の大きさを表すのに小数を用いることを知ること。また,小数の表し方及び $\frac{1}{10}$ の位について知ること。
>   (イ) $\frac{1}{10}$ の位までの小数の加法及び減法の意味について理解し,それらの計算ができることを知ること。
>   イ　次のような思考力,判断力,表現力等を身に付けること。
>   (ア) 数のまとまりに着目し,小数でも数の大きさを比べたり計算したりできるかどうかを考えるとともに,小数を日常生活に生かすこと。

〔用語・記号〕　小数点　$\frac{1}{10}$ の位

(内容の取扱い)

> (5) 内容の「A数と計算」の(5)及び(6)については,小数の0.1と分数の $\frac{1}{10}$ などを数直線を用いて関連付けて取り扱うものとする。

第2学年では,長さや体積の測定について,単位に着目して「9 cm 2 mm」,「3 L 6 dL」などと表すことを指導している。

第3学年では,これらの経験を踏まえて,端数部分の大きさを表すのに小数を用いることを理解し,それらを適切に用い,そのよさに気付き,学習したことを生活や学習の中に活用できるようにする。

また,小数を用いると,1 Lに満たない量を0.8 Lと表したり,2 Lと5 dLをあわせた量を2.5 Lと表したりすることができる。その際に,これらの量を測定する単位の構成が十進構造になっていることについて理解できるようにする。

ここで育成される資質・能力は,端数部分を表すのに分数を用いる際や,小数や分数の加法及び減法や乗法及び除法の計算の仕方を考える際などに生かされるものである。

ア 知識及び技能

(ア) 小数の意味と表し方

小数が必要とされるのは,測定と関連している場合が多いので,端数部分の量の表現に関連して導入することが考えられる。

小数は,これまでの整数の十進位取り記数法の考えを1より小さい数に拡張して用いるところに特徴がある。整数の場合は,ある単位の大きさが10集まると次の単位となって表される仕組みであったが,小数の場合は,逆に,ある単位(1)の大きさを10等分して新たな単位(0.1)をつくり,その単位の幾つ分かで大きさを表している。ここで,「$\frac{1}{10}$の位」という用語と意味について指導する。$\frac{1}{10}$の位の代わりに,小数第1位と呼ぶことがある。

小数を数直線の上に表して,整数と同じ数直線の中に位置付けることは,小数の理解を深める上で大切なことである。例えば,3.6は整数の3と4の間にあること,さらに,3と4の間を10等分した目盛りの6番目にあることなど,整数の数直線と関係付けて指導する。

なお,「内容の取扱い」の(5)については,「A(6)分数の意味と表し方」の解説の中で述べている。

(イ) 小数の加法,減法

小数の加法及び減法の意味について理解し,それらの計算ができるように指導する。

小数の加法及び減法の計算の仕方について,次のように考えることができる。

① 小数の加法及び減法の計算を数直線に対応させて考える。
② 相対的な大きさを用いて,小数の計算を整数の計算に直して処理する。
③ 小数の計算では,小数点を揃え,各位の単位を揃えて計算する。

このようにすると,整数部分どうし,小数部分どうしで計算することができる。また,1は$\frac{1}{10}$の単位が10個であるから,繰り上がり,繰り下がりのある計算が,整数のときと同じようにできる。

小数の加法及び減法の計算は,最終的には,上記の③のように,小数点を揃えて位ごとに計算するなど,小数の仕組みの理解の上に立って行うようにし,整数と同じ原理,手順でできることを理解できるようにすることが大切である。

小数を整数と同じ数直線上に表し,大小や順序についての関係を調べたり,0.1の何個分と考えれば整数と同じ見方ができることや,10個集まると1つ上の位に繰り上がることなど,整数との関連から説明したりすることを重視することが大切である。

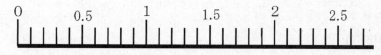

イ 思考力，判断力，表現力等
　(ｱ) 数のまとまりに着目し，小数でも数の大きさを比べたり計算したりできるかどうかを考えるとともに，小数を日常生活に生かすこと

小数でも数の大きさを比べたり計算したりできるかどうかを考えること

　例えば，2.4Lと3.1Lの大きさを比べることを考える。図や数直線を用いて表したり，0.1Lを単位としてその幾つ分かを考えたりすることで，整数と同じように大きさを比べることが考えられるようにする。

　また，同様に$\frac{1}{10}$の位までの小数の加法及び減法の計算の仕方を考える中で，小数が整数と同じ十進位取り記数法によって表された数であることを考えられるようにする。

小数を日常生活に生かすこと

　小数で表されているものは日常生活でたくさん見付け出すことができ，児童にとって身近な数であるといえる。「1.5Lのペットボトル」などの小数を見付け，改めて学習した眼で見直すことで，それが1L5dLを表していることや，小数を用いるよさについて考えることができるようにする。

A(6) 分数の意味と表し方

---

(6) 分数とその表し方に関わる数学的活動を通して，次の事項を身に付けることができるよう指導する。
　ア　次のような知識及び技能を身に付けること。
　　(ｱ) 等分してできる部分の大きさや端数部分の大きさを表すのに分数を用いることを知ること。また，分数の表し方について知ること。
　　(ｲ) 分数が単位分数の幾つ分かで表すことができることを知ること。
　　(ｳ) 簡単な場合について，分数の加法及び減法の意味について理解し，それらの計算ができることを知ること。
　イ　次のような思考力，判断力，表現力等を身に付けること。
　　(ｱ) 数のまとまりに着目し，分数でも数の大きさを比べたり計算したりできるかどうかを考えるとともに，分数を日常生活に生かすこと。

〔用語・記号〕　分母　分子

（内容の取扱い）

(5) 内容の「A数と計算」の(5)及び(6)については,小数の0.1と分数の $\frac{1}{10}$ などを数直線を用いて関連付けて取り扱うものとする。

第2学年では, $\frac{1}{2}$ や $\frac{1}{3}$ など簡単な分数について知り,元の大きさに着目し,数の大きさについて考え,日常生活に生かすことを指導してきた。

第3学年では,分数の意味や表し方について理解できるようにするとともに,分数についても整数と同様に加法及び減法ができることを知り,簡単な場合について,それらの計算ができることを知ることをねらいとしている。また,単位分数の大きさに着目し,分数でも数を比べたり計算したりできるかどうかを考えたり,計算の意味や仕方を考えたりするとともに,分数を日常生活に生かそうとする態度や能力を高めることもねらいとしている。

ここで育成される資質・能力は,第4学年の同分母の分数の加法及び減法について,単位分数に着目した計算の仕方などの考察に生かされるものである。

ア　知識及び技能

(ア)　分数の意味と表し方

分数は,等分してできる部分の大きさや端数部分の大きさを表すのに用いられる。分数を指導する際,「分母」,「分子」の用語について扱う。

分数の意味について,その観点の置き方によって,様々な捉え方ができる。 $\frac{2}{3}$ を例にすると,次のようである。

① 具体物を3等分したものの二つ分の大きさを表す。
② $\frac{2}{3}$ L, $\frac{2}{3}$ mのように,測定したときの量の大きさを表す。
③ 1を3等分したもの（単位分数である $\frac{1}{3}$ ）の二つ分の大きさを表す。
④ AはBの $\frac{2}{3}$ というように,Bを1としたときのAの大きさの割合を表す。
⑤ 整数の除法「2÷3」の結果（商）を表す。

これらは便宜上分けたところもある。指導に当たっては,幾つかの考えを同時に用いることが多い。第3学年では,上記の①,②,③などの考え方を用いる。④,⑤については,第5学年で取り扱う。

例えば,次のページの図のような2mのテープがあるとする。このとき,テープの色が付いた部分はテープ全体の $\frac{1}{4}$ （①）である。だから,テープ全体の長さが2mだとすると,色が付いた部分の長さは,2mの $\frac{1}{4}$ （①）であるといえる。一方,実際の長さを分数で表すと1mの $\frac{1}{2}$ （①）なので, $\frac{1}{2}$ m（②）である。

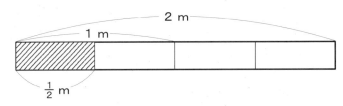

　なお,「内容の取扱い」の(5)では,「小数の0.1と分数の$\frac{1}{10}$などを数直線を用いて関連付けて取り扱うものとする」と示している。分数を数として捉えることができるようにするために,分数を数直線の上に表示するなどの指導の工夫が必要である。さらに,小数の0.1と分数の$\frac{1}{10}$などを同一の数直線の上下に表し,大きさが同じ数であることを実感できるよう配慮する。

　また,小数や分数を数直線上に表す過程や,$0.2+0.8$や$\frac{2}{10}+\frac{8}{10}$という計算を行う過程で,1.0という表記や$\frac{10}{10}$という表記をすることがある。小学校では,有効数字の概念はまだ学習していないので,結果としての表記は1と簡潔・明瞭に表現できるようにすることが大切である。一方,$1-0.2$や$1-\frac{2}{10}$を計算する過程では,1を1.0とみたり$\frac{10}{10}$とみたりできるようにすることも大切である。このように,数の概念としての1には,表記として1, 1.0, $\frac{10}{10}$などがあることを理解できるようにし,表記としては必要に応じて使うことができるようにすることが大切である。

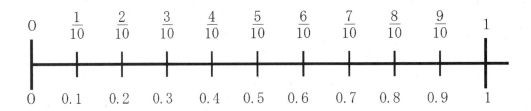

(イ) 単位分数の幾つ分

　$\frac{1}{10}$などの大きさを単位として表す小数に対して,分数は$\frac{1}{3}$, $\frac{1}{4}$, $\frac{1}{5}$など,単位として都合のよい大きさを選ぶことができる。このような点に,分数で表すことのよさがある。

　$\frac{1}{3}$, $\frac{1}{4}$, $\frac{1}{5}$のように,分子が1である分数を単位分数という。分数は,単位分数の幾つ分かで表すことができる。例えば,$\frac{2}{3}$は$\frac{1}{3}$の二つ分であり,1より小さい分数である。また,$\frac{4}{3}$は$\frac{1}{3}$の四つ分であり,1より大きい分数である。

(ウ) 簡単な場合の分数の加法,減法

　同分母の分数の加法及び減法の意味やその計算の仕方について理解できるようにする。簡単な場合として,真分数どうしの加法及び減法を指導し,和が1までの加法と,その逆の減法を取り扱う。

　例えば,$\frac{1}{5}$mと$\frac{2}{5}$mを合わせると何mになるかという場面について,$\frac{1}{5}+\frac{2}{5}$という式を立て,$\frac{1}{5}$mの三つ分(単位分数の三つ分)なので,$\frac{3}{5}$mになることが理解できるようにする。

イ 思考力，判断力，表現力等
　(ア) 数のまとまりに着目し，分数でも数の大きさを比べたり計算したりできる
　　 かどうかを考えるとともに，分数を日常生活に生かすこと

分数でも数の大きさを比べたり計算したりできるかどうかを考えること

　整数と同じように，分数でも数の大きさを比べることができるかどうかを考え，同分母どうしの場合は，単位分数の個数に着目することによって，分子の大きさを比べることで，分数の大きさを比べることができることに気付くようにする。

　また，整数と同じように，分数でも計算ができるかどうかを考え，同分母の分数の加法及び減法は，単位分数の個数に着目することによって，整数の場合と同様に処理できることに気付くようにする。

　大小比較や計算をする際に図に表したりするときには，1の大きさを決めることでそれが可能となることに気付くようにすることが大切である。

　さらに，分数の大小比較や計算ができることから，分数も整数と同じように数としてみることができるようにする。

分数を日常生活に生かすこと

　身の回りから分数を用いた表現を見いだしたり，大きさを分数を用いて考えたりするなど，分数を用いた数の処理や分数の見方を日常生活に生かそうとする態度を育むようにする。

A(7) 数量の関係を表す式

(7) 数量の関係を表す式に関わる数学的活動を通して，次の事項を身に付けることができるよう指導する。

　ア　次のような知識及び技能を身に付けること。
　　(ア) 数量の関係を表す式について理解するとともに，数量を□などを用いて表し，その関係を式に表したり，□などに数を当てはめて調べたりすること。
　イ　次のような思考力，判断力，表現力等を身に付けること。
　　(ア) 数量の関係に着目し，数量の関係を図や式を用いて簡潔に表したり，式と図を関連付けて式を読んだりすること。

　問題場面を式に表したり，式を図に読み取ったりすることについては，第1学年の加法の指導に始まり，減法，乗法及び除法の場面においてそれぞれ段階的に進めてきている。そして，式は数量や数量の関係を簡潔，明瞭，的確に表すことができ

る数学的表現であることを指導している。

第3学年では，逆思考になるような問題の解決において，未知の数量を□として式に表したり，□に当てはまる数の求め方を図に表したりして考察させる。また，加法と減法，乗法と除法の相互関係についても，式と図を関連付けて説明し，捉えられるようにすることがねらいである。

この学習は，数量の関係を四則混合の式や，（　）や□，△を用いた式で，簡潔に，又は一般的に表す第4学年の考察に生かされるものである。

ア　知識及び技能

(ア)　□を用いた式

第2学年では，加法や減法についての理解を深めることに関連して，「内容の取り扱い」で，（　）や□などを用いることができることになっている。

第3学年では，問題を解決するために，未知の数量を□などの記号を用いて表現することにより，問題場面どおりに数量の関係を立式し，□に当てはまる数を調べることができるようにする。

□などの記号については，未知の数量を表す記号として用いる場合と変量を表す記号として用いる場合とに大きく分けられる。第3学年では，未知の数量を表す記号として用いる場合を中心に指導し，□などの記号を用いて立式することができるようにする。

指導に当たっては，□などを数をかく場所としてはじめに扱い，次第に未知の数量を表す記号などとしても扱い，文字としての役割をもつ□などについての理解が深まるよう配慮する必要がある。

□に当てはまる数を調べることについては，例えば，□＋8＝17という式について，□の中に1，2，3，…と順に数を当てはめていく方法，およその見当を付けて8，9と当てはめていく方法などがある。さらに，手際のよい方法として，四則計算の相互の関係を基に逆算で求める方法がある。このような活動に十分に取り組ませていく中で，□の表す数が9であるということだけでなく，□＋8という式そのものが17という一つの数量を表しているとみることができるようにすることが大切である。

イ　思考力，判断力，表現力等

(ア)　数量の関係に着目し，数量の関係を図や式を用いて簡潔に表したり，式と図を関連付けて式を読んだりすること

第3学年では，式の指導において，具体的な場面に対応させながら，数量や数量の関係に着目して，式を用いて簡潔に表すことができるようにする。そして，式が表している場面などの意味を読み取ったり，式を用いて考えを伝え合ったり，式で処理したりするなどして式を使いこなし，式のよさを実感できるようにする。

図の指導においても，数量や数量の関係に着目して，図を用いて表すこと，図に表された数量の関係を読み取ること，図を用いて考えを伝え合うことなどができるようにする。

　指導に当たっては，図に表された数量の関係を読み取ってそれを式に表したり，式に表された数量の関係を読み取ってそれを図に表したりする数学的活動を通して，式と図を関連付けることができるようにすることが大切である。

$$\begin{array}{c} 3\times 4 \\ 4\times 3 \end{array} \quad \Leftrightarrow \quad \begin{array}{c} \bigcirc\bigcirc\bigcirc\bigcirc \\ \bigcirc\bigcirc\bigcirc\bigcirc \\ \bigcirc\bigcirc\bigcirc\bigcirc \end{array}$$

　また，加法と減法との相互関係，乗法と除法の相互関係についても理解を深め，それらの意味を式と図を関連付けながら説明することができ，問題解決に生かせるようにすることが大切である。

A(8) そろばん

> (8) そろばんを用いた数の表し方と計算に関わる数学的活動を通して，次の事項を身に付けることができるよう指導する。
> 　ア　次のような知識及び技能を身に付けること。
> 　　(ｱ)　そろばんによる数の表し方について知ること。
> 　　(ｲ)　簡単な加法及び減法の計算の仕方について知り，計算すること。
> 　イ　次のような思考力，判断力，表現力等を身に付けること。
> 　　(ｱ)　そろばんの仕組みに着目し，大きな数や小数の計算の仕方を考えること。

　そろばんは，古くから我が国で用いられている計算のための道具であり，数を表したり，計算したりするのに便利なものである。数を表すための位を定め，珠を操作することによって，整数や小数を表すことができる。そろばんの仕組みが分かると，そうした数の加減乗除の計算をすることもできるようになる。

　そろばんは，第3学年及び第4学年において指導する。

ア　知識及び技能
(ｱ)　そろばんによる数の表し方

　第3学年では，そろばんによる整数や小数の表し方について指導する。十進位取り記数法の仕組みにより，整数や小数を表せるようにする。整数では，万の単位の数まで表し，小数では，$\frac{1}{10}$の位の数まで表すことを指導する。

(イ)　そろばんによる計算の仕方

　計算に関しては，珠の操作による計算の仕方について理解できるようにする。整数では，1位数や2位数の加法及び減法の計算について指導する。数を入れるだけで計算できる「2＋1」，「3－1」などから始め，5の合成や分解をともなう「4＋3」，「6－4」などの計算や，繰り上がりや繰り下がりのある「8＋9」，「15－7」などの計算の仕方について理解できるようにする。

　また，「3万＋5万」などの万の単位を含む簡単な計算や，小数では，「2.6＋0.3」などの$\frac{1}{10}$の位までの簡単な小数の加法及び減法の計算の仕方を理解できるようにする。

　イ　思考力，判断力，表現力等
　(ア)　そろばんの仕組みに着目し，大きな数や小数の計算の仕方を考えること

　そろばんは，どの桁の珠も同じ大きさの形でできている。この仕組みは，同じ記号で異なる数を表すという位取り記数法に沿ったものであることから，そろばんで数を表したり，計算をしたりすることは，位取り記数法の理解を確かにすることにつながる。指導に当たっては，こうしたそろばんの仕組みと数の仕組みを対比させながら，計算の仕方を考えさせることを大切にしたい。

B　図形

B(1)　二等辺三角形，正三角形などの図形

> (1) 図形に関わる数学的活動を通して，次の事項を身に付けることができるよう指導する。
>   ア　次のような知識及び技能を身に付けること。
>   (ア)　二等辺三角形，正三角形などについて知り，作図などを通してそれらの関係に次第に着目すること。
>   (イ)　基本的な図形と関連して角について知ること。
>   (ウ)　円について，中心，半径，直径を知ること。また，円に関連して，球についても直径などを知ること。
>   イ　次のような思考力，判断力，表現力等を身に付けること。
>   (ア)　図形を構成する要素に着目し，構成の仕方を考えるとともに，図形の性質を見いだし，身の回りのものの形を図形として捉えること。

（内容の取扱い）

(6) 内容の「B図形」の(1)の基本的な図形については，定規，コンパスなどを用いて，図形をかいたり確かめたりする活動を重視するとともに，三角形や円などを基にして模様をかくなどの具体的な活動を通して，図形のもつ美しさに関心をもたせるよう配慮するものとする。

　第2学年では四角形や三角形，正方形や長方形などについて，これらを構成する直線や直角などに着目することで，図形を弁別することを指導してきた。

　第3学年では，図形を構成する要素の関係に着目し，辺の長さの相等や角の大きさの相等に着目して正三角形や二等辺三角形について知るとともに，角についても知ることをねらいとしている。また，図形を構成する要素に着目し，さらにその観点を他の図形にも用いようとする態度を養う。

　ここで育成される資質・能力は，第4学年での平行四辺形，ひし形，台形などの考察に生かされるものである。

ア　知識及び技能
(ア)　二等辺三角形，正三角形

　二つの辺の長さが等しい三角形を二等辺三角形といい，三つの辺の長さが等しい三角形を正三角形という。第3学年ではこれらの図形を中心に，直角二等辺三角形にも触れる。

　二等辺三角形や正三角形の意味や性質は，定規やコンパスによる作図，ひご等による構成，紙を折るなどの活動を豊かに行うことを通して，帰納的に理解できるようにする。例えば，二等辺三角形では，二つの角の大きさが等しいことや，正三角形では，三つの角の大きさが等しいことについては，二等辺三角形や正三角形を観察したり，実際に紙を切り抜いて作った三角形を折ってみたりするなどの活動を通して，確かめることができる。

　実際，例えば次の図のように，折り紙から正三角形を構成することができる。

①　折り紙を半分に折って折り目を付ける。
②　右下の頂点を折り目の上に重ねる。
③　重なった点に印を付ける。
④　折り紙の頂点と印の点を結ぶ。

〔折り紙から正三角形を構成〕

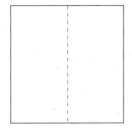
① 〔折れ目を付ける〕

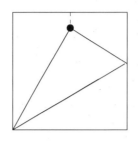
②③〔右下の頂点を折れ目の上に重ねて，そこに印を付ける〕

④〔折り紙の頂点と印の線を結ぶ〕

折り紙を折ることを用いた正三角形の構成には右の方法もある。

また，方眼を用いて二等辺三角形を作図することもできる。

方眼を使って，線分イウを決め，点イ，点ウの垂直二等分線上の点アと，点イ，点ウとを結んでかく。

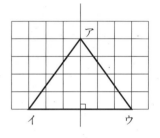

定規やコンパスを用いた二等辺三角形の作図には，次のような方法が考えられる。

① 与えられた条件（底辺）を利用して作図する方法

線分イウがあるとき，点イを中心としてコンパスで弧をかき，同じ半径で点ウから弧をかいて，交わった点アと，点イ，点ウとを結んでかく。

② 円を用いて作図する方法

コンパスで円をかき，円の半径はどこでも等しいという性質を使って，円周上の2点と円の中心とを結んでかく。

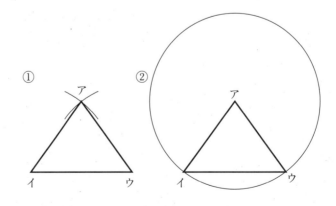

二等辺三角形や正三角形の構成を繰り返すなかで，二等辺三角形の底辺と他の二辺を同じ長さにすると正三角形になることなどに気付かせ，二等辺三角形と正三角

形の関係に着目できるよう指導することが大切である。

「内容の取扱い」の(6)では,「定規,コンパスなどを用いて,図形をかいたり確かめたりする活動を重視するとともに,三角形や円などを基にして模様をかくなどの具体的な活動を通して,図形のもつ美しさに関心をもたせるよう配慮するものとする」と示している。二等辺三角形や正三角形を定規,コンパスなどを用いてかく活動を取り入れるようにする。

さらに,合同な二等辺三角形や正三角形を敷き詰める活動を通して,これらの図形で平面が敷き詰められることを理解し,敷き詰めてできた模様を観察することによって,その中にほかの図形を認めること,平面図形の広がりや図形の美しさを確認することなど,図形についての見方や感覚を豊かにしていくようにする。

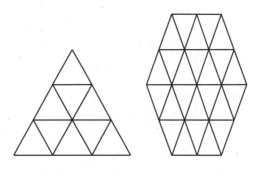

(イ) 角

第2学年では,直角について指導している。第3学年では,一つの頂点から出る2本の辺が作る形を角ということを指導する。本学年では第2学年までに〔測定〕領域で確かなものとなった数学的な見方・考え方を働かせて角の大きさを比べることができるようにする。ここでは実際に紙を切り抜いて作った二等辺三角形や正三角形について,長さの等しい辺を重ねるように折ることによって,二つの角の大きさがぴったり重なり,それらが等しいことを確かめることなどを指導する。なお,角の大きさの単位及び角の大きさの単位を用いた測定については,第4学年で指導する。

(ウ) 円,球

円と球については,第1学年で,まるい形,ボールのような形として捉えてきている。第3学年では,観察,分類,構成,作図などの活動を通して円について,また,観察を通して球について理解できるようにする。

円については,右の図のように,円周上のどの点も中心から等距離にあることが分かるようにする。

そして,半径は中心から円周まで引いた直線と約束する。直径については,中心を通り,円周から円周まで引いた直線と約束する。

さらに,作図などを通して,半径や直径は無数にあることに気付かせる。紙で作った円を折って円の中心を見付けたり,コマ作りをしたりするなどの活動も,円の性質に気付いていくために有

効である。そして，円による模様作りなどを行い，コンパスの操作に慣れさせるとともに，円のもつ美しさに触れるようにする。

また，この内容に関連してコンパスを用いるが，コンパスは単に円をかくだけでなく，等しい長さを測り取ったり移したりすることができる道具で，長さを比べたりする場面などでも活用できる。

球については，球を平面で切ると切り口はどこも円になること，球をちょうど半分に切った場合の切り口が最大になることなどを模型の操作や観察を通して理解させる。

また，ボールなどの球の直径の大きさは，ボールを直方体などの立体ではさむなどの活動によって調べることができる。これらの円や球について指導する際には，児童の身の回りにある楕円状の物や卵型のものも用いて，円や球と丸い形の区別を明確化することが大切である。

イ　思考力，判断力，表現力等
(ア)　図形を構成する要素に着目し，構成の仕方を考えるとともに，図形の性質を見いだし，身の回りのものの形を図形として捉えること

第2学年では，直線や面の形，直角といった図形を構成する要素に着目して図形を捉えることにより，数学的な見方・考え方が豊かなものとなってきた。第3学年の図形の指導ではこれらに加えて，辺の長さの相等や角の大きさの相等にも着目し図形を捉えられるようにする。

構成の仕方を考えるとは，図形の約束に基づいて論理的に構成していこうとすることである。例えば，二辺の長さが等しいことを基に二等辺三角形を作ることがこれに当たる。このとき，二つの角の大きさが等しいという性質にも気付くことができる。

身の回りのものを図形として捉えるとは，第2学年同様，図形を構成する要素に着目し正三角形や二等辺三角形，円や球などを見いだすことを通して，図形のもつ性質が日常生活でどのように役立てられているかを考察することである。

これらの指導を通して，図形の構成や問題の解決に当たる際には，それらを定める約束や性質を明確にし，それを用いて処理しようとする態度を養う。

C 測定

C(1) 長さ，重さの単位と測定

> (1) 量の単位と測定に関わる数学的活動を通して，次の事項を身に付けることができるよう指導する。
> 　ア　次のような知識及び技能を身に付けること。
> 　　(ｱ)　長さの単位（キロメートル(km)）及び重さの単位（グラム(g)，キログラム(kg)）について知り，測定の意味を理解すること。
> 　　(ｲ)　長さや重さについて，適切な単位で表したり，およその見当を付け計器を適切に選んで測定したりすること。
> 　イ　次のような思考力，判断力，表現力等を身に付けること。
> 　　(ｱ)　身の回りのものの特徴に着目し，単位の関係を統合的に考察すること。

（内容の取扱い）

> (7) 内容の「C測定」の(1)については，重さの単位トン(t)について触れるとともに，接頭語（キロ(k)やミリ(m)）についても触れるものとする。

　第2学年までに，長さにおける比べ方を基にして広さやかさも同じように考えたり，任意単位の測定を基にして普遍単位の測定のよさに気付いたり，便利な基準量を基にしておよその見当を付けて表現したりすることについて指導してきた。第3学年では，身の回りのものの特徴に着目し，測定する対象の大きさのおよその見当を付けて適切な計器を柔軟に選択したり，長さや重さの単位を関係付けたりすることを主なねらいとしている。また，第3学年の長さや重さについて，およその見当を付けて適切な計器を選択して測定しようとする態度を養う。

　ここで育成する資質・能力は，日常生活に必要な長さや重さを測定したり，単位を関係付けてみたりして，自らの日常生活に生かされるものである。

ア　知識及び技能
(ｱ)　長さや重さの単位と測定

　長さの単位として，第3学年では，キロメートル(km)を指導する。

　1kmの長さを直接見て捉えることは難しいため，100mの10倍，10mの100倍といった関係を基に理解できるようにすることが必要である。また，通学路などを思

い起こさせ，学校から1kmの道のりに当たるところを調べさせたり，運動場の200mのトラックを実際に5周歩かせてみたりすることで実感的に捉えられるようにすることが大切である。

重さについては，これまでの量の場合と同じように考え，単位となる重さの幾つ分かで測定できることを理解できるようにする。また，1gや1kgの単位の意味について理解できるようにする。そして，日常生活における体重の測定，食品の買い物などで，計器を用いてものの重さを測定することを見聞きする経験や，1kgの重さの具体物を手で持ち上げるなどの体験を通して，基本的な量の大きさについての感覚を豊かにする。

また，ものの重さを量る場合には，そのものを直接量ることができないので容器などに入れて量る場合がある。この場合には，「（正味の重さ）＝（全体の重さ）－（容器の重さ）」という関係が用いられることも理解できるようにする。

「内容の取扱い」の(7)では，g，kg以外の重さの単位，トン(t)の扱いについて示している。ここでは，日常でよく用いられている「トン(t)」も大きい重さを表す重さの単位であることや，1tは1000kgであることを指導する。また，長さと重さの単位には，どちらもキロ（k）の付いた単位があることや長さとかさの単位には，どちらも，ミリ（m）の付いた単位があることから，接頭語について触れるものとする。

(イ)　適切な単位と計器の選択

ここでは，主に実際の生活場面での効率的な測定，的確な表示ができるようにすることをねらいとしている。

ある量を測定するとき，その量がどの程度の大きさであるか，およその見当を付け，測定に用いる単位や計器を適切に選択できるようにすることが大切である。

例えば，木の回りなどの曲線部分の長さを測る場合に，巻き尺を用いて測ることや，ものの重さを量る場合に，およその見当を付け，適切な計器を選択して測ることについて指導する。

はかりの取り扱いに関しては，どれだけの重さのものまで量れるかという秤量や，どのくらいまでの詳しさで量れるかという感量に気をつけることなど，使用上注意すべきことがある。計器を用いての測定に当たって，それらの点に留意する態度を養うことは大切である。

その際，測定して得られた数値が，適切な単位を選択することにより，扱いやすい大きさになることを理解できるようにする必要がある。

イ　思考力，判断力，表現力等

(ア)　身の回りのものの特徴に着目し，単位の関係を統合的に考察すること

第3学年までに学習した長さ（mm，cm，m，km），かさ（mL，dL，L），重さ（g，

kg，t）の単位について整理してまとめた表などから，それぞれに共通する関係を調べる。

長さ	mm, cm, m, km
かさ	mL, dL, L,
重さ	g, kg, t

$$1\,\text{mm} \xrightarrow{10倍} 1\,\text{cm} \xrightarrow{100倍} 1\,\text{m} \xrightarrow{1000倍} 1\,\text{km}$$

$$1\,\text{mL} \xrightarrow{100倍} 1\,\text{dL} \xrightarrow{10倍} 1\,\text{L}$$

$$1\,\text{g} \xrightarrow{1000倍} 1\,\text{kg} \xrightarrow{1000倍} 1\,\text{t}$$

その際，次のようなことを見いだすことができる。

- 長さと重さの単位には，どちらもk（キロ）の付いた単位があること
- 長さとかさの単位には，どちらも，m（ミリ）の付いた単位があること
- 1kmは1000mであり，1mの1000倍になっていること
- 1kgは1000gであり，1gの1000倍になっていること
- 1Lは1000mLであり，1mLの1000倍になっていること
- 1mは1000mmであり，1mmの1000倍になっていること

このような活動を通して，単位の前に接頭語k（キロ）が付くと1000倍になることに気付いたり，それぞれが倍の関係にあることを図や文章でまとめたりして考察し，単位についての理解を深めることを大切にする。

1000mm	100cm		1 m	
1000mL		10dL	1 L	
			1000 m	1 km
			1000 g	1 kg

なお，このように単位の関係を考えることは，今後，学習する様々な単位についても，主体的に考察し，単位の仕組みを考えることにつながっていく。例えば，メートル法の単位の仕組みについて学習したことを活用することで，新しい単位に出合ったときも類推して量の大きさを考えることができることにつながる。

日常生活の場面など児童の身の回りでは，様々な単位が用いられている。飲料などの量の単位としてミリグラム（mg）やセンチリットル（cL）などが使われ，水道の使用量，タンクローリーの容量としてはキロリットル（kL）の単位が使われている。これらの単位は，メートル法に従って接頭語，m（ミリ），c（センチ），k（キロ）を付けて作られた単位である。身の回りからこれらの単位を見付けた児童は，どのような単位であるか，今までに学習した単位とどのような関係になっているのかを考えることができるようになる。

例えば，薬の箱に書かれた成分表に100 mgと見付けた場合，g（グラム）と書かれていることから重さの単位であることに気付き，m（ミリ）と書かれていることから，

100mgが1g(1000mg)の$\frac{1}{10}$の大きさであることを考え出すのである。

これまでに学習した単位との関係等について,児童の興味・関心に基づいて,日常生活などの中で自分で調べようとする態度が育成されることが大切である。

C(2) 時刻と時間

> (2) 時刻と時間に関わる数学的活動を通して,次の事項を身に付けることができるよう指導する。
> 　ア　次のような知識及び技能を身に付けること。
> 　　(ｱ)　秒について知ること。
> 　　(ｲ)　日常生活に必要な時刻や時間を求めること。
> 　イ　次のような思考力,判断力,表現力等を身に付けること。
> 　　(ｱ)　時間の単位に着目し,時刻や時間の求め方について考察し,日常生活に生かすこと。

　第2学年までに,時刻を読んだり,単位の関係を理解したりして,時刻や時間を日常生活に関連付けられるように指導してきた。第3学年では,時間の単位に着目し,日常生活の中で必要になる時刻や時間を捉える際に,数学的な見方・考え方を働かせ,日常生活に必要な時刻や時間を求めることを主なねらいとしている。

　第3学年の時刻と時間の学習では,児童が秒への関心をもち,体験を通して,必要になる時刻や時間を測定して表したり,必要な時刻や時間の求め方を考察したりしようとする態度を養う。ここで育成する資質・能力は,日常生活に必要な時刻や時間を求めることや第5学年の速さの考察に生かされるものである。

ア　知識及び技能
(ｱ)　時間の単位（秒）

　時間の単位として,秒を指導する。また,1分間が60秒という関係を指導し,それを用いることができるようにする。秒という単位が,日常のどのような場面で用いられているかについて指導することも大切である。

　時間（秒）という量は,長さ,かさ,広さと違って,直接目で見ることができないために捉えにくく,基準の大きさを決めて,それを単位にして測るという操作を直接行うことは難しい。「秒」については,10秒や60秒というまとまった時間の中で「1秒」が幾つ分あるのかを意識し,時間について理解できるようにすることが大切である。そのことに関連して,例えば,時計の秒針の動きや,♩＝60に設定したメトロノームに合わせて手をたたいたり,数を数えたりするなどして,1秒の

長さについての感覚を養うことが考えられる。また,何秒間,目を閉じて片足で立っていられるか,10秒間で平仮名を何文字書けるか,60秒間で何回呼吸するかなどを測定させ,ストップウォッチに親しませながら「秒」を実感を伴うように体験することも必要である。このように,「秒」を運動などの活動と結び付けたりすることを通して,その量の感覚を捉えるようにしていく。

　(イ) **時刻や時間を求めること**

　ここでは,日常生活で必要となる場合について,時刻や時間を求めることができるようにする。

　日常生活で必要となる時間については,例えば,家から学校まで歩いてかかる時間や読書にかかる時間などである。

　時刻や時間を求めることについては,実際に時計の模型の針を動かし,針が進んだ目盛りの数を数えたり,数直線上に表された時刻や時間を読んだりすることを指導する。その際,正時(分や秒の端数の付かない時刻)や正午を区切りとして考えることにも触れることが考えられる。

　計算によって求める場合には,日常生活で必要となる場面で指導するようにし,いたずらに複雑な単位の換算は避けるようにする。

　イ　**思考力,判断力,表現力等**

　(ア) **時間の単位に着目し,時刻や時間の求め方について考察し,日常生活に生かすこと**

　時間の適切な単位を用いて,時刻や時間を求めることについては,日常生活における時間の経過を捉えて考えることが大切である。例えば,時計の長針が1周を超えたり正時をまたいだりする時刻や時間を求めることについては,模型の時計の針の動きを観察したり,数直線上の目盛りやその間について観察させたりすることを通して考えさせることが大切である。

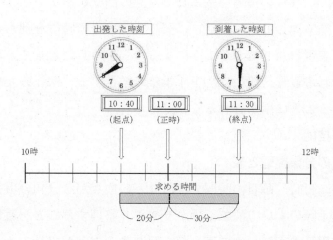

D データの活用

D(1) 表と棒グラフ

---

(1) データの分析に関わる数学的活動を通して，次の事項を身に付けることができるよう指導する。

ア　次のような知識及び技能を身に付けること。

(ｱ) 日時の観点や場所の観点などからデータを分類整理し，表に表したり読んだりすること。

(ｲ) 棒グラフの特徴やその用い方を理解すること。

イ　次のような思考力，判断力，表現力等を身に付けること。

(ｱ) データを整理する観点に着目し，身の回りの事象について表やグラフを用いて考察して，見いだしたことを表現すること。

（内容の取扱い）

---

(8) 内容の「Ｄデータの活用」の(1)のアの(ｲ)については，最小目盛りが2，5又は20，50などの棒グラフや，複数の棒グラフを組み合わせたグラフなどにも触れるものとする。

第2学年では，身の回りにある数量を分類整理し，簡単な表やグラフを用いて表して，事象について考察することを指導してきている。

第3学年では，これらの指導を基にして，身の回りにある事象について観点を定め，データを分類整理して表やグラフに表し，データの特徴を捉え考察したり，見いだしたことを表現したりできるようにすることをねらいとしている。

ここで育成される資質・能力は，第4学年で学習する二次元の表や折れ線グラフを用いて分析することに生かされるものである。

ア　知識及び技能

(ｱ) データの分類整理と表

この学年では，日時，曜日，時間や場所などの観点から分類の項目を選び，資料を目的にあった手際のよい方法で，分かりやすく整理することを通して，表の意味を理解し，表を用いて表したり，表を読んだりすることができるようにすることをねらいとしている。

また，日時の観点や場所の観点など一つの観点で作った表を幾つか組み合わせて一つの表にまとめた簡単な二次元の表を取り扱い，組み合わせて作成した表を読むこともできるようにする。

そのため，次の点に配慮するようにする。

① 目的を明らかにし，集める資料の条件を考えたり，目的にあった分類の観点を選んだりすること。

② 資料に落ちや重なりがないように項目を決めたり，資料を分類したりすること。

指導に当たっては，機械的に処理したり表を考察したりするだけではなく，児童自身が課題を明確に捉え，それに沿って資料を積極的に集め，観点を決めて分類整理していこうとする態度や能力を伸ばすよう配慮することが大切である。そのためには，資料に落ちや重なりがないか調べたり，集計に当たって誤りがないか確かめたりするなど，誤りがおきにくいような方法を工夫する活動を重視する必要がある。その際，合計欄の意味に着目させ，合計の数と資料の数が一致しているかを確かめるなど，表の知識や技能を活用できるように指導する必要がある。

なお，表については，分類の仕方や，表し方に様々な種類があるので，それぞれの特色について理解したり，目的に応じて用いたりすることができるようにすることが大切である。

(イ) 棒グラフの特徴と用い方

第2学年までのグラフについての指導を基に，第3学年では，棒グラフについて，数量の大小や差などを読むことに加えて，最大値や最小値を捉えたり，項目間の関係，集団のもつ全体的な特徴などを読み取ったりすることができるようにすることをねらいとしている。その際，表と関連付けながら，児童が見いだしたことを表現することを通して，データの中の数量の大きさの違いを一目で捉えることができるという棒グラフの特徴についても気付くことができるようにする。

指導に当たっては，児童の分かりやすく表そうとする工夫を生かしながら，項目の取り方や並べ方，表題の付け方などについて正しく指導する必要がある。

また，目盛りの付け方，読み方については，ものさしを用いた測定のときの手続きや数直線の目盛りの付け方を生かす指導とも関連して，最小目盛りが1，10，100に当たるものを中心とし，「内容の取扱い」の(8)にあるように，目的によっては最小目盛りが2，5又は20，50などに当たるものについても，読んだりかいたりできるようにする。

その際，同じグラフを異なる目盛りの付け方で表した複数のグラフを比較したり，何種類かのグラフ用紙の中から適切な用紙を選択したりする活動を通して，グラフ用紙の大きさなどに応じて目盛りの付け方を工夫し，目的にあった目盛りを用いる

ことができるようにする。

また,「内容の取扱い」の(8)には,「複数の棒グラフを組み合わせたグラフなどにも触れるものとする」と示している。一つの観点で作成した表を組み合わせた表について棒グラフに表す際,複数の棒グラフを組み合わせたグラフができることにも気付かせ,このような棒グラフを読むことができるようにする。

イ 思考力,判断力,表現力等

(ア) データを整理する観点に着目し,身の回りの事象について表やグラフを用いて考察して,見いだしたことを表現すること

データを整理する観点に着目すること

データを整理する観点に着目するとは,データをどのように分類整理すればよいかについて,解決したい問題に応じて観点を定めることである。

例えば,学年全体で遊び調べをして,児童の学級,性別,好きな遊びや嫌いな遊び,よくする遊びやしたことがない遊びなど様々なことを調べたデータがあった際に,分類整理する観点によって特徴として捉えられることは変わってくる。どの観点で整理することでどんな特徴が捉えられるか考察することが必要になってくる。

身の回りの事象について表やグラフを用いて考察すること

身の回りの事象について表やグラフを用いて考察するとは,自分たちの生活する身の回りの様々な事象における,解決したい問題に応じて定めた観点によって,データを表に分類整理したり,グラフにまとめたりすることで特徴や傾向を捉え考察することである。

例えば,遊び調べのデータについて,学級ごとに好きな遊びに違いはあるのかを分析するという観点で,下のように表に分類整理したり棒グラフに表したりすることで,どちらのクラスも「ハンカチ落とし」や「いす取りゲーム」は好きな人が多いといった特徴を捉えることができ,その背景として例えば「室内で皆が遊べる遊びは,ほかにあまりないからだろう。」といった考察をしていくようにする。

1組の好きな遊び (人)

種類	人数
ハンカチ落とし	7
いす取りゲーム	6
かくれんぼ	5
おにごっこ	3
かんけり	2
合計	23

2組の好きな遊び (人)

種類	人数
ハンカチ落とし	5
いす取りゲーム	6
かくれんぼ	3
おにごっこ	4
かんけり	3
合計	21

1組と2組の好きな遊び (人)

種類	1組	2組	合計
ハンカチ落とし	7	5	12
いす取りゲーム	6	6	12
かくれんぼ	5	3	8
おにごっこ	3	4	7
かんけり	2	3	5
合計	23	21	44

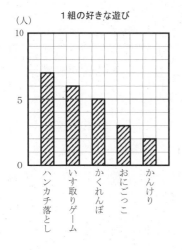
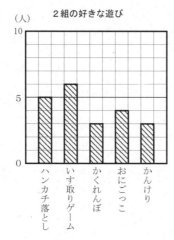
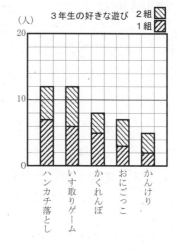
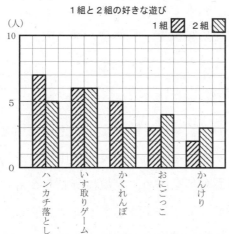

見いだしたことを表現すること

　見いだしたことを表現するとは、表やグラフから特徴や傾向を捉えたり、考察したりしたことを、表のどの部分から、あるいはグラフのどの部分からそのように考えたりしたのかを、ほかの人にも分かるように伝えることである。

　その際、部分と部分や、複数のグラフを比べ、同じところや似ているところ、少し違うところや大きく違うところなどを見いだし、表現できるようにするとともに、伝え合うことで様々な考えがあることに気付くことができるようにする。

　上の例では、適切なグラフを用いてそのグラフを示しながら、ハンカチ落としが全体的に人気があることや、ハンカチ落としとかくれんぼはクラスによって違いがあることなどを学級内で発表して伝えることなどができる。

〔数学的活動〕

> (1) 内容の「A数と計算」,「B図形」,「C測定」及び「Dデータの活用」に示す学習については,次のような数学的活動に取り組むものとする。
> 　ア　身の回りの事象を観察したり,具体物を操作したりして,数量や図形に進んで関わる活動
> 　イ　日常の事象から見いだした算数の問題を,具体物,図,数,式などを用いて解決し,結果を確かめる活動
> 　ウ　算数の学習場面から見いだした算数の問題を,具体物,図,数,式などを用いて解決し,結果を確かめる活動
> 　エ　問題解決の過程や結果を,具体物,図,数,式などを用いて表現し伝え合う活動

　第2学年までの算数の学習経験を踏まえて,児童が引き続き数学的活動に主体的に取り組み,基礎的・基本的な知識及び技能を確実に身に付けるとともに,数学的な思考力,判断力,表現力等を高め,算数に関わりをもったり,算数を学ぶことの楽しさやよさを実感したりできるようにすることを重視する。

　特に,前学年以上に数量や図形に積極的に関わるとともに,日常の事象や算数の学習場面から見いだした算数の問題について,これまで学習した数や式などの方法を有効に使うなどして思考したり表現したりできるようにする。なお,児童の発達の段階を考慮して,これらの数学的活動の視点は前の第2学年と同様の内容とする。

ア　身の回りの事象を観察したり,具体物を操作したりして,数量や図形に進んで関わる活動

　前学年までの算数の学習経験を生かしながら,数量や図形に進んで関わり,算数の学習を楽しみながら主体的に取り組めるようにすることが大切である。それまでの児童の生活や学習での経験が本学年の算数の学習につながっていくことが実感できるようにするために,事象を丁寧に観察したり具体物を操作したりしながら数量や図形に関わる活動を行うことが大切である。

　第3学年における「身の回りの事象を観察したり,具体物を操作したりして,数量や図形に進んで関わる活動」として,例えば次のような活動が考えられる。

身の回りの形を観察したり操作したりして,まるい形に関心をもつ活動
〜円との出合い〜

この活動は,「B図形」の(1)の指導における数学的活動であり,身の回りにある形からまるい形を見いだし,円に出合う活動である。身の回りにある形を観察したり操作したりすることを通して,まるいものの形に含まれている円に気付き,円についても約束に基づいて捉えていこうと態度につなげることをねらいとしている。

　例えば,児童が「身の回りにあるまるいもの」を集める場面を設定する。おはじきやシールのように円に近いものや,ボールやおもちゃのカプセル容器など様々なものが集まる。

　中にはペットボトルやラグビーボールのように見る方向によっては円と捉えにくいものも含まれているため「この形を持ってきた子は,どこを見てまるい形だと思ったのだろうか。」という問いをもつことになる。この問いを解決する過程で,観察や転がしてみるといった具体的な操作,話し合いなどの活動を通じて身の回りの様々なものから見いだせるまるい形に出合うことになる。

　また「おはじきのような形と,ボールのような形をどのように区別すればよいだろうか。これらは同じ『まるいもの』と呼んでよいのだろうか」という問いが生まれる。こうして,平面の「円い形」と立体の「丸い形」とを分けて考えていく。

　その後,身の回りにある円に近い「まるいもの」の形を写し取ったり,ときには教師が例示したりすることで「円いものにも,三角形や四角形のようにきれいな形とそうでない形があるようだ。」ということに気付いていく。そして「それらを区別する方法はないだろうか」という問いが生まれる。そして観点を決めて,卵形や楕円形のものなど歪みのある形とそうでない「まんまる」とを分けていき,図形としての円を見いだしていく。

　その後,「教室の中にもきれいなまるい形があるものはないかな。」「きれいなまるい形はどのようにすれば作ったりかいたりできるのだろうか。」など,身の回りの形に含まれる円を自分で探したり,その性質について調べたりしようとする。

　このように身の回りにあるまるいものを観察し,どのように弁別できるかについて考える活動を行うことで,円や球に興味をもち,図形に関わろうとする態度の育成を目指す。

イ　日常の事象から見いだした算数の問題を,具体物,図,数,式などを用いて解決し,結果を確かめる活動

　児童が日常生活において経験する事象には,算数と結び付けて考えたり判断したりすることで解決が可能になったり,その結果を適切に表現したり処理したりすることがたくさんある。

このような児童に対して，日常生活の中から見いだした算数の問題を，これまでの学習で使用してきた具体物，図，数，式によって解決したりその結果を確かめたりする活動を経験させることが大切である。日常生活におけるできごとを算数と結び付けて考えたり処理したりする活動を通して，算数を学ぶよさを実感できるようにすることが大切である。

　第3学年における「日常の事象から見いだした算数の問題を，具体物，図，数，式などを用いて解決し，結果を確かめる活動」として，例えば次のような活動が考えられる。

日常生活の問題を解決し，得られた結果を吟味する活動～余りのある除法～

　この活動は，「A数と計算」の(4)の指導における数学的活動であり，日常生活の問題を除法で解決した結果，余りがある場合に，その結果を元の事象に戻して考え，算数での処理の結果である余りを，元の事象に当てはめたときにどのように解釈すればよいかを考えることをねらいとしている。

　例えば，「38人の子供が座れるよう4人がけの長椅子を用意する。何台用意すればよいか。」という問題場面では，児童は次のような数学的活動を遂行すると考えられる。

　除法を学習している児童は，この場面は，幾つ分かを求める除法であると判断し，38÷4と式を立て，9余り2という結果を得る。

　ここで「余り2とあるが，答えは9台でいいのだろうか」と問いをもつことが考えられる。そこで，結果を元の事象に戻したときの意味を考える必要が出てくる。

　そこで，「図に表して，9余り2の意味を確かめよう。」と，場面を図に表して考えようという見通しをもつ。

　児童は例えば次のような図をかいて考えていく。

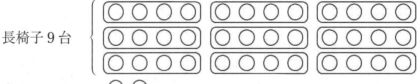

　そして，答えの9余り2は，4人ずつ9台に座ると，2人余るということに気付き，余りの2人が座る椅子が必要であると判断して，答えは，商に1を加え，10台であると結論付けていくだろう。

　そこで学習を振り返り，答えが出たときは，答えの意味を問題場面に戻って，考える必要があることを確認する。

　このような活動を通して，児童は数学的な結果がそのまま日常の事象での答えになるとは限らないという認識のもと，元の事象に立ち返り，その妥当性を検討する

必要があることに気付いていく。

　日常生活の問題を解決し数学的な結果を得たときに，その結果をそのまま日常生活の問題の答えとするのではなく，日常生活の問題場面に照らし合わせて妥当かどうか判断し結論を得ることが大切である。このような活動を繰り返すことで，日常の事象を数量の関係に着目し，筋道を立てて考えるとともに，得られた結果を常に振り返って吟味しようとする態度が育成されることになる。

ウ　算数の学習場面から見いだした算数の問題を，具体物，図，数，式などを用いて解決し，結果を確かめる活動

　児童が算数の問題に主体的に関わり，既習事項を基にして考えたり判断したりすることで解決が可能になったり，その結果を適切に表現したり処理したりすることが期待される。

　前学年同様に，第3学年の児童にとっても，算数の学習場面から見いだした算数の問題について，事象を観察するとともに既習事項との関連を意識させるなどして問題解決の入口を丁寧に扱うことが大切である。また，これまでの学習で使用してきた具体物，図，数，式を活用して問題を解決したりその結果を確かめたりする活動を経験させることで，自ら算数を学び続ける楽しさを実感できるようにすることが大切である。

　第3学年における「算数の学習場面から見いだした算数の問題を，具体物，図，数，式などを用いて解決し，結果を確かめる活動」として，例えば次のような活動が考えられる。

量の特徴に着目し，重さを比べる活動〜重さ〜

　この活動は，「C測定」の(1)の指導における数学的活動であり，身の回りのものの大きさに着目し，数値化して比べたり表したりする活動を通して，測定の意味の理解を深めることをねらいとしている。

　ここでは，重さの測定について，既習の長さやかさの測定との関連を意識させながら考えさせていくことが大切である。

　例えば，のりと消しゴムを見て，どちらが重いかを考える場面において，児童は次のような数学的活動を遂行すると考えられる。

　まずは実際に持ってみて判断しようとするが，はっきりとは分からないことに気付く。そこで下のようなてんびんを用いて比べる。

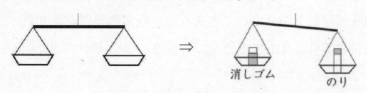

のりの方が重いことは分かるが，どのくらい重いかは，分からないことに気付く。長さやかさをはっきり比べた経験を思い出し，「長さやかさを比べたときのように，基にする大きさの幾つ分というように数で表せないだろうか」という問いをもつことが考えられる。

〈長さのとき〉　　　　　　　　　　　〈かさのとき〉
ある机の縦と横の長さを比べる場合　　2つのびんにいっぱいに入れた水のかさを比べる場合

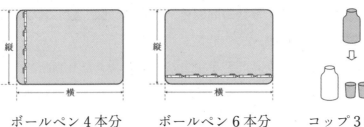
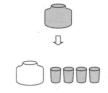

ボールペン4本分　　ボールペン6本分　　コップ3杯分　　コップ4杯分

そして，「同じ重さの積み木を幾つも用意して比べたらいいのではないだろうか」などと，任意単位を用いて比べるとよいという見通しをもって調べ始める。

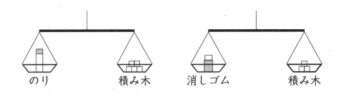

調べた結果，のりが，積み木5個で釣り合い，消しゴムが積み木3個で釣り合ったことから，のりの方が，積み木2個分重いことを結論付ける。

そこで学習を振り返り，重さも数で表すことができたことを確認したり，重さも，長さやかさと同じように共通の単位があるはずであることに気付いたりする。長さは1cmや1mの幾つ分で表したこと，かさは1Lや1dLの幾つ分で表したことを想起し，普遍単位の必要性について関心が向いたところで，重さの単位1gについて知る。そして最後に，重さが1gである一円玉を用いて，のりと消しゴムの重さを測定する。

1gの15個分で15g　　　　1gの9個分で9g

こうした活動を通して，一定の量を基準として，その量の大きさを数値化するという測定の意味の理解を深めていくとともに，既習の学習を振り返って考え，共通することを見付けていこうとする態度が育成されることが大切である。

エ 問題解決の過程や結果を，具体物，図，数，式などを用いて表現し伝え合う活動

算数科では，算数の問題を解決している過程やその結果を簡潔で明瞭かつ的確に表現するとともに他者との数学的なコミュニケーションによって算数を対話的に学び続けることを目指している。

前学年に引き続き，第3学年の児童においても，これまでの学習で使用してきた具体物，図，数，式によって自ら取り組んでいる問題解決を過程やその結果を分かりやすく表現するとともに互いに伝え合うことを目指す。思考した過程や結果などを伝え合う機会を設け，数学的に表現することのよさを実感できるようにするとともに，対話的に伝え合うことにより，お互いの考えをよりよいものにしたり，一人では気付くことのできなかった新たなことを見いだしたりする機会が生まれることを経験できるようにする。計算の方法や量の測定方法，さらには図形の性質の理解など形式的な手続きの理解を図るためには，具体物，図，数，式を用いてそれらを可視化することが有効であり，他者との対話的な学びを確かなものにしていくことにもつながる。

第3学年における「問題解決の過程や結果を，具体物，図，数，式などを用いて表現し伝え合う活動」として，例えば次のような活動が考えられる。

集めたデータを表やグラフに表して伝え合う活動〜棒グラフ〜

この活動は，「Dデータの活用」の(1)の指導における数学的活動であり，自分たちの住む町の交通量について調べたものを分類整理して表やグラフに表し，それを用いて考えたことを伝え合うことを通して，データを整理する観点に着目し，身の回りの事象について表やグラフを用いて考察して，見いだしたことを表現できるようにすることをねらいとしている。

例えば，自分たちの住む町には，場所によって車や人の通る数がとても多い通りがあり，「どのぐらい多いのかを分かりやすく表せないか」という問題場面において，統計的な方法を用いて調べて表していこうとして，児童は次のような数学的活動を遂行することが考えられる。

ある地点の通行の実際の様子をビデオなどで見て，通行量の多い通りでは，人や車の数を容易には数えることができないことに気付いたり，場所により通行量に違いがあることや，車や自転車，歩行者といった実際に通る種類も違うことなどに気付いたりするだろう。

このようなことから，「どのように数えたらよいのか」という問いや，方向別に数える必要があることや車か歩行者か自転車かといった手段別に数える必要があることなど，観点を決める必要性が生じ，分類整理する見通しをもつことができる。

実際に分担して,ある1時間に,調べた結果を表にまとめる。

●場所(東橋) ●方向(川向うから来る方)			
種類	自動車	自てん車	歩行者
数	32	10	18

●場所(南小学校前) ●方向(川下へ下る方)			
種類	自動車	自てん車	歩行者
数	12	8	10

●場所(東橋) ●方向(川向うへ行く方)			
種類	自動車	自てん車	歩行者
数	45	23	20

●場所(南小学校前) ●方向(川上へ上がる			
種類	自動車	自てん車	歩行者
数	15	15	20

そして,次に集めたデータを,分かりやすく表すにはどうしたらよいかを考え,観点を決め,伝えたいことに関する情報だけを抽出し,見て分かりやすいグラフにまとめていく。

「自転車はどこが多いのかを分かりやすく表すために,自転車だけの表からグラフにしよう。」「私は車の数を棒グラフで表してみよう。」「全部を1枚に表すために,組み合わせたグラフを作成しよう。」といったように,児童は,それぞれ自分の思いに従って主体的に取り組んでいく。

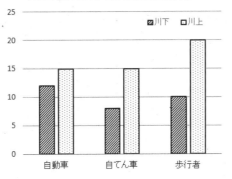
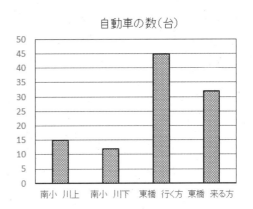

グラフに表した後,そこから見いだした特徴や傾向,そして考えたことを,グラフと対応させながら,自然と伝え合う活動が始まる。

「この通りは車がとても多いです。この道は,となりの町へつながる大きな道だからだと思います。」「こっちの場所は人や自転車がたくさん通っています。駅や商店街につながっているし,車が少ないからだと思います。」「○さんのグラフと□さんのグラフを合わせると,この通りは車も人も少ないことが分かるね。」など,自分の考えを表現したり,友達の表現したものを比べて新たに考えたりしていく。

こうして様々な観点とそれに対応するグラフに触れ,そこから読み取ることを相互に考える機会をもつことで,目的に応じてグラフに表すとよいことを学ぶとともに,主張によって適切なグラフの表し方が異なることにも気付き,児童の統計的な問題解決活動が深まることが期待できる。

第4節 第4学年の目標及び内容

●1　第4学年の目標

> (1) 小数及び分数の意味と表し方，四則の関係，平面図形と立体図形，面積，角の大きさ，折れ線グラフなどについて理解するとともに，整数，小数及び分数の計算をしたり，図形を構成したり，図形の面積や角の大きさを求めたり，表やグラフに表したりすることなどについての技能を身に付けるようにする。
>
> (2) 数とその表現や数量の関係に着目し，目的に合った表現方法を用いて計算の仕方などを考察する力，図形を構成する要素及びそれらの位置関係に着目し，図形の性質や図形の計量について考察する力，伴って変わる二つの数量やそれらの関係に着目し，変化や対応の特徴を見いだして，二つの数量の関係を表や式を用いて考察する力，目的に応じてデータを収集し，データの特徴や傾向に着目して表やグラフに的確に表現し，それらを用いて問題解決したり，解決の過程や結果を多面的に捉え考察したりする力などを養う。
>
> (3) 数学的に表現・処理したことを振り返り，多面的に捉え検討してよりよいものを求めて粘り強く考える態度，数学のよさに気付き学習したことを生活や学習に活用しようとする態度を養う。

　第4学年では，それまでの下学年の学習で身に付けた基礎的・基本的な概念及び意味や性質などを生かしながら日常の事象や算数の学習場面から見いだした問題の解決に取り組み，数学的に表現・処理したことを振り返りよりよいものを求めて粘り強く考えていくことを重視する。

　(1)では，第4学年の四つの領域で身に付ける知識及び技能について示した。

　「知識」に関しては，第3学年の学習を踏まえて，基本的な数量や図形の概念及び意味，性質や数量関係，表やグラフなどの意味の確実な理解が重要になる。例えば，折れ線グラフの学習では，変化の視点からデータの特徴に着目し，それを適切に表現するグラフとしての意味を理解する。

　また，「技能」に関しては，第3学年の学習を踏まえて，適切に数理的な処理や表現ができるように技能の確かな習得が必要である。例えば，小数の学習では，小数が整数と同じ仕組みで構成されていることを基にして，乗数や除数が整数である場合の小数の乗法及び除法の計算の仕方について身に付けるようにする。既習の知識及び技能と結び付けながら新しい方法を見いだしていく技能となるように指導す

ることが大切である。

(2)では，第4学年の四つの領域で身に付ける思考力，判断力，表現力等を数学的な見方・考え方と対応する形で示した。

「A数と計算」では，数とその表現や数量の関係に着目し，目的に合った表現方法を用いて計算の仕方などを考察する力を養う。数やその表現の仕方及び数量の関係に着目するとともに数の表現方法を統合的に捉えたり目的に合わせて考察したり，それらを日常生活に生かせるようにしたりする。数量の関係に着目して，除法の計算の仕方を考えたり計算に関して成り立つ性質を見いだしたりするとともに，計算に関して成り立つ性質を活用した計算の工夫やその確かめができるようにする。また，数の仕組みや構成する単位に着目して，小数や分数の計算の仕方を考えることができるようにする。さらに，数量の関係に着目して，簡潔で一般的に表現したり，式の意味を読み取ったりすることができるようにする。

「B図形」では，図形を構成する要素及びそれらの位置関係に着目し，図形の性質や図形の計量について考察する力を養う。平面図形及び立体図形を平行・垂直などの図形を構成する要素に着目しながら，図形の性質や位置の表現方法を見いだしたり，それを基に既習の基本図形を捉えなおしたり日常の事象の考察に生かしたりすることを重視する。また，図形の計量の視点から量の単位や図形を構成する要素に着目し，図形の面積の求め方や既習の単位との関係，角の大きさの表現の仕方について考察できるようにする。

「C変化と関係」では，変化や対応の特徴を見いだして，二つの数量の関係を表や式を用いて考察する力を養う。下学年での数量の関係の学習を踏まえて，日常の事象における数量の関係に着目し，図や表，式などを用いて，変化や対応の関係やある二つの数量の関係と別の二つの数量の関係との比べ方を考察するとともに，その結果を日常生活で生かせるようにする。

「Dデータの活用」では，目的に応じてデータを収集し，表やグラフに的確に表現し，それらを用いて問題解決したり，解決の過程や結果を多面的に捉え考察したりする力を養う。第3学年までの学習に加えて，身の回りの事象から目的に応じたデータの収集，表や折れ線グラフを用いた問題解決及び解決過程や結果の多面的な考察を重視することが加わった。統計の問題解決の過程を重視しながら，データの特徴や傾向に着目し，解決に適した表やグラフを選択して結論を考察することを重視する。

なお，児童の発達の段階を考慮して，「(2)思考力，判断力，表現力等」の目標については次の第5学年でも基本的に同様の内容とする。

(3)では，学びに向かう力，人間性等の目標を示した。第4学年では，数学的に表現・処理したことを振り返り，多面的に捉え検討してよりよいものを求めて粘り

強く考える態度，数学のよさに気付き学習したことを生活や学習に活用する態度を養う。これまでの算数の学習での経験を踏まえて，数学的に表現・処理したことへの振り返りに加えて，結果を多面的に捉えて検討し，それをよりよいものにするために粘り強く考えていくことが重視され，さらに，それらを生活や学習へ活用することが期待されている。算数に主体的に関わりよりよいものを創り上げていくという立場から，問題解決の結果を常に評価・改善し続けていく姿勢が期待されている。

なお，児童の発達の段階を考慮して，「(3)学びに向かう力，人間性等」の目標については第5学年，第6学年でも同様の内容とする。

2 第4学年の内容

A 数と計算

A(1) 整数の表し方

(1) 整数の表し方に関わる数学的活動を通して，次の事項を身に付けることができるよう指導する。

　ア　次のような知識及び技能を身に付けること。
　　(ｱ)　億，兆の単位について知り，十進位取り記数法についての理解を深めること。
　イ　次のような思考力，判断力，表現力等を身に付けること。
　　(ｱ)　数のまとまりに着目し，大きな数の大きさの比べ方や表し方を統合的に捉えるとともに，それらを日常生活に生かすこと。

（内容の取扱い）

(1) 内容の「A数と計算」の(1)については，大きな数を表す際に，3桁ごとに区切りを用いる場合があることに触れるものとする。

　第3学年までに，万の単位について，数のまとまりに着目し，大きな数の比べ方や表し方を考え，日常生活に生かすことを指導してきた。

　第4学年では，億や兆といった新しい単位について指導し，4桁ごとに新たな単位を取り入れていることを知り，整数についての表し方や読み方について，一応の

まとめをするとともに，十進位取り記数法についての理解を深めるようにする。

ここで育成される資質・能力は，数学や日常生活で数の大きさを捉えたり計算したりするなどの考察に生かされるものである。

ア　知識及び技能
(ア)　億, 兆の単位

1000万より大きい数の言い表し方は，1000万の10倍のときに億という単位を取り入れ，さらに，1000億の10倍のときに兆という単位を取り入れている。このように，我が国の命数法(一，十，百，千，万などの数詞を用いて数を表す方法)では，一，十，百，千をそのまま繰り返して用い，4桁ごとに，万，億，兆という新しい単位を取り入れている。このため，少ない単位で大きな数を唱えたり表したりすることができる。

千 百 十 一	千 百 十 一	千 百 十 一	千 百 十 一
兆	億	万	

整数は，十進位取り記数法によって表されているが，これは，次の事柄を基本的な原理としているものである。

① それぞれの単位の個数が10になると新しい単位に置き換える。（十進法の考え）

② それぞれの単位を異なる記号を用いて表す代わりに，これを位の位置の違いで示す。（位取りの考え）

この記数法の仕組みによると，どのような大きな数でも，用いる数字は0，1，2，3，4，5，6，7，8，9の10個で表すことができる。その考えのよさについても理解できるようにする。

「内容の取扱い」の(1)では，3桁ごとに区切って表すことについて述べている。国の予算や人口などの大きな数を表す際に，3桁ごとに「，」を用いて区切って表すことがある。そのように表された数についても読めるよう指導する。

イ　思考力，判断力，表現力等
(ア)　数のまとまりに着目し，大きな数の大きさの比べ方や表し方を統合的に捉えるとともに，それらを日常生活に生かすこと

大きな数の大きさの比べ方や表し方を統合的に捉えること

ここでは，一，十，百，千という4桁の数のまとまりに着目し，それが命数法として単位を用いて表されることを使って，大きな数の唱え方や表し方を考えていく。

例えば，9桁を超えるような大きな数については，そのままでは読み間違いやすいので，どのようにすれば読みやすくなるかを児童が自分で調べていくことができるようにすることが大切である。第3学年までの学習を生かして，4桁に区切るな

どして万や億の単位の幾つ分かを考えることができるようにする。

また,数が漢数字で表されている場合には,単位を比べることや,同じ単位の数の大きさをみれば,数の大きさを比べることができることに気付くようにする。

このようにして一,十,百,千という繰り返しに気付き,今までの学習と統合的に捉えて,さらに大きな数についても同じように考えられるようにする。

日常生活に生かすこと

数の範囲が億や兆になると,数の大きさを捉えにくくなるので,日常生活での具体的な場面を取り上げるよう配慮する。

第4学年では学習の範囲が広がり,新聞等社会一般の情報に対する視野も広がってくる。それらを読んだり,その数値を理解したりするなど,ここでの学習を生活や学習に生かそうとする態度が育成されることが大切である。

A(2) 概数と四捨五入

> (2) 概数に関わる数学的活動を通して,次の事項を身に付けることができるよう指導する。
> 　ア　次のような知識及び技能を身に付けること。
> 　　(ア) 概数が用いられる場合について知ること。
> 　　(イ) 四捨五入について知ること。
> 　　(ウ) 目的に応じて四則計算の結果の見積りをすること。
> 　イ　次のような思考力,判断力,表現力等を身に付けること。
> 　　(ア) 日常の事象における場面に着目し,目的に合った数の処理の仕方を考えるとともに,それを日常生活に生かすこと。

〔用語・記号〕　和　差　積　商　以上　以下　未満

(内容の取扱い)

> (2) 内容の「A数と計算」の(2)のアの(ウ)及び(3)については,簡単な計算は暗算でできるよう配慮するものとする。また,暗算を筆算や見積りに生かすよう配慮するものとする。

第3学年までに，計算の結果を見積もったり，測定値を読み取ったりする際におよその見当を付けることを経験してきている。

第4学年では，概数の意味を理解し，数を手際よく捉えたり処理したりすることができるようにするとともに，場面の意味に着目して数の捉え方を考え，目的に応じて概数を用いることができるようにする。また，概数を用いると数の大きさが捉えやすくなることや，物事の判断や処理が容易になること，見通しを立てやすくなることなどのよさに気付き，目的に応じて自ら概数で事象を把握しようとする態度を養うようにする。

ここで育成される資質・能力は，除法の商の処理や，グラフをかく際に目盛りの単位に数を合わせる場合に用いるほか，見当を付けるなど数を用いた判断や考察に広く生かされるものである。

ア　知識及び技能

(ア)　概数が用いられる場合

概数を用いる場合には，次のようなものがある。概数を用いるときは，その目的を明確にしながら，用い方を理解できるようにすることが大切である。

① 野球場の入場者数を約何万何千人と概数で表現して伝えるように，詳しい数値が分かっていても，目的に応じて数を丸めて表記する場合。

② 都市の人口を棒グラフを用いて比較するように，棒の長さなどで数のおよその大きさを表す場合。

③ ある時点での日本の人口のように，真の値を把握することが難しく，概数で代用する場合。

(イ)　四捨五入

四捨五入は，概数を作る場合に，最も広く用いられる。その方法は，測定で端下の数を最も近い目盛りで読み取る考えによっているということができる。この四捨五入では，ある単位未満のところを処理する場合に，その単位の一つ下の位の数が4以下であるか5以上であるかをみるだけでその処理ができる。例えば，42948を四捨五入して千の位までの概数で表す場合，千の一つ下の位である百の位にある数「9」を見て，切り上げになると判断し，43000と表す。

数直線のような図を用いて，概数にしても，数の大きさが大きくは変わらない（例えば4320を上から2桁の概数にする際に43や430にはならない）ことを実感的に理解できるよう配慮することが大切である。

また，以上，以下，未満の用語とその意味について指導する。例えば，「5以下」は5と同じか，それより小さい数を表す一方，「5未満」は5を含まず5より小さい数を表すことを確認する。

(ウ)　四則計算の結果の見積り

加法，減法，乗法，除法を用いる具体的な問題の場面で，目的に応じて和，差，積，商を概数で見積もることを指導する。「内容の取扱い」の(2)に示したとおり，計算の結果の見積りで暗算を活用する。また，四則計算の結果について，和，差，積，商という用語を使えるようにする。

　目的に応じて用いるとは，何のために見当を付けるのかそのねらいを明らかにし，ねらいに応じた詳しさの概数にしたり，切り上げや切り捨てを用いて大きく見積もったり小さく見積もったりすることである。

　問題場面での必要性に応じて，必要な範囲内の詳しさでの概数にしたり，切り上げや切り捨てによって大きく見積もったり小さく見積もったりする機会を設けることが大切である。

イ　思考力，判断力，表現力等
(ア)　**日常の事象における場面に着目し，目的に合った数の処理の仕方を考えるとともに，それを日常生活に生かすこと**

日常の事象における場面に着目し，目的に合った数の処理の仕方を考えること

　日常の事象の問題を解決する場合，解決の目的に合った処理の仕方を考えることが大切であり，その問題場面自体に着目する必要がある。

　例えば，ア(ア)のように概数を用いる場合，どの程度の概数にすればよいか，目的に合った数の処理の仕方を考え，判断することが大切である。例えば，グラフをかく場合，紙の大きさなどによって最小目盛りが決まる。この目盛りの取り方により，何桁の概数にするかを判断できるようにする。

　また，四則計算の結果の見積りについて，結果の見通しを立てたり，大きな誤りを防いだりするよさに気付かせたりするとともに，目的に合った見積りの仕方を考える。例えば，ある物を千円で買うことができるかどうかを見積もる場合，値段を大きくみて(切り上げて)概算することが望ましい。

　このように，処理としては「どの位までの概数にするのか。」「切り上げるのか，切り捨てるのか，四捨五入するのか。」ということを，児童自らが判断する場面や，それが適切であるかどうかを振り返る場面を設けることが大切である。

概数を日常生活に生かすこと

　概数を用いる場合，対象となる数について，四捨五入等の処理をし，その処理した数を用いて計算する。このとき，そのまま計算するときと比べると処理の回数が増えることから，概数を用いるよさを感じにくい場合がある。それゆえ，形式的に処理するのみでなく，日常生活の場面の目的に応じて，概数を用いることで，より能率的に処理できることに気付くようにする。また，他教科等の学習場面や新聞記事などでは，概数が多く用いられている。概数を読み取ったり，自ら概数を用いる場面を設けたりするなど，概数を日常生活に生かすよう配慮する。

なお，概算によって積，商を見積もることは，除数が2位数の除法における商の見当を付ける場面において重要な役割を担うことに留意して指導することが大切である。

A(3) 整数の除法

(3) 整数の除法に関わる数学的活動を通して，次の事項を身に付けることができるよう指導する。
　ア　次のような知識及び技能を身に付けること。
　　(ア) 除数が1位数や2位数で被除数が2位数や3位数の場合の計算が，基本的な計算を基にしてできることを理解すること。また，その筆算の仕方について理解すること。
　　(イ) 除法の計算が確実にでき，それを適切に用いること。
　　(ウ) 除法について，次の関係を理解すること。
　　　　（被除数）＝（除数）×（商）＋（余り）
　　(エ) 除法に関して成り立つ性質について理解すること。
　イ　次のような思考力，判断力，表現力等を身に付けること。
　　(ア) 数量の関係に着目し，計算の仕方を考えたり計算に関して成り立つ性質を見いだしたりするとともに，その性質を活用して，計算を工夫したり計算の確かめをしたりすること。

〔用語・記号〕　商

（内容の取扱い）

(2) 内容の「A数と計算」の(2)のアの(ウ)及び(3)については，簡単な計算は暗算でできるよう配慮するものとする。また，暗算を筆算や見積りに生かすよう配慮するものとする。
(3) 内容の「A数と計算」の(3)については，第1学年から第4学年までに示す整数の計算の能力を定着させ，それを用いる能力を伸ばすことに配慮するものとする。
(4) 内容の「A数と計算」の(3)のアの(エ)については，除数及び被除数に同じ

> 数をかけても，同じ数で割っても商は変わらないという性質などを取り扱うものとする。

　第3学年では，除法について，数量の関係に着目し，除法の意味や計算の仕方を考えたり計算に関して成り立つ性質を見いだしたりするとともに，その性質を活用して，計算を工夫したり計算の確かめをしたりすることなどを指導してきている。

　第4学年では，整数の除法の筆算での計算の仕方について指導し，多数桁の除法が基本的な計算を基にしてできることを理解させるとともに，桁数の多い計算の仕方を発展的に考えるなど整数の計算の能力を定着させ，それを生活や学習に用いる態度を育むようにする。

　ここで育成される資質・能力は，第5学年の小数の計算の考察などに生かされるものである。

　なお，「内容の取扱い」の(3)では，「第1学年から第4学年までに示す整数の計算の能力を定着させ，それを用いる能力を伸ばすことに配慮するものとする」と示している。計算を用いる能力には，基礎的・基本的な計算の技能に習熟することや，計算を生活や学習に活用することなどが含まれる。これまでに児童が身に付けてきた計算の技能は，生活や学習で必要となる計算の基になるとともに，より複雑な計算を進めるための基になるものでもある。

ア　知識及び技能

(ア)　除数が1位数や2位数で被除数が2位数や3位数の除法の計算の仕方

　除法について，第3学年では，12÷3，13÷3などのような乗法九九を1回用いて商を求める計算及び80÷4，69÷3のような簡単な2位数を1位数で割る計算を扱ってきている。

　第4学年では，除数が1位数や2位数で被除数が2位数や3位数の除法について考える。除数が1位数の場合には，72÷3や962÷4などのような2位数や3位数を1位数で割る場合を取り上げ，その筆算形式について理解できるようにする。

　72÷3の場合，72を70と2に分け，70を10のまとまり7個とみて，7÷3＝2あまり1と計算する。これは10のまとまりが2個できて10のまとまりが1個あまることを意味している。そこであまりの10と2を合わせた12について3で割ると4となることから，結果として72÷3の商は20と4を合わせた24となる。この見方は，筆算の仕方に結び付くものである。

　除数が2位数の場合には，98÷23や171÷21のように2位数，3位数を2位数で割る計算を指導する。数の相対的な大きさについての理解を活用しながら，各段階の商の見当を付けていく。例えば，171÷21の場合，10を基準とみるとおよそ

17÷2とみることができ，商がおよそ8であると見当を付けることができる。計算の見積りはここで生かされる。なお，見当を付けた商が大きかったり小さかったりして修正しなければならない場合，見当を付けた商を修正していく手順を丁寧に取り扱うことが重要である。

「内容の取扱い」の(2)では，簡単な暗算について述べている。簡単な暗算としては，48÷2のような，2位数と1位数の乗法の逆の除法などを指導し，児童の過度の負担とならないようにする。

　(イ)　除法の計算を用いること

除数が1位数や2位数で被除数が2位数や3位数の場合の計算の技能については，確実に身に付け，必要な場面で活用できるようにする必要がある。

例えば，「96mのリボンは，24mのリボンの何倍の長さでしょう。」などのように「基準量」，「比較量」から「倍」を求める場合についても除法が用いられる。さらに，「黄色のリボンの長さは72mで，白いリボンの長さの4倍です。白いリボンの長さは何mでしょう。」のように「比較量」，「倍」から「基準量」を求めるような場合についても除法が用いられる。

また除法は，例えば，重さが4kg長さが2mである棒の1mの重さを求める場合，2kgで400円のものの1kgの値段を求める場合など，人数の場面ではなく，比例関係を仮定できる，伴って変わる二つの数量がある場合にも用いられる。このような場合も，図を用いるなどして等分除や包含除とみられることに気付かせるなどして除法が用いられることを指導する。

　(ウ)　被除数，除数，商及び余りの間の関係

余りのある除法については，第3学年で指導している。そこでは，例えば「30÷4＝7あまり2」と表すことを取り扱ってきている。

第4学年では，被除数，除数，商，余りの間の関係を調べ，次のような式の形に表すことを指導する。

$$（被除数）＝（除数）\times（商）＋（余り）$$

余りは除数より小さいことに注意する必要がある。また，被除数，除数，商，余りの関係を，計算の確かめなどに用いることができるようにする。

　(エ)　除法に関して成り立つ性質

除法に関して成り立つ性質として，「内容の取扱い」の(4)では，「除数及び被除数に同じ数をかけても，同じ数で割っても商は変わらないという性質などを取り扱うものとする」と示している。これを式で表すと次のようになる。

$$a \div b = c \text{ のとき,}$$
$$(a \times m) \div (b \times m) = c$$
$$(a \div m) \div (b \div m) = c$$

なお，商の見当を付ける際，およその数にして見積もるときにも，除法の性質を用いているといえる。この除法の性質は，第5学年の小数の除法の計算の仕方を考えたり，第6学年の分数の除法の計算の仕方を考えたりするときにも用いることができる。

他にも，$(a \times m) \div b = c \times m$，$(a \div m) \div b = c \div m$ など除法に関して成り立つ性質があるが，このような性質は児童の実態に合わせて取り上げてもよい。

イ　思考力，判断力，表現力等

(ア)　数量の関係に着目し，計算の仕方を考えたり計算に関して成り立つ性質を見いだしたりするとともに，その性質を活用して，計算を工夫したり計算の確かめをしたりすること

計算の仕方を考えること

除数が1位数や2位数で被除数が2位数や3位数の場合の除法の計算の仕方を考えていくには，例えば75÷3の75を70と5や60と15とみたり70を10の七つ分とみたりするなど第3学年で学習した計算の仕方を考える際の数の見方を生かすことができる。また，96÷24の計算についても，90÷20とみたり100÷20とみたりすることで，商の見当を立てるなど，既習の計算を用いることができる。また，除法の場合には乗法や減法などの計算が使われていることにも着目できるようにし，児童が計算の仕方を主体的に考えられるようにする。

児童がこれまでに身に付けてきた計算の意味や計算の仕方などを活用して，桁数の多い計算について，その計算の仕方を発展的に考える力が育成されることが大切である。

計算に関して成り立つ性質を見いだすこと

除法に関して成り立つ性質については，児童が自分で調べていけるようにすることが大切である。そのために，商が同じになる除法の式を幾つもつくる活動を取り入れた指導をする必要がある。その中で，例えば350÷50の計算は35÷5として考えることができることに児童自らが気付き，ほかにも調べていこうとするようになる。このように，除法に関して成り立つ性質を帰納的に考え，性質として言葉でまとめていくことが大切である。

計算を工夫したり計算の確かめをしたりすること

除法に関して成り立つ性質を用いると，計算の工夫を考えることができる。例えば，6000÷30の計算は除数と被除数を10で割ることで，600÷3として考えることができる。また，300÷25の計算は除数と被除数に4をかけることで，1200÷100と考えることができる。こうした計算の工夫は，整数の除法だけでなく，後の学年で学習する小数や分数の除法の計算の仕方を考えるときにも活用していくことができる。

また，被除数，除数，商，余りの間の関係を用いることで，除法の計算の確かめをすることができる。

このように，数量の関係に着目し計算について考えることによって，計算が簡単になったり，計算の確かめをしたりすることができるという数学のよさに気付き，これらの方法を生活や学習に活用しようとする態度が育成されることが大切である。

A(4) 小数の仕組みとその計算

> (4) 小数とその計算に関わる数学的活動を通して，次の事項を身に付けることができるよう指導する。
> 　ア　次のような知識及び技能を身に付けること。
> 　　(ｱ)　ある量の何倍かを表すのに小数を用いることを知ること。
> 　　(ｲ)　小数が整数と同じ仕組みで表されていることを知るとともに，数の相対的な大きさについての理解を深めること。
> 　　(ｳ)　小数の加法及び減法の計算ができること。
> 　　(ｴ)　乗数や除数が整数である場合の小数の乗法及び除法の計算ができること。
> 　イ　次のような思考力，判断力，表現力等を身に付けること。
> 　　(ｱ)　数の表し方の仕組みや数を構成する単位に着目し，計算の仕方を考えるとともに，それを日常生活に生かすこと。

（内容の取扱い）

> (5) 内容の「A数と計算」の(4)のアの(ｴ)については，整数を整数で割って商が小数になる場合も含めるものとする。

第3学年では，$\frac{1}{10}$の位までの小数について，小数でも数の大きさを比べたり計算したりできるかどうかを考えるとともに，小数を日常生活に生かすことを指導してきた。

第4学年では，小数が整数と同じ仕組みで表されていることの理解を深めるとともに，ある量の何倍かを表すのに小数を用いることを知らせる。また計算については，加法及び減法を指導するとともに，乗法及び除法について，乗数や除数が整数である場合について指導することにより，小数の四則計算の可能性が広がったこと

を感得させつつ,小数の理解を深めていくことを主なねらいとしている。

ここで育成される資質・能力は,小数の乗法及び除法や分数の乗法及び除法の計算の意味を考えたり,計算の仕方を見いだしたりする際などの考察に生かされるものである。

ア　知識及び技能

(ア)　小数を用いた倍

第3学年までに,整数を用いた倍のみを扱い,ある量の二つ分のことをある量の2倍というなどと,「倍」の意味を「幾つ分」として指導してきている。第4学年では,ある量の何倍かを表すのに小数を用いてもよいことを指導し,「基準量を1としたときに幾つに当たるか」という拡張した「倍」の意味について理解できるようにする。

例えば4mを基にすると,8mは4mの二つ分なので2倍に当たり,12mは4mの3倍に当たる。このとき10mは4mの2倍と3倍との間の長さであり,整数では表せない。2倍の8mに対して2mのはしたがあるので小数を用いて表すことを考える。基準となる1に対する大きさ4mを10等分し,0.1に当たる大きさである0.4mを用いると,2mは0.4mの五つ分に当たる。このことから10mは4mを1としたときちょうど2.5に位置付いていることが分かる。そこで,このことを「10mは4mを1とすると2.5に当たる」といい,こ

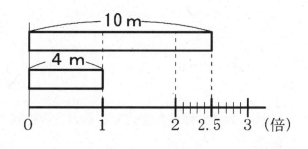

れを2.5倍の意味として指導する。8mは4mを1とすると2に当たるので,今まで2倍としていたこととも整合的な意味となっている。

このように,小数は量を表すだけでなく,倍を表す場合があることを理解できるようにする。

(イ)　小数と数の相対的な大きさ

第3学年では$\frac{1}{10}$の位までの小数を指導してきた。第4学年では,$\frac{1}{100}$や$\frac{1}{1000}$などを単位とした小数を用いることにより,$\frac{1}{10}$の単位に満たない大きさを表すことができることを指導する。また,小数は,整数と同じように十進位取り記数法によっているので,ある位の右の位は$\frac{1}{10}$の大きさを単位にしており,ある位の左の位は10倍の大きさを単位にしている。このことを理解するとともに,小数の大小比較や計算も整数と同じ考え方でできることに気付くことが大切である。なお,$\frac{1}{100}$の位の代わりに,小数第2位と呼ぶことがある。

また,小数の場合についても,数の相対的な大きさについて理解を深めておくことが大切である。相対的な大きさは,ある位の単位に着目してその幾つ分とみる見方である。例えば,1.68は0.01が168集まった数とみる見方であり,このような

見方を養っておくことは,小数の意味についての理解を深めるばかりでなく,小数の乗法及び除法の計算の仕方を考える上で有効に働く。

(ウ) 小数の加法,減法

第3学年では,$\frac{1}{10}$の位までの小数の加法及び減法を指導している。第4学年では,$\frac{1}{100}$の位までの小数などに範囲を広げて,加法及び減法の計算ができるように指導する。

小数の加法及び減法の計算は,小数点を揃えて位ごとに計算し,小数の仕組みの理解の上に立って行うようにし,整数と同じ原理,手順でできることを理解できるように指導する。

小数の計算の仕方は,0.1は$\frac{1}{100}$の単位が10個であるから,繰り上がり,繰り下がりのある計算が,これまでの$\frac{1}{10}$の位までの計算のときと同じようにできる。

例えば,3.7 + 2.48の筆算をするとき,0.01を基にすると,整数のときと同じ原理でできる。しかし,位を揃えるのではなく,末尾を揃えて計算する誤答が多くみられるので,下記のように小数点を基に,位を揃えてかき,空位を0と考えれば,位ごとに計算ができることを指導する。このように,整数と同じ仕方で計算を行う。

$$
\begin{array}{r}
3.7 \\
+\,2.4\,8 \\
\hline
6.1\,8
\end{array}
$$

(エ) 乗数や除数が整数である場合の小数の乗法及び除法

乗数や除数が整数である場合についての小数の乗法及び除法の計算の指導では,その計算の意味を理解できるようにする。乗法は,一つ分の大きさが決まっているとき,その幾つ分かに当たる大きさを求める場合に用いられる。つまり,同じ数を何回か加える計算と考える。例えば,0.1×3ならば,$0.1 + 0.1 + 0.1$の意味である。累加の簡単な表現として,乗法による表現を用いることができる。さらに,乗法の意味は,基準にする大きさとそれに対する割合から,その割合に当たる大きさを求める計算と考えることができる。除法の意味は,乗法の逆で,割合を求める場合と基準にする大きさを求める場合で説明できる。

なお,「内容の取り扱い」の(5)については,「整数を整数で割って商が小数になる場合も含めるものとする」と示している。整数を整数で割ると,結果が整数になる場合とならない場合がある。整数で割りきれないとき,さらに,割り進むことができることを指導する。このとき,6Lを4等分する場面と6mは4mの何倍かを求める場面を考えることができる。

後者の場合は倍を表す数が小数になる。このとき,倍を求める除法の意味について考え直す機会となる。第3学年のとき$a \div b$という包含除の除法の意味を「ある数量aがもう一方の数量bの幾つ分であるかを求めること」と捉えていた。商が小

数の場合はこの意味を拡張し，「b を1とみたときに a が（小数も含めて）幾つに当たるかを求めること」と捉え直すことになる。

イ　思考力，判断力，表現力等
(ア) 数の表し方の仕組みや数を構成する単位に着目し，計算の仕方を考えるとともに，それを日常生活に生かすこと

乗数や除数が整数である場合の小数の乗法や除法について，計算の仕方を考える際に，乗法における積の小数点の位置や除法における商の小数点の位置などについて，整数の場合と比べながら考えられるように指導する。

例えば，1.2×4 の計算では，1.2 は 0.1 を単位とするとその 12 個分であるから，12×4 で，0.1 が 48 個分と考えることができる。また，31.6÷4 の計算では，31.6 は 0.1 の 316 個分であるから，316÷4 で，0.1 の 79 個分と考えられる。このように，数を構成する単位に着目させ，指導することが大切である。また，乗法や除法の性質と関連付けて計算の仕方について考えることができるようにすることも大切である。

また，身の回りには，小数で表された量が多くある。これらの量を合わせたり，差を求めたりすることも多い。このような場面を捉えて，小数やその計算を日常生活で生かそうとする態度を養うことが大切である。

A (5) 同分母の分数の加法，減法

> (5) 分数とその加法及び減法に関わる数学的活動を通して，次の事項を身に付けることができるよう指導する。
> 　ア　次のような知識及び技能を身に付けること。
> 　　(ア) 簡単な場合について，大きさの等しい分数があることを知ること。
> 　　(イ) 同分母の分数の加法及び減法の計算ができること。
> 　イ　次のような思考力，判断力，表現力等を身に付けること。
> 　　(ア) 数を構成する単位に着目し，大きさの等しい分数を探したり，計算の仕方を考えたりするとともに，それを日常生活に生かすこと。

〔用語・記号〕　真分数　仮分数　帯分数

第3学年では，1より小さい分数について，数のまとまりに着目し，分数でも数を比べたり計算したりできるかどうかを考えることを指導してきた。

第4学年では，分数の意味や表し方についての理解を深めるとともに，同分母の分数の加法及び減法の意味について理解し，それらの計算ができるようにすることをねらいとしている。また，分数を構成する単位（単位分数）に着目し，大きさの等しい分数を探したり，計算の仕方を考えたりするとともに，それを日常生活に生かそうとする態度や能力を高めることをねらいとしている。

　ここで育成される資質・能力は，第5学年の異分母の分数の加法及び減法について，分数の意味や表現に着目した計算の仕方などの考察に生かされるものである。

ア　知識及び技能

(ア)　大きさの等しい分数

　分数については，例えば$\frac{1}{2}$と$\frac{2}{4}$のように，表し方が違っても大きさの等しい分数がある。第4学年では，簡単な場合について，大きさの等しい分数があることに着目できるようにする。簡単な場合とは，例えば，数直線上に表した複数の分数について，その位置に着目し，位置が等しいことから，大きさが等しく表し方の違う分数があることを知るという程度を指している。

　なお，分母を通分して大小を比較することは，第5学年で指導する。

(イ)　分数の加法，減法

　和が1より大きい同分母の分数の加法及び減法の計算の仕方を理解し，それらの計算ができるようにする。

　その際，真分数，仮分数，帯分数の意味と用語について指導し，真分数をはじめ，仮分数や帯分数の加法及び減法についても指導する。

　真分数とは，$\frac{1}{2}$，$\frac{3}{5}$のように分子が分母より小さい分数のことである。仮分数とは，$\frac{2}{2}$，$\frac{7}{5}$のように分子と分母が等しいか，分子が分母より大きい分数のことである。また，帯分数とは，$1\frac{2}{5}$のように整数と真分数を合わせた形の分数のことである。$1\frac{2}{5}$は，1と$\frac{2}{5}$を加えた分数である。

　1より大きい仮分数は，帯分数で表すと，その大きさが捉えやすくなる。例えば，$\frac{9}{4}$は，$2\frac{1}{4}$に直すと，2より少し大きい数であると分かる。このようにして，分数の大きさについての感覚を豊かにするように指導する。

　真分数や仮分数で表すと，その計算が進めやすいという場合がある。例えば，第6学年で指導する分数の乗法及び除法については，帯分数よりも仮分数で表しておく方が計算を進めやすくなる。

　分数の加法及び減法の計算の指導に当たっては，単位分数の個数を求めることを理解できるようにする。

　例えば，真分数と真分数の加法である$\frac{3}{5}+\frac{4}{5}$の計算では，$\frac{1}{5}$が7個あるので，結果は$\frac{7}{5}$と表すことができる。このとき，次ページにあるような図をかいて$\frac{7}{10}$と考える児童がいることがある。色が付いている部分が全体の$\frac{7}{10}$であることからそ

のように考えてしまうのである。このようなときは問題に立ち返り，$\frac{3}{5}$Lと$\frac{4}{5}$Lを合わせた量を求めていたことや１Lが図のどこに当たるのかを確認することで，図の一つの長方形が$\frac{1}{5}$Lになっていることから，色の付いた部分が$\frac{7}{5}$Lであることを確認する。

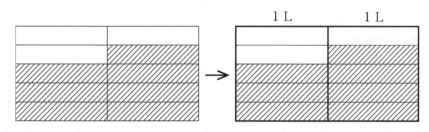

イ　思考力，判断力，表現力等
　㋐　数を構成する単位に着目し，大きさの等しい分数を探したり，計算の仕方を考えたりするとともに，それを日常生活に生かすこと

数を構成する単位に着目し，大きさの等しい分数を探すこと

単位分数の個数に着目することによって，同分母どうしの場合は数の大きさを比べることができる。また，分母が異なる場合であっても，$\frac{1}{2}$と$\frac{2}{4}$，$\frac{4}{8}$などの場合は，テープの図などを用いたり，数直線上に並べた分数を観察することを通して大きさの等しい分数を探すことができる。

数を構成する単位に着目して，分数の計算の仕方を考えること

単位分数の個数に着目することによって，同分母の分数の加法及び減法は整数の場合と同様に処理できる。真分数どうしの和が１までの加法とその逆の減法など簡単な場合について振り返りながら，同分母の分数の加法及び減法の意味や計算の仕方について考えることができるようにする。

単位分数の個数に着目することによって，分数はこれまでに学んできた整数と同じように，大きさを比べたり加法及び減法の計算をしたりすることができるようになる。

真分数の加法の考え方を基に，仮分数の加法についても同様に考えることができる。例えば，$\frac{7}{5}+\frac{6}{5}$の計算では，$\frac{1}{5}$が13個あるので，結果は，$\frac{13}{5}$又は$2\frac{3}{5}$と表すことができる。

同様に，$1\frac{1}{5}+2\frac{3}{5}$のような帯分数どうしの加法及び減法の計算の仕方を考えることができる。計算の仕方としては，$(1+2)+(\frac{1}{5}+\frac{3}{5})$のように帯分数を整数部分と分数部分に分け，整数部分どうし，分数部分どうしを計算した後に合わせるという考え方と，$\frac{6}{5}+\frac{13}{5}$のように帯分数を仮分数に直してから計算するという考え方がある。

このように，これまでに学習したことと関連付けて考える際に，数学的な見方・

考え方を働かせることで，他にも生かそうとする態度や習慣が育まれる。

分数の大きさや計算について考えたことを日常生活に生かすこと

　第3学年で学習した時刻や時間の計算は，分母が60や6の分数の計算として処理できるなど，分数の計算が日常の生活にも使えることに気付くようにする。

A (6) 数量の関係を表す式

---

(6) 数量の関係を表す式に関わる数学的活動を通して，次の事項を身に付けることができるよう指導する。

　ア　次のような知識及び技能を身に付けること。

　　(ｱ)　四則の混合した式や（　）を用いた式について理解し，正しく計算すること。

　　(ｲ)　公式についての考え方を理解し，公式を用いること。

　　(ｳ)　数量を□，△などを用いて表し，その関係を式に表したり，□，△などに数を当てはめて調べたりすること。

　イ　次のような思考力，判断力，表現力等を身に付けること。

　　(ｱ)　問題場面の数量の関係に着目し，数量の関係を簡潔に，また一般的に表現したり，式の意味を読み取ったりすること。

　第3学年までに，加法，減法，乗法，除法について，式を用いて表したり，式を読み取ったりすることを指導している。第3学年では，第2学年の乗法九九の指導を踏まえ，乗法の交換法則，結合法則，分配法則について式に表して整理し，数量の関係を表す式を活用してきている。

　第4学年では，四則の混合した式や（　）を用いた式について理解すること，数量の関係を一般的に捉え公式にまとめて用いること，□，△などを用いて数量の関係を式に表すことが主な内容となる。

　数量の関係を式に表したり，式を読み取ったりする力を伸ばすとともに，計算の順序についてのきまりなどを理解し，適切に式を用いることができるようにすること，さらに，既習の式と，具体的な場面での立式などを基に，公式についての考え方を身に付けさせることをねらいとしている。

　第5学年では，本学年で学習した□，△などを用いて数量の関係を簡潔に表す式の学習を基に，式を用いて伴って変わる2つの数量の変化や対応の特徴を考察する。

　ア　知識及び技能
　　(ｱ)　四則の混合した式や（　）を用いた式

第4学年では，単に式に慣れさせるだけではなく，数量の関係を四則の混合した式や，（　）を用いた式に表し，式を適切に用いることができるようにすることをねらいとする。

　四則の混合した式や（　）を用いた式は，前学年までにも指導してきているが，一つの数量を表すのに（　）を用いることや乗法，除法を用いて表された式が一つの数量を表したりすることを確実に理解できるようにすることが主なねらいである。このことについて，いろいろな場面や問題で式に表したり，式から場面や一般的な関係を読み取ったりすることを通して，理解できるようにしていく。

　指導に当たっては，乗法，除法を加法，減法より先に計算すること，（　）の中を先に計算することなどのきまりがあることを，具体的な場面に照らして理解できるようにし，習熟を図る。さらに，四則を混合させたり（　）を用いたりして一つの式に表すことには，数量の関係を簡潔に表すことができるなどのよさがあることが分かるようにし，四則を混合させたり（　）を用いたりして一つの式に表すことができるようにすることが大切である。

　　(イ)　公式

　公式とは数量の関係を簡潔かつ一般的に表したものである。第4学年で取り扱う公式とは，一般に公式と呼ばれるものだけに限らず，具体的な問題で立式するときに自然に使っているような一般的な関係を言葉でまとめて式で表したものも指している。公式については，数量を言葉で表しているということの理解と，言葉で表されているものにはいろいろな数が当てはまるということの理解が大切である。

　公式としては，第4学年では（長方形の面積）＝（縦）×（横）（又は（横）×（縦））といった面積の公式が取り上げられている。公式は，どんな数値に対しても成り立つ一般的な関係であることを理解できるようにする。そして，（縦）と（横）から（面積）が求められるという見方に加えて，（面積）と（横）から（縦）を求めることもできるというような，公式の見方ができるようにすることも大切である。

　さらに，この公式から面積を求めるには縦と横の長さを知ればよいといった数量の依存関係を表していることが分かる。また，縦が10cmのとき，横を1cm，2cm，3cm，…と1cmずつ増えると，面積は10cm²ずつ増えるといった関数関係を表しているという見方ができるようにすることも大切である。

　　(ウ)　□，△などを用いた式

　第3学年では，問題を解決するために，未知の数量を□などの記号を用いて表現することにより，文脈どおりに数量の関係を立式し，□に当てはまる数を調べることができるように指導してきている。

　第4学年では，これまでの理解を基に，変量を表す記号として□，△などを用いた式を適切に用いることができるようにすることをねらいとしている。

第4学年で，□，△などを用いた式を取り扱う場合としては，例えば，正方形の一辺の長さと周りの長さの間の関係を□×4＝△と一般的に表す場合が考えられる。このように変量を□，△などを用いて式に表すと数量の関係を簡潔に表すことができる。

指導に当たっては，□，△などの記号にはいろいろな数が当てはまり，□，△の一方の大きさが決まれば，それに伴って，他方の大きさが決まることについての理解が深まるよう配慮する必要がある。

また，□，△などを用いた式は，四則に関して成り立つ性質についてまとめたり説明したりする場合にも活用できる。その際，□，△など2種類以上の記号を同じ式の中で用いる場合には，「同じ記号には，同じ数を入れる」と約束することについて知らせておくことが必要である。そして，□，△などの記号を用いると，数量の関係や計算の法則を簡潔，明瞭，的確に，また，一般的に表すことができるというよさに気付くことができるよう配慮することが大切である。

イ　思考力，判断力，表現力等

(ア) 問題場面の数量の関係に着目し，数量の関係を簡潔に，また一般的に表現したり，式の意味を読み取ったりすること

問題場面の数量の関係に着目し，数量の関係を簡潔に，また一般的に式に表すこと

公式については，幾つもの数量の組を作って，数量と数量の間に共通するきまりや関係を見付け出し，それを一般化させて言葉を用いて表し，公式を作り上げていく過程を大切にする必要がある。また，公式を用いて数量の関係を表したり，具体的な問題場面を読み取ったりする数学的活動が重要である。これらの数学的活動を通して，数量の関係を一般的に捉えることができる公式のよさに気付くことができるように配慮する。第4学年の面積の公式を導いていくような一般化の考えは，数学や様々な分野でよく使われる大切な考えである。

問題場面の数量の関係に着目し，式の意味を読み取ったりすること

問題場面を四則の混合した式や（　）を用いた式に表す際，式は計算の結果を求めるための手段だけでなく，思考の筋道を表現する手段としても用いられることに気付かせ，式のよさを捉えさせるようにする。

例えば，「500円玉をもって買い物に行き，150円のジュースと260円のパンを買いました。おつりはいくらですか」という問題がある。次のように式に表すことができる。

　　500－(150＋260)＝90　　　　　　ジュースとパンをまとめて買った場合
　　500－150＝350　350－260＝90　ジュースとパンを別々に買った場合

もしも，500円玉1枚ではなく，100円玉5枚をもって行ったとすると，(200－150)＋(300－260)＝90と表すこともできる。場面を変えると，どんな式になるか

を考え，伝え合うことで，数量の関係や思考の過程を表したり，式を読み取ったりする力を伸ばすことが大切である。

A(7) 四則に関して成り立つ性質

> (7) 計算に関して成り立つ性質に関わる数学的活動を通して，次の事項を身に付けることができるよう指導する。
>   ア　次のような知識及び技能を身に付けること。
>   (ア) 四則に関して成り立つ性質についての理解を深めること。
>   イ　次のような思考力，判断力，表現力等を身に付けること。
>   (ア) 数量の関係に着目し，計算に関して成り立つ性質を用いて計算の仕方を考えること。

(内容の取扱い)

> (6) 内容の「A数と計算」の(7)のアの(ア)については，交換法則，結合法則，分配法則を扱うものとする。

　第3学年までに，加法や乗法の計算の仕方を考えたり計算の確かめをしたりすることの指導を通して，具体的な場面において，交換法則，結合法則，分配法則が成り立つことについて学習してきている。
　第4学年では，これまでに指導してきた数と計算の範囲において，四則に関して成り立つ性質を見いだし，それらを一般的に成り立つ計算として式にまとめ，必要に応じて活用できるようにすることがねらいである。
　第5学年以降，計算法則は，小数，分数へと適用する範囲が拡張されていく。

ア　知識及び技能
(ア) 四則に関して成り立つ性質

　第4学年では，四則に関して成り立つ性質についての理解を深めるようにする。内容の取扱い(6)にあるように，ここで取り上げる四則に関して成り立つ性質は，交換法則，結合法則，分配法則である。
　交換法則，結合法則，分配法則とは，次の式で表される法則である。

　　（交換法則）　　　　　　　　　（分配法則）
　　　$\Box + \triangle = \triangle + \Box$　　　　　　　$\Box \times (\triangle + \bigcirc) = \Box \times \triangle + \Box \times \bigcirc$

$$□×△=△×□$$
$$□×(△-○)=□×△-□×○$$
$$(□+△)×○=□×○+△×○$$
$$(□-△)×○=□×○-△×○$$

（結合法則）
$$□+(△+○)=(□+△)+○$$
$$□×(△×○)=(□×△)×○$$

　第4学年では，四則に関して成り立つ性質について，□や△などの記号を用いた式に一般的に表し，整理して理解するとともに，これまでに指導した小数の加法に関しても成り立つことを確かめられるようにする。

　イ　思考力，判断力，表現力等
　　(ア)　数量の関係に着目し，計算に関して成り立つ性質を用いて計算の仕方を考えること

　整数の計算に関して，交換法則，結合法則，分配法則を活用して計算を簡単に行う工夫をしたり，乗法の筆算形式の中に分配法則を見付けたりするなど，四則に関して成り立つ性質についての理解を深め，必要に応じて活用できるようにする。

　計算に関して成り立つ性質を活用する際には，「たし算では，たされる数とたす数を入れ替えて計算しても答えは等しいから。」というように言葉で理由を説明させるなどして，少しずつ筋道を立てて考えられるようにすることが大切である。

A(8) そろばん

> (8) そろばんを用いた数の表し方と計算に関わる数学的活動を通して，次の事項を身に付けることができるよう指導する。
> 　ア　次のような知識及び技能を身に付けること。
> 　　(ア)　加法及び減法の計算をすること。
> 　イ　次のような思考力，判断力，表現力等を身に付けること。
> 　　(ア)　そろばんの仕組みに着目し，大きな数や小数の計算の仕方を考えること。

　第3学年では，そろばんについて，その仕組みに着目し，大きな数や小数の計算の仕方を考えることを指導してきた。

　第4学年では，第3学年の理解の上に，そろばんの計算の仕組みについての理解を深めるようにする。整数については，億や兆の単位までの数を表すこと，小数については$\frac{1}{100}$の位までの数を表すことができるようにする。

ア　知識及び技能

(ア) そろばんによる計算の仕方

計算に関しては，珠の操作による計算の仕方について理解できるようにする。整数では，2位数などの加法及び減法の計算や，「2億＋6億」，「10兆＋20兆」などの億や兆の単位を含む簡単な計算について，計算の仕方を理解できるようにする。小数では，「0.02＋0.85」などの $\frac{1}{100}$ の位までの小数の簡単な加法及び減法の計算の仕方を理解できるようする。

イ　思考力，判断力，表現力等

(ア) そろばんの仕組みに着目し，大きな数や小数の計算の仕方を考えること

第3学年のA(8)でも解説したとおり，そろばんは，どの桁の珠も同じ大きさの形で出来ている。この仕組みは同じ記号で異なる数を表すという位取り記数法の原理に沿ったものであることから，そろばんで数を表したり，計算をしたりすることは，位取り記数法の理解を確かにすることにつながる。指導に当たっては，こうしたそろばんの仕組みと数の仕組みを対比させながら，計算の仕方を考えることを大切にしたい。

B　図形

B(1) 平行四辺形，ひし形，台形などの平面図形

> (1) 平面図形に関わる数学的活動を通して，次の事項を身に付けることができるよう指導する。
> 　ア　次のような知識及び技能を身に付けること。
> 　　(ア) 直線の平行や垂直の関係について理解すること。
> 　　(イ) 平行四辺形，ひし形，台形について知ること。
> 　イ　次のような思考力，判断力，表現力等を身に付けること。
> 　　(ア) 図形を構成する要素及びそれらの位置関係に着目し，構成の仕方を考察し図形の性質を見いだすとともに，その性質を基に既習の図形を捉え直すこと。

〔用語・記号〕　　　平行　垂直　対角線

(内容の取扱い)

> (7) 内容の「B図形」の(1)については,平行四辺形,ひし形,台形で平面を敷き詰めるなどの操作的な活動を重視するよう配慮するものとする。

　第2学年では,正方形,長方形について,図形を構成する要素に着目し,正方形,長方形を観察したり構成したりする活動を行っており,二つの直線の平行や垂直についての理解の基礎となる経験をしている。

　これを受けて,第4学年では,図形を構成する要素である辺の平行や垂直の関係に着目し,平行四辺形,ひし形,台形の性質を見いだし,これらの図形の構成の仕方について考える。そして,見いだした性質を基に,既習の正方形,長方形を捉え直すことをねらいにしている。

　さらに,これらの図形の性質が見いだされると,それらの性質間の関係を考察することが次の問題となる。平行四辺形になるための条件など,「AならばBである」ことを証明することは,中学校第2学年において指導される。

　なお,〔用語・記号〕では,平行,垂直,対角線という用語を示している。これらの用語を用いて説明したり,表現したりできるようにすることが大切である。

ア　知識及び技能
(ア)　直線の平行や垂直の関係

　2本の直線の平行については,「二つの直線がどこまでいっても交わらないとき,この二つの直線は平行である」と約束することができる。しかし「どこまでいっても」という表現では,実際に操作で確かめることができない。そこで,はじめに垂直の関係について約束し,その上で,平行の関係について約束する。次の2点が理解できるようにする。

① 二つの直線が直角に交わっているとき,この二つの直線は垂直であるという。
② 一つの直線に垂直な二つの直線があるとき,この二つの直線は平行であるという。

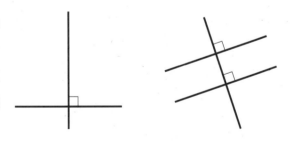

＜垂直な二直線の図＞＜平行な二直線の図＞

　そして,②の約束を基に,平行な二直線には,「平行な二つの直線は,どこまでいっても交わらない」「平行な二つの直線の幅は,どこでも等しい」といった性質があることを理解する。ここで,垂直とは二直線の位置関係を表すものであり,形としての直角とは異なることに注意する。さらに,日常生活の中には,平行な二直線や,垂直な二直線が数多く見いだせることを知る。

(イ) 平行四辺形，ひし形，台形

直線の位置関係や辺の長さに着目することで，平行四辺形，ひし形，台形について知る。すなわち，向かい合った二組の辺が平行な四角形を平行四辺形といい，四つの辺の長さが等しい四角形をひし形といい，向かい合った一組の辺が平行な四角形を台形という。こうした四角形の名称を知り，図形の置き方をいろいろと変えても，その図形の名称が判断できるようにする。

そして，各々の四角形の性質について理解できるようにする。平行四辺形には，向かい合う辺の長さが等しい，向かい合う角の大きさが等しいなどの性質がある。ひし形には，二組の向かい合う角がそれぞれ等しいという性質がある。

さらに，対角線の意味と用語について指導する。四角形の対角線とは，向かい合う頂点を結んでできる直線である。対角線に関わる図形の性質として，平行四辺形には，2本の対角線が互いに二等分されるという性質があること，ひし形には，2本の対角線が互いに垂直に交わることや，互いに二等分されていることにも着目できるようにする。さらに，ひし形については，平行四辺形の性質を全て備えている四角形であることにも着目できるようにする。

また，「内容の取扱い」の(7)で「平行四辺形，ひし形，台形で平面を敷き詰めるなどの操作的な活動を重視するよう配慮するものとする」と示している。平行四辺形，ひし形，台形によって平面を敷き詰めることができることを確かめ，敷き詰めた図形の中にほかの図形を認めたり，平行線の性質に気付いたりするなど，図形についての見方や感覚を豊かにする。

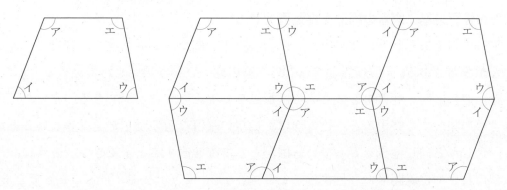

例えば，台形アイウエによって平面を敷き詰めると上のようになり，台形で平面を敷き詰められることが確かめられる。そして，その中に平行四辺形を認めることができる。また，角アと角イの大きさを合わせたり，角ウと角エの大きさを合わせたりすると，どちらも180度であることに気付くことができる。

さらに，敷き詰めた形に色を塗ったり，それに様々なデザインを工夫したりすることにより，図形の美しさに触れていくことができる。

イ 思考力・表現力・判断力等

(ア) 図形を構成する要素及びそれらの位置関係に着目し，構成の仕方を考察し

図形の性質を見いだすとともに，その性質を基に既習の図形を捉え直すこと

図形を構成する要素及びそれらの位置関係に着目し，構成の仕方を考察し図形の性質を見いだすこと

　図形を構成する要素として辺を取り上げ，それを直線として捉えることにより，二直線の位置関係が問題となる。そして，二直線の位置関係には，交わる場合と交わらない場合があること，さらに，交わる場合においては，特殊な場合として90度で交わる場合があることが分かる。このような考察により，二直線の関係には，特殊な場合として，垂直に交わる場合と，交わることのない平行の場合があることが引き出される。

　そして，平行といった直線の位置関係に焦点化したとき，平行が何組あるかに着目することで，図形を分類することが可能になる。四角形を取り上げると，一組しかない四角形（台形）と二組ある四角形（平行四辺形，ひし形）に分類することができる。さらに，図形を構成する要素である辺の長さや角の大きさに着目することで，さらなる図形の性質が見いだされる。辺の長さに着目すると，平行な二組の辺の長さはそれぞれ等しいこと（平行四辺形の性質），さらに，その特殊な場合として，二組の平行な辺の長さが全て等しい場合（ひし形）のあることが分かる。さらに，角の大きさや，対角線の長さや位置関係を考えることで，さらなる性質が引き出される。

　そして，見いだされた性質を基にすると，図形を作図することが可能になるとともに，身の回りから，平行四辺形，ひし形，台形の形をした具体物を見付けることができる。

図形の性質を基に既習の図形を捉え直すこと

　平行が何組あるかという視点から既習の四角形について振り返り，統合的にみることが肝要である。正方形，長方形は，二組の向かい合う辺が平行であることから，平行四辺形と同じ性質をもっている図形として捉え直すことができる。また，辺の長さも加味して考察すると，正方形は，二組の平行な辺の長さが全て等しいことから，ひし形と同じ性質をもっている図形として捉え直すことができる。さらに，対角線の長さや位置関係に着目することで，正方形，長方形を捉え直すこともできる。

B(2) 立方体，直方体などの立体図形

> (2) 立体図形に関わる数学的活動を通して，次の事項を身に付けることができるよう指導する。
> 　ア　次のような知識及び技能を身に付けること。
> 　　(ア) 立方体，直方体について知ること。

> (イ) 直方体に関連して，直線や平面の平行や垂直の関係について理解すること。
> (ウ) 見取図，展開図について知ること。
> イ 次のような思考力，判断力，表現力等を身に付けること。
> (ア) 図形を構成する要素及びそれらの位置関係に着目し，立体図形の平面上での表現や構成の仕方を考察し図形の性質を見いだすとともに，日常の事象を図形の性質から捉え直すこと。

〔用語・記号〕 平面

　第2学年では，箱の形について，それを構成する要素(頂点，辺，面)に着目し，六つの正方形や長方形を張り合わせたり，12本のひごを組み合わせたりすることで，箱が構成できることを指導してきている。これを受けて第4学年では，立方体，直方体について，それを構成する要素(頂点，辺，面)に着目し，辺と辺，辺と面，面と面の平行及び垂直の関係について考察する。そして，立体図形を平面上にいかに表現するか，また逆に，平面上に表現された図からいかに立体図形を構成できるかを考察するとともに，日常の事象を図形の性質から捉え直すことをねらいにしている。

　立体図形を平面図形に表したり，逆に平面図形から立体図形を構成したりする活動を通して，立方体や直方体についての理解を深め，空間についての感覚を豊かにする。

　なお，〔用語・記号〕では，平面という用語を示している。この用語を用いて説明したり，表現したりできるようにすることが大切である。

ア　知識及び技能

(ア) 立方体，直方体

　立方体は，六つの正方形で囲まれた立体図形である。また直方体は，六つの長方形で囲まれた立体図形，又は二つの正方形と四つの長方形で囲まれた立体図形である。立方体，直方体は，既習の平面図形である正方形，長方形によって構成されていることを理解する。

(イ) 直線や平面の平行や垂直の関係

　直方体に関連して，直線や平面の平行や垂直の関係について理解できるようにする。直方体の辺や面については，向かい合う面は平行になることや隣り合う面は垂

直になること，12本の辺のうち4本ずつ三組の辺がそれぞれ平行になることや一つの辺が二つの面に垂直で

〔立方体〕 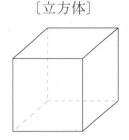　〔直方体〕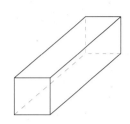

あること，また一つの頂点に集まる三つの辺が互いに垂直であることなどについて理解できるようにする。

　例えば次の直方体の図で，面アイウエと面カキクケは平行である。頂点アに集まる辺アイと辺アカと辺アエは互いに垂直である。

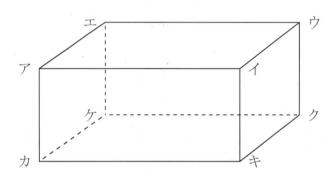

　　(ウ)　見取図，展開図

　見取図や展開図は，立体図形を平面上に表現するための方法である。このことのよさが分かるように指導することが大切である。その際，平面図形との関連にも配慮する。例えば，一つの立体図形から，一通りではなく幾つかの展開図をかくことができることや，展開図からできあがる立体図形を想像できるようにすることが大切である。

　イ　思考力・表現力・判断力等
　　(ア)　図形を構成する要素及びそれらの位置関係に着目し，立体図形の平面上での表現や構成の仕方を考察し図形の性質を見いだすとともに，日常の事象を図形の性質から捉え直すこと

図形を構成する要素及びそれらの位置関係に着目し，立体図形の平面上での構成の仕方を考察し図形の性質を見いだすこと

　立方体，直方体の特徴を明確にしていくために，図形を構成する要素として面，辺，頂点を取り上げ，その図形を構成する要素の個数や面の形，辺や面の平行，垂直の関係などに着目する。例えば，面の形に着目したとき両者は区別される。また，面の位置関係に着目したとき，向かい合う面は平行になることや隣り合う面は垂直になることが見いだされる。

　そして，このような図形を構成する要素の個数や面の形，辺や面の平行，垂直の

関係などが明らかにされると,それを基に,立体図形を平面図形として表現することが可能になる。見取図や展開図の作図で,辺と辺,辺と面,面と面のつながりや位置関係に着目することになる。

日常の事象を図形の性質から捉え直すこと

日常生活の中には,直方体,立方体の立体を数多く見いだすことができる。例えば,レンガは直方体とみることができ,安定的に積み上げていくために,向かい合う面が平行であるという直方体の性質を活用していると捉え直すことができる。さらに,さいころは,目の出方が均等になるように,六つの面が同じ正方形である立方体を活用していることが分かる。このように,生活の中に立方体,直方体を見いだし,それがどのような性質を活用しているかを考えていくことが重要である。

B(3) ものの位置の表し方

> (3) ものの位置に関わる数学的活動を通して,次の事項を身に付けることができるよう指導する。
> 　ア　次のような知識及び技能を身に付けること。
> 　　(ア)　ものの位置の表し方について理解すること。
> 　イ　次のような思考力,判断力,表現力等を身に付けること。
> 　　(ア)　平面や空間における位置を決める要素に着目し,その位置を数を用いて表現する方法を考察すること。

ものの位置については,第1学年で前後,左右,上下などの言葉で表すことについて指導している。これを受けて第4学年では,平面上にあるものの位置については二つの要素で,また,空間の中にあるものの位置の表し方について三つの要素で特定できることを知り,その位置を表現するには数をどのように活用すればよいかを考察することをねらいにする。

ア　知識及び技能

(ア)　ものの位置の表し方

平面の上にあるものの位置を表すには,横と縦の二つの要素が必要になることを理解する。体育館の床に旗を置く場合,体育館の四隅の一点を基にして,横に3m,縦に4m進むことを,例えば(横3m,縦4m)のように表せることを知る。

また,空間の中にあるものの位置を表すには,横,縦,高さの三つの要素が必要になることを理解する。教室を直方体と考えれば,天井からつり下げた飾りが,床の四隅の一点を基にして,横に3m,縦に4m,高さ2mの位置にある場合,例え

ば(横 3 m, 縦 4 m, 高さ 2 m)のようにして表せることを理解する。

イ　思考力・判断力・表現力等

(ア) 平面や空間における位置を決める要素に着目し，その位置を数を用いて表現する方法を考察すること

　平面上の位置を表すには，どのような要素に着目すればよいかを考える。例えば，下駄箱の位置を特定するには，どのようにすればよいかを考えてみる。そうすると，まずは基準となる位置をどこかに定める必要があることが分かる。そして，基準となる位置から，幾つ目にあるかを考える必要がある。一列しかない場合は，右から何番目といった一つの要素だけで表すことができるが，左右，上下の平面的な広がりがあるときは，一つの要素だけでは表せない。そこで，左右，上下の二つの方向から表現していく必要性があることに気付く。そして，下駄箱の位置で用いた考えを発展させることで，平面上の位置を定める方法が見えてくる。すなわち，基準点を定め，縦，横の2方向からどのくらいの距離にあるかに着目するのである。何番目という順序数を長さへと広げたことになる。

　さらに，3次元の位置についても，発展的に考えていくことができる。平面上での位置の定め方から類推し，縦，横，高さの3方向からどのくらいの距離にあるのかによって，その位置が特定できることを導くことができる。

B (4) 平面図形の面積

---

(4) 平面図形の面積に関わる数学的活動を通して，次の事項を身に付けることができるよう指導する。
　ア　次のような知識及び技能を身に付けること。
　　(ア) 面積の単位(平方センチメートル(cm^2)，平方メートル(m^2)，平方キロメートル(km^2))について知ること。
　　(イ) 正方形及び長方形の面積の計算による求め方について理解すること。
　イ　次のような思考力，判断力，表現力等を身に付けること。
　　(ア) 面積の単位や図形を構成する要素に着目し，図形の面積の求め方を考えるとともに，面積の単位とこれまでに学習した単位との関係を考察すること。

---

(8) 内容の「B図形」の(4)のアの(ア)については，アール(a)，ヘクタール(ha)の単位についても触れるものとする。

第4学年の面積の学習は，第1学年における広さの学習や長さ，かさ，重さなど，量の比較や測定の経験を踏まえ，正方形や長方形といった図形の面積について，単位と測定の意味を理解し，面積の単位や図形を構成する要素に着目して面積の求め方について考え，それらを用いることができるようにすることを主なねらいとしている。なお，日常語としての広い，狭いという言葉は，「道幅が広い（狭い）」などと用いられることがあり，必ずしも面積の大小を意味している訳ではないことに注意する。また，今までに指導してきた量は，計器を用いて測定してきた。しかし面積は，計器を用いて測定するのではなく，辺の長さなどを用いて計算によって求めることに注意する。

　第4学年の面積の学習においては，図形の中でも特に，正方形や長方形の面積の求め方を考えるとともに，面積の求め方を振り返り，効率的・能率的な求め方を探求し，公式として導き，導いた公式を活用する資質・能力が育成されることが大切である。さらには，面積の単位間の関係についても振り返り，面積の大きさを実感をもって理解できるようにすることも大切である。

ア　知識及び技能

　(ア)　**面積の単位（cm^2，m^2，km^2）と測定**

　面積の測定については，長さやかさなどの量についての測定の学習と同様に，その大きさを数値化して表すことのよさに気付くことができるようにする。そして，単位とする大きさを決めると，その幾つ分として面積の大きさが数値化できることを理解できるようにすることが大切である。単位とする大きさとしては，例えば，一辺の長さが1cmの正方形の面積などを用いると便利であることについて理解できるようにすることが大切である。

　面積の単位としては，平方センチメートル（cm^2）のほかに，平方メートル（m^2），平方キロメートル（km^2）などを指導する。その際，面積を求める対象の大きさに応じて，単位間の関係に注意しながら単位の大きさを柔軟に選択し，適切な単位を用いることができるようにすることが大切である。例えば，教室や体育館などの面積を表すとき，平方センチメートルを単位とすると数値が大きくなり扱いにくくなるので，平方メートルなどの別の単位を用いるとよいことなどである。

　「内容の取扱い」の(8)では，この内容に関わって「アール（a），ヘクタール（ha）の単位についても触れるものとする」と示されている。アール（a），ヘクタール（ha）という単位は，社会科など他教科等の学習とも関連する。ここでは，田や畑などの面積を表す場合に平方メートル（m^2）を単位とすると数値が大きくなるので，アール（a），ヘクタール（ha）の単位を使うと便利であることが分かるよう配慮する。その際，単位面積を正方形によって表すとき，平方メートルや平方キロメートルとアールやヘクタールの単位間の関係についても触れるものとする。

(イ) 正方形，長方形の面積の測定

右のような図形の面積は単位正方形の数を数えると求めることができる。ここで，左上の単位正方形を左下に移動させると全体が長方形になるが，そのとき面積は，辺の長さを測るだけで計算で求められる。

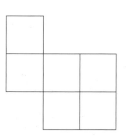

例えば，右の図のような長方形の面積を求めるには，面積の意味を考えれば，単位の正方形を敷き詰めてその個数を求めればよい。単位正方形が規則正しく並んでいるので，乗法を用いると，手際よく個数を求めることができる。このとき縦や横の長さを，1cmを単位として測っておけば，その数値について

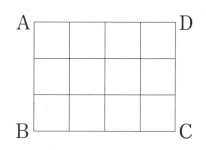

(縦)×(横)(又は(横)×(縦))の計算をした結果が，1cm²を単位とした大きさとして表されることになる。このことより，

　　(長方形の面積)＝(縦)×(横)(又は(横)×(縦))

という公式について理解できるようにする。

また，国際的な調査(例えばTIMSS調査など)の結果から，長方形の周りの長さを問うているのに面積を答えるという誤りが見られることが報告されている。この公式と具体的な図の併用で，長方形の辺の長さが2倍や3倍になるときの面積の変化を考えさせるなどして，式の観点からの理解を深めたり，図形の周りの長さと面積との混同を防いだりすることも大切である。

イ　思考力，判断力，表現力等

(ア) **面積の単位や図形を構成する要素に着目し，図形の面積の求め方を考えるとともに，面積の単位とこれまでに学習した単位との関係を考察すること**

面積の単位や図形を構成する要素に着目し，図形の面積の求め方を考えること

第4学年では，長方形や正方形，及びそれらを組み合わせた図形の面積を求める際，単位となる正方形を敷き詰めるのではなく計算によって面積を求める方法について考えることができるようにすることが大切である。

その際，正方形や長方形では，辺にそって単位正方形が規則正しく並んでいるので，乗法を用いると，その個数を手際よく求めることができるよさに気付き，計算を用いて面積を求めたり，(長方形の面積)＝(縦)×(横)(又は(横)×(縦))という公式を見いだしたりすることで，これまでに学習してきた乗法の一層の理解を深めるといった既習を基に統合的・発展的に考察する態度も養われる。

長方形を組み合わせた図形とは，L字型，凹字型などの図形のことである。例えば，左下のようなL字型の図形の面積の求め方を考えるとは，次のようなことである。

この形の面積を求める際には，(あ)のように具体的に方眼を引いて考え，「1㎠が幾つあるか数えたら24㎠になる」と説明できる。これは面積の意味に基づく説明である。また，(い)のように三つの長方形に分けたり，(う)のように二つの長方形に分けたりして，それぞれの長方形の面積を計算により求めてから合わせると考えることもできる。さらに，(え)のように，大きな長方形の面積から斜線部分の長方形の面積を引くと考えることもできる。

面積の単位とこれまでに学習した単位との関係を考察すること

単位面積を正方形によって表すとき，次のような関係が成り立っていることに気付かせ，平方メートルや平方キロメートルとアールやヘクタールの単位の関連について考察できるようにする。すなわち，長さの単位間の関係を基に，面積の単位間の関係を考察することで，その違いと理由を理解できるようにすることが大切である。

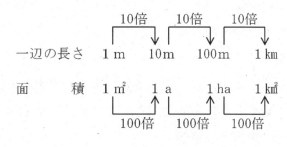

長さの単位	1 cm	(10cm)	1 m	(10 m)	(100 m)	1 km
面積の単位	1 ㎠	(100㎠)	1 ㎡	(100㎡)	(100a) 1 ha	1 ㎢
					1 a	

さらには，このような思考力，判断力，表現力が育成される学習を充実させることで，面積の大きさについての感覚を培えるよう，測定の経験を豊かにすることも大切である。

計算の上では，1㎡＝10000㎠であると分かっていても，長さの単位換算での経験から類推して，1㎡＝100㎠と誤ってしまう児童もいる。これは100㎠という面積の大きさについての感覚が身につき，1㎡という面積の意味が理解できていれば防げることである。そこで，身の回りにある正方形や長方形の面積を実際に調べる活動が有効になる。調べる対象は，児童の使っている折り紙，机の面，教室の床，花壇，体育館などである。活動に取り組むときは，児童の実態に合わせて目的意識をもたせ，例えば教室と図書室の面積の違いを調べることなどを通して，面積の学習が日常生活に役立つものであることを実感させるようにする。

B (5) 角の大きさ

> (5) 角の大きさに関わる数学的活動を通して，次の事項を身に付けることができるよう指導する。
> 　ア　次のような知識及び技能を身に付けること。
> 　　(ア)　角の大きさを回転の大きさとして捉えること。
> 　　(イ)　角の大きさの単位（度（°））について知り，角の大きさを測定すること。
> 　イ　次のような思考力，判断力，表現力等を身に付けること。
> 　　(ア)　図形の角の大きさに着目し，角の大きさを柔軟に表現したり，図形の考察に生かしたりすること。

　第2学年では直角の形について，また第3学年では二等辺三角形や正三角形の学習に関わって角の大きさが同じであることを指導してきている。第4学年では，角の大きさを回転の大きさとして捉え，角の大きさの単位「度（°）」を用いて角の大きさを測定するとともに，角の大きさの観点から，これまでに学習してきた図形の理解を一層深めることを主なねらいとしている。

　第4学年の角の学習においては，図形を考察する要素の中でも，特に角の大きさに着目すると，図形間の関係が捉えやすくなるよさを理解し，積極的に図形の考察に活用する資質・能力が育成されることが大切である。

ア　知識及び技能

(ア)　回転の大きさ

　角の大きさの理解においては，図形の辺の長さの大小と角の大きさの大小とを混同して捉えることがあるため，一つの頂点から出る2本の辺が作る形を角といい，頂点を中心にして1本の辺を回転させたとき，その回転の大きさを，角の大きさということを理解することができるようにすることが大切である。そして，角の大きさを，辺の開き具合として捉えることができるようにする。

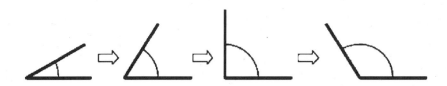

(イ)　角の大きさの単位と測定

　第1学年から第3学年の「C測定」の領域の学習において考察した量と同様に，角の大きさを表す単位があることを理解し，角の大きさの単位である度（°）を用い

て図形の角の大きさを測定できるようにする。

その際，直角の大きさが90度であることや，半回転した大きさが180度，1回転した大きさが360度であることなども取り扱い，図形の角の大きさの見当を付けながら測定する技能を養う。

また，分度器を用いて角の大きさを測定したり，必要な大きさの角を作ったりする際には，分度器の用い方に慣れるまで時間がかかることが考えられるため，図形の角の大きさを測定したり，示された角の大きさを作り確かめたりする経験を豊かにする。その際，角の大きさについての感覚を培う観点から，角の大きさの見当を付け，例えば，「90度より小さい。」，「180度より大きく270度より小さい。」など，直角の大きさを基準として角の大きさを判断できるようにする。

イ　思考力，判断力，表現力等
　(ｱ)　図形の角の大きさに着目し，角の大きさを柔軟に表現したり，図形の考察に生かしたりすること

図形の角の大きさに着目し，角の大きさを柔軟に表現すること

第4学年では，直角の大きさが90度であることや一回転した角の大きさが360度であることを基に，角の大きさを柔軟に表現できるようにする。これは，210度の大きさの角を作図する際に，210度を「180度より30度大きい角」や「360度より150度小さい大きさの角」と考えることである。

図形の角の大きさに着目し，図形の考察に生かすこと

第4学年においては，図形間の関係や大きさの判断をする際に，これまでに学習してきた辺の長さや構成要素の数だけでなく，図形の角の大きさに着目して，図形を多面的に考察できるようにする。これは，平行四辺形やひし形の向かい合う角の大きさが等しいことを見いだすことなどである。

第5学年の合同な図形や第6学年の拡大図・縮図，対称な図形の学習では，図形が「同じ」であることを角の大きさに着目して考察することがあるため，第4学年においては，単に角の大きさの測定や表現にとどまらず，角の大きさを根拠に的確に判断することができるようにすることが大切である。さらには，このような思考力，判断力，表現力が育成される学習を充実させることで，角の大きさについての感覚を培えるよう，測定の経験を豊かにすることが大切である。

C 変化と関係

C(1) 伴って変わる二つの数量

> (1) 伴って変わる二つの数量に関わる数学的活動を通して、次の事項を身に付けることができるよう指導する。
> 　ア　次のような知識及び技能を身に付けること。
> 　　(ア)　変化の様子を表や式、折れ線グラフを用いて表したり、変化の特徴を読み取ったりすること。
> 　イ　次のような思考力、判断力、表現力等を身に付けること。
> 　　(ア)　伴って変わる二つの数量を見いだして、それらの関係に着目し、表や式を用いて変化や対応の特徴を考察すること。

　第1学年から第3学年では、「A数と計算」の領域において、ものとものとを対応付けたり、一つの数をほかの数の和や差としてみたり、一つの数をほかの数の積としてみたり、乗数が1ずつ増えるときの積の増え方の様子に着目したりすることを指導してきた。また、「Dデータの活用」の領域において、対象を絵や図に置き換えたり、身の回りの事象について、表やグラフで表したり読んだりすることを指導している。

　第4学年では、具体的な場面において、表や式、折れ線グラフを用いて変化の様子を表したり、変化の特徴を読み取ったりすることができるようにするとともに、伴って変わる二つの数量を見いだして、それらの関係に着目し、表や式を用いて変化や対応の特徴を考察する力を伸ばすことをねらいとしている。また、考察に用いた表現や結果を振り返って、得られた結果を分かりやすい表現に工夫するなど、よりよく問題解決する態度を養うことも大切である。

　ここで育成される資質・能力は、第5学年の簡単な比例、第6学年の比例、反比例などの考察に生かされるものである。

ア　知識及び技能

(ア)　変化の様子と表や式、折れ線グラフ

　第4学年では、表や式、折れ線グラフを用いて、伴って変わる二つの数量の変化の様子を表したり、変化の特徴を読み取ったりすることができるようにする。

　変化の様子を表を用いて表すとは、伴って変わる二つの数量において、対応する値の組を幾つか求め、変化の様子を順序よく並べて整理して示すことである。また、表から変化の特徴を読み取るとは、表の数値の間の関係をみて、一方の数量が増加

するときの他方の数量の増減の様子を捉え，二つの変化する数量の間の関係を明確にすることである。

　伴って変わる二つの数量の関係は，□，△などを用いて式に表すことができる場合がある。ここで扱う□，△などの記号は，変量を表す記号である。第4学年では，具体的な問題場面において，表から，変化の様子を□，△などを用いた式に表したり，表された式から，数量の関係の特徴を読み取ったりすることができるようにする。式から数量の対応や変化の特徴を読み取るには，□，△などに複数の数を当てはめた結果を表に整理して表したり，二つの数量の関係を言葉の式などで表したりすることが大切であるため，そのような活動が行えるよう配慮する必要がある。

　変化の様子を折れ線グラフを用いて表すとは，二つの数量について，一方をグラフの横軸に，もう一方をグラフの縦軸にとって，伴って変わる数量の組を点で示し，点と点をつなぐことによって，部分の変化や全体の変化の様子を示すことである。折れ線グラフから変化の特徴を読み取るとは，一方の数量が増加するときの他方の数量の増減の様子を捉え，二つの変化する数量の間にある関係を明確にすることである。そのためには，各部分の折れ線の傾きから数量の増減の様子を捉えることが必要となる。

　イ　思考力，判断力，表現力等
　　(ア)　伴って変わる二つの数量を見いだして，それらの関係に着目し，表や式を用いて変化や対応の特徴を考察すること

伴って変わる二つの数量を見いだし，それらの関係に着目すること

　関数の考えでは，まず，ある数量について，他のどんな数量と関係が付けられるかを明らかにする。ある一つの数量を調べようとするとき，その数量を直接調べにくいときに，それと関係のある他の数量を使って調べられないかと考えて事象を観察し，可能性のある数量を見いだしていく。そこでは，一方の数量を決めれば他の数量が決まるかどうか，あるいは，一方の数量は他の数量に伴って一定のきまりに従って変化するか，というような見方で二つの数量の関係をみていく。

　例えば，次の図のような場面で，20番目の図形の周りの長さを知りたいときに，実際にかいていくこともできるが，他の数量が使えないかを考え，下の辺の長さ，正三角形の数などの候補を挙げる。下の辺の長さを決めても周りの長さは1つには決まらないが，正三角形の数を決めれば周りの長さは決まる。また，正三角形の数が1増えると，周りの長さは1増えそうであることも分かる。このような検討を通して，他の数量として正三角形の数を見いだし，正三角形の数と周りの長さの関係に着目していく。ここでは，児童が自ら幾つかの数値について計算をするなどして，データを集める活動を充実させることが重要である。

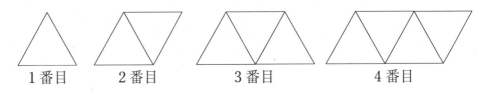

1番目　　2番目　　3番目　　　4番目

表や式を用いて変化や対応の特徴を考察すること

　関数の考えでは，次に，見いだされた二つの数量の関係についての問題を，表や式を用いて表し，伴って変わる二つの数量の間にある変化や対応の特徴を考察する。そのためには，対応する値の組を順序よく表などに整理したり，式を用いて表したりして，変化や対応の特徴としての規則性があるかどうか，ある場合には，どんな規則性があるかを明らかにしていく。

　表で表すことで，表の数値の間の関係から，一方の数量が増加するときの他方の数量の増減という変化の様子が捉えやすくなる。表の数値を横に関連付けてみたり，縦に関連付けてみたりすることで，一方が1ずつ増えたときに，他方が1ずつ減る，2ずつ増えるなどの変化の特徴や，和が一定，差が一定，一方を定数倍すると他方になるなどの対応の特徴を見いだすことができる。また，式を用いることで，これらの特徴を簡潔に表すことができる。

　上の三角形の例では，次のような表に表すことができる。

三角形の数(□)	1	2	3	4	・・・	20
周りの長さ(△)	3	4	5	6	・・・	22

　この表から，変化の特徴として，三角形の数が1ずつ増えると周りの長さも1ずつ増えることが分かる。また，対応の特徴として，三角形の数に2を足すと周りの長さの数になることが分かる。このことを数式で表すと次のようになる。

$$1 + 2 = 3$$
$$2 + 2 = 4$$
$$3 + 2 = 5$$
$$4 + 2 = 6$$
$$\cdots$$

　ここで，1，2，3，・・・は三角形の数で，3，4，5，・・・・は周りの長さであるので，次のような言葉の式にしたり，□と△を用いた式にすることができる。

$$(三角形の数) + 2 = (周りの長さ)$$
$$□ + 2 = △$$

　見いだした規則性については，もとの事象と対応させて確かめることが大切である。また，他の数値の間においても成り立つかどうかを調べることで，一般的に成

り立っているか,どの範囲で成り立っているかなどを確認することも大切である。

関数の考えでは,最後に,見いだされた変化や対応における規則性を適用して,求めたい数量についての結果を導いていく。規則性を適用する際には,知りたい数量との関係を捉え,どの数値を使うのかを判断するなど,筋道を立てて考えることが必要である。

C(2) 簡単な場合についての割合

> (2) 二つの数量の関係に関わる数学的活動を通して,次の事項を身に付けることができるよう指導する。
> ア 次のような知識及び技能を身に付けること。
> (ア) 簡単な場合について,ある二つの数量の関係と別の二つの数量の関係とを比べる場合に割合を用いる場合があることを知ること。
> イ 次のような思考力,判断力,表現力等を身に付けること。
> (ア) 日常の事象における数量の関係に着目し,図や式などを用いて,ある二つの数量の関係と別の二つの数量の関係との比べ方を考察すること。

第2学年,第3学年では,「A数と計算」の領域において,乗法,除法の意味について理解する際に,整数を用いた倍の意味についても取り扱い,「基にする量の何倍」という割合の見方の基礎を指導してきた。分数の意味においても「もとの大きさの$\frac{1}{2}$」などを指導している。また,「C測定」の領域でも,測定の意味において,単位の幾つ分かを考えており,割合の見方の基礎を指導してきている。

第4学年では,割合が2,3,4などの整数で表される簡単な場合について,ある二つの数量の関係と別の二つの数量の関係とを比べる場合に割合を用いる場合があることを知り,図や式などを用いて,二つの数量の関係どうしの比べ方を考察する力を伸ばすことをねらいとしている。また,二つの数量の関係に着目することで,数量の大きさに対する感覚をより豊かにすることも大切である。

ここで育成される資質・能力は,第5学年の異種の二つの量の割合として捉えられる数量,割合,百分率などの考察に生かされるものである。

ア 知識及び技能
(ア) 簡単な場合についての割合

二つの数量AとBの関係を,割合を用いて比べるとは,二つの数量のうちの一方,例えばBを基準にする大きさ(基準量)としたときに,もう一方の数量であるA(比較量)がどれだけに相当するのかを,A÷Bの商で比べることである。この表され

た数(商)が割合である。割合を表す数は,基準量を単位とした比較量の測定値であるともいえる。

ある二つの数量の関係と別の二つの数量の関係とを比べるとは,A,Bという二つの数量の関係と,C,Dという二つの数量の関係どうしを比べることである。比べ方には大きく分けて,差でみる場合と割合でみる場合があるが,ここでは,割合でみる場合を扱う。二つの数量の関係どうしを割合でみて比べる際には,二つの数量の間の比例の関係を前提としている。この前提のもと,個々の数量の差ではなく,数量の間の乗法的な関係でみて,二つの数量の関係どうしを比べる場合があることを知っていく。

第4学年では,特に,簡単な場合について,割合を用いて比べることについて指導する。簡単な場合とは,二つの数量の関係が,基準とする数量を1とみたときにもう一方の数量が,2倍,3倍,4倍などの整数で表される場合について,二つの数量の関係と別の二つの数量の関係とを比べることを知る程度を指している。

例えば,「ある店で,トマトとミニトマトを値上げしました。トマトは1個100円が200円に,ミニトマトは1個50円が150円になりました。トマトとミニトマトではどちらがより多く値上がりしたといえますか。」という問題場面がある。

ここでは,例えばトマト1個については「100円が200円に」になっているが,トマトが2個あると「200円が400円に」になっている。3個のとき…なども,同時に起こっているとみることが必要である。トマトが1個のときも2個のときも,トマトについては,「もとの値段」を基準量とし,その大きさを1とすると,それに対する「値上げした値段」はいつでも2倍になっている。つまりトマトは2倍に値上がりしたということができる。このように,1個のときでも,2個のときでもいつでも同じ関係が成り立つのは,「もとの値段」と「値上げした値段」の間には比例関係があるからである。

トマト	ミニトマト
1個で 100円が 200円に 2個で 200円が 400円に 3個で 300円が 600円に …	1個で 50円が 150円に 2個で 100円が 300円に 3個で 150円が 450円に …

同様に,ミニトマトは3倍に値上がりしたということができ,従ってミニトマトの方が値上がりしたといえることになる。

また,「平ゴムAと平ゴムBがあります。平ゴムAは,50cmが150cmまで伸びます。平ゴムBは,100cmが200cmまで伸びます。どちらがよく伸びるゴムといえますか。」という問題場面がある。

平ゴムAが,50cmが150cmまで伸びるということは,10cmが30cmまで伸び,20cm

が60cmまで伸び，…ということである。平ゴムBが，100cmが200cmまで伸びるということは，10cmが20cmまで伸び，20cmが40cmまで伸びるということである。つまり，ここでも平ゴムAとBについて，「もとの長さ」と「伸びた長さ」の間の割合がいつでも変わらないので，割合で比べることができる。

このように，基準とする数量が異なっていても，割合が変わらないとき，割合で比べることができる。

イ　思考力，判断力，表現力等
(ア)　日常の事象における数量の関係に着目し，図や式などを用いて，ある二つの数量の関係と別の二つの数量の関係との比べ方を考察すること

日常の事象における数量の関係に着目すること

　日常の事象において，二つの数量の関係と別の二つの数量の関係との比べ方を考察するには，一方を基準量としたときに，他方の数量がどれだけに相当するかという数量の関係に着目することが必要である。すなわち，比べる対象を明確にし，比べるために必要な二つの数量について，比例の関係を前提に乗法的な関係でみてよいかを判断し，基準量，比較量という数量の関係に着目する。第4学年では，基準量を1とみたときに，比較量が2倍，3倍，4倍などの整数で捉えられる場合について扱い，数量の関係に着目する力を伸ばす。

　指導に当たっては，比べる際に必要な基準量，比較量に着目しやすくするために，問題としている場面を絵や図で表すことが大切である。また，児童は，第2学年，第3学年において，「A数と計算」の領域，「C測定」の領域で，乗法，除法の意味，分数の意味，測定の意味について理解する際に，割合の見方の基礎を学習してきている。これらの学習と関連付けて指導をするようにする。

簡単な場合について，図や式を用いて数量の関係どうしを割合で比べること

　ある二つの数量の関係と別の二つの数量の関係を割合を用いて比べるには，まず，これら二つの数量が比例関係にあること確認する。そして，それぞれの数量の関係について基準量を決め，基準量を1とみたときに，比較量がどれだけに当たるのかを見いだしていく。この過程では，言葉，テープ図や数直線などの図，式などを用いて基準量と比較量を表し，また，表された表現の中から，基準量と比較量を読み取って，割合を求めていくことが必要である。第4学年では，基準量を1とみたときに，比較量が2倍，3倍，4倍などの整数で捉えられる場合について，図や式を用いて，数量の関係を明瞭，的確に表したり，それらから数量の関係を適切に読み取って判断したりしていく。

　なお，児童は，ある二つの数量の関係と別の二つの数量の関係を差で比べることに親しんでいることが考えられる。差による比べ方と対比することで，基準とする数量を1とみると他方の数量がどれだけ当たるのかという割合を用いた比べ方の特

徴に気付かせることも大切である。

下の図は，50cmが150cmに伸びた平ゴムAと，100cmが200cmに伸びた平ゴムBを，差でみて比べた場合と，割合でみて比べた場合を示している。この場合には，例えば平ゴムBを半分に切ったときのことを考えると，50cmが100cmに伸びることになるので比例関係が成立する。そこで割合で比べてよいことが分かる。割合では，基準とする数量が異なっても，それらを1とみて，相対的な大きさで比べていることが分かる。

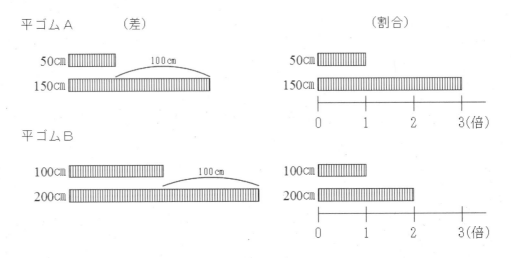

図や式から数量の関係の特徴を読み取って問題を解決していくことを通して，児童が日常生活の中から，割合の関係にある事柄を見付け出そうとする態度が育成されることも大切である。

D　データの活用

D(1) データの分類整理

> (1) データの収集とその分析に関わる数学的活動を通して，次の事項を身に付けることができるよう指導する。
> 　ア　次のような知識及び技能を身に付けること。
> 　　(ｱ)　データを二つの観点から分類整理する方法を知ること。
> 　　(ｲ)　折れ線グラフの特徴とその用い方を理解すること。
> 　イ　次のような思考力，判断力，表現力等を身に付けること。
> 　　(ｱ)　目的に応じてデータを集めて分類整理し，データの特徴や傾向に着目し，問題を解決するために適切なグラフを選択して判断し，その結論について考察すること。

(内容の取扱い)

> (9) 内容の「Dデータの活用」の(1)のアの(ア)については,資料を調べるときに,落ちや重なりがないようにすることを取り扱うものとする。
> (10) 内容の「Dデータの活用」の(1)のアの(イ)については,複数系列のグラフや組み合わせたグラフにも触れるものとする。

　第3学年までは,文字情報として得られる「質的データ」や数値情報として得られる「量的データ」について簡単な表に分類整理することや,棒グラフなどを用いて大小を比べることを学んできている。

　第4学年では,目的に応じてデータを集めて分類整理し,特徴や傾向に着目して,適切なグラフを選択して表すことで判断したり,結論について考察したりすることができるようになることをねらいとしている。また,その過程でデータを二つの観点から分類整理した二次元の表に表して分析したり,時間変化に沿って得られた「時系列データ」について折れ線グラフに表して,時間的変化を分析したりできるようになることをねらいとしている。

　この内容は,第5学年での円グラフや帯グラフの学習の素地となるものである。また,折れ線グラフに表したり読み取ったりすることは関数的な関係を捉えることにも通じるため「変化と関係」の学習にも関連する。

ア　知識及び技能
(ア)　二つの観点から分類整理する方法

　この学年では,日時,曜日,時間や場所などの観点から項目を二つ選び,分類整理して表を用いて表したり,そうした表を読んだりすることができるようにすることをねらいとしている。

　その際,データを集めて分類整理するに当たって,目的に応じ,ある観点から起こり得る場合を分類し,項目を決めることが必要である。

　また,A,Bの二つの観点からデータを調べるとき,Aからみてデータは「性質aをもっている」と「性質aをもっていない」の場合が考えられ,またBからみてデータは「性質bをもっている」と「性質bをもっていない」の場合が考えられる。そのとき,これらを組み合わせると,データについてA,B二つの観点からみて,四つの場合が考えられる。このように,二つの観点から,物事を分類整理したり,論理的に起こり得る場合を調べたり,落ちや重なりがないように考えたりすることもできるようにする。

　なお,「内容の取扱い」の(9)では,「資料を調べるときに,落ちや重なりがない

ようにすることを取り扱うものとする」と示している。ここで取り扱う落ちや重なりがないようにすることについては，データの読み飛ばしのないように順序よく数えること，あらかじめ起こり得る場合を整理すること，重複して数えることがないように数えたデータに色や印を付けることなど，数え間違いをなくす方法を具体的に指導する必要がある。その際，正しい結果が得られるように間違いをなくしていこうとする態度を養うよう配慮する必要がある。

(イ) 折れ線グラフの特徴と用い方

「C変化と関係」領域では，関数的な関係を表すことに関して折れ線グラフを指導している。「Dデータの活用」領域においては，時間の経過に伴って，データがどのように変化するかを表すために折れ線グラフを用いている。一般的には横軸に時間経過，縦軸にデータの値を記入し，各時間に相当する大きさを点で表し，それを折れ線で結んで変化を表す。

指導に当たっては，折れ線グラフについて，紙面の大きさや目的に応じて，適切な一目盛りの大きさやグラフ全体の大きさを決めることができるようにする。その際，同じグラフであっても，折れ線グラフの縦軸の幅を変えることなどによって，見え方が異なることに気付かせるようにする。

また，「内容の取扱い」の(10)では，「複数系列のグラフや組み合わせたグラフにも触れるものとする」と示している。ここで取り扱う複数系列のグラフや組み合わせたグラフについては，例えば，気温

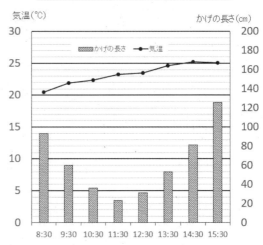

の変化を折れ線グラフで表し，太陽のかげの長さを棒グラフで表したり，二つの地域の気温の変化を一つのグラフ用紙に表したりするなどである。このように二つの種類のグラフを組み合わせたものについても扱い，特徴を読み取れるようにする。

イ 思考力，判断力，表現力等

(ア) 目的に応じてデータを集めて分類整理し，データの特徴や傾向に着目し，問題を解決するために適切なグラフを選択して判断し，その結論について考察すること

目的に応じてデータを集めて分類整理すること

目的に応じてデータを集めて分類整理するとは，解決すべき問題や調べてみたいことがらに関して適したデータを収集し分類整理することである。

まず，児童にとって身近な興味や気付きなどから，判断や考察したい事象を問題

場面として設定できるようにする。例えば「図書室にある怖い話の本は，人気があるから借りにくい。」という気付きがあり，そこから「怖い話の本は，どんな人たちがよく借りているのか。」というような問題場面を設定したとする。

次に，この問題を解決するという目的でデータを集めることになる。その際，結果の見通しを立てることで観点がはっきりし，分類整理できるようになる。先の例では「怖い話の本は文字が多いので，主に高学年の児童に人気があるのだろう。」，「怖い話は，○年生の国語の教科書に出ていたので，○年生がその学習をする時期に借りるのではないか。」というような見通しをもつことで，データを集める観点をはっきりさせると，低学年と高学年など学年別にデータを集める，時期別にデータを集める，という計画が立てられる。

そして，アンケートや聞き取り，幾つかの怖い話の本の貸し出しリストなどから，必要とするデータを集め，表などに分類整理することになる。

データの特徴や傾向に着目し，問題を解決するために適切なグラフを選択して判断すること

各々の観点で集めたデータを，どのように整理して表せば問題に対する結論を出しやすいかを考える。

第3学年までに学習している一次元の表や，絵グラフ，棒グラフだけでなく，二次元の表や折れ線グラフについても知り，それらから適切なグラフや表を選択する。

先の例は質的データであり，各々を一次元の表にまとめることで特徴や傾向をつかみ，結論を導くことができるが，二次元の表にまとめると新たな結論も見いだせる。

また，グラフに表す場合，この例は時系列データではないので折れ線グラフでなく，棒グラフを用いる方が適当であると判断し，棒グラフを選択することになる。一次元の表から棒グラフをかくことや，二次元の表からは複数の棒グラフを組み合わせたグラフをかくことで，その特徴を表すことができる。

結論について考察すること

こうして集めたデータを分類整理し，表やグラフなどに表して導いた結論が，問題の解決にかなうものであるのかどうか，また結論は誤りではないか，ということを考察する。結論が誤りかどうかは，データの集め方や他との比較を考えることで考察しやすくなる。

例えば先の例では，怖い本だけでなく図書室の利用者数に男女のかたよりがあるのではないか，といったことや，ほかの本と比べずに人気があるかどうか判断してよいか，といったようなことである。

(数学的活動)

(1) 内容の「A数と計算」,「B図形」,「C変化と関係」及び「Dデータの活用」に示す学習については，次のような数学的活動に取り組むものとする。

　ア　日常の事象から算数の問題を見いだして解決し，結果を確かめたり，日常生活等に生かしたりする活動

　イ　算数の学習場面から算数の問題を見いだして解決し，結果を確かめたり，発展的に考察したりする活動

　ウ　問題解決の過程や結果を，図や式などを用いて数学的に表現し伝え合う活動

　低学年での算数の学習経験を踏まえて，児童が目的意識をもって数学的活動に主体的に取り組み，基礎的・基本的な知識及び技能を確実に身に付けるとともに，数学的な思考力，判断力，表現力等を高め，算数に関わりをもったり，算数を学ぶことの楽しさやよさを実感したりできるようにすることを重視する。

　日常の事象や算数の学習場面から算数の問題を見いだしたり，その解決に既習事項を活用しながら数，式，図やグラフなどの方法を有効に使うなどして思考したり表現したりできるようにする。

　なお，児童の発達の段階を考慮して，これらの数学的活動の視点は次の第5学年と同様の内容とする。

ア　日常の事象から算数の問題を見いだして解決し，結果を確かめたり，日常生活等に生かしたりする活動

　これまでの数学的活動での経験を踏まえて，児童が，日常生活における問題を算数の学習で解決できるように数理的に捉え，それを既習事項を活用しながら解決し，その結果を確かめるとともに日常生活などに生かす活動である。日常生活での出来事を児童自らが算数の学習と結び付けて数理的に表現・処理する活動を通して，算数を利用することのよさを実感し，数学的な見方・考え方を働かせながら，既習の知識及び技能等を進んで活用していけるようにすることが大切である。

　第4学年における「日常の事象から算数の問題を見いだして解決し，結果を確かめたり，日常生活等に生かしたりする活動」として，例えば次のような活動が考えられる。

二つのグラフを比べ判断したことを考察し，グラフを作り替え考察を深める活動

～折れ線グラフ～

この活動は,「Dデータの活用」の(1)の指導における数学的活動であり,二つのグラフを比べて判断したことを考察し,より適切なグラフに作り替えて考察を深めることができるようにすることをねらいとしている。

統計的な主張は取り上げる特徴やグラフの作り方などで,本来の特徴や傾向とは異なる印象を他者に与えることができる。主張の内容をそのまま受け止めるのではなく,「このグラフから導く結論は,これで正しいのか。」という視点で振り返って考えることが大切である。

例えば,平成28年度の全国学力・学習状況調査の算数Bの4の(3)の出題例のように二つの小学校の図書委員会が協力して読書運動を進めているとする。それぞれの学校の図書委員が,読書運動を進めた成果を表すために,「物語」の貸し出し冊数の変化の様子を,折れ線グラフにそれぞれまとめた。どちらの学校が,読書運動がうまくいったのか,グラフを比較して考える場面があるとする。この場面において,児童は次のような数学的活動を遂行すると考えられる。

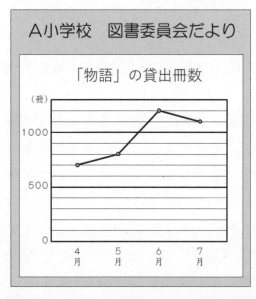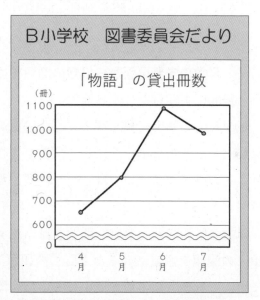

折れ線グラフは,線の傾きで変化の様子を捉えるグラフである。そこで,まず,折れ線グラフの線だけを見て分かることを交流し合う。

B小学校の方が増え方が急であること,A小学校は初めからあまり少なくないこと,B小学校は読書運動をする前はあまり貸し出し冊数が多くないこと,B小学校の最も冊数の多い月は,A小学校を上回っていることなどである。

しかし,本当にそうだろうか。そのような判断が正しいかどうかは,どこを見るとよいのだろうか。そのような問題意識から,二つのグラフをより詳しく比べて読み,判断したことを伝え合う。

縦軸をよく見ると,目盛りの間隔が違うこと,B小学校のグラフは,変化の様子を見やすくするために,省略を示す線が使われていること,グラフの数値を読むと,

6月はA小学校の方が貸し出し冊数が多いこと，それぞれのグラフから貸し出し冊数を読み取るとA小学校は400冊，B小学校は300冊増えていることなどである。

このようなことから，A小学校とB小学校の「物語」の貸し出し冊数の変化の様子を分かりやすくするために「これらのグラフをどのように作り替えるとよいか。」と問いをもつことが考えられる。

そして，縦軸の目盛りを同じにすればよいことや一つのグラフとしてまとめればよいことなどの見通しをもち，解決活動に入る。

例えば，次のようにグラフを作り替える。

そして，学習を振り返り，折れ線グラフの傾きは，縦軸の目盛りの幅によっては急になってしまい，大きく変化しているという印象を与えやすくなることや，統計的な主張を聞く際には，このような見かけに惑わされないことが大切であることなどをまとめることができる。

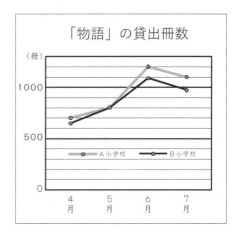

イ 算数の学習場面から算数の問題を見いだして解決し，結果を確かめたり，発展的に考察したりする活動

低学年での学習経験を踏まえて，児童が算数の問題に主体的に関わり自ら問題を見いだし，既習事項を基にして考えたり判断したりすることで解決が可能になったり，その結果を適切に表現したり処理したりするとともに，それを発展的に考察することが期待される。

算数の学習場面から自ら問題を見いだすために，事象を観察するとともに既習事項との関連を意識させるなどして問題解決の入口を丁寧に扱うことが大切である。また，これまでの学習で使用してきた具体物，図，数，式，表やグラフなどを活用して問題を解決し，その結果を確かめるだけでなく，それを発展的に考察する活動を位置付けることで，自ら算数を学び続け，算数を創ることの楽しさを実感できるようにすることが大切である。

第4学年における「算数の学習場面から算数の問題を見いだして解決し，結果を確かめたり，発展的に考察したりする活動」として，例えば次のような活動が考えられる。

商の意味を考える活動〜小数を用いた倍〜

この活動は，「A数と計算」の(4)の指導における数学的活動であり，ある量を倍で捉えたいが，それを整数で表すことができない場合に，小数を用いて倍を表すこ

とができるように倍の意味を拡張することをねらいとしている。

例えば,「2mや125cm,120cmは50cmの何倍か」を考える場面において,児童は次のような数学的活動を遂行すると考えられる。

まず,数値が示されていない50cmの長さのテープと2mの長さのテープを見て「長いテープの長さは短いテープの長さの何倍か」を予想する。

そして,「4倍」ではないかと考え,どうしたら4倍とはっきり分かるかを話し合う。

その中で,実際にテープを使って幾つ分あるか調べればいいという意見や,長さが分かれば計算して分かるという意見を基に,実際に調べてみる。

実際にテープを使って確認したり,長さは2mと50cmなので,200÷50=4だから4倍であることを確認したりする。

次に,数値が示されていない125cmの長さのテープを見て,50cmのテープの長さの何倍か考える。

見た目では,2倍とちょっとである。そこで,この「ちょっと」ということをはっきりいえないかという問いをもつだろう。

実際にテープで調べると,二つ分と半分であることが分かる。2倍と3倍のちょうど真ん中だから,2倍と半分である。先ほどと同じように計算でも調べると,125÷50=2.5だから,2.5倍だということが分かる。

今までは,倍は整数の場合だけしか学習していない。2.5倍というのは初めて見る表し方である。そこで,2.5倍とはどういう意味かを考え,2倍と半分ということだと落ち着くであろう。

さらに発展的に考えを進めることで,違うテープの長さでも何倍かを考えようとするだろう。例えば120cmのテープについて考えを進めるとする。

「120cmのテープの長さは50cmのテープの長さの何倍といえばよいだろうか」という問いが生まれ,数値で考えると120÷50=2.4なので2.4倍だということは分かる。問題は2.4倍の意味である。

テープを基に操作して,ここまでが2倍であるが,「残りの部分は,どうして0.4といえるのか」と考えを進める。

小数のときは10等分して考えたという振り返りのもと,50cmのテープを10等分することで,2.4倍とは,2個分と,1を10等分した内の4個分のこと,言い換えると,120cmは50cmを1としたとき,2.4の目盛りにちょうど当たることを確認していく。

さらに，2.4倍のような小数で倍を表すことができるなら，0.8倍などもあるのかと発展的に考えることもできる。

このような学習過程を経ることで，倍を表す数に小数を用いてもよいと，倍の意味の拡張を図る。これまで倍は「幾つ分」と捉えてきたが，ここからは，「基準量を1とみたときに幾つに当たるか」を倍の意味と捉え直す。

このとき，倍の意味を広げる活動とともに，倍を求める除法の意味についても捉え直す機会になる。包含除の除法の意味について，$a \div b$を「aはbの幾つ分かを求める計算」と捉えていたものを，「bを1とみたときにaが（小数も含めて）幾つに当たるかを求める計算」と捉え直すことになる。

このような学習は，第5学年の小数の乗法及び除法の計算や，割合の学習につながる大切な学習である。

ウ　問題解決の過程や結果を，図や式などを用いて数学的に表現し伝え合う活動

低学年での数学的活動を踏まえて，これまでの学習で使用してきた図や式などを活用して自ら取り組んでいる問題解決を過程やその結果を分かりやすく表現し，他者と伝え合うなど対話的に学ぶことを目指す。問題解決における思考の過程や判断の結果などを数学的に表現するためには，図や式などを適切に用いて的確に表現する必要がある。また，思考した過程や結果などを数学的な表現を用いて伝え合う機会を設け，数学的に表現することのよさを実感できるようにすることも大切である。さらに，対話的に伝え合うことにより，お互いの考えをよりよいものにしたり，新たなことを見いだしたりする機会が生まれることを経験できるようにする。

第4学年における「問題解決の過程や結果を，図や式などを用いて数学的に表現し伝え合う活動」として，例えば次のような活動が考えられる。

図や式を関連させて面積の求め方を考える活動〜長方形を組み合わせた図形〜

この活動は，「B図形」の(4)の指導における数学的活動であり，正方形や長方形が組み合わせた図形の面積の求め方を，既習の正方形や長方形の求積公式を活用することで求めることができるようにすることをねらいとしている。ここで，長方形や正方形が組み合わせた図形とは，例えばL字の形をした図形や凸の形，凹の形をした図形などのことである。

最初に，長方形とL字型の図形を観察することで，「長方形の面積は求められるけど，L字型の図形の面積は初めてだ。どのように面積を求めたらいいのだろう。」といった問いが生まれるだろう。そしてこれまでに身に付けてきた図形の合成や分解，変形など図形の構成についての見方を働かせ，「長方形や正方形の面積の求め方は分かるので，それらの図形を見いだせないか。」と見通しをもつ。

「長方形の面積の求め方が使えるように，この図形を分けられないかな」と考えることで，(あ)のように考えて答えが出る。さらに「ほかの求め方はないかな」と考えを進めたりする。

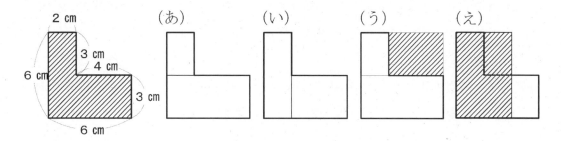

次に，友達はどんな求め方をしたのか知り，自分の考えを深めようとする。

ある友達は「6×2＋3×4＝24 だから 24cm²です。」と言うかもしれない。式を聞いただけでは，どのように求めたのかよく分からなければ，更に聞いてみることで，その友達は，(い)のように図に線を書き加え，6×2の式と図を対応させるなどして説明してくれるだろう。そして，「なるほど。6×2や3×4はこれらの長方形の面積なのか。式と図を関連付けて説明してくれると分かりやすい。」と気付くかもしれない。

また，減法を使った6×6－3×4という式を考える友達がいれば，どうしてこの式だけひき算なんだろうと疑問を感じ，6×6ってどこの図形の面積を求めているのかと考えを進めていく。

また，6×4＝24と乗法1回で求めている式を考える友達もいるかもしれない。この場合も，6×4の4とはどこのことだろうと探り，求め方を理解する。

このように，多くの求め方があることを学級全体で確認していくとともに，面積を求めることができたアイディアについて確認しておくことが重要である。

授業の終わりでは，結局，今日はどういう求め方をしたことになるかと振り返り，どの求め方も図形に働きかけて「既習の図形である長方形を見いだしていること」や，「分けたり，分割したり，移動したりすると長方形にできること」などについてまとめたり，さらに「階段の形や凸の形，凹の形など，長方形を組み合わせた複雑な図形でも面積が求められるかな」と発展的に考えたりする。

このように，いろいろな図形の面積の求め方を考えることにより，児童は，これらの考え方の中で，いつでも使える考え方もあれば，簡単な考え方ではあるが特定の場合にしか使えない考え方があることに気付いていくことができる。

また，このようなことが理解できるのは，式と図を関連付けて説明してくれたからだということも確認できる。

このような数学的活動を通して，面積を求める際のポイントである図形の見方・考え方が豊かになっていくことで，次学年の面積の学習につなげていく。

伴って変わる二つの数量の関係を表現し伝え合う活動
～段数と周りの長さの関係～

　この活動は,「C変化と関係」の(1)の指導における数学的活動であり,見いだした変化や対応のきまりを表現し伝え合うことで,伴って変わる二つの数量の関係に着目し,表や式を用いて変化や対応の特徴を考察できるようにすることをねらいとしている。

　例えば,段数と周りの長さの関係について,「段数を増やしていくと周りの長さがどのように変わるか」という問いをもったとする。

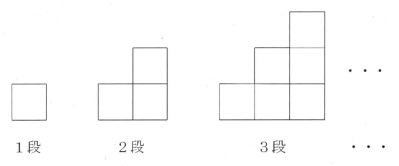

　そして,図や表を用いて調べ,調べ方や調べた結果を表,図,式といった数学的な表現を用いて,他者に分かるように説明してみる。他者に正しく分かりやすく伝えるためには,数値と数値を関係付けたり,関係が簡潔・明瞭に伝わるような表現方法を工夫したりすることが必要である。また,同じ関係を,一つの表現だけではなく,別の表現で表すことによって,変化や対応についての理解を深めることを大切にしていく。

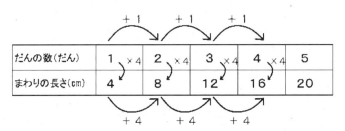

　児童は,変化や対応について,「段数が1ずつ増えると,周りの長さは4cmずつ増えていく」,「段数に4をかけると周りの長さになる」などの関係を見いだすであろう。見いだした関係は,表を用いて説明することができる。矢印などを用いると「＋4」や「×4」の関係が捉えやすい。また,関係は表だけでなく,「4,4＋4,4＋4＋4,…」,「段数×4＝周りの長さ」などの言葉の式,□,△などを用いた式でも表される。

　さらに,「4cmずつ増える」,「4をかけると周りの長さになる」という関係には「＋4」,「×4」といった不変な数量の関係がある。図を用いて,どこが「＋4」,「×4」になっているかを表現することは,変化や対応についての新たな気付きを促し,関係についての理解を深めることにつながる。

図で「+4」を説明する　　　図で「×4」を説明する

　この活動では，伴って変わる二つの数量の関係を，表，図，式を用いて表し，説明する機会となるため，数学的な表現を用いて，自分の考えを説明する力が育成される。さらに，一つの関係を複数の数学的表現を用いて表し，それらを関連付けるということを，様々な事象の考察においても行っていけるようにすることも大切である。

第5節　第5学年の目標及び内容

1　第5学年の目標

> (1) 整数の性質，分数の意味，小数と分数の計算の意味，面積の公式，図形の意味と性質，図形の体積，速さ，割合，帯グラフなどについて理解するとともに，小数や分数の計算をしたり，図形の性質を調べたり，図形の面積や体積を求めたり，表やグラフに表したりすることなどについての技能を身に付けるようにする。
>
> (2) 数とその表現や計算の意味に着目し，目的に合った表現方法を用いて数の性質や計算の仕方などを考察する力，図形を構成する要素や図形間の関係などに着目し，図形の性質や図形の計量について考察する力，伴って変わる二つの数量やそれらの関係に着目し，変化や対応の特徴を見いだして，二つの数量の関係を表や式を用いて考察する力，目的に応じてデータを収集し，データの特徴や傾向に着目して表やグラフに的確に表現し，それらを用いて問題解決したり，解決の過程や結果を多面的に捉え考察したりする力などを養う。
>
> (3) 数学的に表現・処理したことを振り返り，多面的に捉え検討してよりよいものを求めて粘り強く考える態度，数学のよさに気付き学習したことを生活や学習に活用しようとする態度を養う。

　第4学年に引き続き，第5学年の学習でも基礎的・基本的な概念及び意味や性質などを生かしながら日常の事象や算数の学習場面から見いだした問題の解決に取り組み，数学的に表現・処理したことを振り返りよりよいものを求めて粘り強く考えていくことを重視する。

　(1)では，第5学年の四つの領域で身に付ける知識及び技能について示した。

　「知識」に関しては，基本的な数量や図形の概念及び意味，性質や数量関係，表やグラフなどの意味の確実な理解が重要になる。例えば，小数の乗法及び除法の学習では，乗法及び除法の意味に着目し，乗数や除数が小数である場合まで数の範囲を広げて乗法及び除法の意味を理解する。数の範囲を広げることで計算の意味の拡張が行われ，知識の捉え直しが行われることになる。

　また，「技能」に関しては，第4学年の学習に引き続き，適切に数理的な処理や表現ができるように技能の確かな習得が必要である。例えば，小数の乗法及び除法の学習では，小数の乗法及び除法についても整数の場合と同じ関係や法則が成り立つことを生かしながら，小数の乗法及び除法の計算ができるようにする。発展的な

場面においても活用可能な技能になるように指導することが大切である。

(2)においても，第5学年の四つの領域で身に付ける思考力，判断力，表現力等を数学的な見方・考え方と対応する形で示した。

「A数と計算」では，数とその表現や数量の関係に着目し，目的に合った表現方法を用いて数の性質や計算の仕方などを考察する力を養う。数やその表現の仕方及び数量の関係に着目するとともに数の表現方法を統合的に捉えたり目的に合わせて考察したり，それらを日常生活に生かせるようにしたりする。数の仕組みや構成する単位に着目して，分数の意味の解釈や大きさの表現の仕方を考えることができるようにする。また，数量の関係に着目して，小数の乗法及び除法の計算の仕方を考えたり計算に関して成り立つ性質を見いだしたりするとともに，計算に関して成り立つ性質を活用した計算の工夫やその確かめができるようにする。さらに，二つの数量の対応や変化に着目し，式で表されている関係について考察できるようにする。

「B図形」では，図形の性質や図形の計量について考察する力を養う。平面図形を合同の視点から，図形を構成する要素や図形間の関係に着目しながら，図形の構成の仕方やその性質を見いだし論理的に説明したり，それを基に既習の基本図形を捉え直したり日常の事象の考察に生かしたりすることを重視する。また，図形の計量の視点から量の単位や図形を構成する要素に着目し，図形の面積や体積の求め方や既習の単位との関係について考察できるようにする。

「C変化と関係」では，伴って変わる二つの数量やそれらの関係に着目し変化や対応の特徴を見いだして二つの数量の関係を表や式を用いて考察する力を養う。これまでの数量の関係の学習を踏まえて，日常の事象における伴って変わる二つの数量及びそれらの関係に着目し，図や表，式などを用いて，簡単な比例における変化や対応の考察や割合や単位量当たりの大きさにおける目的に応じた大小の比較及び表現をするとともに，それらを日常生活で生かせるようにする。

「Dデータの活用」では，目的に応じてデータを収集し，表やグラフに的確に表現し，それらを用いて問題解決したり，解決の過程や結果を多面的に捉え考察したりする力を養う。第4学年の学習に引き続いて，身の回りの事象から目的に応じたデータの収集，表や帯グラフや円グラフなどへの適切な表現，それを用いた問題解決及び解決過程や結果の多面的な考察を重視する。統計の問題解決の過程を重視しながら，データの特徴や傾向に着目し，解決に適した表やグラフを選択して結論を考察することを重視する。また，事象を概括的に捉え，平均を使って考察することやそれを学習や生活に生かせるようにする。

(3)では，学びに向かう力，人間性等の目標を示した。第5学年では，数学的に表現・処理したことを振り返り，多面的に捉え検討してよりよいものを求めて粘り強く考える態度，数学のよさに気付き学習したことを生活や学習に活用する態度を

養う。これまでの算数の学習での経験を踏まえて，数学的に表現・処理したことへの振り返りに加えて，結果を多面的に捉えて検討し，それをよりよいものにするために粘り強く考えていくことが重視され，さらに，それらを生活や学習へ活用することが期待されている。算数に主体的に関わりよりよいものを創り上げていくという立場から，問題解決の結果を常に評価・改善し続けていく姿勢が期待されている。

2 第5学年の内容

A 数と計算

A(1) 整数の性質

> (1) 整数の性質及び整数の構成に関わる数学的活動を通して，次の事項を身に付けることができるよう指導する。
>   ア 次のような知識及び技能を身に付けること。
>   (ア) 整数は，観点を決めると偶数と奇数に類別されることを知ること。
>   (イ) 約数，倍数について知ること。
>   イ 次のような思考力，判断力，表現力等を身に付けること。
>   (ア) 乗法及び除法に着目し，観点を決めて整数を類別する仕方を考えたり，数の構成について考察したりするとともに，日常生活に生かすこと。

> 〔用語・記号〕 最大公約数　最小公倍数

（内容の取扱い）

> (1) 内容の「A数と計算」の(1)のアの(イ)については，最大公約数や最小公倍数を形式的に求めることに偏ることなく，具体的な場面に即して取り扱うものとする。

第4学年までに，整数について，数のまとまりに着目し，十進位取り記数法の理解や，それを用いた筆算等の計算の仕方を考えることを指導してきた。

第5学年では，乗法や除法に着目し，整数の性質について学習する。整数の集合

に類別したり，乗法的な構成に着目して集合を考えたりするなど，新たな視点から整数を捉え直し，様々な場面に活用するとともに，数に対する感覚がより豊かになるように指導していく。

ここで育成される資質・能力は，同じ大きさを表す分数を調べたり，約分や通分をしたりする際に用いるだけでなく，第6学年での等しい比，中学校第1学年「A　数と式」における自然数を素数の積に表すこと，第3学年の式の展開や因数分解の基礎となる内容である。

ア　知識及び技能

(ア)　偶数，奇数

整数を2で割ると，余りは0か1になる。2で割ったときに余りが0になる整数を偶数といい，余りが1になる整数を奇数という。

このように，整数は，偶数又は奇数の2種類に類別される。全ての整数の集合は，偶数と奇数の二つの集合に類別されるということである。

このような整数の性質は，十進位取り記数法に依存しないので「一の位の数字に着目すればよい。」という記数法に着目する理解にとどまらないように配慮する必要がある。

(イ)　約数，倍数

12を割り切ることができる整数を12の約数という。1，2，3，4，6，12は12の約数である。また，3に整数をかけてできる数を3の倍数という。3，6，9，…は3の倍数である（このとき0は倍数に含めていない）。このように，約数や倍数の意味を指導するとともに，ある数の約数や倍数の全体をそれぞれ一つの集合として捉えられるようにすることをねらいとしている。

二つの整数の公約数や公倍数の集合は，それぞれの整数の約数や倍数からなる集合の共通な要素からなるものである。例えば，8の約数は{1，2，4，8}であり，12の約数は{1，2，3，4，6，12}である。これらから，8と12の公約数は{1，2，4}となる。最大公約数は，公約数の中で最大の数であるから，4であることが分かる。

また，8の倍数は{8，16，24，32，…}であり，12の倍数は{12，24，36，48，…}である。これらから8と12の公倍数は{24，48，72，…}となる。最小公倍数は，公倍数の中で最小の数であるから，24であることが分かる。

「内容の取扱い」の(1)では，最大公約数や最小公倍数の取扱いについて述べている。これらについては，具体的な場面に即して指導し，特に意味の理解を図るようにすることが大切である。

イ　思考力，判断力，表現力等

(ア)　乗法及び除法に着目し，観点を決めて整数を類別する仕方を考えたり，数

の構成について考察したりするとともに，日常生活に生かすこと

観点を決めて整数を類別する仕方を考えること

第4学年までに，例えば図形を考察する際に，図形を構成する要素に着目して図形を分類し，それぞれの集合に共通な性質を見いだすなどして図形を学んできている。

整数については，これまでは主に十進位取り記数法による表現を基に理解を深め，位に着目して学習してきている。ここでは，整数そのものを考察の対象とする。

例えば，0以上の整数全体を二つに類別する仕方を考えていく。0，1，2，3，4，…を順に二つに分けていくと，1，3，5…の集合と，0，2，4，6，…の集合に分けられる。それぞれ，乗除を観点にその性質について考える。前者は「2で割って1余る数」とも言えるし，「2をかけて作った数＋1」ともいうことができる。後者は「2で割ると商が整数となり，割り切れる数」でもあるし，「2に整数をかけてできた数」でもある。このように乗法や除法に着目した観点で，整数全体を類別する仕方を考える。

数の構成について考察すること

第1学年では「一つの数をほかの数の和や差としてみるなど，ほかの数と関係付けてみること」，第2学年では「一つの数をほかの数の積としてみるなど，ほかの数と関係付けてみること」を指導してきている。

ここでは，乗法を用いて，例えば8×□で表される整数の集合（8の倍数）を考察の対象とする。児童は，九九の学習での「8の段」で表される範囲を超えて，無限に続いていくことを見いだすことができる。また，別の数で，例えば12×□で表される整数の集合を考えていくと，先ほどの8の倍数と共通の数を見いだすことができる。24は，8の倍数でもあり，12の倍数でもある。また，続いて調べていくと48，72，…が見いだされる。このように調べることで，整数の理解が深まるようにし，数の世界を広げながら探求していく素地となるようにする。

また，除法に着目して約数を考えていくことも，同様である。

日常生活に生かすこと

日常生活において，ものの集まりと数を1対1で対応付けることによって，ものの集まりを数を使って類別することができる。例えば，学級の児童を二つのグループに分けようとするとき，出席番号を2で割って，割り切れるかどうかという観点を決めると，全ての児童が，どちらかのグループに必ず入ることができる。また，三つ以上に分けるときを考えていくこともできる。

A(2) 整数，小数の記数法

> (2) 整数及び小数の表し方に関わる数学的活動を通して，次の事項を身に付けることができるよう指導する。
>
> ア 次のような知識及び技能を身に付けること。
>
> (ｱ) ある数の10倍，100倍，1000倍，$\frac{1}{10}$，$\frac{1}{100}$などの大きさの数を，小数点の位置を移してつくること。
>
> イ 次のような思考力，判断力，表現力等を身に付けること。
>
> (ｱ) 数の表し方の仕組みに着目し，数の相対的な大きさを考察し，計算などに有効に生かすこと。

第4学年では億や兆の単位について知り，数のまとまりに着目し，整数の表し方に関して指導してきた。また，小数についても数のまとまりに着目して，数の範囲を$\frac{1}{100}$の位などに拡張し，小数も整数と同じ十進数であることを指導してきた。

第5学年では，整数と小数がともに十進位取り記数法によって表されているという観点に立って，十進数としての特徴をまとめて理解できるようにし，そのよさに気付き，学習したことを生活や学習などに能率よく用いる態度を養う。

ここで育成される資質・能力は，整数や小数，分数の計算を効率よくする際などに生かされるものである。

ア 知識及び技能

(ｱ) 10倍，100倍，1000倍，$\frac{1}{10}$，$\frac{1}{100}$などの大きさ

整数，小数の10倍，100倍，1000倍，$\frac{1}{10}$，$\frac{1}{100}$などの大きさの数は，位の移動によってつくることができる。第5学年では，10倍，100倍，…したときの位の移動は，小数点の移動とも捉えることができるようにする。

十進位取り記数法の特徴についてまとめるとき，小数点の位置を移動して，10倍，100倍，1000倍，$\frac{1}{10}$，$\frac{1}{100}$などの大きさの数をつくることを指導する。十進数では，小数点が1桁右に移ると10倍の大きさを表し，1桁左へ移ると$\frac{1}{10}$の大きさを表す。そこで，10倍，100倍，1000倍，$\frac{1}{10}$，$\frac{1}{100}$などの大きさの数を，小数点の移動などによってつくることができる。必要に応じて，$\frac{1}{1000}$の大きさの数もつくることができる。こうした数の大きさの関係を調べる際には，形式的な操作のみを行うのではなく，数の大きさや数の構成についての感覚を豊かにするよう配慮することが大切である。

イ 思考力，判断力，表現力等

(ｱ) 数の表し方の仕組みに着目し，数の相対的な大きさを考察し，計算などに

有効に生かすこと

整数,小数の乗法及び除法の計算の際には,10倍,100倍,1000倍,$\frac{1}{10}$,$\frac{1}{100}$ などの大きさの数は,小数点の移動などによってつくることができるということを用いて計算の結果を考えることができる。

10倍,100倍,…したときの位の移動は,小数点の移動とも捉えることができる。このことを十進位取り記数法の考えと関連付けられるようにすることが大切である。

例えば,$24.85 \div 100$ のような計算の場合,筆算をするのではなく,$\frac{1}{100}$ の大きさの数は小数点が左へ二つ移動することから0.2485であると計算の結果を考えることができるようにする。

概算などに際してもこの考え方が十分用いられるように指導することが必要である。

A(3) 小数の乗法,除法

> (3) 小数の乗法及び除法に関わる数学的活動を通して,次の事項を身に付けることができるよう指導する。
>
> ア　次のような知識及び技能を身に付けること。
>   (ア) 乗数や除数が小数である場合の小数の乗法及び除法の意味について理解すること。
>   (イ) 小数の乗法及び除法の計算ができること。また,余りの大きさについて理解すること。
>   (ウ) 小数の乗法及び除法についても整数の場合と同じ関係や法則が成り立つことを理解すること。
>
> イ　次のような思考力,判断力,表現力等を身に付けること。
>   (ア) 乗法及び除法の意味に着目し,乗数や除数が小数である場合まで数の範囲を広げて乗法及び除法の意味を捉え直すとともに,それらの計算の仕方を考えたり,それらを日常生活に生かしたりすること。

第4学年では,小数の乗法及び除法について,数のまとまりに着目して,被乗数,被除数が小数の場合の乗法や除法,ある量の何倍かを表すのに小数を用いることがあることに関して指導してきた。

第5学年では,乗数,除数が小数の場合にも乗法や除法が用いられるように意味を広げることをねらいとしている。その際に,整数の場合の計算の意味や計算の仕方を活用して,新しい計算の仕方をつくることができるようにし,学習したことを

生活や学習に活用する態度を養うことが大切である。計算の範囲としては，$\frac{1}{10}$の位までの小数や$\frac{1}{100}$の位までの小数などを指導する。

ここで育成される資質・能力は，分数の乗法及び除法の演算を判断したり，計算の仕方を見いだしたりする際などの考察に生かされるものである。

ア　知識及び技能

(ア)　小数の乗法，除法の意味

小数の乗法の意味

第4学年までに，整数の乗法は，「一つ分の大きさが決まっているときに，その幾つ分かに当たる大きさを求める」場合や，「何倍かに当たる大きさを求める」場合などに用いるといった意味付けがなされてきた。

第5学年では，乗法を乗数が小数の場合にも用いることができるようにしたり，除法との関係も考えて，より広い場面や意味に用いることができるようにしたりして一般化していく。その際，数量関係を表している文脈が同じときには，整数の場合に成り立つ式の形は，小数の場合にもそのまま使えるようにするという考えにより，小数を含んだ乗法の意味を，「基準にする大きさ（B）」の「割合（p）」に当たる大きさを求める操作がB×pであるとしてまとめることができる。Aを「割合に当たる大きさ」とすると，B×p＝Aと表すことができる。このときpが小数になってもこの式のまま使えるという拡張の考えを用いている。

例えば，1メートルの長さが80円の布を2メートル買ったときの代金は，80×2という式で表せる。同じ布を今度は0.8メートルや2.5メートル買ったときの代金についても，それぞれ80×0.8や80×2.5と，式の形は同じに表すことができる。

数直線を用いることによって乗数pが1より小さい場合，積は被乗数Bより小さくなることも説明できる。

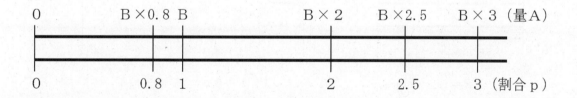

小数の除法の意味

除法の意味としては，乗法の逆として，割合を求める場合と，基準にする大きさを求める場合とがある。Bを「基準にする大きさ」，pを「割合」，Aを「割合に当たる大きさ」とすると，次のような二つの場合である。

①　p＝A÷B

　　これは，AはBの何倍であるかを求める考えであり，除法の意味としては，pが整数の場合には，いわゆる包含除の考えに当たる。例えば，「9メートル

の赤いリボンを，1.8メートルずつ切り取ると何本できるか」や「9メートルの赤いリボンは，1.8メートルの青いリボンの何倍になるか」という場合である。式は，9÷1.8となる。

② B＝A÷p

これは，基準にする大きさを求める考えであり，除法の意味としては，pが整数の場合には，いわゆる等分除の考えに当たる。例えば，「2.5メートルで200円の布は，1メートルではいくらになるか」という場合である。式は，200÷2.5となる。

これらの式は，Bやpが整数の場合だけでなく，小数の場合にもそのまま当てはまると考えていくことが大切である。このとき，多くの児童にとっては，①の場合に比べ，②の方が捉えにくい。つまり，pが整数の場合は，p等分した一つ分の大きさを求めるという見方で除法を捉えることもできたが，pが小数の場合を含めるときは，見方を一般化して，1に当たる大きさ（基準にする大きさ）を求めるという説明で除法を捉える必要がある。このことに難しさがある。この点については，公式や言葉の式だけでなく，数直線や図などを用いたり具体的な場面に当てはめたりして分かりやすくすることが大切である。また，はじめに乗法の式に表してから，除法で求めるという考えを用いることも大切である。

なお，除数と商の大きさの関係については，除数が1より小さいとき，理解が困難になる児童が多くみられる。下の図のような数直線などを用いるなどして，除数が1より小さいとき，商が被除数よりも大きくなる理由について説明できるようにする。

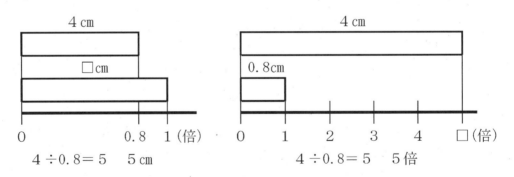

(イ) 小数の乗法，除法の計算

小数は，整数と同じ十進位取り記数法で表現されているから，乗法や除法の計算は，単位，すなわち小数点の位置に着目してこれを移動し，整数に置き換えれば，整数の計算と同様な考え方で積や商を求めることができる。十進位取り記数法の仕組みが計算にも有効に生かされていることに気付くよう指導することが大切である。

小数の乗法や除法の計算の仕方は，計算に関して成り立つ性質を用いて，整数の乗法や除法に直して考えることができる。

小数の乗法については，乗数を10倍すると積も10倍になることなどの乗法に関して成り立つ性質を生かして，児童が既習の整数の乗法に直して考えられるようにする。例えば，12×4.3の計算は，12×(4.3×10)÷10 ＝ 12×43÷10と考えることができる。また，12×0.43の計算は，12×(0.43×100)÷100 ＝ 12×43÷100と考えることができる。

小数の除法については，「除法の計算で，除数及び被除数に同じ数をかけても商は変わらない」という除法に関して成り立つ性質を生かして，計算の仕方を考えられるようにする。例えば，7.2÷2.4の計算は，(7.2×10)÷(2.4×10) ＝ 72÷24と考えることができる。また，0.1÷0.04の計算は，(0.1×100)÷(0.04×100) ＝ 10÷4と考えることができる。

なお，小数を割る計算の場面で，被除数の最小の位で割り切れないときは，割り進むことができることを指導する。例えば，0.5÷0.4 ＝ 1.25となる。

また，小数の除法で余りのある場合は，余りの小数点の位置に誤りが多いので注意を要する。その際には，余りが表す大きさを考えさせ，余りは除数より小さいことや，(被除数)＝(除数)×(商)＋(余り)の式に当てはめて，商，除数，余りの大きさの関係を捉えることなどについて指導する。

(ウ) 計算に関して成り立つ性質の小数への適用

整数の乗法及び除法に関して成り立つ関係や法則が，小数の場合でも成り立つことを確かめるようにする。

例えば，30×2.5と30×2 ＋30×0.5をそれぞれ計算すると結果は等しくなる。一般に，小数の場合でも，□×(△＋○)＝□×△＋□×○という分配法則が成り立つことが分かる。

こうした計算に関して成り立つ性質を活用して，計算の仕方を考えたり，計算の結果を確かめたりできるようにすることが大切である。

イ 思考力，判断力，表現力等

(ア) 乗法及び除法の意味に着目し，乗数や除数が小数である場合まで数の範囲を広げて乗法及び除法の意味を捉え直すとともに，それらの計算の仕方を考えたり，それらを日常生活に生かしたりすること

乗法の計算の意味を捉え直すこと

乗数が整数の場合，B×p＝Aという式で表された乗法の意味を，一つ分の大きさBのp個分に当たる大きさやp倍に当たる大きさを求める計算であると捉えていた。この乗法の意味を，乗数が小数の場合も含めて，乗法の意味をBを1とみたときのpに当たる大きさを求める計算と捉え直せるようにする。

例えば，1m120円のリボン2.5m分の代金を求める場合で考える。2m分の代金は120×2，3m分の代金は120×3と表すことができたことから，長さが2.5mの

ときも，代金は120×2.5と表すことができるのではと類推して考えることができる。

ただ，乗数が小数の場合も，整数と同じ考えで120×2.5と立式してよいかについては，この時点では明らかではない。乗数が小数でも120×2.5と式に表していいのか，その場合，小数をかける意味はどのように考えればよいか明らかにする必要がある。

そこで実際に120×2.5を今までに学習した乗法の性質を用いて答えを出してみて，実際の値段と一致するか確かめてみることが大切である。例えば乗法の交換法則を用いて答えを出すと，120×2.5＝2.5×120＝300となる。

一方，実際の値段を素朴に求めると，1mが120円，だから0.5mは60円。2.5mだから，120＋120＋60＝300となり一致する。このことから，120×2.5と書いてよさそうだと考えることができる。

次に，乗数が整数の場合の乗法の意味では，乗数が小数の場合の意味を捉えることができないことから，乗法の意味を広げる必要がある。2m，3m，2.5mはそれぞれ1mを基にすると，2倍，3倍，2.5倍に当たる。そこで，下のような数直線を用いて，割合が2の時は120×2，割合が3のときには120×3と表すことができたことから，割合が2.5のときも120×2.5と立式すると考えることができる。言い換えると，ある数に2.5をかけることは，ある数を1としたときに2.5に当たる大きさを求めることになる。

このようにして，乗法とは割合に当たる大きさを求める計算であると考えることで，乗数が整数の場合の意味も含み，乗数が整数でも小数でも同じ意味で捉えることができる。

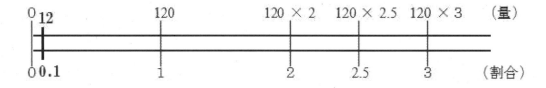

乗法及び除法の計算の仕方を考えたり，それらを日常生活に生かしたりすること

乗数が小数の乗法の計算の仕方は，数直線を用いたり，計算に関して成り立つ性質などを用いたりすることにより考えることができる。

例えば，120×2.5の計算の仕方を考える。割合が0.1のときには量が12であり，2.5という割合は0.1の25倍に当たることから，その量は，12×25で求めることができる。

また，計算に関して成り立つ性質を用いることもできる。乗数の2.5を10倍して25にする。120×25を計算してその答えを10で割ると，120×2.5の答えが求められる。これは，筆算形式での小数点の移動にもつながる考え方でもある。

小数の除法の意味や計算の仕方を考えるときも同様な活動を行うことが大切である。

また，身の回りには，小数で表された量が多くある。これらの量を用いて計算することも多い。このような場面を捉えて，小数やその計算を日常生活で生かそうとする態度を養うことが大切である。

A(4) 分数の意味と表し方

> (4) 分数に関わる数学的活動を通して，次の事項を身に付けることができるよう指導する。
> ア 次のような知識及び技能を身に付けること。
>   (ア) 整数及び小数を分数の形に直したり，分数を小数で表したりすること。
>   (イ) 整数の除法の結果は，分数を用いると常に一つの数として表すことができることを理解すること。
>   (ウ) 一つの分数の分子及び分母に同じ数を乗除してできる分数は，元の分数と同じ大きさを表すことを理解すること。
>   (エ) 分数の相等及び大小について知り，大小を比べること。
> イ 次のような思考力，判断力，表現力等を身に付けること。
>   (ア) 数を構成する単位に着目し，数の相等及び大小関係について考察すること。
>   (イ) 分数の表現に着目し，除法の結果の表し方を振り返り，分数の意味をまとめること。

〔用語・記号〕 通分　約分

　第4学年では，真分数や仮分数，帯分数について，数を構成する単位に着目し，大きさの等しい分数を探すことや，それを日常生活に生かすことを考えることを指導してきた。

　第5学年では，分数の意味や表し方についての理解を深めるとともに，数を構成する単位に着目し，数の相等及び大小関係について考察することや分数の表現に着目し，除法の結果の表し方を振り返り，分数の意味をまとめることなどの態度や能力を高めることをねらいとしている。

　ここで育成される資質・能力は，第6学年の分数の乗法及び除法について，数の意味と表現，計算に関して成り立つ性質に着目した計算の仕方などの考察に生かされるものである。

ア　知識及び技能

(ア)　分数と整数，小数の関係

整数，小数と分数の関係を理解する際に，整数と分数，小数と分数は別なものではなく，表記は違っても数としては同じものを表していることを実感させるようにする。

一般に，ある整数 a を分数に表したいときは，$a=\frac{a}{1}$ とすればよい。しかし，整数を分数の形で表したときの分母は，必ずしも1とは限らず，分母のとる値によって分子の値が決まる。例えば，$2=\frac{2}{1}=\frac{4}{2}=\cdots$ などとなる。

小数を分数の形に表すには，分母として 10，100，1000 などを用いる。例えば，0.13 は，0.01 の 13 個分，すなわち $\frac{1}{100}$ の 13 個分にあたるので，$\frac{13}{100}$ と表すことができる。

また，分数を整数や小数に表すことも指導する。例えば，$\frac{1}{4}$ は $1\div 4$ とみて，0.25 と表すことができる。なお，分数には有限小数では表せないものもある。例えば，$\frac{1}{3}$ は 0.333… となり，有限小数では表すことができない。

(イ)　除法の結果と分数

二つの整数の乗法については，その計算の結果を常に整数で表すことができる。これに対して，二つの整数の除法については，商を小数まで割り進めても割り切れない場合（$4\div 3=1.333\cdots$）があり，必ずしも計算の結果を整数や有限小数で表すことができるとは限らない。このとき，$a\div b$（a，b は整数で b は 0 でない）の商を $\frac{a}{b}$ という分数で表すと，どのようなときでも除法の結果を一つの数で表すことができる。その際，$6\div 3=2$ や $2\div 4=0.5$ のように商が整数や小数になる場合も分数で表すことができることを理解できるようにする。

(ウ)　同じ大きさを表す分数

大きさの等しい分数の表し方は幾通りもある。例えば，$\frac{1}{2}$，$\frac{2}{4}$，$\frac{3}{6}$，$\frac{4}{8}$，… は同じ大きさを表す分数である。

一つの分数の分子及び分母に同じ数を乗除してできる分数は，元の分数と同じ大きさを表している。例えば，$\frac{2}{3}=\frac{2\times 2}{3\times 2}=\frac{4}{6}$ となり，$\frac{4}{6}=\frac{4\div 2}{6\div 2}=\frac{2}{3}$ となる。このように分数は，同じ大きさの表し方が幾通りもあることが特徴である。この特徴は，$a\div b$ が $\frac{a}{b}$ であることから分かるように，除法に関して成り立つ性質と同じである。

約分とは，分数の分子及び分母をそれらの公約数で割って，分母の小さい分数にすることである。約分した分数は，元の分数と同じ大きさを表す。約分の指導に際しても，数直線や図などを活用することが大切である。

このように，同じ大きさを表す分数の指導を通して，数についての感覚を豊かにするように配慮することが大切である。

(エ)　分数の相等と大小

　幾つかの分数の相等や大小は，共通な分母に揃えることで比べることができる。分母が違う分数を分母が共通な分数に直すことを通分という。二つの分数を通分するときは，分母として，二つの分母の最小公倍数を用いると簡潔に表すことができる。

　通分の指導に当たっては，形式的に操作するだけでなく，その意味をよく理解し，大きさの等しい分数に着目できるようにすることが大切である。

イ　思考力，判断力，表現力等

　(ア)　数を構成する単位に着目し，数の相等及び大小関係について考察すること

　異なるものを比べる場合には，基準や単位などを揃えて考える必要がある。分母の異なる分数の大きさを比べる場合には，共通な分母に揃えて考える必要がある。分母の異なる分数を共通な分母に揃えれば，単位分数の個数に着目して数の大小を判断できる。

　分母の異なる分数を共通な分母に揃えるために，分母の大きさの違いに着目して，一つの分数の分子及び分母に同じ数を乗除してできる分数は元の分数と同じ大きさを表しているという特徴を生かして，共通の分母をつくり出すことを考えるようにする。

　また，共通の分母をつくり出す際に，除法に関して成り立つ性質と関連付けながら，一つの分数の分子及び分母に同じ数を乗除してできる分数は，元の分数と同じ大きさを表していることについて考えることができるようにする。

　(イ)　分数の表現に着目し，除法の結果の表し方を振り返り，分数の意味をまとめること

分数の表現に着目し，除法の結果の表し方の振り返ること

　分子と分母によって表される分数の表現に着目し，$a \div b$を$\frac{a}{b}$とみたり，$\frac{a}{b}$を$a \div b$とみたりできることについて考え，除法の結果を分数を用いて表すことができることを考えるようにする。

　また，$a \div b$を$\frac{a}{b}$とみたり，$\frac{a}{b}$を$a \div b$とみたりすることを，分数を小数で表すときや，分数の乗法，除法などの計算に生かそうとする態度を養うようにする。

分数の表現に着目して，分数の意味をまとめること

　第3学年のところでも述べたが，分数の意味について，その観点の置き方によって，様々な捉え方ができる。$\frac{2}{3}$を例にすると，次のようである。

① 具体物を3等分したものの二つ分の大きさを表す。
② $\frac{2}{3}$L，$\frac{2}{3}$mのように，測定したときの量の大きさを表す。
③ 1を3等分したもの(単位分数である$\frac{1}{3}$)の二つ分の大きさを表す。
④ AはBの$\frac{2}{3}$というように，Bを1としたときのAの大きさの割合を表す。
⑤ 整数の除法「2÷3」の結果（商）を表す。

分子と分母によって表される分数の表現に着目し，はしたの大きさ，量の大きさ，割合など，これまでの分数の意味について振り返りながら，分数には商を表す意味もあるというように，分数の意味を拡張して考えることができるようにする。

A(5) 分数の加法，減法

> (5) 分数の加法及び減法に関わる数学的活動を通して，次の事項を身に付けることができるよう指導する。
> 　ア　次のような知識及び技能を身に付けること。
> 　　(ア)　異分母の分数の加法及び減法の計算ができること。
> 　イ　次のような思考力，判断力，表現力等を身に付けること。
> 　　(ア)　分数の意味や表現に着目し，計算の仕方を考えること。

　第4学年では，和が1を超える同分母の分数の加法及び減法について，数を構成する単位に着目し，計算の仕方を考えることを指導してきた。

　第5学年では，分数の意味や表し方について深めた理解の上に，異分母の分数の加法及び減法の計算の仕方を考え，それらの計算ができるようにすることをねらいとしている。分数の計算については，真分数をはじめ，仮分数や帯分数を含むものも指導する。その際，いたずらに複雑な計算を指導するのではなく，分数の意味や表現に着目し，計算の仕方を考えることや分数の計算を今後の学習へ活用できるようにすることを重視する必要がある。

　ここでの資質・能力は，第6学年の分数の乗法及び除法について，数の意味と表現，計算に関して成り立つ性質に着目した計算の仕方などの考察に生かされるものである。

ア　知識及び技能
(ア)　異分母の分数の加法，減法

　分母が異なる分数の加法や減法は，通分することにより，分母が同じ分数の加法や減法として計算することができる。例えば，

$$\frac{1}{2}+\frac{1}{3}=\frac{1\times 3}{2\times 3}+\frac{1\times 2}{3\times 2}=\frac{3}{6}+\frac{2}{6}=\frac{5}{6}$$

と計算することになる。この場合，形式的に通分をして計算するのではなく，通分することによって単位分数の個数に着目して考えることが大切である。これは，単位を揃えて計算するという加法や減法の計算の基本になる考え方である。

イ　思考力，判断力，表現力等
(ア)　分数の意味や表現に着目し，計算の仕方を考えること

分母の異なる分数の加法及び減法について，分母と分子を用いて表現された分数の意味や大きさに着目して，分母の異なる分数の大きさを比べる場合に用いた方法を振り返り，通分を用いた計算の仕方を考え出すことができるようにする。

　また，分母と分子を用いて表現された分数の意味や大きさに着目して，あらかじめ結果の大きさについて見積もったり，得られた結果の妥当性を検討したりするなど，より妥当な判断を下そうとする慎重な態度を伸ばすようにする。

A (6) 数量の関係を表す式

> (6) 数量の関係を表す式に関わる数学的活動を通して，次の事項を身に付けることができるよう指導する。
> 　ア　次のような知識及び技能を身に付けること。
> 　　(ｱ)　数量の関係を表す式についての理解を深めること。
> 　イ　次のような思考力，判断力，表現力等を身に付けること。
> 　　(ｱ)　二つの数量の対応や変わり方に着目し，簡単な式で表されている関係について考察すること。

　第4学年では，関数的な関係を捉えるための基礎となる見方や考え方を指導してきた。

　第5学年では，□，△を用いた式に表し，式の中にある二つの数量の対応や変化の特徴について表などを用いて調べたり，二つの数量の関係を言葉の式で表したりする活動を十分に行い，関数の考えを伸ばすことをねらいとしている。

　また，公式などの表している関係が，整数のみならず小数も含めて用いられることについて触れ，数量の関係や法則などを簡潔かつ一般的に表すという式の役割についての理解を深める。

　第6学年では，□，△の代わりに a，x などの文字を用いて，数量の関係や法則を簡潔かつ一般的に表現する力を高める。

ア　知識及び技能

(ｱ)　数量の関係を表す式

　第5学年では，第4学年までの理解の上に，□＝2＋△，□＝2×△，□＝3×△＋1などの式で表される数量の関係について調べ，数量の関係を表す式についての理解を深めることがねらいである。

　数量の関係を表す式の意味を読み取るために，式の中にある二つの数量の対応や変化の関係の仕方にどんな特徴があるかを，表などを用いて調べることが大切であ

る。また，伴って変わる二つの数量の関係を表などから読み取り，対応の関係や変化の関係を，□や△などの記号や言葉を用いたりして，一般的な式に表すことも十分に行えるように配慮する。

さらに，公式などの表している関係が，整数のみならず小数も含めて用いられることについて触れ，数量の関係や法則などを簡潔かつ一般的に表すという式の役割についての理解を深める。

イ 思考力，判断力，表現力等

(ア) 二つの数量の対応や変わり方に着目し，簡単な式で表されている関係について考察すること

簡単な式とは□＝2＋△，□＝2×△，□＝3×△＋1などの式のことである。ここでは，簡単な式で表されている関係について，二つの数量の対応を基に，△に1，2，3，…を入れたときの□が幾つになるかを調べ，表に表し，伴って変わる二つの数量の変化の仕方について，表を使って考察することができるようにする。

一方の数量が変化するともう一方の数量がどのように変化するかについてまとめた表から，対応の関係を見いだし，簡単に式で表現できるようにすることも大切である。

このように二つの数量の変わり方を，表や式を用いて考察することによって，式の意味を深めるとともに関数の考えを伸ばすようにする。

関数の考えや式の表現と読みは，他領域の内容を考察したり，活用したりする際に重要になるものである。例えば，三角形の高さと面積の関係や直径の長さと円周の長さの関係など，二つの数量の関係を捉えるのに有効である。そうしたことに配慮してこれらの指導を行うことが大切である。

B 図形

B(1) 平面図形の性質

(1) 平面図形に関わる数学的活動を通して，次の事項を身に付けることができるよう指導する。
　ア　次のような知識及び技能を身に付けること。
　　(ア)　図形の形や大きさが決まる要素について理解するとともに，図形の合同について理解すること。
　　(イ)　三角形や四角形など多角形についての簡単な性質を理解すること。
　　(ウ)　円と関連させて正多角形の基本的な性質を知ること。

(エ) 円周率の意味について理解し，それを用いること。
イ 次のような思考力，判断力，表現力等を身に付けること。
(ア) 図形を構成する要素及び図形間の関係に着目し，構成の仕方を考察したり，図形の性質を見いだし，その性質を筋道を立てて考え説明したりすること。

(内容の取扱い)

(2) 内容の「B図形」の(1)については，平面を合同な図形で敷き詰めるなどの操作的な活動を重視するよう配慮するものとする。
(3) 内容の「B図形」の(1)のアの(エ)については，円周率は3.14を用いるものとする。

　第4学年では，四角形を構成する要素である辺どうしの平行，垂直といった位置関係に加えて，構成する要素どうしの相等関係を基に分類し，平行四辺形，ひし形，台形について学習してきた。また，例えば正方形や二等辺三角形を真ん中で二つに切ると，形も大きさも同じ図形ができることを経験してきている。

　第5学年では，図形を構成する要素及び図形間の関係に着目して，図形の構成の仕方を考えたり，図形の性質について更に考察したりすることをねらいとしている。図形の合同については，図形間の関係に着目し，与えられた図形と合同な図形をいかに構成すればよいかを考察する。多角形については，図形を構成する辺や角などの要素に着目して図形を弁別する。正多角形や円については，図形を構成する要素，並びに，図形を構成する要素の関係に着目することで，図形の性質を考察する。具体的には，円では直径と円周の長さに着目する。そして，見いだした性質について，筋道を立てて考え説明できるようにする。

　図形の合同や多角形の角についての性質は，中学校第2学年において更に深めて学習することになる。

ア　知識及び技能
(ア)　図形の形や大きさが決まる要素と図形の合同

　三角形など簡単な平面図形について，図形が「決まる」という意味を理解し，合同な図形を能率的にかくことができるようにする。図形が決まることについては，ふつう，目的とする図形と合同な図形ができることを指している。

　二つの図形がぴったりと重なるとき，つまり，形も大きさも同じであるとき，こ

の二つの図形は合同であるという。二つの図形が合同であるとき,対応する辺や対応する角の大きさは,それぞれ等しい。

　合同な図形を見付けたり,かいたり,つくったりする活動を通して,図形の形や大きさが一つに決まる要素について理解できるようにする。

　例えば,三角形は,三つの辺と三つの角があるが,それらの要素を全て用いなくても,三つの辺の長さが決まれば三角形が一つに定まること,二つの辺の長さとその間の角の大きさが決まれば三角形が一つに定まること,一つの辺の長さとその両端の角の大きさが決まれば三角形が一つに決まることについて気付いていけるようにする。

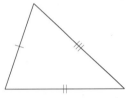
三つの辺の長さが決まる

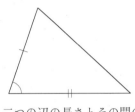
二つの辺の長さとその間の角の大きさが決まる

一つの辺の長さとその両端の角の大きさが決まる

　また,二つの図形が合同かどうか確かめる場合には,全ての辺や角を調べなくてもよいことに,次第に着目させるようにする。例えば,長方形は縦と横の長さが分かれば決まる,ひし形は二つの対角線の長さが分かれば決まる,円は半径の長さが分かれば決まる,正方形や正三角形は一辺の長さが分かれば決まるなど,図形が決まるという観点から既習の図形について見直しをすることで,三角形が合同になる条件に気付かせるようにする。

　その際,三角形の合同条件を覚えさせたり,形式的な推論をさせたりするなど深入りすることのないよう配慮する。これらは,中学校第2学年で学習する。

　また,二つの合同な図形が,ずらしたり,回したり,裏返したりして置かれた場合でも,その位置に関係なく,必要な辺と辺,角と角が対応していることが捉えられるようにする。

　このような合同の意味を理解し,合同の観点からこれまで学習してきた図形を見直すことも大切である。例えば,下の図のように,平行四辺形を対角線によって二つの三角形に分けると,合同な図形ができる。また,二つの合同な三角形を組み合わせて平行四辺形ができるし,合同な三角形をかくことで平行四辺形を作図することもできる。

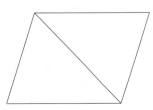
二つの合同な三角形に分割

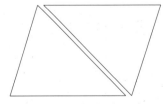
合同な二つの三角形の組み合わせ

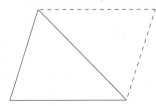
合同な三角形による作図

また,「内容の取扱い」の(2)では,「平面を合同な図形で敷き詰めるなどの操作的な活動を重視するよう配慮するものとする」と示している。合同な三角形,四角形によって平面を敷き詰めることができることを確かめ,敷き詰めた図形の中にほかの図形を認めたり,平行線の性質に気付いたりするなど,図形についての見方や感覚を豊かにすることを指導する。

(イ) 多角形についての簡単な性質

　多角形とは,三つ以上の直線で囲まれた図形である。例えば,6本の直線で囲まれた図形を,六角形という。

　ある図形について,いつでも成り立つような事柄がある。そうしたものを図形の性質という。例えば,三角形については,どんな三角形でも,三つの角の大きさを加えると180度になる。これは,三角形のもつ性質である。また,四角形については,どんな四角形でも,四つの角の大きさを加えると360度になる。これは,四角形のもつ性質である。この性質は,三角形の三つの角の大きさを加えると180度になるという性質を用いて説明することができる。さらに,五角形についても,三角形のこの性質を用いると,五つの角の大きさを加えると540度になることが分かる。このように,三角形や四角形など多角形の性質について理解できるようにする。

(ウ) 正多角形

　辺の長さが全て等しく,角の大きさが全て等しい多角形を,正多角形という。正三角形や正方形は,正多角形である。

　正多角形には,円の内側にぴったり入る（円に内接する）,円の外側にぴったり接する（円に外接する）などの性質がある。

　例えば,円に内接する正八角形の頂点と円の中心とを結んでできる八つの三角形は,二等辺三角形であり,全て合同である。また,六つの合同な正三角形を一つの頂点が共通になるように並べると,正六角形ができる。円周をその円の半径の長さで区切っていくことによってできる形は,半径と等しい長さを一辺にもつ正六角形になる。

　このように,正多角形について円と組み合わせて作図をしたり,正多角形についての性質を,円の性質と関連付けて調べたりできるようにする。

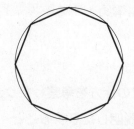 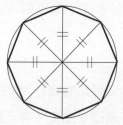 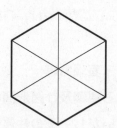 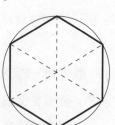

　なお,第3の「指導計画の作成と内容の取扱い」の2の(2)では次のように書かれている。

「数量や図形についての感覚を豊かにしたり，表やグラフを用いて表現する力を高めたりするなどのため，必要な場面においてコンピュータなどを適切に活用すること。また，第1章総則の第3の1の(3)のイに掲げるプログラミングを体験しながら論理的思考力を身に付けるための学習活動を行う場合には，児童の負担に配慮しつつ，例えば第2の各学年の内容の〔第5学年〕の「B図形」の(1)における正多角形の作図を行う学習に関連して，正確な繰り返し作業を行う必要があり，更に一部を変えることでいろいろな正多角形を同様に考えることができる場面などで取り扱うこと。」

これは，正多角形の学習に関連して，児童の負担に配慮し，コンピュータを活用して正多角形の作図をするプログラミングを体験することができることを示している。

(エ) 円周率

円については，第3学年で，円の中心，半径，直径などについて指導してきている。第5学年では，円周率の意味を指導する。

円について直径の長さと円周の長さとの間に何か関係がありそうだと気付かせ，円周の長さは直径の長さの何倍になるかとの見通しを立てさせる。例えば，円に内接する正六角形と円に外接する正方形を利用すれば，円周の長さは，正六角形の周りの長さ（半径の6倍）より大きく，正方形の周りの長さ（直径の4倍）より小さいという見通しをもつことができる。実際に幾つかの円について，直径の長さと円周の長さを測定するなどして帰納的に考えることにより，どんな大きさの円についても，円周の長さの直径の長さに対する割合が一定であることを理解できるようにする。この割合のことを円周率という。

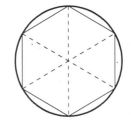
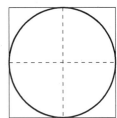

円周率を指導することにより，直径の長さから円周の長さを，また，逆に円周の長さから直径の長さを計算によって求めることができるなど，直径の長さ，円周の長さ，円周率の関係について理解できるようにする。

また，「内容の取扱い」の(3)では，「円周率は3.14を用いるものとする」と示している。

イ 思考力・判断力・表現力等

(ア) 図形を構成する要素及び図形間の関係に着目し，構成の仕方を考察したり，図形の性質を見いだし，その性質を筋道を立てて考え説明したりすること

図形を構成する要素に着目し，図形の性質を見いだすこと

図形の性質を調べるには，その図形を構成する要素に着目し，それらの関係を考

察していくことになる。第5学年では，辺の長さや角の大きさの数量的な関係について考察し，図形の性質を見いだしていく。

例えば，三角形の性質を見いだすには，三角形を構成する要素である三つの辺の長さや三つの角の大きさに着目し，その数量的な関係を探る。そこで，三角形の三つの角の大きさの和に着目すると，その和がどんな場合でも一定であるという三角形の性質を見いだすことができる。

図形間の関係に着目し，構成の仕方を考察すること

二つの図形の関係を考えたとき，その最も基本的な関係として，「ぴったり重なる」という図形の合同を取り上げことができる。低学年から具体的な操作を通して二つの図形を「ぴったり重ねる」ことを行ってきている。第5学年では，「ぴったり重ねる」といった具体的な操作ができない場合でも，ぴったり重なることが説明できないかを考える。図形を構成する要素に着目して，対応する辺の長さや角の大きさが等しいかどうかを考えていくことになる。ぴったり重なるという具体的な操作を，対応する辺の長さや角の大きさが等しいことに置き換えて考えている点が重要である。そして，条件をなるべく少なくして思考を節約しようとする考えから，図形を構成する要素のうちどの要素が定まれば図形が一つに決定するかという図形の決定条件に目を向け，一つに図形が定まることから合同な図形を作図することを導くことになる。

例えば，二つの三角形の合同においては，三角形を構成する要素である三つの辺の長さ，三つの角の大きさに着目し，対応する辺の長さ，角の大きさが等しいかどうかを探ることになる。条件をなるべく少なくするために，どの要素が定まれば三角形が一つに決定するかという三角形の決定条件に目を向け合同であることを導くことになる。そして，三角形の決定条件が明らかにされると，それを基に，合同な三角形を作図することが可能になる。

図形の性質を筋道を立てて考え説明すること

筋道を立てて考えることには，ある前提を基に説明していくという演繹的な考えが代表的なものである。帰納的な考えや類推的な考えもまた，根拠となる事柄を示すという点で，筋道を立てた考えの一つといえる。

例えば，三角形の三つの角の大きさに着目し，幾つかの三角形について，三つの角の大きさの和を探ってみる。分度器で測ったり，合同な三角形を敷き詰めたり，三つの角の部分を寄せ集めたりするなどすると，調べた三角形の三つの角の大きさの和は，どれも180度になることが見えてくる。このように，幾つかの具体的な例に共通する一般的な事柄を見いだすことを帰納的に考えるという。一つの三角形だけで180度になることを説明するのではなく，複数の三角形で180度になることを説明することで，説明がより確かなものになることを味わえるようにする。

さらに，三角形の三つの角の大きさの和が180度であることが分かると，それを基に発展的に考え，四角形の四つの角の大きさの和はどうなるかを考えることができる。

四角形の四つの角の大きさの和は，三角形の三つの角の大きさの和が180度であることを基にして考えることができる。このように，既に正しいことが明らかになっている事柄を基にして別の新しい事柄を説明していくことを演繹的に考えるという。

四角形の四つの角の和を基に説明する方法の代表的なものとして，次の二つの方法がある。①は四角形を1本の対角線で二つの三角形に分けて考える方法で，三角形の三つの角の大きさの和が180度であることを基にして，180度の2倍から360度を導き出す方法である。②は四角形の内部に点Eをとり，点Eと各頂点とを結んだ直線で四つの三角形に分けて考える方法で，三角形の三つの角の大きさの和が180度であることを基にして，180度の4倍から点Eの周りの角の大きさである360度を引いて360度を導き出す方法である。

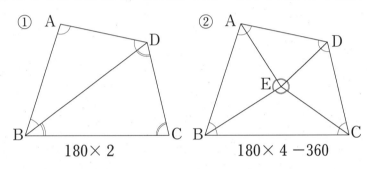

これらの考え方を活用して考え説明しながら，筋道を立てて考えることに興味をもたせるようにするとともに，筋道を立てて考えることのよさについても気付かせていくようにする。

B(2) 立体図形の性質

> (2) 立体図形に関わる数学的活動を通して，次の事項を身に付けることができるよう指導する。
> ア 次のような知識及び技能を身に付けること。
> 　(ア) 基本的な角柱や円柱について知ること。
> イ 次のような思考力，判断力，表現力等を身に付けること。
> 　(ア) 図形を構成する要素に着目し，図形の性質を見いだすとともに，その性質を基に既習の図形を捉え直すこと。

〔用語・記号〕 底面　側面

立体図形としては，第4学年で，立方体，直方体について，それを構成する要素（辺，面）に着目し，それらの平行及び垂直の関係について考察してきた。そして，立体図形を平面上にいかに表現するか，また逆に，平面上に表現された図からいかに立体図形を構成できるかを考察するとともに，日常の事象を図形の性質から捉え直してきている。これを受けて，第5学年では，角柱，円柱について指導する。図形を構成する要素である底面，側面に着目し，図形の性質を見いだすとともに，その性質を基に既習の図形を捉え直すことをねらいにしている。さらに，角錐，円錐については，中学校第1学年において指導される。

なお，〔用語・記号〕では，底面，側面という用語を示している。これらの用語を用いて説明したり，表現したりできるようにすることが大切である。

ア　知識及び技能
(ア)　角柱や円柱

基本的な角柱や円柱とは，直角柱や直円柱のことである。以下，直角柱を角柱，直円柱を円柱として示す。

角柱や円柱は，底面と側面とで構成される立体である。角柱は，底面が多角形で側面が長方形や正方形の立体である。例えば，底面が三角形である角柱を三角柱，四角形である角柱を四角柱と呼ぶ。このとき，立方体や直方体についても四角柱の中に含めて捉えることができるようにする。また，円柱は，底面が円の柱体であることを指導する。

これらの立体図形について，図形を観察するなどの活動を通して，角柱や円柱の構成要素である頂点や辺や面の個数や面の形を捉えたり，辺と辺，辺と面，面と面の平行，垂直の関係を捉えたりすることができるように指導する。

また，見取図や展開図をかくことを通して，辺と辺，辺と面，面と面のつながりや位置関係を調べることができるようにする。また，展開図をかいて立体を構成する活動を通して，角柱や円柱についての理解を深め，空間についての感覚を豊かにする。

イ　思考力・判断力・表現力等
(ア)　図形を構成する要素に着目し，図形の性質を見いだすとともに，その性質を基に既習の図形を捉え直すこと

図形を構成する要素に着目し，図形の性質を見いだすこと

図形を構成する要素として，頂点，辺，面を取り上げることができる。

角柱の底面は，三角形，四角形，五角形等があり，側面は，全て長方形や正方形である。角柱について図形を構成する要素に着目することで，図形を分類し名前をつけることができる。

また，角柱について，頂点の数，辺の数，面の数などをそれぞれ調べ，角柱につ

いて，頂点の数などの関係についてまとめることができるようにする。

見いだした図形の性質を基に既習の図形を捉え直すこと

　底面，側面の形により分類した後で，既習の立方体，直方体についても振り返り，統合的に捉えることができないかを探ってみることが大切である。そうすると，立方体，直方体は，底面，側面が共に長方形や正方形であることから，四角柱の仲間として解釈し直すことができる。

B(3) 平面図形の面積

> (3) 平面図形の面積に関わる数学的活動を通して，次の事項を身に付けることができるよう指導する。
> 　ア　次のような知識及び技能を身に付けること。
> 　　(ｱ)　三角形，平行四辺形，ひし形，台形の面積の計算による求め方について理解すること。
> 　イ　次のような思考力，判断力，表現力等を身に付けること。
> 　　(ｱ)　図形を構成する要素などに着目して，基本図形の面積の求め方を見いだすとともに，その表現を振り返り，簡潔かつ的確な表現に高め，公式として導くこと。

　第5学年では，第4学年における長方形や正方形の面積の学習を踏まえ，直線で囲まれた基本的な図形の面積について，必要な部分の長さを測り，既習の長方形や正方形などの面積の求め方に帰着させ計算によって求めたり，新しい公式をつくり出し，それを用いて求めたりすることができるようにすることを主なねらいとしている。そこで，既習の考えや経験を基に面積の求め方を考えたり，公式をつくったりする過程を重視することが大切である。

　三角形，平行四辺形，ひし形，台形というように，面積の計算による求め方を繰り返し考えることで，基本図形の面積の求め方を見いだすだけでなく，その表現を振り返り，簡潔かつ的確な表現に高め，公式をつくりだしていく資質・能力の育成を目指すことが大切である。

ア　知識及び技能
(ｱ)　三角形，平行四辺形，ひし形及び台形の面積の計算による求め方

　第5学年においては，三角形や平行四辺形，ひし形及び台形の面積について，図形の見方を働かせて，第4学年までに学習してきた長方形や正方形の面積の求め方に帰着し，計算によって求めることができることを理解することが大切である。そ

して，計算による求め方を通して公式にして，三角形や平行四辺形，ひし形及び台形の面積は公式で求められることを理解し，それらを公式を使って求められるようにする。

その際，三角形や平行四辺形の底辺や高さの関係の理解を確実にすることが必要である。等積変形といった図形の操作活動に伴って，底辺をどこにとるかで高さが決まることを理解させることが大切である。また，実際に底辺の取り方を変えて面積を求め，それぞれの結果を比べる活動を取り入れることから，底辺をどこにとっても面積は同じであることを実感を伴って理解できるようにする。

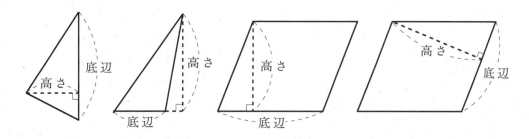

さらには，求積のためにどの部分の長さを測る必要があるかを考えることで，公式の理解を深め，活用できるようにすることも大切である。

例えば，右のような，多くの辺の長さが示されている場面において，平行四辺形の面積を求めようとするとき，必要な情報を自ら選び出し面積を求めるなどである。

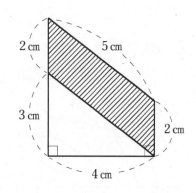

イ　思考力，判断力，表現力等
　(ア)　図形を構成する要素などに着目して，基本図形の面積の求め方を見いだすとともに，その表現を振り返り，簡潔かつ的確な表現に高め，公式として導くこと

基本図形の面積の求め方を見いだすこと

第5学年においては，基本図形の面積の求め方を，図形を構成する要素などに着目して，既習の求積可能な図形の面積の求め方を基に考えたり，説明したりすることが大切である。

特に，図形について，本学年において思考力，判断力，表現力等を発揮させる基となる数学的な見方・考え方を働かせることで，例えば次のような考えが導かれる。

① 　図形の一部を移動して，計算による求積が可能な図形に等積変形する考え
② 　既習の計算による求積が可能な図形の半分の面積であるとみる考え
③ 　既習の計算による求積が可能な図形に分割する考え

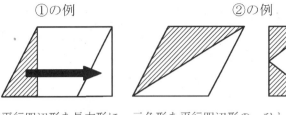
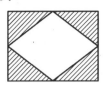
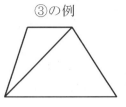

①の例　平行四辺形を長方形に等積変形する

②の例　三角形を平行四辺形の半分とみる／ひし形を長方形の半分とみる

③の例　台形を二つの三角形に分ける

　基本図形の面積の求め方を考える中で，上記のような数学的な見方・考え方を働かせることによって，児童が自ら工夫して面積を求めることができるようにすることが大切である。さらには，図形について数学的な見方・考え方を働かせることで，三角形などを組み合わせた形や一般の四角形などの面積の求め方を考え，測定できるようにするといった発展的に考察する態度を養うことも大切である。

　例えば平行四辺形の面積を求めることについては，(あ)のような高さが図形の内部にある平行四辺形を長方形に等積変形して面積を求めるだけでなく，(い)のような高さが図形の内部にない平行四辺形の面積を求める場面においても，図形の見方を活用して考え，説明することが大切である。ここでは，等積変形で(う)のように長方形に変形することや，(え)や(お)のように，(あ)で学習して求めることができるようになった平行四辺形に帰着させて面積を求めることを説明することが考えられる。

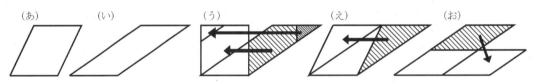

　また，台形の面積を求めるとき，例えば下の図のようにして既習事項の平行四辺形や三角形などの面積の公式を活用することも大切である。

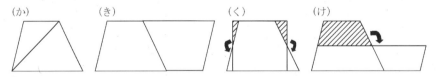

　(か)では，具体物を用いて「台形を対角線で切って，三角形二つに分割してそれぞれの面積を求めて計算した。」と説明することができる。また，(き)では，「合同な台形をもう一つもってきて，台形二つを組み合わせて平行四辺形にすると，このときの底辺は(上底)＋(下底)になる。」などと説明することができる。さらには，(く)や(け)では，「台形の一部を移動したら，今までに学習した図形にすることができたので，その図形の面積の公式を用いて計算できた。」などと説明することができる。

　このような活動を続けて行うことで，例えば，(さ)のような三角形の高さを二等分して等積変形し平行四辺形にして面積を求めようとする考えは，(し)のような特殊な三角形の場合や，(す)のような台形の場合でも活用できる考え方であることが

分かる。

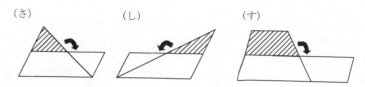

このように図形の面積の学習では,既習の面積の求め方の考えを活用することを繰り返すことにより,そのよさを実感することができるようにする。

面積の求め方の表現を振り返り,簡潔かつ的確な表現に高め,公式として導くこと

ある基本図形の面積の求め方を見いだしたら,もとの図形のどこの長さに着目すると面積を求めることができるのか,振り返って考えさせることが大切である。さらに,いつでも同じ要素などに着目することで,面積を求めることができるかどうかを確かめることによって,公式として導いていくようにする。

長方形に変形して面積を求める

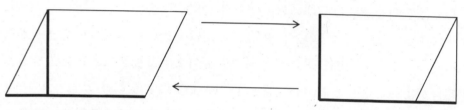

長方形の横と縦が平行四辺形のどこの長さに当たるのか調べる

B(4) 立体図形の体積

> (4) 立体図形の体積に関わる数学的活動を通して,次の事項を身に付けることができるよう指導する。
>   ア 次のような知識及び技能を身に付けること
>   (ア) 体積の単位(立方センチメートル(cm³),立方メートル(m³))について知ること。
>   (イ) 立方体及び直方体の体積の計算による求め方について理解すること。
>   イ 次のような思考力,判断力,表現力等を身に付けること。
>   (ア) 体積の単位や図形を構成する要素に着目し,図形の体積の求め方を考えるとともに,体積の単位とこれまでに学習した単位との関係を考察すること。

第1学年,第2学年でのかさの学習や,長さ,重さ,面積等の比較や測定の経験をしてきている。

第5学年では，立体の体積も面積などと同じように単位の大きさを決めるとその幾つ分として数値化して捉えることができるなど，立体の体積についてその単位や測定の意味を理解し，体積を求めることができるようにする。さらに，長方形などの面積の求め方と同じように，立方体や直方体の体積も，単位となる大きさに着目すると，図形の大きさを決定付ける辺の長さを基に計算で求めることが理解できるようにすることもねらいとしている。

第5学年の体積の学習においては，図形の面積と同様に，辺の長さなどを用いて計算によって求めることよさを理解できるようにすることが大切である。さらには，体積の単位間の関係についても振り返り，体積の大きさを実感をもって理解できるようにすることも大切である。

ア 知識及び技能

(ア) 体積の単位（cm³, m³）と測定

ここでは，面積を単位となる大きさを基に求めたことからの類推により，体積の単位としては空間を隙間なく埋め尽くす立体図形が適当であることについて理解できるようにする。そして，その立体図形としては一辺の長さでその大きさが決まる立方体が便利で，その一辺の長さが1cmや1mのように長さの単位の大きさであるものが都合がよいことなどについて理解できるようにする。

また，身の回りにある立方体や直方体の体積を実際に求める活動や，実際に1m³の大きさの立方体を観察する活動などにより，体積の大きさについての感覚が育成されるよう配慮する必要がある。なお，一辺が10cmの立方体の体積が1Lに当たることにも触れるようにする。

(イ) 立方体及び直方体の体積の計算による求め方

立方体や直方体は，一辺が1cmや1mなどの単位体積の立方体を積み重ねてつくることができる。したがって，長方形の面積を求めた場合からの類推によって，縦，横，高さを測ることによって，計算で体積を求めることができることを理解し，公式をつくることができるようにする。その際，例えば単位体積の立方体をきちんと敷き詰めた1段分の個数を（縦）×（横），その段の個数を（高さ）でそれぞれ表すことができることについての理解を確実にする必要がある。

また，身の回りにある立方体や直方体の体積を実際に求める体験的な活動により，体積についての量感を培うことができるよう配慮する必要がある。

さらに，具体物を用いたり図を用いたりして，縦と横の長さを固定した直方体について，高さが2倍，3倍，4倍，…になるときの体積の変化を考えさせるなどして，体積の公式の意味について，「C変化と関係」の比例の学習との関連で理解を深めさせることも大切である。このことが第6学年の角柱や円柱の体積の求積方法に活用される。

イ 思考力，判断力，表現力等
　(ｱ) 体積の単位や図形を構成する要素に着目し，図形の体積の求め方を考えるとともに，体積の単位とこれまでに学習した単位との関係を考察すること

体積の単位や図形を構成する要素に着目し，図形の体積の求め方を考えること

　立方体や直方体の体積を求める際，単位体積となる立方体を積み重ねないで体積を求めることについて考えることが大切である。その際，立方体や直方体には，単位体積となる立方体が規則正しく並んでいるので，乗法を用いると，手際よく個数を求めることができるよさに気付き，計算を用いて体積を求めたり，(直方体の体積)＝(縦)×(横)×(高さ)という公式を見いだしたりすることができるようにする。このことを通して，これまでに学習してきた乗法の一層の理解を深め，既習を基に統合的・発展的に考察する態度も養われる。

体積の単位とこれまでに学習した単位との関係を考察すること

　これまでに学習してきた長さ，面積などの単位間の関係と，体積の単位間の関係を比較し，総合的に考察することで，単位間の関係について理解を深めるとともに，既習の知識と結びつけて考えようとする態度を養うことが大切である。

長さの単位	1 cm	(10cm)	1 m
面積の単位	1 cm²	(100cm²)	1 m²
体積の単位	1 cm³	(1000cm³)	1 m³
かさの単位	1 mL	1 L	1 kL

　さらには，このような思考力，判断力，表現力が育成される学習を充実させることで，体積の大きさについての感覚を培うことが大切である。

C　変化と関係

C(1) 伴って変わる二つの数量の関係

(1) 伴って変わる二つの数量に関わる数学的活動を通して，次の事項を身に付けることができるよう指導する。
　ア　次のような知識及び技能を身に付けること。
　　(ｱ)　簡単な場合について，比例の関係があることを知ること。
　イ　次のような思考力，判断力，表現力等を身に付けること。
　　(ｱ)　伴って変わる二つの数量を見いだして，それらの関係に着目し，表や式を用いて変化や対応の特徴を考察すること。

〔用語・記号〕比例

　第4学年では，伴って変わる二つの数量について，それらの関係に着目し，表や式を用いて，変化や対応の特徴を考察することを指導してきた。

　第5学年では，変わり方の特徴として，簡単な場合についての比例の関係を知るとともに，第4学年から継続して，伴って変わる二つの数量を見いだし，それらの関係に着目し，表や式を用いて，変化や対応の特徴を考察する力を伸ばしていく。また，考察の方法や結果を振り返って，簡潔・明瞭で一般化された表現に工夫するなど，よりよく問題解決する態度を養うことも大切である。

　ここで育成される資質・能力は，第6学年の比例，反比例，中学校第1学年の比例，反比例などの考察に生かされるものである。

ア　知識及び技能

(ア)　簡単な場合の比例の関係

　第5学年では，伴って変わる二つの数量の関係の中から，特に簡単な場合について比例の関係を知ることをねらいとしている。簡単な場合とは，表を用いて，一方が2倍，3倍，4倍，…になれば，それに伴って他方も2倍，3倍，4倍，…になる二つの数量の関係について知る程度を指している。

　具体的な場面としては，「階段1段の高さが15cmときの階段の段数と全体の高さ」，「横の長さが6cmと決まっている場合の長方形の縦の長さと面積」などがある。表に数量を当てはめていくことで，比例の関係にあることを見いだすことができるようにする。

　その際，比例の関係は，これまでに指導した乗法の場面と深く関わっていることに気付かせることも大切である。また，見いだした関係を的確に捉えるために，「縦の長さが2倍，3倍，4倍，…になれば，面積も2倍，3倍，4倍，…になる」などのように言葉を用いて表すことができるようにする。

　このとき，1からの2倍，3倍，4倍，…を調べるだけでなく，2からも同様な関係になっていることも理解できるようにする。また，2倍や3倍であるということは，×2や×3をすることと考えれば，逆にみると÷2や÷3になっていることに触れる。

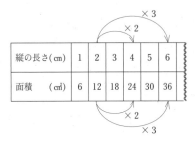 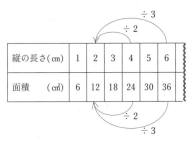

イ 思考力，判断力，表現力等
㋐ 伴って変わる二つの数量を見いだして，それらの関係に着目し，表や式を用いて変化や対応の特徴を考察すること

伴って変わる二つの数量を見いだし，それらの関係に着目すること

　第4学年では，加法，減法，乗法，除法の用いられる場合に関わって，伴って変わる二つの数量を見いだし，それらの関係に着目した。第5学年では，これらの理解の上に，簡単な場合についての比例の関係や加法と乗法など二つの演算が必要な場合に関わって，伴って変わる二つの数量を見いだし，それらの関係に着目していく。これまでと同様に，求めたい数量の大きさに対して，それと関係のある他の数量を使って調べられないかと考えて，事象を観察し，伴って変わる二つの数量を見いだす。そこでは，一方の数量を決めれば他方の数量が決まるかどうか，あるいは，一方の数量は他方の数量に伴って一定のきまりに従って変化するか，といった見方でみて，二つの数量の関係に着目する。考察の対象となる事柄の範囲を明確にすることも大切にしていく。

変化や対応の特徴を考察すること

　第4学年同様，第5学年においても，伴って変わる二つの数量の関係を，表や式を用いて表し，数量の間の変化や対応の特徴を考察して規則性などを見付けていく。その際，表や式を用いて表すことで，変化や対応についてのさらなる特徴を見いだしていくことも大切である。

　表を用いて変化や対応の規則性などを見いだすことは，考察の基礎となる。従って，表については，第4学年から継続して第5学年においても中心的に取り扱い，表を多様にみて活用できるようにする。簡単な場合の比例の関係では，数値の間の倍関係に着目しながら，変化の規則性を捉えていく。一方が2倍になれば，それに対応して他方も2倍になっていることを見いだしたのであれば，一方が3倍になったときはどうか，一方が4倍になったときはどうかなど，その規則性が，他の数値の間においても成り立つのかを確かめることが大切である。

　また，数を用いた式に表せないかと考えるなど，対応の規則性などを次第に式で考察していけるようにする。

　こうして見いだされた変化や対応における規則性を生かして，問題を解決する。その際には，規則性と知りたい数量との関係を捉え，筋道を立てて考えて，求めたい数量についての結果を導いていく。さらに，関数の考えを生かして問題を解決した後に，問題解決過程を振り返り，見いだしたきまりを基に，数値を変えるなどして問題場面の条件を変更することで，変化や対応の特徴を発展的に考察することも大切である。

C(2) 異種の二つの量の割合

> (2) 異種の二つの量の割合として捉えられる数量に関わる数学的活動を通して，次の事項を身に付けることができるよう指導する。
>
> ア 次のような知識及び技能を身に付けること。
>
> (ア) 速さなど単位量当たりの大きさの意味及び表し方について理解し，それを求めること。
>
> イ 次のような思考力，判断力，表現力等を身に付けること。
>
> (ア) 異種の二つの量の割合として捉えられる数量の関係に着目し，目的に応じて大きさを比べたり表現したりする方法を考察し，それらを日常生活に生かすこと。

第5学年では，これまでに学習した量のほかに，異種の二つの量の割合として捉えられる数量があることを学習する。異種の二つの量の割合として捉えられる数量の比べ方や表し方について理解し，その数量を求めるとともに，目的に応じて大きさを比べたり表現したりする方法を日常生活に生かすことができるようにすることを主なねらいとしている。

第5学年の速さなど単位量当たりの大きさの学習においては，基本的な量の性質をもっていない量を比較するのは初めてであるので，異種の二つの量の割合として捉えられる量を比べることの意味を十分理解できるようにすることが大切である。この意味の理解に基づいて，目的に応じて速さや人口密度などを考察する方法を工夫し，日常の事象の解決に活用することができる資質・能力の育成を目指すことが大切である。

ここで育成される資質・能力は，児童の生活に生かされるだけでなく，小学校のこれからの算数の学習や，中学校の理科における考察にも生かされるものとなる。

ア 知識及び技能

(ア) 速さなど単位量当たりの大きさ

児童は日常生活において，人の走る速さや乗り物が移動する速さなどを，速い，遅いなどと表現して捉える経験をしてきている。速さを量として表すには，移動する長さと，移動にかかる時間という二つの量が必要になる。速さを，単位時間当たりに移動する長さとして捉えると，（速さ）＝（長さ）÷（時間）として表すことができる。例えば，時速60kmの速さとは，1時間に60kmの長さを移動する速さということになる。

一方で日常生活などでは，速さを，一定の長さを移動するのにかかる時間として

捉えることがある。例えば100ｍ走などの競技では，100ｍを走るのにかかる時間によって速さを表している。時間が短いほど，速さが速いということになる。速さを，単位時間当たりに移動する長さとして捉えると，速いほど大きな数値が対応することになる。また，速さを，一定の長さを移動するのにかかる時間として捉えると，速いほど小さな数値が対応することになる。一般に速さについては速いほど大きな数値を対応させた方が都合がよいため，時間を単位量として，単位時間当たりの長さで比べることが多い。

　二つの量の割合で捉えられる数量を比べるとき，三つ以上のものを比べたり，いつでも比べられるようにしたりするためには，単位量当たりの大きさを用いて比べるとより能率的に比べられることを理解し，単位量当たりの大きさを用いて比べることができるようにすることが大切である。例えば，米の収量を比較するのに，1ａ当たりの収量で比べたり，人口の疎密を比べるのに1㎢当たりの人口，すなわち人口密度を用いたりすることが，これに当たる。

　イ　思考力，判断力，表現力等
　㈠　異種の二つの量の割合として捉えられる数量の関係に着目し，目的に応じて大きさを比べたり表現したりする方法を考察し，それらを日常生活に生かすこと

　速さなど単位量当たりの大きさの学習においては，まず，一つの量だけでは比較することができない事象に着目することが大切である。次に，そのような量は，どのようにすると比べることができるかを考えたり，数値化することができるかを考えたりすることが大切である。さらに，例えば速さであれば，単位時間当たりに移動する長さとして捉えたり，一定の長さを移動するのにかかる時間として捉えたりするなど，目的に応じた処理の仕方を工夫することが大切である。

　具体的には，次のような指導を通して，異種の二つの量の割合として捉えられる量を比べることの意味を十分理解させるように指導する。

　混み具合のように，一つの量，例えば人数だけに着目したのでは比べることができないし，単位となる数量が幾つ分あるかを数えるという測定の考えでも数値化することができない量があることを理解できるようにする。その場合，具体的な場面を用意して，長さや重さのような量と対比させながら，そのような量があることをできるだけ児童自身が見いだせるようにすることが大切である。

　例えば，運動場が混み合っているかどうかは，運動場の面積と運動場にいる児童の人数とを組み合わせなければ決められないことなどに，長さ比べや重さ比べと対比させながら気付かせることが考えられる。

　次に，このような量は，どのようにすると比べることができるか，どのようにして数値化したらよいかについて考えられるようにする。一般には，二つの量が関わっ

ているので,その一方を揃えてほかの量で比較する方法が用いられる。これらの考えを用いるときには,二つの数量の間に比例関係があるという前提がある。また,平均の考えなども前提にしている。そこで指導に当たっては,これらのことについても着目させ,その意味を理解させていくような配慮が必要である。例えば,混み具合を比べる場合,人数と面積の二つの量が関わっている。このとき,人数を2倍,3倍,4倍,…にしたとき,面積も2倍,3倍,4倍,…すれば混み具合が変わらないことを用いて,比較するときには,どちらか一方の量,例えば面積を揃えて,もう一方の量の人数の大小で比べると比べやすいことに気付かせる。つまり10㎡の部屋に7人いる場合と15㎡の部屋に10人いる場合について混み具合を比べる際,30㎡に揃えるとそれぞれ21人と20人になるが,このように面積を揃えて人数で比べることが考えられる。

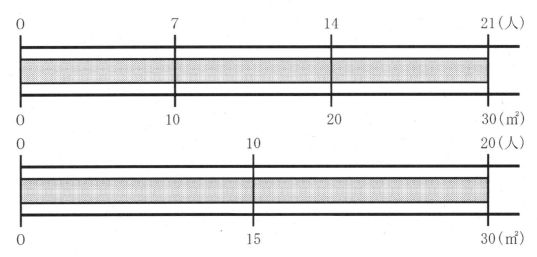

C (3) 割合

> (3) 二つの数量の関係に関わる数学的活動を通して,次の事項を身に付けることができるよう指導する。
>
> ア 次のような知識及び技能を身に付けること。
> 　(ア) ある二つの数量の関係と別の二つの数量の関係とを比べる場合に割合を用いる場合があることを理解すること。
> 　(イ) 百分率を用いた表し方を理解し,割合などを求めること。
>
> イ 次のような思考力,判断力,表現力等を身に付けること。
> 　(ア) 日常の事象における数量の関係に着目し,図や式などを用いて,ある二つの数量の関係と別の二つの数量の関係との比べ方を考察し,それを日常生活に生かすこと。

〔用語・記号〕 ％

（内容の取扱い）

(4) 内容の「C変化と関係」の(3)のアの(イ)については，歩合の表し方について触れるものとする。

　第4学年では，簡単な場合について，ある二つの数量の関係と別の二つの数量の関係とを比べる場合に割合を用いる場合があることを知るとともに，日常の事象において，二つの数量の関係に着目し，図や式などを用いて，二つの数量の関係どうしの比べ方を考察することを指導してきた。

　第5学年では，割合が小数で表される場合に考察の対象を広げ，ある二つの数量の関係と別の二つの数量の関係とを比べる場合に割合を用いる場合があることや百分率について理解するとともに，二つの数量の関係に着目し，図や式などを用いて，二つの数量の関係どうしの比べ方を考察し，日常生活に生かす力を伸ばしていくことをねらいとしている。また，割合を用いた比べ方のよさを感じて，学習や生活に生かそうとする態度とともに，考察の方法や結果を批判的に振り返り，よりよく問題解決する態度を養うことも大切である。

　ここで育成される資質・能力は，第6学年の比，中学校における「数と式」領域や「関数」領域などの考察，中学校の理科における考察に生かされるものである。

ア　知識及び技能
(ア) 割合

　二つの数量の関係を，割合を用いて比べるとは，二つの数量のうちの一方を基準にする大きさ（基準量）としたときに，もう一方の数量（比較量）がどれだけに相当するのかを，比較量を基準量で割った商で比べることである。この表された数（商）が割合である。

　ある二つの数量の関係と別の二つの数量の関係において，基準にする大きさが異なる場合に，割合を用いて，数量の関係どうしを比べることができる。全体と部分の大きさの関係どうし，部分と部分の大きさの関係どうしを比べる場合には，割合を用いる場合が多い。

　例えば，「シュートのうまさ」を比べる場合，全シュート数と入ったシュート数という全体と部分の関係に着目したり，入ったシュート数と入らなかったシュート数という部分と部分の関係に着目したりする。以下は，「シュートのうまさ」が0.6

の場合の,全シュート数と入ったシュート数の関係である。

> シュートのうまさ
> 10回中 6 回入る
> 20回中12 回入る
> 30回中18 回入る
> …

このように,0.6の割合で入る「うまさ」というのは,10回中6回入る,20回中12回入る,…などを,同じ関係とみることが必要であり,「全シュート数」と「入ったシュート数」の間の比例関係が前提となる。従って,この比較では,シュートのうまさは,差ではなく,割合でみて比べることが必要である。すなわち,「全シュート数」を基準量とし,その大きさを1として,それに対する「入ったシュート数」の割合を小数で表すことで,「シュートのうまさ」を比べていく。

第5学年では,基準量を1として,比較量を割合として小数で表すことで,資料の全体と部分,あるいは,部分と部分の関係どうしを比べる場合があることを理解し,そのような比べ方ができるようにする。

なお,割合は,「Bを基にしたAの割合」,「Bの□倍がA」など,様々な表現で示されるため,割合を示す表現の中から,基準量や比較量を明確にすることも必要となる。

(イ) 百分率

割合では,基準とする数量の大きさを適宜決めて,それを単位として用いる。基準量を1としたときに,割合が小数で表されるとき,割合をなるべく整数で表すために,基準量を100として,それに対する割合で表す方法が,百分率(パーセント,%)である。ある二つの数量の関係と別の二つの数量の関係とを割合を用いて比べる場合,百分率による割合の表し方を理解し,百分率を求めたり,用いたりすることができるようにする。

日常の生活では,百分率は,「欠席率が15%だった。」,「定価の20%引きで買った。」というような確定的な事象の関係を表すことに用いられる。また,天気予報などで「明日の降水確率は20%である。」というように不確定な事象に関して用いられることもある。このような場合にも百分率が用いられることについては中学校で学習する。

指導に当たっては,百分率が日常生活の中で用いられている割合の便利な表現であることに気付くことができるように配慮する。また,実際の問題の場面などでは,必要に応じて電卓等を用いて,適切に処理できるように配慮することも望ましい。

なお,「内容の取扱い」の(4)では,「歩合の表し方について触れるものとする」

と示している。ここで取り扱う歩合の意味については，百分率の場合と関連付け，基準とする大きさを10とみて，それに対する割合を「割」で表していることなどに触れるようにする。また，歩合も，百分率と同様，日常生活の中で用いられている割合の便利な表現であることに気付くことができるよう配慮する。

イ　思考力，判断力，表現力等

(ア) 日常の事象における数量の関係に着目し，図や式などを用いて，ある二つの数量の関係と別の二つの数量の関係との比べ方を考察し，それを日常生活に生かすこと

日常の事象における二つの数量の関係に着目すること

　第5学年では，日常の事象において，資料の全体と部分の関係どうし，部分と部分の関係どうしを比べる場面で，二つの数量の関係に着目する。すなわち，比べる対象を明確にし，比べるために必要となる二つの数量の関係を，比例関係を前提に，割合でみてよいかを判断する。そして，二つの数量の関係に着目し，問題の条件や割合の求め方を基に，何を基準量とし，何を比較量とするかなどを筋道を立てて考える。

　二つの数量の関係どうしを比べるときに，基準とする数量やその大きさをどのように決めるかは，何を目的としているかによって異なってくることが考えられる。全体の数量を基準とするか，部分の数量を基準とするか。基準とする数量を1として，それに対する割合を小数で表すか，あるいは，基準とする数量の大きさを1ではない数にして，それに対する割合を整数で表すか。また，割合を整数で表す場合であっても，基準とする数量を100として，それに対する割合で表すか，基準とする数量を10として，それに対する割合で表すか。目的に照らして，基準量やその大きさの決め方について判断をすることが大切である。

図や式などを用いて，数量の関係どうしの比べ方を考察すること

　日常生活の二つの数量の関係を考察する問題場面では，全体と部分の関係どうし，あるいは，部分と部分の関係どうしの比べ方を考察して，得られた割合の大小から判断したり，割合を使って計算をした結果から問題を解決したりする。その際，考察によって得られた結果を日常の事象に戻してその意味を考え，必要に応じて考察の方法や表現方法を見直すことが大切である。

　また，用いた方法や結果を振り返り，二つの数量の関係どうしを比べる場合に，どのような比べ方が適切であるかを考えることも大切である。例えば，差による比べ方や，一つの数量だけに着目する比べ方と比較することで，割合を用いて比べることの特徴やよさを考える活動を取り入れることができる。

　このとき，全体と部分の関係，部分と部分の関係は，テープ図や数直線などの図，式などを用いて，明瞭，的確に表すことができる。ある二つの数量の関係と別の二

つの数量の関係を割合を用いて比べるには，数量の関係を，これらの図や式などを用いて表したり，図や式から数量の関係を読み取ったりしていく。そのためには，第4学年同様，基準量と比較量をこれらの図や式に適切に表すこと，また，図や式から数量の関係を整理して捉えた上で，基準量と比較量を適切に選択し，割合を求めることが必要である。

なお，割合については全国学力・学習状況調査（『平成24年度全国学力・学習状況調査報告書』266ページ）などで課題が示されており，指導に当たっては，言葉と図や式を関連付けるような活動を取り入れることが大切である。以下は，「学級の男子と女子ではどちらの方が一輪車に乗れるかを調べた結果を表した表」から得られる数量の関係を，言葉，図，式で表したものである。

一輪車に乗れる人調べ（人）

	乗れる	乗れない	合計
男子	9	6	15
女子	12	8	20

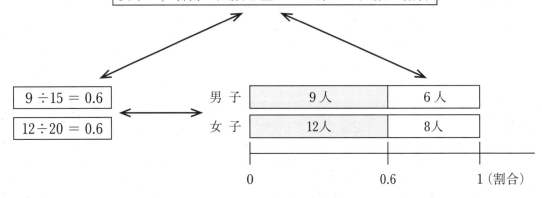

このように，図で表した関係を式にしたり，式に表した関係を図で表したり，図や式の意味を言葉で説明したりすることが大切である。

割合を用いた比べ方を日常生活に生かすこと

日常生活では，打率やシュート率，勝率など「どちらの方が上手なのだろうか」と割合を用いて比べることがある。また，「10%の増量」「1割引」など割合を用いている場面も多くある。このように割合を用いて比べる場面などについて，児童が割合を用いて考えることができるようにする。

D　データの活用

D(1)　円グラフや帯グラフ

---

(1) データの収集とその分析に関わる数学的活動を通して，次の事項を身に付けることができるよう指導する。

　ア　次のような知識及び技能を身に付けること。

　　(ア)　円グラフや帯グラフの特徴とそれらの用い方を理解すること。

　　(イ)　データの収集や適切な手法の選択など統計的な問題解決の方法を知ること。

　イ　次のような思考力，判断力，表現力等を身に付けること。

　　(ア)　目的に応じてデータを集めて分類整理し，データの特徴や傾向に着目し，問題を解決するために適切なグラフを選択して判断し，その結論について多面的に捉え考察すること。

（内容の取扱い）

---

(5) 内容の「Dデータの活用」の(1)については，複数の帯グラフを比べることにも触れるものとする。

　第4学年までに文字情報として得られる「質的データ」や数値情報として得られる「量的データ」，時間変化に沿って得られた「時系列データ」について表にまとめたり，グラフに表したりすることでデータの特徴や傾向を捉えることを学習してきている。

　第5学年では，目的に応じたデータの収集や分類整理，表やグラフの選択など，一連の統計的な問題解決ができるようになることや，結論について多面的に捉え考察することができるようになることをねらいとしている。またその過程を通じて，質的データや量的データについて全体と部分，部分と部分の間の関係を調べると特徴を捉えやすい事象があることに気付かせ，割合を示す円グラフや帯グラフに表したり，それを読み取ったりすることをねらいとしている。

　この内容は，第6学年での量的データに関する分布の中心や散らばりについての学習の素地となるものである。

ア 知識及び技能

(ア) 円グラフや帯グラフの特徴と用い方

円グラフも帯グラフも,事象にある数量の関係を割合で捉え,基準量と比較量との関係をグラフとして表したものである。

円グラフは,データを分類整理した際の各項目の割合に対応させて,円をおうぎ形に区切って表したグラフのことである。$\frac{1}{2}$や$\frac{1}{4}$といった割合を捉えやすいという特徴がある。なお,円グラフについては,10等分又は100等分の目盛りの入った用紙を用いる。

帯グラフは帯状の長方形を割合に対応させて幾つかの長方形に区切って表したものである。「内容の取扱い」の(5)では,「複数の帯グラフを比べることにも触れるものとする。」と示している。複数のデータについて項目の割合を比較するには,帯グラフが便利である。例えば,ある項目間の比較について,年次変化を合わせて分析する場合などである。ただし,複数の帯グラフを用いる際には,各帯グラフの合計が異なっている場合があり,そのような場合には割合が小さくなっていても実際のデータとしては大きいなど,見た目では比較ができない場合があるため注意が必要である。

右の図は,平成25年度全国学力・学習状況調査小学校算数Bの⑤の例であるが,平成22年と23年について,インターネットを利用して貸し出す割合は同じ60%であるが,合計冊数が異なっているため,それぞれの年のインターネットを利用して貸し出した本の冊数は異なっている。

(イ) 統計的な問題解決の方法

第5学年では,身の回りの事象について,その事象の因果関係や傾向を漠然と捉えるだけでなく,データに基づいて判断する統計的な問題解決の方法を知り,その方法で考察していくことができるようにする。

統計的な問題解決とは,以下に述べる「問題―計画―データ―分析―結論」という五つの段階を経て問題解決することである。

① 身の回りの事象について,興味・関心や問題意識に基づき,統計的に解決可能な問題を設定すること

② 見通しを立て,どのようなデータを,どのように集めるかについて計画を立てること

③　データを集めて分類整理すること
④　目的に応じて，観点を決めてグラフや表に表し，データの特徴や傾向をつかむこと
⑤　問題に対する結論をまとめるとともに，さらなる問題を見いだすこと

その際には，自分たちが学習した分析手法の中でどれを用いて分析するかを計画の段階で視野に入れたり，分析に合わせたデータの集め方などを考えたりすることも大切である。

また，得られた結論の意味や妥当性，問題解決の各段階が適切であったかについて，振り返って考え直す態度を養うことにも留意する。

イ　思考力，判断力，表現力等
(ア)　**目的に応じてデータを集めて分類整理し，データの特徴や傾向に着目し，問題を解決するために適切なグラフを選択して判断し，その結論について多面的に捉え考察すること**

目的に応じてデータを集めて分類整理すること

目的に応じてデータを集めて分類整理するためには，児童にとって身近な興味や気付きなどから，判断や考察したい事象を問題場面として設定できるようにすることが大切である。例えば「このクラスは風邪をひいている人が多い。」という気付きがあるとする。そこから，「自分たちの学校で風邪をひいている人が多いのは何年生なのか。」というような問題として設定できるようにし，解決する目的を明確にもてるようにする。

まず，問題を解決するために，データを集める計画を立てる。データの集め方に関して「かぜをひいている・ひいていない・かぜがなおった」のように，どんな選択肢を用意するのか，風邪をひいた回数までたずねるのか，といった点についても，分析を見通した計画を考えられるようにする。そして，第4学年までの学習を生かしながら，分類の観点を決め，データを整理する。

データの特徴や傾向に着目し，問題を解決するために適切なグラフを選択して判断すること

集めたデータを分析するに当たり，データの種類や項目の数を考え，目的に応じて，これまでに学習してきている簡単な表や二次元の表，棒グラフ，折れ線グラフ，円グラフ，帯グラフといった表現から適切なものを選択して表してみることで，データの特徴や傾向をつかみ，判断していくようにする。

例えば，「学年によって風邪をひいている児童の割合はどのように違うのか。」ということが問題であれば，学年別に風邪をひいている児童の割合を整理し，それを複数の帯グラフに表して並べてみることで，割合の違いを明確に捉えることができる。そうして，「風邪をひいている児童の割合は○年が他の学年より明らかに大き

い。」というような判断ができる。

結論について多面的に捉え考察すること

自分たちが出した結論やデータについて，別の観点から見直してみることで，異なる結論が導きだせないかどうかを考察できるようにする。そのためには，割合でみていたものを量で見直してみたり，観点を変えて整理し直してみたりすることが必要となる。

上の例では，風邪をひいている児童の割合が大きい学年が3年生だったとしても，風邪が治った人も併せると5年生の割合のほうが大きかった場合に，風邪をひいた人が多いのは3年生であると結論付けてよいのかどうかを再度検討してみることが考えられる。

D(2) 測定値の平均

---

(2) 測定した結果を平均する方法に関わる数学的活動を通して，次の事項を身に付けることができるよう指導する。

　ア　次のような知識及び技能を身に付けること。
　　(ｱ)　平均の意味について理解すること。
　イ　次のような思考力，判断力，表現力等を身に付けること。
　　(ｱ)　概括的に捉えることに着目し，測定した結果を平均する方法について考察し，それを学習や日常生活に生かすこと。

測定について，対象の大きさや測る目的によって適当な計器や単位を選ぶこと，目盛りの読み，測定値の表し方などの基本的な事柄は，第4学年までに指導してきている。

第5学年では，測定した結果について，平均を用いて，それを妥当な数値として示すことができるようにすることをねらいとしている。

測定する場合に，概測によりおよその大きさを捉えておくことは，測定に対する見通しを立て，測定の結果の誤りを少なくする上でも，適当な計器や単位を選択する上でも必要なことである。計器の目盛りを読み取って測定値を出す場合には，その目盛りが最小目盛りのどれに一番近いかによって末位を丸めたり，最小目盛りの間を目分量で10等分などして末位を決めることになり，その値が近似値になることを指導する。

ア　知識及び技能
　(ｱ)　平均の意味

平均については児童が形式的に計算できればよいというのではなく，その意味を理解することが必要である。測定した結果を平均する方法については，多いところから少ないところへ移動しならすという方法や，全てを足し合わせたのち等分するという方法が考えられるが，それらの方法と平均の意味を関連させて理解できるようにする。

　また，測定には必ず誤差が伴うことに気付かせ，それを考慮に入れた測定値の平均についても指導する。一般に，一つのものの測定値として幾つかの数量があったとき，それらを同じ大きさの数量にならすことでより妥当な数値が得られる場合がある。そこで，測定値を平均する考えを用いることを指導する。測定値を平均するのは，測定する対象がもつ真の値に近い値を得るためである。

　例えば，ある三角形の周りの長さを調べるために，何人かの児童が三つの辺の長さを測るとする。すると，1mmより細かくは物差しで測れないので誤差が生じることがある。そこで，何人かの児童が調べた結果を平均することで，真に近い値を得ようとする。また，歩測によってある長さを調べる場合，その処理方法としては，何度か往復して歩数を何回か測り，これを平均したものが用いられる。

　その際，飛び離れた値や，予想外の値があった場合にそのわけを調べさせ，場合によっては，それらを除いて平均を求めたりすることなども考えられるようにする。測定値を平均することは，日常生活だけでなく理科などでも活用して用いられるようにする。

　なお，測定値を使って計算するときには，答えの数の桁数を，測定値の桁数より多く出してもあまり意味がないことから，元の測定値の桁数程度にとどめるのが普通である。

イ　思考力，判断力，表現力等
　(ア)　概括的に捉えることに着目し，測定した結果を平均する方法について考察し，それを学習や日常生活に生かすこと

　何らかの対象を測定した際に，適当な計器を用いて正しく測った場合でも測るたびに測定値が若干異なっていたり，人によって値が異なったりすることがある。それらの値は真の値に近いものが得られていることは予想でき，また，多く得られている値がおそらく真の値に近いだろうということも予想できるはずである。そこから，得られた測定値を平均してみるということをすれば，集めた測定値のほとんどを生かすことができ，より信頼できる値を求めることができる。

　測定した結果を平均する方法については，多いところから少ないところへ移動させならすという方法や，全てを足し合わせたのち等分するという方法が考えられ，これらの方法について考察し，平均の考えを理科の学習をはじめ，日常生活に生かすことができるようにする。

(数学的活動)

> (1) 内容の「A数と計算」,「B図形」,「C変化と関係」及び「Dデータの活用」に示す学習については,次のような数学的活動に取り組むものとする。
> 　ア　日常の事象から算数の問題を見いだして解決し,結果を確かめたり,日常生活等に生かしたりする活動
> 　イ　算数の学習場面から算数の問題を見いだして解決し,結果を確かめたり,発展的に考察したりする活動
> 　ウ　問題解決の過程や結果を,図や式などを用いて数学的に表現し伝え合う活動

　それまでの算数の学習経験を踏まえて,児童が目的意識をもって数学的活動に主体的に取り組み,基礎的・基本的な知識及び技能を確実に身に付けるとともに,数学的な思考力,判断力,表現力等を高め,算数に関わりをもったり,算数を学ぶことの楽しさやよさを実感したりできるようにすることを重視する。

　日常の事象や算数の学習場面から算数の問題を見いだしたり,その解決に既習事項を活用しながら数,式,図やグラフなどの方法を有効に使うなどして思考したり表現したりできるようにする。

　なお,児童の発達の段階を考慮して,これらの数学的活動の視点は前の第4学年と同様の内容とする。

ア　日常の事象から算数の問題を見いだして解決し,結果を確かめたり,日常生活等に生かしたりする活動

　これまでの数学的活動での経験を踏まえて,児童が,日常生活における問題を算数を用いて解決できるように数理的に捉え,それを既習事項を活用しながら解決し,その結果を確かめるとともに日常生活などに生かす活動である。日常生活でのできごとを児童自らが算数の学習と結び付けて数理的に表現・処理する活動を通して,算数を利用することのよさを実感し,数学的な見方・考え方を働かせながら,既習の知識及び技能等を進んで活用していけるようにすることが大切である。

　第5学年における「日常の事象から算数の問題を見いだして解決し,結果を確かめたり,日常生活等に生かしたりする活動」として,例えば次のような活動が考えられる。

データに基づいて身の回りの問題を解決する活動～学年とけがの関係の考察～

この活動は,「Dデータの活用」の(1)の指導における数学的活動であり,目的に応じてデータを集めて分類整理し,データの特徴や傾向を分析して対策を立てることができるようにすることをねらいとしている。

日常生活において,問題に感じることや改善したいことなどに対して,ただ漠然と取り組んでみたり,勘や個人的な経験則を頼りにしたりしていても効果が出ないことがある。そういった事柄に対しては,データを収集し分析することで実態を的確に把握し,そこから解決策を見いだしたり効果的な対策を講じたりすることができることがある。

例えば,小学校のけがについて考察する場面において,児童は次のような数学的活動を遂行とすると考えられる。

けがについて学習していた際に,「下学年の児童の方が,けがが多そうだ。」という予想をしていたのに,保健だよりなどから,どの学年も同じくらいの人数がけがをしていることを知ったとする。

そこから「どの学年も,本当に同じようにけがをしているのか。」について調べていく。けがを

第1学年と第6学年のけがの種類(人)

	すりきず	きりきず	だぼく	ねんざ	その他
第1学年	60	22	9	0	6
第6学年	28	20	18	12	22

した人数が同じくらいであることが分かったが,ほかに何を調べれば詳しく分かるのかを考える。

学年によって人数が異なるので,単純に量だけで比べられないことから,調べる対象によっては,割合で比べることも必要であることが分かる。そして,「学年によって,けがをする場所に違いはあるのか。」「けがの種類には,違いがあるのか。」「けがの程度に違いはあるのか。」といったような調べる内容を決める。

どんなデータがあればよいのかを決めれば,次はそのデータを収集する必要がある。このときどのようにデータを収集するかについても検討できるようにすることが望ましい。

収集したデータを分析するため,これまでに学習したような表やグラフにまとめてみる。観点を二つ取り出して二次元の表に整理することや,その内訳を量的にみるなら棒グラフ,割合でみるなら帯グラフや円グラフというように目的に応じて適切なグラフを選択し表現して

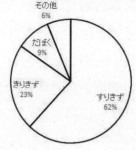

1年生のけがの種類と割合

6年生のけがの種類と割合

いく。

このとき，全員が同じ観点で分析をしているとは限らない。むしろ個人やグループごとの関心から様々な分析をしているだろう。そこで，その結果を交流することで，別の観点から分析した結果を知ることができる。例えば右のような棒グラフを見ると，1年生がすりきずが多いということだけでなく，下学年ではすりきずが多いという傾向が読み取ることができる。

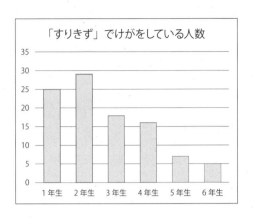

このようにして，データを集めて分類整理し，適切な表やグラフを選択して表現し，多面的に捉え考察することで的確な判断が可能となることを学ぶ機会とするのである。

また，このような活動の方法全体を振り返り，どのようにして結論に至ったかを整理することで，統計的な問題解決の方法を知ることの定着につながると考えられる。

こうした活動を通じて，自身が問題に感じたことに対して，データを通じて客観的に捉えようとする見方を養い，適切なデータ収集方法や分析の仕方を含めた問題解決の進め方を学び，進んで生活に生かそうとする態度の育成を目指す。

イ　算数の学習場面から算数の問題を見いだして解決し，結果を確かめたり，発展的に考察したりする活動

これまでの学習経験を踏まえて，児童が算数の問題に主体的に関わり自ら問題を見いだし，既習事項を基にして考えたり判断したりすることで解決が可能になったり，その結果を適切に表現したり処理したりするとともにそれを発展的に考察することが期待される。

算数の学習場面から自ら問題を見いだすために，事象を観察するとともに既習事項との関連を意識させるなどして問題解決の入口を丁寧に扱うことが大切である。また，これまでの学習で使用してきた具体物，図，数，式，表やグラフなどを活用して問題を解決し，その結果を確かめるだけでなく，それを発展的に考察する活動を位置付けることで，自ら算数を学び続け，算数を創ることの楽しさを実感できるようにすることが大切である。

第5学年における「算数の学習場面から算数の問題を見いだして解決し，結果を確かめたり，発展的に考察したりする活動」として，例えば次のような活動が考えられる。

乗法の意味を広げる活動〜乗数が小数の乗法〜

この活動は,「A数と計算」の(3)の指導における数学的活動であり,小数についての既習の内容を根拠に,数直線や図,式などを用いて,乗数が小数についての乗法の意味を見いだすことをねらいとしている。

小数の乗法では,乗数が整数のとき乗法の意味を基にして,乗数が小数の場合にも,乗法を用いることができるように意味を広げることを考える。

例えば,長さが示されていない1mのリボンと2.3mのリボンを観察し,「1mのリボンが120円のとき,もう一方のリボンはいくらだろうか」を考える場面では,児童は次のような数学的活動を遂行することが考えられる。

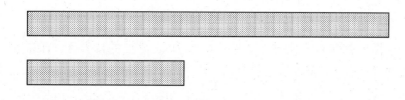

「240円ぐらい。」と予想を発表すると「どうして240円だと思ったの。」と根拠を問われ,例えば「長さが2倍だから,値段も2倍だと思ったから。」と答える。

実際に長さを当てて確かめると,2倍より少し長いことが分かる。

長さを聞き,2.3mであることを知る。

そこで,ある児童は,2mまでの代金と0.3mの代金に分けて,2.3mのときの代金を調べていくだろう。そして,1mが120円だから0.1mは12円であり,2.3mの代金は$120 \times 2 + 12 \times 3 = 276$で276円だと考えを進めていく。

また,ある児童は,1mから2.3mに2.3倍になることを基に,答えを求める式を考えていくだろう。長さが2倍のときは,代金は120×2で求めたので,2.3倍だから,120×2.3だと考えを進める。2.3倍という,小数を用いた倍は第4学年で学習している。

これらの考えを伝え合うことで学び合い,「このことを図でも説明できないかな。」と問題を焦点化する。

そこで,児童はそれぞれ,テープ図の下に数直線を引き,「ここまでが1倍とすると2倍や3倍はどこぐらいかな。」と倍の目盛りを書き加えていく。さらに「ここまでが120円とすると,2倍や3倍のところはどんな式で求められるのかな?」とテープ図を上に代金や代金を求める式の数直線を書き加える。2倍のところは120×2で240円,同じように,3倍のところは120×3で360円と書く。

「では,2.3倍のところはどんな式になるだろうか。」と考えを進め,式が120×2.3になることやその答えが276円であることも確認し合う。

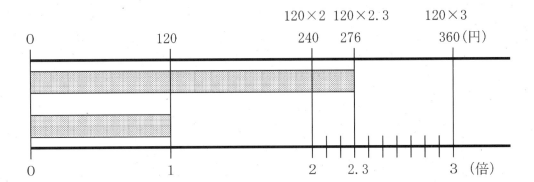

そして,「今までのかけ算は(一つ分の大きさ)×(幾つ分)で考えていたけど,120×2.3という式はどういうふうに考えたらいいのだろうか。」と振り返り,小数を用いた倍の意味を基に「120円を1としたときの2.3に当たる大きさを求める計算が120×2.3である」ことをまとめていく。

さらに,「120×2.3の答えを求める他の方法はないか。」と発展的に考え,乗数が小数の場合の計算の仕方について考察を深めていく。

このように,乗数が小数の場合の乗法の意味を,乗数が整数の場合の乗法の意味を基にして,考えられるようにすることが大切である。

図形を構成する要素に着目して合同な図形の作図の方法を見いだす活動
～三角形の合同～

この活動は,「B図形」の(1)の指導における数学的活動であり,図形を構成する要素に着目し,合同な図形をかく活動を通して,どの構成要素が決まれば図形の形や大きさが一つに決定するかという図形の決定条件を考えることをねらいとするものである。

ここでは,ぴったり重なるという具体的な操作を,対応する辺の長さや角の大きさが等しいかどうかに置き換えて考えていくことになる。

例えば,辺イウの長さが6cmであることのみを示した右のような三角形アイウを基に「この三角形と合同な三
角形をかくには,どうしたよいのだろう。」という問題の場面では児童は次のような数学的活動を遂行することが考えられる。

「合同な図形は,全ての対応する辺の長さと角の大きさが等しかったから,辺の長さや角の大きさが知りたい。」「でも,全ての辺の長さや角の大きさを調べる必要があるのだろうか。」と話し合ったり,「辺イウが決まったということは,三角形の三つの頂点のうち,二つが決まったということだ。」と考えを進めたりする中で,「あと一つの頂点アの位置を決めるには,何を調べたらよいだろう。」と問題を焦点化していくだろう。

例えば,まず,辺アイの長さを調べた児童は次のように考えを進めるだろう。

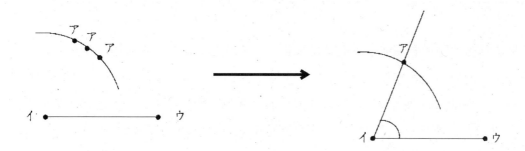

頂点アの位置が決まらない。　角イの大きさを調べると,頂点アの位置が決まる。

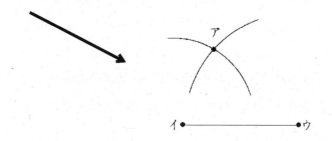

辺アウの長さを調べると,頂点アの位置が決まる。

　このように調べていくことを通して,三つの構成要素をうまく選ぶと,三角形が一つに決定することに気付いていく。
　そして,ほかに調べた児童と交流し,三角形が決まる条件はほかにもあるがそれをもとにすると,合同な三角形を書くことができることを見いだしていく。
　「正三角形や二等辺三角形の場合は,どうだろう。」「四角形の場合は,どうだろう。」などと別の図形について発展的に考えることも考えられる。新たな図形を考察する観点を学んだら,その観点で既習の図形について見直そうとする態度が育成されることも大切である。

ウ　問題解決の過程や結果を,図や式などを用いて数学的に表現し伝え合う活動

　これまでの数学的活動を踏まえて,これまでの学習で使用してきた図や式などを活用して自ら取り組んでいる問題解決の過程やその結果を分かりやすく表現し,他者と伝え合うなど対話的に学ぶことを目指す。問題解決における思考の過程や判断の結果などを数学的に表現するためには,図や式などを適切に用いて的確に表現する必要がある。また,思考した過程や結果などを数学的な表現を用いて伝え合う機会を設け,数学的に表現することのよさを実感できるようにすることも大切である。さらに,対話的に伝え合うことにより,お互いの考えをよりよいものにしたり,新たなことを見いだしたりする機会が生まれることを経験できるようにする。

第5学年における「問題解決の過程や結果を,具体物や図などを用いて数学的に表現し伝え合う活動」として,例えば次のような活動が考えられる。

図形の特徴や図形を構成する要素に着目して面積の求め方を考察する活動
～台形の面積の公式作り～

この活動は,「B図形」の(3)の指導における数学的活動であり,図形の特徴や図形を構成する要素に着目して,図形の面積の求め方を考え,図と式を関連付けて説明することを通して,問題解決の過程や結果を数学的に表現する力を高めることをねらいとしている。

これまでに,児童は,正方形や長方形の面積の求め方について,辺の長さに着目し,計算によって面積を求めることのよさに気付き,図形を構成する要素である辺に着目することで面積の公式を作ることを考えてきている。第5学年では,これらの経験を踏まえて,図形の見方や既習の面積を求める公式の作り方を活用し,三角形や平行四辺形,台形及びひし形の面積の求め方を工夫して考え,その考え方を公式へと表現を高めていく。

例えば,右の図のような上底が2cm,下底が8cm,高さが4cmの台形の面積を求め方を考えたことを基に,台形の公式をつくる場面で,児童は次のような数学的活動を遂行すると考えられる。

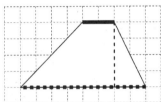

台形の面積の求め方として,例えば次の二つの場合を児童が考えたとする。

「台形を二つ合わせて平行四辺形にしました。底辺が(2+8)で高さが4なので平行四辺形の面積が求められます。その面積の半分なので÷2をしました。(2+8)×4÷2=20です。」

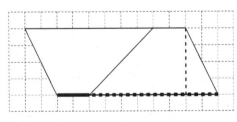

「台形を横に切って一部を移動して平行四辺形にしました。底辺が(2+8)で高さが4÷2なので,(2+8)×(4÷2)=20です。」
などのように考えたことを伝え合い,お互いの考えを共有していく。

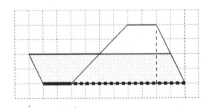

そこで,これらの活動を振り返り,面積の公式を知っている図形に台形を変形したことから,台形の面積が求められたことをまとめる。

ここでさらに,三角形や平行四辺形と同じように「台形も公式があるといいのではないか。台形の公式を考えよう。」という問いをもつことが考えられる。

そこでまず,平行四辺形や三角形のとき,どのように公式を作ったのかを振り返

る。
① 面積を計算した図形の辺や高さなどが，もとの図形の辺や高さなどに当たるかを捉える。
② 数値を用語に置き換え，言葉の式に表す。
③ 幾つかの考えの共通点を見付けて公式にする。

そこで，このことを基に台形の公式を作っていく。

台形を二つ合わせて平行四辺形にする考えでは，次のように考えるだろう。

$$(\underset{\substack{\uparrow \\ \text{台形の}\\ \text{上の辺の長さ}}}{2} + \underset{\substack{\uparrow \\ \text{台形の}\\ \text{下の辺の長さ}}}{8}) \times \underset{\substack{\uparrow \\ \text{台形の高さ}}}{4} \div \underset{\substack{\uparrow \\ \text{面積が半分}}}{2} = 20$$

このことから((上底)＋(下底))×高さ÷2という台形の公式を導くことができる。

また，台形を横に切って一部を移動して平行四辺形にする考えでは，次のように考えるだろう。

$$(\underset{\substack{\uparrow \\ \text{台形の}\\ \text{上の辺の長さ}}}{2} + \underset{\substack{\uparrow \\ \text{台形の}\\ \text{下の辺の長さ}}}{8}) \times \underset{\substack{\uparrow \\ \text{台形の高さの半分}}}{(4 \div 2)} = 20$$

このことからも((上底)＋(下底))×高さ÷2という台形の公式を導くことができる。

このように幾つかの求め方を公式にしていき，どの求め方からも((上底)＋(下底))×高さ÷2が導けることを確認して公式としてまとめる。

これらの経験を通して，図と式を関連付けて考える力や，式に表現したことを公式という簡潔・明瞭・的確な表現に高めていく力の育成を目指す。

第6節　第6学年の目標及び内容

●1　第6学年の目標

> (1) 分数の計算の意味，文字を用いた式，図形の意味，図形の体積，比例，度数分布を表す表などについて理解するとともに，分数の計算をしたり，図形を構成したり，図形の面積や体積を求めたり，表やグラフに表したりすることなどについての技能を身に付けるようにする。
>
> (2) 数とその表現や計算の意味に着目し，発展的に考察して問題を見いだすとともに，目的に応じて多様な表現方法を用いながら数の表し方や計算の仕方などを考察する力，図形を構成する要素や図形間の関係などに着目し，図形の性質や図形の計量について考察する力，伴って変わる二つの数量やそれらの関係に着目し，変化や対応の特徴を見いだして，二つの数量の関係を表や式，グラフを用いて考察する力，身の回りの事象から設定した問題について，目的に応じてデータを収集し，データの特徴や傾向に着目して適切な手法を選択して分析を行い，それらを用いて問題解決したり，解決の過程や結果を批判的に考察したりする力などを養う。
>
> (3) 数学的に表現・処理したことを振り返り，多面的に捉え検討してよりよいものを求めて粘り強く考える態度，数学のよさに気付き学習したことを生活や学習に活用しようとする態度を養う。

　小学校修了時において算数の学習で身に付ける資質・能力である。基礎的・基本的な概念及び意味や性質などを生かしながら日常の事象や算数の学習場面から見いだした問題の解決に取り組み，常によりよいものを求めて粘り強く考えていくとともに，数学的に表現・処理したことを振り返り，そのよさに気付き学習したことを活用していくことを重視する。

　(1)では，第6学年の四つの領域で身に付ける知識及び技能について示した。

　「知識」に関しては，基本的な数量や図形の概念及び意味，性質や数量関係，表やグラフなどの意味の確実な理解が重要になる。例えば，分数の乗法や除法の学習では，乗法及び除法の意味に着目し，第5学年に引き続き乗数や除数が分数である場合まで数の範囲を広げて乗法及び除法の意味を理解する。数の範囲を広げることで計算の意味の拡張が行われ，ここでも知識の捉え直しが行われることになる。

　また，「技能」に関しては，小学校での算数の学習で身に付けた技能を生かしながら，適切な数理的な処理や表現ができるようにすることが必要である。例えば，

分数の乗法及び除法の学習では，分数の乗法及び除法についても整数の場合と同じ関係や法則が成り立つことを生かしながら，分数の乗法及び除法の計算ができるようにする。ここでも第5学年に引き続き発展的な場面においても活用可能な技能になるように指導することが大切である。

(2)においても，第6学年の四つの領域で身に付ける思考力，判断力，表現力等を数学的な見方・考え方と対応する形で示した。

「A数と計算」では，数とその表現や計算の意味に着目し，発展的に考察して問題を見いだすとともに，目的に応じて多様な表現方法を用いながら数の表し方や計算の仕方などを考察する力を養う。数やその表現の仕方及び数量の関係に着目するとともに数の表現方法を目的に合わせて考察したり，それらを日常生活に生かせるようにしたりする。また，数量の関係に着目して，分数の乗法及び除法の計算の仕方を考えたり計算に関して成り立つ性質を見いだしたりするとともに，計算に関して成り立つ性質を活用した計算の工夫やその確かめができるようにする。さらに，数量の関係を簡潔かつ一般的に表現したり，式の意味を読み取ったりすることができるようにする。

「B図形」では，図形を構成する要素や図形間の関係などに着目し，図形の性質や図形の計量について考察する力を養う。平面図形を対称の視点から，図形を構成する要素や図形間の関係に着目しながら，図形の構成の仕方やその性質を見いだし説明したり，それを基に既習の基本図形を捉えなおしたり日常の事象の考察に生かしたりすることを重視する。また，図形の計量の視点から量の単位や図形を構成する要素に着目し，図形や概形の面積や体積の求め方について論理的に考察できるようにする。

「C変化と関係」では，変化や対応の特徴を見いだして，二つの数量の関係を表や式，グラフを用いて考察する力を養う。これまでの数量の関係の学習を踏まえて，日常の事象における伴って変わる二つの数量及びそれらの関係に着目し，図，表，グラフ，式などを用いて，比例や反比例における変化及び対応や比における数量の関係の比べ方を考察するとともに，その結果を日常生活で生かせるようにする。

「Dデータの活用」では，身の回りの事象から設定した問題について，目的に応じてデータを収集し，データの特徴や傾向に着目して適切な手法を選択して分析を行い，それらを用いて問題解決したり，解決の過程や結果を批判的に考察したりする力を養う。これまでの学習で学んだ統計の問題解決過程を生かして，身の回りの事象から目的に応じたデータの収集，表や柱状グラフなどの選択と表現，それを用いた問題解決及び解決過程や結果の批判的な考察を重視する。統計の問題解決の過程を重視しながら，データの特徴や傾向に着目し，目的に応じて代表値などを活用して結論の判断をすることを重視する。また，事象の特徴に着目し，順序よく整理

する観点を決めて，落ちや重なりなく調べる方法を考察することができるようにする。

(3)では，学びに向かう力，人間性等の目標を示した。第6学年では，数学的に表現・処理したことを振り返り，多面的に捉え検討してよりよいものを求めて粘り強く考える態度，数学のよさに気付き学習したことを生活や学習に活用する態度を養う。これまでの算数の学習での経験を踏まえ小学校修了時に身に付ける態度などとして，数学的に表現・処理したことを振り返るとともに，問題解決の結果を多面的に捉えて検討し，それをよりよいものにするために粘り強く考えていくことを重視し，さらに，それらを生活や学習へ活用することを期待している。算数に主体的に関わりよりよいものを創り上げていくという立場から，問題解決の結果を常に評価・改善し続けていく姿勢を中学校につなげていく。

2 第6学年の内容

A 数と計算

A(1) 分数の乗法，除法

> (1) 分数の乗法及び除法に関わる数学的活動を通して，次の事項を身に付けることができるよう指導する。
>   ア 次のような知識及び技能を身に付けること。
>   (ア) 乗数や除数が整数や分数である場合も含めて，分数の乗法及び除法の意味について理解すること。
>   (イ) 分数の乗法及び除法の計算ができること。
>   (ウ) 分数の乗法及び除法についても，整数の場合と同じ関係や法則が成り立つことを理解すること。
>   イ 次のような思考力，判断力，表現力等を身に付けること。
>   (ア) 数の意味と表現，計算について成り立つ性質に着目し，計算の仕方を多面的に捉え考えること。

(内容の取扱い)

> (1) 内容の「A数と計算」の(1)については，逆数を用いて除法を乗法の計算としてみることや，整数や小数の乗法や除法を分数の場合の計算にまとめることも取り扱うものとする。
> (2) 内容の「A数と計算」の(1)については，第3学年から第6学年までに示す小数や分数の計算の能力を定着させ，それらを用いる能力を伸ばすことに配慮するものとする。

　第5学年までに，整数及び小数の四則計算について，計算の意味に着目し，計算の仕方を考えたり，それらを日常生活に生かしたりすることを指導してきた。また，分数の加法及び減法について，分数の意味や表現に着目し，計算の仕方を考えることを指導してきた。

　第6学年では，分数の乗法及び除法の計算の仕方を考え，それらの計算ができるようにすることや数の意味と表現，計算に関して成り立つ性質に着目し，多面的に捉え，計算の仕方を考える態度や能力を高めることが主なねらいである。この学習は小学校において学ぶ数についての四則計算のまとめとなる。

　ここで育成される資質・能力は，中学校数学における「負の数」「無理数」といった数を拡張したときの計算の考察などに生かされるものである。

　なお，「内容の取扱い」の（2）では，「第3学年から第6学年までに示す小数や分数の計算の能力を定着させ，それらを用いる能力を伸ばすことに配慮するものとする」と示している。計算を用いる能力には，基礎的・基本的な計算の技能に習熟することや，計算を生活や学習に活用することなどが含まれる。これまでに児童が身に付けてきた計算の技能は，生活や学習で必要となる計算の基になるものであるし，また，より複雑な計算を進めるための基になるものでもある。

ア　知識及び技能
(ア)　分数の乗法及び除法の意味

　分数の乗法及び除法の意味については，整数の乗法及び除法から小数の乗法及び除法へと拡張された乗法及び除法の意味を適用できるように指導する。すなわち，小数の乗法及び除法の計算の考え方を基にして，乗数や除数が分数の乗法及び除法の意味について理解できるようにする。

　乗法の意味は，基準とする大きさとそれに対する割合から，その割合に当たる大きさを求める計算と考えられる。Bを「基準にする大きさ」，pを「割合」，Aを「割合に当たる大きさ」とするとき，$B \times p = A$ と表すことができる。

　除法の意味は，割合を求める場合（$A \div B = p$）と基準にする大きさを求める場合（$A \div p = B$）の二つが考えられるが，いずれにしても乗法の逆であると捉えら

れるようにする。

(イ) 分数の乗法及び除法の計算

第6学年では，分数の乗法及び除法の計算ができるようにする。

「内容の取扱い」の(1)に示す逆数については，除法の計算は逆数を用いることによって乗法の形に置き換えることができることを指導する。例えば，$\frac{2}{5} \div \frac{3}{4}$の計算は，除数の$\frac{3}{4}$の逆数は$\frac{4}{3}$であることから，$\frac{2}{5} \times \frac{4}{3}$と表すことができる。

また，整数や小数の乗法や除法を分数の場合の計算にまとめることも指導する。例えば，$5 \div 2 \times 0.3 = \frac{5}{1} \times \frac{1}{2} \times \frac{3}{10} = \frac{5 \times 1 \times 3}{1 \times 2 \times 10}$と分数の形にまとめて表すことができる。

分数の計算については，真分数や仮分数の計算を中心に扱い，帯分数を含む計算については児童の実態によって扱うものとする。分数の乗法及び除法については，帯分数で表すよりも仮分数で表す方が計算を進めやすくなる。このことに児童が気付くことができる程度でよい。いたずらに複雑な計算を指導するのではなく，分数の計算を生活や今後の学習へ活用できるようにすることを重視する必要がある。

(ウ) 計算に関して成り立つ性質の分数への適用

分数についても，整数や小数の場合と同じように交換法則，結合法則，分配法則が成り立つことを理解できるようにする。

また，乗数が2倍，3倍，4倍，…になると積も2倍，3倍，4倍，…なるという乗法の性質がある。また，除数及び被除数に同じ数をかけても，同じ数で割っても商は変わらないという除法の性質がある。こうした性質が，分数の乗法及び除法についても成り立つことを理解できるようにする。

イ 思考力，判断力，表現力等

(ア) 数の意味と表現，計算について成り立つ性質に着目し，計算の仕方を多面的に捉え考えること

分数の乗法及び除法については，分数の意味や表現に着目したり，乗法及び除法に関して成り立つ性質に着目したりして，分数の乗法及び除法について多面的に捉えて，計算の仕方について，児童が工夫して考え出せるようにする必要がある。

分数の意味や表現に着目することとは，分数の意味に基づいて$\frac{a}{b}$を$\frac{1}{b} \times a$と捉えたり，$a \div b$を$\frac{a}{b}$とみたり$\frac{a}{b}$を$a \div b$とみたりするなど分数を除法の結果と捉えたりすることなどである。

例えば，分数の意味と表現に着目して，乗数を単位分数の幾つ分とみると，$\frac{4}{5} \times \frac{2}{3}$という分数の乗法を次のように計算することができる。

$$\frac{4}{5} \times \frac{2}{3} = \frac{4}{5} \times \frac{1}{3} \times 2 = \frac{4}{5} \div 3 \times 2 = \frac{4 \times 2}{5 \times 3} = \frac{8}{15}$$

また，乗数の$\frac{2}{3}$を$2 \div 3$の結果とみると，次のように求めることができる。

$$\frac{4}{5} \times \frac{2}{3} = \frac{4}{5} \times 2 \div 3 = \frac{4 \times 2}{5 \times 3} = \frac{8}{15}$$

計算に関して成り立つ性質に着目することとは,乗法に関して成り立つ性質や除法に関して成り立つ性質,交換法則,結合法則などの四則に関して成り立つ性質に着目することである。

例えば,除法に関して成り立つ性質を用いると,$\frac{2}{5} \div \frac{3}{4}$ という分数の除法を次のように計算することができる。

$$\frac{2}{5} \div \frac{3}{4} = \left(\frac{2}{5} \times 4\right) \div \left(\frac{3}{4} \times 4\right) = \left(\frac{2}{5} \times 4\right) \div 3 = \frac{2 \times 4}{5 \times 3} = \frac{8}{15}$$

また,

$$\frac{2}{5} \div \frac{3}{4} = \left(\frac{2}{5} \times \frac{4}{3}\right) \div \left(\frac{3}{4} \times \frac{4}{3}\right) = \left(\frac{2}{5} \times \frac{4}{3}\right) \div 1 = \frac{2}{5} \times \frac{4}{3} = \frac{2 \times 4}{5 \times 3} = \frac{8}{15}$$

と求めることもできる。

なお,このように計算に関して成り立つ性質などを用いて計算の仕方を考えることは,抽象度が高く,児童によっては分かりにくいということがある。そういう場合は,適宜,面積図などの図を用いて考えさせることも大切である。

このように,数の意味と表現,計算に関して成り立つ性質に着目することで,多面的に捉えて,筋道を立てて計算の仕方を考えるなどして,数学的な見方・考え方を伸ばしていくよう指導する。

A(2) 文字を用いた式

> (2) 数量の関係を表す式に関わる数学的活動を通して,次の事項を身に付けることができるよう指導する。
>
> ・ア 次のような知識及び技能を身に付けること。
>   (ア) 数量を表す言葉や□,△などの代わりに,a, x などの文字を用いて式に表したり,文字に数を当てはめて調べたりすること。
> イ 次のような思考力,判断力,表現力等を身に付けること。
>   (ア) 問題場面の数量の関係に着目し,数量の関係を簡潔かつ一般的に表現したり,式の意味を読み取ったりすること。

第5学年までに,変わり方や計算法則などを式に表す場面などで,数量の関係に着目し,言葉や□,△などの記号を用いて式に表すことを経験してきている。

第6学年では,これまで学習してきたことを基に,a, x などの文字を使って未知の数量や任意の数を表すとともに,数量の関係に着目し簡潔かつ一般的に式に表したり,式から具体的な事柄を読み取ったりして考察できるようにする。また,文字に順序よく数を当てはめて答えを求めるなど,問題解決に文字を用いた式を活用

することで，数量の関係や自分の思考過程を簡潔に表現できるよさに気付き，進んで生活や学習に活用できるようにする。

文字の使用については，第6学年全体を通じて少しずつ活用場面を広げていき，中学校における文字式の学習の素地を養うことが大切である。

ア　知識及び技能

(ｱ)　文字を用いた式

第5学年までに変化の仕方や計算法則など，数量の関係を言葉の式に表したり，未知数や変数などを□，△などを用いて式に表したりしてきている。この理解の上に，第6学年では，数量を表す言葉や□，△などの代わりに，a, xなどの文字を用いて式に表し，文字の使用に次第に慣れることができるようにする。その際，数を当てはめて調べる活動などを通して，文字には，小数や分数も整数と同じように当てはめることができることを理解する。

文字が未知の数量を表す場合について，その処理の仕方は，□や△を用いた場合と同様である。文字が表す未知の数量を求めるためには，逆算をしたり，文字に順序よく数を当てはめたりして考察する。

文字が変量を表す場合については，二つの数量の関係を二つの文字を用いた式に表す。一方の文字に当てはめる数を決めたときの，他方の文字に当てはまる数を求めることができるようにする。

また，計算法則などを文字を用いた式に表すこともある。この場合はいろいろな数を文字に当てはめて式が成り立つことを確認する。

なお，比例や反比例の学習では，中学校では定数としてaという文字を扱うことがあるが，定数としての文字については中学校で扱う。

このような経験を積み重ねることで，以降の学習や中学校数学でも，文字を用いた式を積極的に活用していける素地を養うようにする。

イ　思考力，判断力，表現力等

(ｱ)　問題場面の数量の関係に着目し，数量の関係を簡潔かつ一般的に表現したり，式の意味を読み取ったりすること

第6学年では，数量を表す言葉や□，△などの代わりに，a, xなどの文字を用いて式に表し，数量の関係を簡潔にしかも一般的に表現できるようになることが大切である。

そして，文字を用いて表した式について，具体的な事柄を読み取ったり，文字に順序よく数を当てはめたりして，問題解決に生かすようにする。例えば，底辺の長さが4 cmの平行四辺形がある。この平行四辺形の高さをa cm，面積をb cm²として，平行四辺形の高さと面積の数量の関係を式に表すと，$4 \times a = b$と一般的に表すことができる。この式から，高さが決まると面積も決まることや，高さと面積が比例

関係になっていることを読み取らせることが大切である。

文字には，整数だけでなく，小数や分数も当てはめることができることに着目し，数の範囲を拡張して考えることができるようにする。

B　図形

B(1)　縮図や拡大図，対称な図形

(1) 平面図形に関わる数学的活動を通して，次の事項を身に付けることができるよう指導する。

　ア　次のような知識及び技能を身に付けること。

　　(ア)　縮図や拡大図について理解すること。

　　(イ)　対称な図形について理解すること。

　イ　次のような思考力，判断力，表現力等を身に付けること。

　　(ア)　図形を構成する要素及び図形間の関係に着目し，構成の仕方を考察したり図形の性質を見いだしたりするとともに，その性質を基に既習の図形を捉え直したり日常生活に生かしたりすること。

〔用語・記号〕　線対称　点対称　対称の軸　対称の中心

第5学年では，図形の合同については，図形間の関係に着目し，与えられた図形と合同な図形を構成する活動を通して，二つの図形が合同になることについて考察してきた。

第6学年では，縮図や拡大図，並びに，図形の対称性の見方を指導する。

縮図や拡大図については，二つの図形間の関係に着目し，合同についての考察を基に，二つの図形が拡大，縮小の関係にあるのかについて考察する。

また，対称な図形については，図形を構成する要素どうしの関係に着目し，対称性といった観点から図形の性質を考察していくことをねらいにしている。さらに，対称性といった観点から，既習の図形を捉え直すとともに，その性質を日常生活に生かすことをねらいにしている。対称性については，既に低学年から図形を取り扱う際に，例えば，第3学年で二等辺三角形は底辺の垂直二等分線を折り目にして折り重ねたときにぴったり重なるなど，具体的な操作に関連して着目してきている。第6学年では，観察や構成，作図などの活動を通して，均整のとれた美しさ，安定

性など，図形のもつ美しさにも着目できるように指導する。上記のような観点から図形の理解を深め，図形に対する感覚を豊かにすることができるようにする。

なお，〔用語・記号〕では，線対称，点対称，対称の軸，対称の中心という用語を示している。これらの用語を用いて説明したり，表現したりできるようにすることが大切である。

ア　知識及び技能

㋐　縮図や拡大図

二つの図形が形も大きさも同じであるときに合同という。縮図や拡大図は，大きさを問題にしないで，形が同じであるかどうかの観点から図形を捉えたものである。互いに縮図や拡大図の関係にある図形については，その対応している角の大きさは全て等しく，対応している辺の長さの比はどこでも一定である。

実際に，縮図や拡大図をかくに当たっては，次の図のように方眼の縦，横の両方の向きに同じ割合で縮小，拡大したものを用いる場合や，一つの頂点に集まる辺や対角線の長さの比を一定にしてかく場合がある。このような縮図や拡大図の意味や特徴について，作図することを通して理解できるようにする。

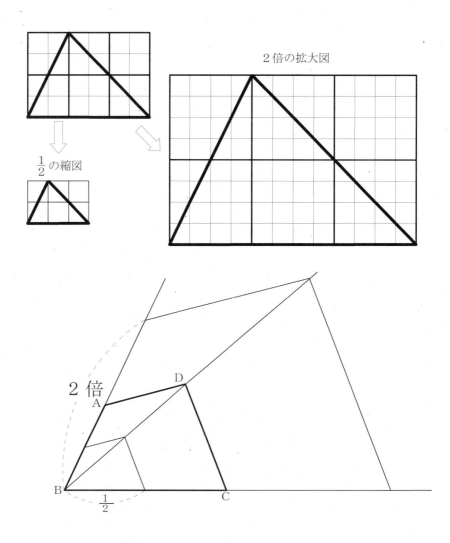

㋑ 対称な図形

対称性については，一つの図形について，線対称，点対称の二つの観点から考察できることを理解する。

線対称な図形とは，1本の直線を折り目として折ったとき，ぴったり重なる図形をさす。そのとき，対応する点を結ぶ線分は，全て折り目にした直線によって垂直に二等分される。この直線を対称の軸という。

点対称な図形とは，一つの点Oを中心にして180度回転したときに重なり合う図形である。そのとき，対応する点を結ぶ線分は全て，中心にした点Oを通り，その中心によって二等分される。この中心のことを対称の中心という。

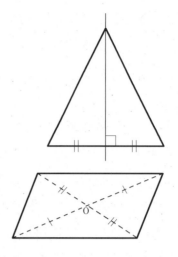

このような線対称，点対称の意味について，観察や構成，作図などの活動を通して理解できるようにし，線対称な図形，点対称な図形，線対称かつ点対称な図形を弁別するなどの活動を通して，図形の見方を深めることが大切である。

イ　思考力・判断力・表現力等

㋐　図形を構成する要素及び図形間の関係に着目し，構成の仕方を考察したり図形の性質を見いだしたりするとともに，その性質を基に既習の図形を捉え直したり日常生活に生かしたりすること

図形間の関係に着目し，構成の仕方を考察すること

第5学年では，二つの図形の関係について，辺の長さ，角の大きさが全て同じになる合同について学習してきた。第6学年では，大きさは異なるが，形が同じに見える図形について考察する。このような形が同じ二つの図形において，構成する要素の関係はどうなっているかを調べることになる。角の大きさに着目すると，二つの図形では全ての角の大きさが一致していることが分かるが，辺の長さに着目すると，長さは一致していないことが分かる。ここで，「同じ」をどのように捉え直すかが重要な論点となる。線分の長さの比に着目し，それが同じかどうかによって，同じ形かどうかを取り決めすることになる。そして，対応している角の大きさが全て等しく，対応している辺の長さの比がどこでも一定であることを見いだしていく。そしてこれを活用することで，縮図や拡大図をかくことが可能になる。

図形を構成する要素に着目し，図形の性質を見いだすこと

図形の性質を調べるには，その図形を構成する要素に着目し，それらの関係を考察していくことになる。第6学年では，辺の長さや角の大きさの相等関係について考察し，図形の性質を見いだしていくことになる。

例えば，ある直線に関して，左右両側が同じに見える図形がある。これを確かめ

るには，一本の直線を折り目にして二つに折ってみて，折り目の両側の形がぴったり重なるかどうかを確かめればよい。この行為は，図形を構成する要素に着目すると，一本の直線に対して両側にある，対応する点，対応する辺の長さ，対応する角の大きさがぴったり重なり合っていること，言い換えると合同になっていることを意味する。このように，一本の直線に対して両側にある，対応する点，対応する辺の長さ，対応する角の大きさが同じであるかどうかに着目することは，図形の性質（線対称）を見いだすための一つの着眼点となる。

また，左右両側が同じに見えるのに，一本の直線を折り目にして二つに折ってみても，重ならない図形がある。このような図形の中には，直線で折るのではなく，ある1点を中心に180度回転させてみることで，点，辺の長さ，角の大きさがぴったり重なり合う図形がある。このような図形では，ある1点を中心に180度回転させたとき，対応する点，対応する辺の長さ，対応する角の大きさが同じであるかどうかに着目することが，図形の性質（点対称）を見いだすための一つの着眼点となる。

この線対称，点対称の性質を活用することで，線対称，点対称な図形を作図することが可能になる。

図形の性質を基に既習の図形を捉え直すこと

対称性については，既習の三角形，四角形，さらには，正多角形について，線対称な図形，点対称な図形，線対称かつ点対称な図形を弁別し，既習の図形を対称性といった観点から捉え直すことが大切である。例えば，線対称という観点から三角形をみると，二等辺三角形と正三角形を線対称な図形と捉えることができる。また，点対称という観点から四角形をみると，平行四辺形，ひし形，長方形，正方形を点対称な図形と捉えることができる。

図形の性質を日常生活に生かすこと

縮図や拡大図においては，日常生活にも活用されており，どのようなところで，どのように活用できるかを探ることが大切である。そして，縮図や拡大図では，対応する角の大きさが全て等しく，対応する辺の長さの比がどこでも一定であることを活用することで，日常生活の問題解決に生かしていけるようにする。

例えば，縮図や拡大図が，コピー機，地図，設計図，顕微鏡による像，写真，映画など，日常生活の中でいろいろと活用されていることに着目させたり，身の回りに見られる合同な図形が敷き詰められた床や壁などの模様から縮図や拡大図を見付けたりさせる。さらに，縮図や拡大図の考え方を活用する場面として，木の高さのように測定しにくい部分を測定しやすい影の長さを測って求めさせたり，比との関連で，地図上で1：100とあるのは地図上の1cmが実際の1mを表していることから，地図上の長さから実際の長さを計算で求めさせたりする活動を通して，進んで生活に生かそうとする態度が育成されるようにする。例えば，学校のプールの図と

縮尺を基にして，実際のプールの長さを計算で求める活動がある。

　対称性については，身の回りから対称な図形を見付ける活動を通して，図形のもつ美しさや，日常生活に対称な形が用いられていることを実感的に理解できるようにすることをねらいとしている。対称な図形については，敷き詰められた図形や敷き詰められた模様などを通して，整った形の美しさとして日常生活でも見付けることができる。また，対称な図形は，植物や動物，装飾品，模様，地図記号や都道府県のマークなど，身の回りのいたるところで見られるので，それらを見付ける活動を大切にしていくようにする。

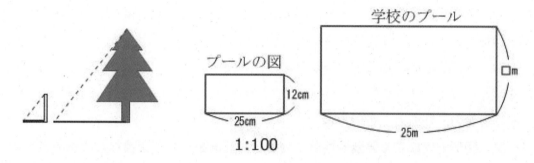

B(2) 概形とおよその面積

> (2) 身の回りにある形の概形やおよその面積などに関わる数学的活動を通して，次の事項を身に付けることができるよう指導する。
> ア　次のような知識及び技能を身に付けること。
> 　(ｱ)　身の回りにある形について，その概形を捉え，およその面積などを求めること。
> イ　次のような思考力，判断力，表現力等を身に付けること。
> 　(ｱ)　図形を構成する要素や性質に着目し，筋道を立てて面積などの求め方を考え，それを日常生活に生かすこと。

　第6学年の概形やおよその面積に関わる学習では，第4学年，第5学年の図形の面積の学習に基づき，概測などを用いて，測定が目的に応じて能率よくできるようにすることを主なねらいとしている。

　第6学年の概形やおよその面積に関わる学習を通して，身の回りの具体的な形を，これまでに学習した図形を構成する要素や性質に着目して概形として捉えることで，筋道を立てて考える資質・能力が育成されることが大切である。そのため，身の回りの具体的な形を考察の対象として取り上げ，多様な図形の見方を働かせるようにすることが大切である。

ア 知識及び技能
(ア) 概形とおよその面積

　面積や体積を測定する対象となる身の回りにある図形は，必ずしも基本的な図形とは限らない。そこで，平面図形であれば，これまでに求積してきた三角形や四角形のように測定しやすい形と捉えたり，それらの図形に分割した形として捉えたりすることで，およその面積を測定することが可能になる。また，立体図形であれば，直方体や立方体と捉えたり，それらの立体図形に分割した形として捉えたりといった工夫をすることで，およその体積を測定することが可能になる。その際，概形を捉えることが重要な働きをする。身の回りにある形の面積や体積などについて考察する過程で，このような処理について経験を豊かにする必要がある。

　なお，測定値を用いた計算に当たっては，いたずらに桁数を多く求めてもあまり意味がないことについて触れ，目的に応じて適切な桁数の計算ができるようにする。

イ 思考力，判断力，表現力等
(ア) 図形を構成する要素や性質に着目し，筋道を立てて面積などの求め方を考え，それを日常生活に生かすこと

　複雑な形であったり，必ずしも直線で構成されていなかったりする身の回りにある図形の面積や体積を測定する際には，これまでに学習してきた基本的な図形と対応させ，測定する見通しをもち，筋道を立てて考察することが大切である。このような筋道を立てて考察する能力を伸ばすことで，身の回りの事象に算数を活用する資質・能力を培うことができる。

B(3) 円の面積

> (3) 平面図形の面積に関わる数学的活動を通して，次の事項を身に付けることができるよう指導する。
> ア 次のような知識及び技能を身に付けること。
> 　(ア) 円の面積の計算による求め方について理解すること。
> イ 次のような思考力，判断力，表現力等を身に付けること。
> 　(ア) 図形を構成する要素などに着目し，基本図形の面積の求め方を見いだすとともに，その表現を振り返り，簡潔かつ的確な表現に高め，公式として導くこと。

（内容の取扱い）

> (3) 内容の「B図形」の(3)のアの(ア)については，円周率は3.14を用いるものとする。

　第5学年までに，三角形や四角形など直線で囲まれた図形の面積の求め方について指導している。また円については，円周の長さが(直径)×(円周率)で求められることを指導している。第6学年では，曲線で囲まれた図形の面積を工夫して測定する能力を伸ばすとともに，円の面積を求める公式をつくる活動を通して，算数として簡潔かつ的確な表現へと高める能力を一層伸ばすことを主なねらいとしている。

ア　知識及び技能
(ア)　円の面積の求め方

　円の面積は，(半径)×(半径)×(円周率)で求めることができることを理解し，円の面積を求めることができるようにする。ただ，単に公式を使いこなすだけでなく，第5学年までに学習してきた基本図形の面積の求め方に帰着することで，円の面積は計算によって求めることができることを理解できるようにすることが大切である。

　また，公式が半径を一辺とする正方形の面積の3.14倍を意味していることを，図と関連付けて理解できるようにする。

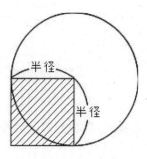

　なお，「内容の取扱い」の(3)では，「円周率は3.14を用いるものとする」と示しており，円の面積を求める際には，円周率は3.14を用いて処理することについて指導する。

イ　思考力，判断力，表現力等
(ア)　図形を構成する要素などに着目し，基本図形の面積の求め方を見いだすとともに，その表現を振り返り，簡潔かつ的確な表現に高め，公式として導くこと

基本図形の面積の求め方を見いだすこと

　円の面積の求め方を考える際には，面積の大きさの見通しをもつことが大切である。例えば，円に内接したり外接したりする正方形を基にして，円の面積は，一辺の長さが半径に等しい正方形の面積の2倍と4倍の間にあると捉えることがこれに当たる。また，方眼紙に円を作図して，円の内側にある正方形の個数を数えて，およその面積を捉えることもこれに当たる。

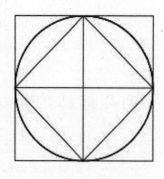

その上で，円の面積の求め方を，図形を構成する要素などに着目して，既習の求積可能な図形の面積の求め方を基に考えたり，説明したりする。特に，このときに，数学的な見方・考え方を働かせることで，図形の一部を変形したり移動したりして，計算による求積が可能な図形に等積変形する考えが導かれる。円の面積の求め方を考察する中で，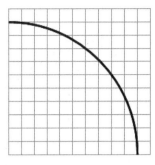
上記のように数学的な見方・考え方を働かせることによって，児童が自ら工夫して面積を求めることができるようにすることが大切である。

例えば半径10cmの円の面積については，円を中心から等分して並べ替え，平行四辺形に近い形を作り，円の面積を求める方法が考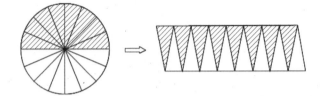
えられる。この場合，等分を細かくしていけば，平行四辺形に近い形の底辺は円周の長さの半分に，高さは元の円の半径に近づくことから，円の面積は次のような式で表せる。

(円の面積)＝(平行四辺形の面積)
　　　　　＝(底辺)×(高さ)
　　　　　＝(円周の長さの半分)×(半径)
　　　　　　10× 2 ×3.14÷ 2　　　10
　　　　　　　　　　　　10× 2 ×3.14÷ 2 ×10＝314　　314cm²

面積の求め方の表現を振り返り，簡潔かつ的確な表現に高め，公式として導くこと

円の面積の求め方を見いだしたら，式を読んで，もとの円のどこの長さに着目すると面積を求めることができるのか，振り返って考えることが大切である。

例えば，上の例では10× 2 ×3.14÷ 2 ×10という式で円の面積を求めることができたことを基に考える。この式にある二つの10はもともと円の半径を意味していたことを振り返り，次の公式に導いていく。

　　　　(円の面積)＝(半径)×(半径)×(円周率)

なおこの公式を読むことで，円の面積が半径を一辺とする正方形の面積の3.14倍であることも気付かせることができる。

B(4) 角柱及び円柱の体積

(4) 立体図形の体積に関わる数学的活動を通して，次の事項を身に付けることができるよう指導する。

ア　次のような知識及び技能を身に付けること。
　　(ｱ)　基本的な角柱及び円柱の体積の計算による求め方について理解すること。
　イ　次のような思考力，判断力，表現力等を身に付けること。
　　(ｱ)　図形を構成する要素に着目し，基本図形の体積の求め方を見いだすとともに，その表現を振り返り，簡潔かつ的確な表現に高め，公式として導くこと。

　第6学年では，第5学年における立方体や直方体の体積の学習を踏まえ，角柱や円柱の体積について，必要な部分の長さを測り，計算によって体積を求めるという考えを基に，新しい公式を導きだし，それを用いることができるようにすることを主なねらいとしている。

　そして角柱や円柱の体積について，計算による体積の求め方を考えるとともに，その表現を振り返り，簡潔かつ的確な表現に高める資質・能力が育成されることが大切である。その際，考察の対象となる，空間図形と既習の図形の面積の求め方を関連付けて図形の見方を働かせ，体積の求め方を考えたり，公式を導いたりする過程を繰り返すことで，上記の資質・能力を伸ばすようにすることが大切である。

ア　知識及び技能
(ｱ)　角柱及び円柱の体積の求め方

　角柱，円柱の体積については，第5学年で指導した立方体，直方体の場合の体積の求め方を基にして，これらの立体の体積も計算によって求めることができることを理解することが大切である。

　直方体の体積は，一辺が1cmの立方体を基にして(縦)×(横)×(高さ)で求めてきたが，ここでは，(底面積)×(高さ)と捉え直していく。そのことを基にして，角柱や円柱の体積は，(底面積)×(高さ)で求めることができることを理解できるようにする。

イ　思考力，判断力，表現力等
(ｱ)　図形を構成する要素に着目し，基本図形の体積の求め方を見いだすとともに，その表現を振り返り，簡潔かつ的確な表現に高め，公式として導くこと

　角柱，円柱の体積の求め方を，図形を構成する要素などに着目して，既習の立方体，直方体の体積の求め方を基に考えたり，図形の面積の学習と関連付けたりしながら説明したりする。直方体や立方体では，高さを1cmに切った立体の体積をまず考えて，その体積を高さの分だけ倍にする考えを用いて体積の公式を導き出した。このことを基にして，次のように直方体での(縦)×(横)が(底面積)に当たると捉え直す。

$$（直方体の体積）＝（縦）×（横）×（高さ）$$
$$＝（底面積）×（高さ）$$

また，捉え直した直方体の体積を求める公式から類推して，角柱や円柱の体積を求める公式を導くことができる。

$$（角柱や円柱の体積）＝（底面積）×（高さ）$$

その際，言葉の式でまとめるだけでなく，その式から，どんな角柱や円柱も，底面積と高さの積で体積を表すことができることを捉え直すことが大切である。

C 変化と関係

C(1) 比例

> (1) 伴って変わる二つの数量に関わる数学的活動を通して，次の事項を身に付けることができるよう指導する。
>   ア 次のような知識及び技能を身に付けること。
>   (ｱ) 比例の関係の意味や性質を理解すること。
>   (ｲ) 比例の関係を用いた問題解決の方法について知ること。
>   (ｳ) 反比例の関係について知ること。
>   イ 次のような思考力，判断力，表現力等を身に付けること。
>   (ｱ) 伴って変わる二つの数量を見いだして，それらの関係に着目し，目的に応じて表や式，グラフを用いてそれらの関係を表現して，変化や対応の特徴を見いだすとともに，それらを日常生活に生かすこと。

第5学年では，簡単な場合についての比例の関係を知るとともに，伴って変わる二つの数量について，それらの関係に着目し，表や式を用いて，変化や対応の特徴を考察することを指導してきた。

第6学年では，比例の関係の意味や性質，比例の関係を用いた問題解決の方法，反比例について知るとともに，日常生活において，伴って変わる二つの数量を見いだし，それらの関係に着目し，目的に応じて表や式，グラフを用いて変化や対応の特徴を考察し，問題を解決する力を伸ばしていくことをねらいとしている。また，考察の方法や結果を振り返って，解決の質的な改善をめざして多面的に考察しようとしたり，処理のよさを見いだし，方法や結果を今後の生活に生かそうとしたりする態度を養うことも大切である。

ここで育成される資質・能力は，中学校第1学年の比例，反比例をはじめとする

中学校の「関数」領域の考察や，中学校の理科での考察に生かされるものである。

ア　知識及び技能
(ア)　比例の関係の意味や性質

比例の意味として，次のようなことを挙げることができる。

① 二つの数量A，Bがあり，一方の数量が2倍，3倍，4倍，…と変化するのに伴って，他方の数量も2倍，3倍，4倍，…と変化し，一方が$\frac{1}{2}$，$\frac{1}{3}$，$\frac{1}{4}$，…と変化するのに伴って，他方も，$\frac{1}{2}$，$\frac{1}{3}$，$\frac{1}{4}$，…と変化するということ。

② ①の見方を一般的にして，二つの数量の一方がm倍になれば，それと対応する他方の数量もm倍になるということ。

③ 二つの数量の対応している値の商に着目すると，それがどこも一定になっているということ。

第5学年では，簡単な場合について比例の関係を指導している。第6学年では，これまでに指導してきた伴って変わる二つの数量の関係について整理する立場から，①のような特徴をもった数量の関係として比例を捉えられるようにする。

また，児童にとって，①の見方から②の見方ができるようになることは必ずしも容易ではない。そこで，表にいろいろな数値を入れて調べてみるなどの活動を通して，②の見方に気付いていけるような指導を工夫することが大切である。

さらに，対応している値の商に着目する③の見方は，関数の考えからみて，二つの数量が比例の関係にあるかどうかを調べる上でも有効である。こうした対応の見方がよく理解できるよう指導しておくことが大切である。

比例の関係を表す式は，③の商をaとすると，$y=a\times x$という形，又は，$y=$（決まった数）$\times x$という形で表される。このとき，x，yは具体的な数量を表していることに配慮する。なお，定数としての文字aは中学校で学習する。

一般に，比例の関係を表すグラフは，原点を通る直線として表される。これは，比例の関係を見分けるときなどに用いられる重要な性質である。また，比例する二つの数量についてのグラフが直線になることを，具体的な数量に即して理解できるようにする。

(イ)　比例の関係を用いた問題解決の方法

日常生活における問題を解決する際に，比例の関係を利用することで，手際よく問題が解決できる場合がある。そのような，比例の関係を用いた問題解決の方法は，以下のような過程を含んでいる。

① 一つの数量を調べようとするとき，その数量を直接調べることが難しい場面において，調べやすく，かつ，その数量と比例の関係にあるとみることのできる別の数量を見いだす。厳密には比例の関係かどうかは分からないが，おおむ

ね比例の関係にあるとみてよさそうな数量を，幾つかの数値について調べることで見いだすことになる。

② 二つの数量の比例関係に着目することで，目的に応じて表や式，グラフを用いて関係を表現し，変化や対応の特徴を見いだす。

③ 一方の数量がm倍ならば，他方の数量もm倍になるなど，比例の変化や対応の特徴を確認した後，それらの考えを用いて，問題の解決を行う。

このような問題解決の方法を身に付けるためには，比例の関係が有効に用いられる場面を用意し，児童が比例の関係を用いると手際よく問題を解決することができるなどのよさを味わうように配慮する必要がある。また，これまでに指導してきた，関数の考えによる問題解決の過程を振り返り，まとめることも大切である。

(ウ) 反比例の関係

反比例の意味として，比例の場合に対応して，次のようなことを挙げることができる。

① 二つの数量A，Bがあり，一方の数量が2倍，3倍，4倍，…と変化するのに伴って，他方の数量は$\frac{1}{2}$，$\frac{1}{3}$，$\frac{1}{4}$，…と変化し，一方が$\frac{1}{2}$，$\frac{1}{3}$，$\frac{1}{4}$，…と変化するのに伴って，他方は2倍，3倍，4倍，…と変化するということ。

② ①の見方を一般的にして，二つの数量の一方がm倍になれば，それと対応する他方の数量は$\frac{1}{m}$倍になるということ。

③ 二つの数量の対応している値の積に着目すると，それがどこも一定になっているということ。

反比例の関係を表す式は，対応する値の積をaとすると，$x \times y = a$という形又は，$x \times y =$（決まった数）という形の式で表すことができる。

反比例のグラフについては，児童が反比例の関係を満足する幾つかの点をとったり，教師がグラフを示したりすることで，変化の様子を調べられるようにして，比例と反比例の違いに気付けるようにする。

イ 思考力，判断力，表現力等

(ア) 伴って変わる二つの数量を見いだして，それらの関係に着目し，目的に応じて表や式，グラフを用いてそれらの関係を表現して，変化や対応の特徴を見いだすとともに，それらを日常生活に生かすこと

伴って変わる二つの数量を見いだし，それらの関係に着目すること

第5学年までに，ものとものとを対応付けたり，一つの数を他の数の和や差としてみるなど，加法，減法，乗法，除法の用いられる場合や，簡単な場合についての比例の関係に関わって，関数の考えについての経験をしてきている。第6学年では，日常の事象における伴って変わる二つの数量の関係に考察の対象を広げ，比例の関係にあるものを中心に，日常生活における問題の解決を通して，関数の考えを伸ば

すことをねらいとしている。

　日常生活において一つの数量を調べようとするとき，それを直接調べることが難しかったり，非効率的であったりする場面において，調べたい数量に関係する他の数量を見いだす必要性が生まれる。調べたい数量と依存関係にある数量は一つではないかもしれない。その際も，比例の関係にある数量を見いだすことで，問題を解決するための見通しをもつことができる。厳密に考えれば誤差があり，比例の関係ではないことも考えられるが，比例の関係にあるとみることで，問題を解決する見通しがもてるようにする。

　指導に当たっては，調べたい数量に関係する他の数量が，比例の関係にあるとみてよいかどうかを確認することが大切である。また，比例の関係にあるとみることのできる数量として，幾つかの候補がある場合，どの数量に着目するかを，目的や状況を考えながら判断し，選択することも大切である。

比例の関係について変化や対応の特徴を見いだすこと

　見いだした数量との比例の関係を用いて問題を解決する上で，表，式，グラフを用いてその関係を表現し，変化や対応の特徴を捉えていくことが必要である。それぞれの表現において，変化や対応の特徴を読み取り，考察することは，これまでの学年でも指導をしてきている。ここでは，目的に応じて，適切な表現を選択して，変化や対応の特徴を考察していくようにする。

　表を用いて表すことで，比例の関係についての変化と対応の規則性が捉えやすくなるため，表は基本的な表現や考察の手段である。グラフを用いて表すことで，おおよその数量の関係を把握しやすくなったり，見通しをもちやすくなったりする。また，式を用いて表すことで，対応における規則性が簡潔かつ明瞭に示され，計算によって知りたい数量を求めやすくなる。表や式，グラフを用いて考察し，そこから見いだした特徴を用いて，知りたい数量についての結果を導き，その結果を活用して，問題を解決するようにする。目的に応じて適切な表現を判断することは，それぞれの数学的表現の特徴やよさに気付くことにもつながる。

比例の関係を用いた問題解決の方法を日常生活に生かすこと

　比例の関係を用いると能率よく問題を解決できる場面は日常生活に様々ある。その際，得られた結果については，現実場面でどういう意味をもつかを考え，目的に照らしてみたときに，問題を解決することにつながるかどうかを評価する必要がある。正確さが問題となる場合には，厳密に考えれば比例の関係ではないが，比例の関係にあるとみることで結果が導かれたという点を振り返ることも大切である。そして，問題解決の方法や結果を評価し，必要に応じて，目的により適したものに改善していくことも大切である。

　こうした問題解決の活動を通して，日常生活や算数の学習などの場面で，能率の

よい処理の仕方を求めて,積極的に比例の関係を生かしていこうとする態度を養う。

C(2) 比

> (2) 二つの数量の関係に関わる数学的活動を通して,次の事項を身に付けることができるよう指導する。
> 　ア　次のような知識及び技能を身に付けること。
> 　　(ア) 比の意味や表し方を理解し,数量の関係を比で表したり,等しい比をつくったりすること。
> 　イ　次のような思考力,判断力,表現力等を身に付けること。
> 　　(ア) 日常の事象における数量の関係に着目し,図や式などを用いて数量の関係の比べ方を考察し,それを日常生活に生かすこと。

〔用語・記号〕　比の値　：

　第5学年では,ある二つの数量の関係と別の二つの数量の関係とを比べる場合に割合を用いる場合があることや百分率について理解し,日常の事象を割合で捉え,図や式などを用いて,二つの数量の関係どうしの比べ方を考察し,日常生活に生かすことを指導してきた。

　第6学年では,比の意味や表し方を理解するとともに,図や式などを用いて数量の関係の比べ方を考え,それを日常生活に生かす力を更に伸ばしていくことをねらいとしている。また,日常の事象を,目的に応じて比で捉えることやその処理のよさを感じて,それらを学習や生活に生かそうとする態度を養うことも大切である。

　ここで育成される資質・能力は,中学校における「数と式」領域,「関数」領域などでの考察に生かされるものである。

ア　知識及び技能
(ア) 比

　二つの数量の大きさを比較しその割合を表す場合に,どちらか一方を基準量とすることなく,簡単な整数などの組を用いて表す方法が比である。第5学年までに,倍や割合に関する指導,分数の指導,比例関係に関する指導などの中で,比の素地を指導してきている。第6学年では,これらの上に,$a:b$ という比の表し方を指導する。比の相等（等しい比）及びそれらの意味を明らかにし,比について理解できるようにする。これに関連し,$\frac{a}{b}$ を $a:b$ の比の値ということや,比の値を用い

ると比の相等（等しい比）を確かめることができることを理解できるようにする。このようなことから，数量の関係を比で表したり，等しい比をつくったりすることができるようにする。

指導に当たっては，具体的な場面によって，比の相等とそれらの意味について理解させる。例えば，同じ大きさのコップで３杯と５杯の２種類の液体を混ぜ合わせた液体を作ったとき，これと同じ濃さの液体を別に作ることを考える。そこでもう一回同じ大きさのコップで３杯と５杯の２種類の液体を混ぜ合わせた液体を作り，もとの液体と合わせると，同じ濃さの液体を合わせたから同じ濃さになる。このとき６杯と10杯の液体を混ぜ合わせたことになることから，３杯と５杯の割合で混ぜても，６杯と10杯の割合で混ぜても濃さは等しくなる。このようなことから，二つの数量の間には比例関係があることや，３：５は，６：10，９：15などや1.5：2.5などと等しいことを理解させる。

また，比は，比例，反比例や縮図・拡大図などと深く関連するものであるので，その指導の順序や取扱いについては，相互に理解を深めることができるよう配慮する必要がある。

イ　思考力，判断力，表現力等

(ア)　日常の事象における数量の関係に着目し，図や式などを用いて数量の関係の比べ方を考察し，それを日常生活に生かすこと

日常の事象における二つの数量の関係に着目すること

第５学年までに，日常の事象について，二つの数量の関係どうしを比べる際に，どちらか一方を基準としたときに，基準量，比較量，割合という数量の関係に着目することを指導してきた。第６学年においては，比べるために必要となる二つの数量の関係を，比例の関係を前提に，割合でみてよいかを判断する。そして，どちらか一方を基準にすることなく，簡単な整数の組としての二つの数量の関係に着目する。これは，例えば，「水３の，凝縮液２に対する割合」で作ったジュースの濃さは，凝縮液の量を２倍，３倍，…としたときに，水の量も２倍，３倍，…にすれば濃さは変わらないと考え，それらを同じ関係とみて，３：２のように表すことである。「水は凝縮液の1.5倍の量」のように，一方を基準として二つの数量の関係を捉えることもできるが，整数の組で捉えた方が，数量の関係が見やすかったり，処理がしやすかったりすることも多い。

図や式などを用いて数量の関係どうしを比で比べること

比では，上述したように，二つの数量の割合を一つの数で表すのではなく，簡単な二つの整数の組を用いて表す。そして，表したその二つの数量についての比例関係がその背後にあることを使って，数量の関係を考察していくことになる。すなわち，２：３というのは，４：６，６：９，…などを同じ関係としてみていることを

表しているという考えによって，数量の関係を比べたり，知りたい数量の大きさを求めたりしていく。

数量の関係を考察する上では，関係を図や式などを用いて表したり，それらを読み取ったりすることが有効である。これまでの学年と同様に，目的に応じて，図や式を関連付けたり用いたりしながら，数量の関係を考察し，結論を導いていく。また，考察によって得られた結果を，日常の事象に戻して，その意味を考え，必要に応じて，考察の方法や表現方法を見直すことが大切である。さらに，これまで学習してきた割合による比べ方の考察と比較することで，比を用いて物事を処理することの特徴やよさを振り返ることも大切である。

指導に当たっては，児童が考察において書き表す様々な図や式を取り上げ，それらを相互に読み取ったり，より適切なものへと改善していったりすることも大切である。

比を用いた比べ方を日常生活に生かすこと

比は，日常生活のいろいろな場面で用いられる。例えば，二つの液量を混合したり，二つの長さを組み合わせたりするなど，部分と部分の関係どうしを考察する場面，二つの数量を配分する場面で，数量の関係を比で表現し，等しい比をつくるなどして考察した結果を活用して，課題を解決する。

日常生活において，比によって数量の関係を表現している事象を探す活動を通して，比による数量の関係への着目の仕方に親しむことも大切である。

D　データの活用

D(1)　データの考察

(1) データの収集とその分析に関わる数学的活動を通して，次の事項を身に付けることができるよう指導する。
　ア　次のような知識及び技能を身に付けること。
　　(ア)　代表値の意味や求め方を理解すること。
　　(イ)　度数分布を表す表やグラフの特徴及びそれらの用い方を理解すること。
　　(ウ)　目的に応じてデータを収集したり適切な手法を選択したりするなど，統計的な問題解決の方法を知ること。
　イ　次のような思考力，判断力，表現力等を身に付けること。
　　(ア)　目的に応じてデータを集めて分類整理し，データの特徴や傾向に着目

> し，代表値などを用いて問題の結論について判断するとともに，その妥当性について批判的に考察すること。

〔用語・記号〕ドットプロット　平均値　中央値　最頻値　階級

　第5学年までに文字情報として得られる「質的データ」や数値情報として得られる「量的データ」，時間変化に沿って得られた「時系列データ」について表にまとめたり，グラフに表したりすることでデータの特徴や傾向を捉えることを学習してきている。

　第6学年では，目的に応じたデータの収集や分類整理，表やグラフ，代表値の適切な選択など，一連の統計的な問題解決をできるようになることや，結論について批判的に捉え妥当性について考察することができるようになることがねらいである。その過程を通じて，量的データについて分布の中心や散らばりの様子を考察することができるようにすることをねらいとしている。

　ここで育成される資質・能力は中学校第1学年での度数分布を表す表やヒストグラムなどを用いて問題解決する学習の素地となるものである。

ア　知識及び技能
(ア)　代表値の意味や求め方

　量的データの特徴を読み取る場合，データ全体を表す指標として平均値，中央値，最頻値などの代表値を用いる場合があり，第6学年では，これらの意味について理解し，これらを用いることができるようにする。

　平均値は，データの個々の値を合計し，データの個数で割った値，中央値はデータを大きさの順に並べたときの中央の値，最頻値はデータの中で最も多く現れている値のことである。なお，日常的には平均値は平均ということもある。

　一つの数値で表すことで，データの特徴を簡潔に表すことができ，複数のデータを比較することも容易になる。しかしその反面，分布の形などの情報は失われているので代表値の用い方には留意する必要がある。

　また，平均値は一般にもよく用いられる指標であるが，代表値として適切であるとはいえない場合があるため，このような場合について指導する。例えば，分布が非対称であったり多峰性であったりする場合や，極端にかけ離れた値があったりすると，平均値はデータが集中している付近からずれてしまうことがあり，そのような場合には代表値としてふさわしくない。このようなとき，中央値や最頻値を代表値として用いる。また，代表値として用いる目的から，平均値がふさわしくない場

合もある。例えば，ある靴メーカーが，来年，どのようなサイズの靴を多く製造するかを決める場合，今年1年間に売れた靴のサイズの平均値を求め，その平均値のサイズの靴を来年，最も多く製造するようなことはしない。この場合は，最も多く売り上げがあった靴のサイズ，つまり最頻値を用いる方が望ましい。

このように，代表値を用いる場合は，資料の特徴や代表値を用いる目的を明らかにし，どのような代表値を用いるべきか判断する必要がある。

量的データの散らばりの様子や代表値の意味を捉えやすくするための方法としてドットプロットがある。第6学年では，データをドットプロットに表したり，ドットプロットからデータの特徴や傾向を読み取ったり，最頻値や中央値を見付けたりできるようにする。

ドットプロットとは数直線上の該当する箇所にデータを配置し，同じ値のデータがある際には積み上げて表したものである。ドットプロットを用いることでデータの散らばりの様子が捉えやすくなる。次の図は，学級内で地域の空き缶拾いの缶の数を調べてまとめたドットプロットであるが，最も高く積み上がった2本が最頻値ということになる。

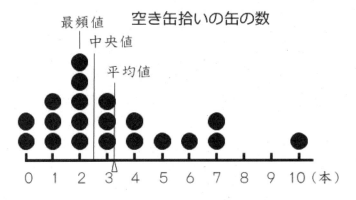

(イ) 度数分布を表す表やグラフの特徴と用い方

量的データの分布の様子や特徴を捉えるための統計的な処理の方法として，度数分布を表す表や柱状グラフがある。第6学年では，度数分布を表す表と柱状グラフについて指導する。度数分布を表す表は，分布の様子を数量的に捉えやすくするために，数量を幾つかの区間（階級という）に分けて，各区間に，それに入る度数を対応させた表である。柱状グラフについては，各階級の幅を横とし，度数を縦とする長方形をかいたものという程度の理解でよい。また，階級の幅を変えて柱状グラフを作り直すなどして，分布の様子を的確に捉えることは，中学校第1学年で扱うものとする。

柱状グラフを用いることで，資料の分布の様子を捉えることができる。変量を幾つかの階級に分け，ある階級に属する度数を明らかにすることで，全体の形，左右の広がりの範囲，山の頂上の位置，対称性など，直観的に捉えやすくなる。ドット

プロットでも分布の様子を捉えることができるが，扱うデータが小数点など刻みが細かくなっていたり，最小値と最大値の差が著しく開いている場合などには各点がほとんど積み上がることなく，まばらに広がってしまうことがある。そのような場合には柱状グラフを用いると考察しやすくなる。

また，児童によっては第3学年で学習する棒グラフと柱状グラフを混同して捉えてしまうことがある。棒グラフは質的データを集計した個数を高さで表していて，量的データの値をそのまま高さに対応させて表したものであり，横軸のラベルには質的な文字情報が表示される。一方，柱状グラフは，量的データの分布の様子を分析する目的から，階級に分けて集計し，度数の多さを高さに対応させて表しているため，横軸は数値軸となっている。柱状グラフの長方形（柱）を隙間なくつけているのは，隙間が空いているとその部分に該当する値のデータが存在しないかのような誤認を与えてしまうからである。

(ウ) 目的に応じた統計的な問題解決の方法

第5学年では，統計的な問題解決の方法を知り，考察することを学習してきている。統計的な問題解決とは，以下に述べる「問題―計画―データ―分析―結論」という五つの段階を経て問題解決することである。

① 身の回りの事象について，興味・関心や問題意識に基づき統計的に解決可能な問題を設定すること
② 見通しを立て，どのようなデータを，どのように集めるかについて計画を立てること
③ データを集めて分類整理すること
④ 目的に応じて，観点を決めてグラフや表に表し，データの特徴や傾向をつかむこと
⑤ 問題に対する結論をまとめるとともに，さらなる問題を見いだすこと

第6学年では，身の回りの事象について，統計的な問題解決の方法で考察していくことでその方法への理解を深めるとともに，目的に応じてデータを収集したり適切な手法を選択したりするなどについて理解し，このことができるようにしていく。

例えば，図書の貸し出し状況について調べたい場面があるとする。「貸し出し状況について」といった漠然とした目的では統計的に解決していくことが難しい。そこで，具体的な問題として目的を明確にする。貸し出し状況の何を調べ，その結果どうしたいのかということである。それにより，データの収集や手法の選択が異なってくるからである。

先の例では，「物語や科学，図鑑といった分類別のどの本を充実させたらよいのか。」というような問題を設定した場合には，それぞれの項目の本が何冊借りられたのかというデータを収集することになる。そのような質的データに対しては，表

や棒グラフをかいたりして分類整理や視覚化し，分析していく。

また，そのようなデータを量の大小で分析するのでなく，割合の見方で分析したい場合には，それを帯グラフや円グラフに表すことも考えられるし，異なる項目間での関係について考察したい場合は，二次元の表にまとめることになる。

「毎月何冊借りられているのか。」「去年から貸し出し冊数はどのように変化しているのか。」というような問題を解決したい場合には，時系列順のデータを収集することになる。そのようなデータに対しては，表を作ったり折れ線グラフをかいたりして分類整理や視覚化し，分析していく。

「借りる数が多い児童と少ない児童がいるので，その傾向を調べたい。」というような分布を調べたい場合はその観点でデータを収集し，度数分布表や柱状グラフをつくって分析していくことになる。

このように，目的に応じて収集するデータが異なることや，それに応じて分析する手法も異なることを知ることが大切である。

また，統計的な問題解決の対象は不確実な事象であることから，確定的な結論は得られないため，問題解決の過程や結論についても振り返り，妥当性を考察したり，改善する余地がないかを検討したりすることの大切さについても指導する。

イ　思考力，判断力，表現力等
　㋐　目的に応じてデータを集めて分類整理し，データの特徴や傾向に着目し，代表値などを用いて問題の結論について判断するとともに，その妥当性について批判的に考察すること

目的に応じてデータを集めて分類整理すること

目的に応じてデータを集めて分類整理するとは，統計的に解決する問題を設定し，その解決のために適したデータを収集し分類整理することである。

まず，目的を明確にするために，身の回りにある不確定な事象で確かめてみたいことについて，そのことを統計的に解決していく問題として設定できるようにする。

例えば，「10年前，20年前と比べて自分たちの体力は落ちているという話を聞いた。それは本当だろうか。」という疑問があるとする。そこから，「20年前のこの学校の児童の50m走の記録と今の自分たちの50m走の記録を比べてどちらがよいのか。」というような比較する対象を明確にした問題として設定するようなことである。

次に，それを解決する目的で，必要なデータを集める計画を立てる。データの集め方に関して「学年や性別を揃えないと正しく比較できない。」ことや，「なるべく多くの人数のデータを集める。」ことを考えて，より適切に比べることができるようにするとともに，そのような集団のデータはどのように分析すればよいかを見通すことも求められる。そして，データを集めて必要なデータを分類整理する。

データの特徴や傾向に着目し，代表値などを用いて問題の結論について判断すること

　データの特徴や傾向に着目し，代表値などを用いて問題の結論について判断するとは，代表値を求めたり，度数分布を表す表や柱状グラフからデータ全体の分布の様子を捉えたり，それらの特徴が表す意味を考察することである。

　集めたデータを分析するに当たり，データの種類や項目の数を考え，目的に応じて，表やグラフに表してみる。その際，数値データが集団の特徴や傾向をみる場合には，代表値を求めたり，度数分布を表す表や柱状グラフからデータ全体の分布の様子を捉えたりすることができるようにする。そして分析した結果から問題の結論を見いだし，判断する。

第6学年の男子児童の50m走の記録

	20年前	今
平均値	8.0秒	8.2秒
中央値	7.9秒	8.2秒
最頻値	8.0秒	8.2秒

　先ほどの例でいえば，20年前と今の第6学年男子の50m走の記録について，代表値で比較すると20年前の方が記録がよく，また柱状グラフでデータの分布を見ると，どちらも左右対称な山型をしていることから，二つのデータの分布はほぼ同じと考えられる。よって代表値の数値から20年前の方がよかったようだという結論が得られるというようなことである。

妥当性について批判的に考察すること

　妥当性について批判的に考察するとは，自分たちが出した結論や問題解決の過程が妥当なものであるかどうかを別の観点や立場から検討してみることや，第三者によって提示された統計的な結論が信頼できるだけの根拠を伴ったものであるかどうかを検討することである。

　統計的な問題解決では，解決すべき問題に対して，どのデータを用いるのかによって結論が異なることがある。また，用いるデータが同じでも，その分析の仕方や着目する点により結論が異なることがある。一方，データが少なすぎたり，公平でない比較をしている場合であれば，その結論は信頼しにくいものであると言える。それらのことから，自分たちが出した結論について，また第三者によって提示された統計的な結論について，信頼できるのかどうかを検討していくことが，批判的に考察するということである。

　上の例では，代表値による比較や柱状グラフの分析に誤りはなかったかを振り返ることが当てはまる。また，20年前と今の児童の体力を比較するのに，50m走の記録だけに注目したり，6年生の男子児童だけを比較したりしたことは妥当かどうかを考えることが当てはまる。他の種目や学年，性別なども合わせて多面的に分析

する必要があると判断した際には，再度問題解決の過程を行うことになる。

統計的な問題解決の対象は不確定な事象であることから，確定的な結論は得られないため，得られた結論についてや，問題解決の方法の各段階が適切な選択に基づいたものであったかについて，振り返って考え直す態度を養うことにも留意する。

また，妥当性について批判的に考察することについては，自分たちが出した結論や問題解決の過程だけでなく，新聞やニュース，雑誌など第三者による統計を用いた主張にも当てはまる。現在の社会においては，様々な分野で統計が用いられ，データに基づいて現状の把握や政策などが決定されていく。日々の生活においても，様々なデータとその分析に基づく主張を見聞きすることになる。

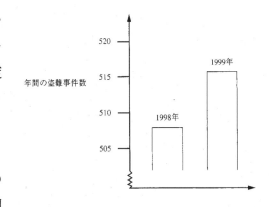

例えば，右の図はOECDによる生徒の学習到達度調査（PISA）で用いられた問題例であるが，「あるテレビレポーターがこのグラフを示して，「1999年は1998年に比べて，盗難事件が激増しています」と言いました。このレポーターの発言は，このグラフの説明として適切ですか。」と出題されたものである（国立教育政策研究所編『生きるための知識と技能2』，ぎょうせい，2004年 p.119）。このようなデータに基づく主張を提示された際に，それを鵜呑みにすることなく，信頼できるデータに基づく妥当な判断に基づくものであるかどうかを批判的に考察することが重要である。

D(2) 起こり得る場合

> (2) 起こり得る場合に関わる数学的活動を通して，次の事項を身に付けることができるよう指導する。
> 　ア　次のような知識及び技能を身に付けること。
> 　　(ｱ)　起こり得る場合を順序よく整理するための図や表などの用い方を知ること。
> 　イ　次のような思考力，判断力，表現力等を身に付けること。
> 　　(ｱ)　事象の特徴に着目し，順序よく整理する観点を決めて，落ちや重なりなく調べる方法を考察すること。

第5学年までに，表などを用いて分類整理して表したり読み取ったりすることを

学習してきている。

第6学年では，起こり得る全ての場合を適切な観点から分類整理して，順序よく列挙できるようにすることをねらいとしている。

ここで育成される資質・能力は，中学校第2学年で学習する確率などの考察につながっていくものである。

ア　知識及び技能
(ア)　起こり得る場合

第6学年では，起こり得る場合を順序よく整理して調べることができるようにする。起こり得る場合を順序よく整理して調べるとは，思いつくままに列挙していたのでは落ちや重なりが生じるような順序や組み合わせなどの事象について，規則に従って正しく並べたり，整理して見やすくしたりして，誤りなく全ての場合を明らかにすることを指している。

例えば，4人が一列に並ぶ場合を考えるときには，特定のAに着目して，まずAが先頭に立つ場合を考える。2番目の位置にBが並ぶとすれば，3番目はCかDになる。次に，2番目の位置にCが並ぶ場合，Dが並ぶ場合と考えを進めていく。そうすると，Aが先頭に立つ場合は，次の図のように6通りであることを明らかにすることができる。Aのほかにも，B，C，Dが先頭に立つことができることから，起こり得る場合を図にかいて調べると24通りであることが分かる。

A—B—C—D
A—B—D—C
A—C—B—D
A—C—D—B
A—D—B—C
A—D—C—B

また，四つのチームの対戦の組み合わせを考えるときには，次の図や表に示すような方法で，全ての場合を落ちや重なりがないように調べていくことができる。

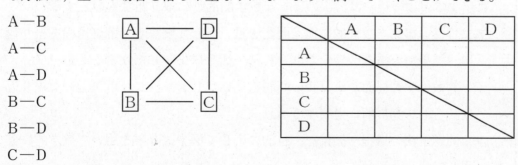

このように，図や表を適切に用いることができるようにする。

イ 思考力，判断力，表現力等
　㋐ 事象の特徴に着目し，順序よく整理する観点を決めて，落ちや重なりなく調べる方法を考察すること

順序よく整理する観点を決めること

　起こり得る場合を考える際に，落ちや重なりなく調べるには，観点を決めて考えていく。観点を決めるとは，あるものを固定して考えるなどのことである。

　例えば，大中小3種類のコインの裏表の出方の場合を調べる場面があるとする。（大コインが表，中コインが表，小コインが表）の場合を考えたのち，大コインは表のまま変えずに，中コインと小コインの場合のみ考えていくようなことである。すると（中コイン表，小コイン裏）（中コイン裏，小コイン表）（中コイン裏，小コイン裏）の四つの場合を見いだすことができ，これ以外の場合はないことが分かる。

落ちや重なりなく調べる方法を考察すること

　落ちや重なりなく調べるためには，図や表などに整理して表すことが有効に働く。順序よく調べていこうとしても，場合が多かったり複雑だったりすると，落ちや重なりが発生する可能性が増すことになる。

　先のコインの例で考えてみる。（大コイン表，…）などと書いて挙げていくより，記号などを使って表を〇，裏を×で表すことを考えたり，大コイン，中コイン，小コインをそれぞれ位置で（左中右）で表すなどして簡潔に示すことができる。（大コイン表，中コイン表，小コイン裏）を（〇〇×）と表すようなことである。

　落ちや重なりがないように考えていくことは，思考や表現の方法を工夫することや，筋道を立てて考えていくことにつながるものである。多様な考えに触れ，それぞれのよさに気付くようにしていく。

〔数学的活動〕

> (1) 内容の「A数と計算」，「B図形」，「C変化と関係」及び「Dデータの活用」に示す学習については，次のような数学的活動に取り組むものとする。
> 　ア　日常の事象を数理的に捉え問題を見いだして解決し，解決過程を振り返り，結果や方法を改善したり，日常生活等に生かしたりする活動
> 　イ　算数の学習場面から算数の問題を見いだして解決し，解決過程を振り返り統合的・発展的に考察する活動
> 　ウ　問題解決の過程や結果を，目的に応じて図や式などを用いて数学的に表現し伝え合う活動

第5学年までの算数の学習経験を踏まえて，児童が目的意識をもって数学的活動に主体的に取り組み，基礎的・基本的な知識及び技能を確実に身に付けるとともに，数学的な思考力，判断力，表現力等を高め，算数に関わりをもったり，算数を学ぶことの楽しさやよさを実感したりできるようにすることを重視する。

　日常の事象や算数の学習場面から算数の問題を見いだしたり，その解決に既習事項を活用しながら数，式，図やグラフなどの方法を有効に使うなどして思考したり表現したりできるようにする。

　なお，児童の発達の段階を考慮して，これらの数学的活動の視点は次の中学校第1学年と内容との整合性を図る必要がある。

ア　日常の事象を数理的に捉え問題を見いだして解決し，解決過程を振り返り，結果や方法を改善したり，日常生活等に生かしたりする活動

　これまでの数学的活動での経験を踏まえて，児童が，日常生活における問題を算数の学習で解決するために理想化したり単純化したりすることによって定式化して，それを既習事項を活用しながら解決し，よりよい問題解決にするために解決過程を振り返り結果や方法を工夫・改善するとともに，それらを日常生活の課題解決などに生かす活動である。日常の事象を丁寧に観察するなどして問題を見いだし，それを児童が主体的に算数の学習と結び付けて数理的に表現・処理する活動を通して，算数を利用することのよさを実感し，数学的な見方・考え方などを働かせ，既習の知識及び技能等を進んで活用していけるようにすることが大切である。

　第6学年における「日常の事象を数理的に捉え問題を見いだして解決し，解決過程を振り返り，結果や方法を改善したり，日常生活等に生かしたりする活動」として，例えば次のような活動が考えられる。

縮図や拡大図を日常生活に利用する活動～大きな図や小さな図をかく～

　この活動は，「B図形」の(1)の指導における数学的活動であり，形が同じである図形どうしの関係に着目して，縮図や拡大図をかく方法を日常生活に活用することを通して，縮図や拡大図の理解を深め，その有用性を感じることをねらいとしている。

　例えば，運動会でソーラン節を演技する際にクラスの大漁旗を作ることを計画する場面において，児童は次のような数学的活動を遂行することが考えられる。

　大漁旗を作ることになり，大漁旗の下絵ができた段階で「この下絵を旗の布のサイズまで大きくして描き写したい。」「どうすれば，この下絵を旗のサイズまで拡大することができるのだろうか。」という目的や問いが生まれる。

「コピー機では旗のサイズまで大きくできないね。」「自分たちの手描きで絵を拡大する必要がありそうだ。」という話し合いから，自分たちが学んできた縮図や拡大図に結び付けて解決しようと考えを進めていく。

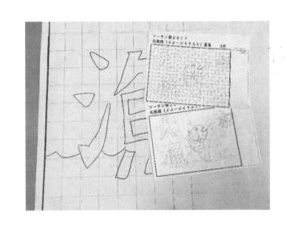

これまでの学習を振り返りながら，対応する角の大きさや辺の長さの比に着目する考え方，あるいは，ある1点から対応する頂点への長さの比を等しくする考え方，下絵に描かれた方眼の一辺の長さを旗のサイズに応じて拡大していく考え方など多様な考え方があったことを確認する。そこで描きたい形によってそれぞれの考え方の長所・短所を考えていくことになる。そして，どのようにしたら描けるかをクラスで話し合い，みんなで協力しながら大漁旗を描く活動へと結びつけていく。

他の例として，第2学年の生活科「町探検」の学習に関連して，6年生が2年生の教室に模造紙数枚分の掲示用の地図をかいてあげる場面がある。

プリントに示された地図を拡大図にするためにはどうすればよいかを考え，方眼を利用して拡大図をかいた学習を生かし，「模造紙にもマス目があるから，このプリントにも同じようにマス目をかいたら拡大図をかくことができるのではないか」と見通しを立てる。

辺の長さの比が等しくなることや，角の大きさは変わらないといった学習内容を用いながらかいていく。

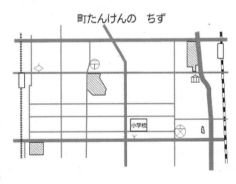

また，国語や総合的な学習の時間でつくるようなパンフレットやリーフレットに縮図を用いて挿絵をかくといった場合にも，小さい方眼をかき，それを使って縮図をかくような活動も考えられる。

このように，他教科等の学習も含めて生活場面で縮図や拡大図の学習を生かす活動を設け，そのよさを感じ，進んで生活に生かそうとする態度の育成を目指す。

イ 算数の学習場面から算数の問題を見いだして解決し，解決過程を振り返り統合的・発展的に考察する活動

これまでの学習経験を踏まえて，児童が算数の問題に主体的に関わり自ら問題を見いだし，既習事項を基にして問題解決を行い，その結果や方法を振り返るとともに統合的・発展的に考察することで算数を創り出していくことが期待される。

算数の学習場面から自ら問題を見いだすためには，事象を観察するとともに既習事項との関連を意識させるなどして問題解決の思考対象を明確にすることが大切である。また，これまでの学習で使用してきた具体物，図，数，式，表やグラフなどを活用して問題解決し，その結果や方法を振り返りそれを統合的・発展的に捉え直すなどの考察も重要である。これらによって数学的な見方・考え方を成長させるとともに自ら算数を学び続け，算数を創ることの楽しさを実感できるようにする。

第6学年における「算数の学習場面から算数の問題を見いだして解決し，解決過程を振り返り統合的・発展的に考察する活動」として，例えば次のような活動が考えられる。

計算の意味を統合的に考察する活動～分数の乗法～

この活動は，「A数と計算」の(1)の指導における数学的活動であり，整数の乗法や小数の乗法の意味や計算の方法に着目することで，乗法の意味を拡張したり統合的に捉え直したりすることをねらいとするものである。

児童は第5学年において，乗数が小数である場合の乗法について考え，乗法の意味の拡張を経験している。ここではこれらの経験を踏まえて，乗数が分数の場合について考えていくようにする。

例えば，1 mの値段が120円のリボンの $\frac{4}{5}$ m分の値段を求めることについて考える場面で，児童は次のような数学的活動を遂行すると考えられる。

この場面では，$120 \times \frac{4}{5}$ と立式したとき「リボンの長さが分数の場合でも値段を求めることができるだろうか」と考えるだろう。実際，この場合は，$\frac{1}{5}$ m分の値段を求めて4倍すれば値段は求めることができる。$120 \div 5 \times 4 = 96$ と，96円であることを導き出すだろう。

このとき「$120 \times \frac{4}{5}$ と式を立ててよいのだろうか」という問いをもつことも考えられる。

$\frac{4}{5}$ m＝0.8 mなので，同じリボンが0.8 m分の値段を求める場合を振り返り，このことを基に類推して，乗数が分数の場合についても乗法が成り立つことについて説明しようという見通しをもつ。

児童は，第5学年で，乗数が小数である場合の乗法について，例えば，1 mの定価120円のリボン2 m分の値段を求める考えを言葉や図や式を用いて表し，それを拠り所にして，0.8 m分の値段を求める方法について考えてきた。その際，リボン2 m分を求める式が120×2と表させ

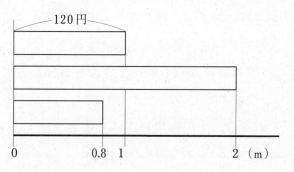

ることから，同じリボン0.8 m分が120×0.8が成り立つことを考え説明する学習を行ってきている。また，比例関係についても，理解を深めてきている。

そこで，ここでも，「1 m 120円のリボンが，2 mなら120×2と表した。$\frac{4}{5}$ mの場合も120×$\frac{4}{5}$と表す。というのは，$\frac{4}{5}$をかけるということは，$\frac{4}{5}$に当たる大きさを求めることだからである。」とかけ算の意味を確認していくだろう。

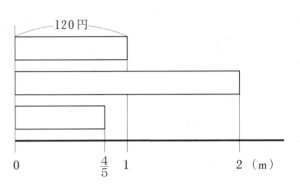

このように，例えば，「なぜ，小数で使えた方法を分数に使ってもよいのか」「そもそも乗法とはどういう計算なのか」などの問いをもって立ち止まって考えることが大切である。

このような活動を重ねることによって，乗数が整数や小数の場合と乗数が分数の場合とを統合的にみるなどにより，数学的な見方・考え方を豊かで確かなものにしていく。また，学んだことを振り返って考えようとする態度を養うとともに，類似の事柄をつなげて考えることによって新しい考え方を生み出していこうとする態度を養うようにする。

比例の関係を発展的に考察する活動〜比例〜

この活動は，「C変化と関係」の(1)の指導における数学的活動であり，数学的な見方・考え方を働かせて二つの数量の関係を考察し，乗法の式で表されたほかの場面についても比例であるかどうかを発展的に考えていくことをねらいとしている。

例えば，直方体の水そうに水を入れていき，水の量と水の深さの関係を調べる場面において，児童は次のような数学的活動を遂行することが考えられる。

水の量 (dL)	5	10	15	20
深さ(cm)	4	8	12	16

そして，上の表のように整理できたら，表から分かることを考えていく。
「表を横にみると，第5学年の時の学習から比例していることが分かります。」
「表を縦にみて，きまりを考えてみました。表にはない水の量が1 dLのときの深さは，横の関係から0.8になることが分かるので，0.8×(水の量)をすると，深さが分かります。」
「それなら，その関係を式にできそうです。水の量をx（dL），深さをy（cm）とすると$y=0.8×x$となります。」

「式にすると，表にないところの組も見付けられます。」

　表から数量の関係を考えていく時にこのように表の数値を横に関連付けて変化の特徴をみたり，縦に関連付けて対応の特徴をみたりすることは，第4学年からの学習を生かす場である。

　一方，算数の学習で学んだことを振り返り，それを統合的・発展的に捉え直す場を設けていくことも大切である。例えばここでは，比例関係を表した式を振り返り，既習と関連付けて考えていくことが考えられる。

　例えば，「$y=0.8×x$ というような式は，これまでの学習と関連付けられないかな。」という問いである。

「（円周）＝（直径）×3.14　というのと似ているように思います。」

「0.8でなくても，かけ算でよいなら，たくさんあります。面積の公式などです。」

「では，九九の場面や，分数のかけ算の場面も，かけ算だから比例になるのだろうか。」

　このようにして，比例として学習していない既習の場面を数量の関係を考察する対象として捉え直していく。そして，比例で学習した表や式，グラフを根拠に次のように説明をしていくことが考えられる。

「私は，（円周）＝（直径）×（円周率）の公式で調べてみました。表にすると直径が2倍，3倍，…になると，円周も2倍，3倍，…になっていたので，比例であることが分かり，またグラフに表してみると，次のようになって水の量と深さのときのグラフと同じであることが分かりました。」

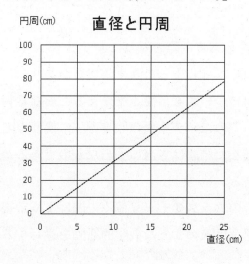
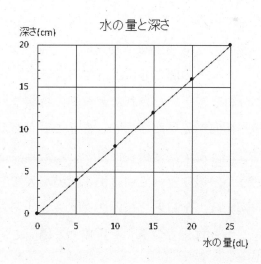

「ぼくは，5年生の時に学習した速さに関する式で，（長さ）＝（速さ）×（時間）が比例するかどうかを調べました。これは，$y=0.8×x$と比べると，（長さ）と（速さ）が比例しているとも，（長さ）と（時間）が比例しているとも考えられます。」

　第6学年で比例を学習することは，このようにこれまで学習してきたかけ算に関する学習内容が全て比例の関係を表しているという見方で統合的にみることができることにつなげることができるということである。

ウ 問題解決の過程や結果を，目的に応じて図や式などを用いて数学的に表現し伝え合う活動

　これまでの数学的活動を踏まえて，これまでの学習で使用してきた図や式などを活用して自ら取り組んでいる問題解決の過程やその結果を分かりやすく表現し，他者と伝え合うなど対話的に学ぶことを目指す。問題解決における思考の過程や判断の結果などを数学的に表現するためには，解決の目的に適した図や式などを用いて的確に表現する必要がある。そこでは数学的に表現することと数学的に表現されたものを説明することを対にして考えることが大切である。また，思考した過程や結果などを数学的な表現を用いて伝え合う機会を設け，数学的に表現することのよさを実感できるようにすることも大切である。さらに，対話的に伝え合うことにより，お互いの考えをよりよいものにしたり，一人では気付くことのできなかった新たなことを見いだしたりする機会が生まれることを経験できるようにする。

　第6学年における「問題解決の過程や結果を，目的に応じて図や式などを用いて数学的に表現し伝え合う活動」として，例えば次のような活動が考えられる。

データを批判的に考察した結果を表現し伝え合う活動〜柱状グラフ〜

　この活動は，「Dデータの活用」の(1)の指導における数学的活動であり，統計的に問題解決した一連の活動を振り返り，集めたデータや分析や判断の仕方，結論に問題点や誤りはなかったかどうかを検討することができるようにすることをねらいとしている。

　統計的な問題解決活動においては，データを集める際の対象に偏りがあったり，アンケートの聞き方によって回答結果が歪められてしまったりする場合があり，また分析して見いだされたデータの特徴や傾向についても，観点を変えると異なる特徴や傾向が見いだされてしまうこともある。そのためデータの収集方法に偏りなどはなかったか，分析の仕方やそこから導き出した結論は本当に妥当なものであるかどうか，振り返って検討する活動が大切である。

　例えば，1組と2組の2クラスで「どちらのクラスの方が夏休みの間によく読書をしたと言えるのか」を比較する場面で，児童は次のような数学的活動を遂行すると考えられる。

　それぞれのクラスの児童の夏休みの図書館での本の貸し出し冊数について調査する。それを一人ひとりそれぞれが何冊読んだのかを示す表にまとめる。

　まず考えられるのは，合計の冊数で比べることである。しかし，クラスの人数が異なる場合，合計冊数だけでは比べられないので，冊数の平均値を求めてみると，1組は8.2冊で2組は8.6冊であることから，2組の方が読書冊数が多いという結論を出すことができる。

さらに,「たくさん読んでいる子もいるけど,少ない子も多いよ。」という気付きから,ドットプロットに表してみる。
「2組は,たくさん読んでいる子もいるけど,あまり読んでいない子もいます。極端に多く読んでいる子がいるから平均が高くなるのではないかな。」
「分布が横に広がりすぎていて,傾向が見えにくいです。」
そこで幾つかずつデータをまとめて度数分布を表す表を作成し,柱状グラフに表してみる。

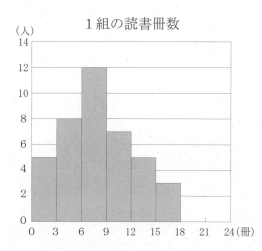
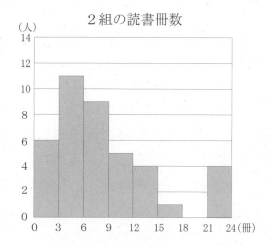

中央値や最頻値も求めてみるとどちらも1組の方が多くなっていたり,1組は左右対称な山型をしているのに対して,2組は冊数の多い右側に伸びていることから,2組には他の児童よりもかなり多くの本を読んだ児童がわずかにいることで平均値は大きくなり,2組全体としてはそれほど読んでいないことを柱状グラフで確認することができる。

この結論を受けて,2組の方が読書冊数が多いという結論についても再考しようとすることも考えられる。

このように分析した結果や結論について,別の観点から考えて検討することで,より妥当な結論について追究を深めていくことが大切である。

また,そもそも読書冊数のデータについては,学校の図書館で借りた本だけでなく,市や町の図書館で借りた本を含める必要があるのではないか,総ページ数についてはどうか,本のジャンルについてはどうだったかなど,データの収集過程についても検討する必要がある。

このような活動を通じて,統計的な問題解決の過程や結果を安易に受け止めるのではなく,様々な視点から多面的に吟味し,より妥当な判断を下したり,問題点を改善して遂行したりする力が育成される。

さらに,自分たちの問題解決の過程を批判的に検討する活動を行うことで,第三者から提示された統計的な主張についても多面的に吟味し,その信頼性や妥当性を評価できるようになる。

第4章　指導計画の作成と内容の取扱い

　学習指導要領の「第3　指導計画の作成と内容の取扱い」では，今回の改訂における趣旨に鑑み，「指導計画作成上の配慮事項」，「内容の取扱いについての配慮事項」に加え「数学的活動の指導に当たっての配慮事項」の三つの配慮事項で構成した。以下，これらの趣旨について簡単な説明を加えることとする。

1　指導計画作成上の配慮事項

(1) 主体的・対話的で深い学びの実現に向けた授業改善

> (1) 単元など内容や時間のまとまりを見通して，その中で育む資質・能力の育成に向けて，数学的活動を通して，児童の主体的・対話的で深い学びの実現を図るようにすること。その際，数学的な見方・考え方を働かせながら，日常の事象を数理的に捉え，算数の問題を見いだし，問題を自立的，協働的に解決し，学習の過程を振り返り，概念を形成するなどの学習の充実を図ること。

　この事項は，算数科の指導計画の作成に当たり，児童の主体的・対話的で深い学びの実現を目指した授業改善を進めることとし，算数科の特質に応じて，効果的な学習が展開できるように配慮すべき内容を示したものである。

　算数科の指導に当たっては，(1)「知識及び技能」が習得されること，(2)「思考力，判断力，表現力等」を育成すること，(3)「学びに向かう力，人間性等」を涵養することが偏りなく実現されるよう，単元など内容や時間のまとまりを見通しながら，主体的・対話的で深い学びの実現に向けた授業改善を行うことが重要である。

　児童に算数科の指導を通して「知識及び技能」や「思考力，判断力，表現力等」の育成を目指す授業改善を行うことはこれまでも多くの実践が重ねられてきている。そのような着実に取り組まれてきた実践を否定し，全く異なる指導方法を導入しなければならないと捉えるのではなく，児童や学校の実態，指導の内容に応じ，「主体的な学び」，「対話的な学び」，「深い学び」の視点から授業改善を図ることが重要である。

　算数科では，児童自らが，問題の解決に向けて見通しをもち，粘り強く取り組み，問題解決の過程を振り返り，よりよく解決したり，新たな問いを見いだしたりするなどの「主体的な学び」を実現することが求められる。

　また，数学的な表現を柔軟に用いて表現し，それを用いて筋道を立てて説明し合

うことで新しい考えを理解したり，それぞれの考えのよさや事柄の本質について話し合うことでよりよい考えに高めたり，事柄の本質を明らかにしたりするなど，自らの考えや集団の考えを広げ深める「対話的な学び」を実現することが求められる。

さらに，日常の事象や数学の事象について，「数学的な見方・考え方」を働かせ，数学的活動を通して，問題を解決するよりよい方法を見いだしたり，意味の理解を深めたり，概念を形成したりするなど，新たな知識・技能を見いだしたり，それらと既習の知識と統合したりして思考や態度が変容する「深い学び」を実現することが求められる。

主体的・対話的で深い学びは，必ずしも1単位時間の授業の中で全てが実現されるものではない。単元など内容や時間のまとまりの中で，例えば，主体的に学習に取り組めるよう学習の見通しを立てたり学習したことを振り返ったりして自身の学びや変容を自覚できる場面をどこに設定するか，対話によって自分の考えなどを広げたり深めたりする場面をどこに設定するか，学びの深まりをつくりだすために，児童が考える場面と教師が教える場面をどのように組み立てるか，といった視点で授業改善を進めることが求められる。また，児童や学校の実態に応じ，多様な学習活動を組み合わせて授業を組み立てていくことが重要であり，単元のまとまりを見通した学習を行うに当たり基礎となる「知識及び技能」の習得に課題が見られる場合には，それを身に付けるために，児童の主体性を引き出すなどの工夫を重ね，確実な習得を図ることが必要である。

主体的・対話的で深い学びの実現に向けた授業改善を進めるに当たり，特に「深い学び」の視点に関して，各教科等の学びの深まりの鍵となるのが「見方・考え方」である。各教科等の特質に応じた物事を捉える視点や考え方である「見方・考え方」を，習得・活用・探究という学びの過程の中で働かせることを通じて，より質の高い深い学びにつなげることが重要である。

算数科では，数学的な見方・考え方を働かせながら，日常の事象を数理的に捉え，算数の問題を見いだし，問題を自立的，協働的に解決し，学習の過程を振り返り，概念を形成するなどの学習を指導計画に適切に位置付けることが大切である。このような学習は，算数科において全く新たな学習活動なのではなく，これまでも行われてきている活動であり，本事項は，このような学習活動の質を向上させることを意図するものである。

また，数学的な見方・考え方が学習を通して成長していくものであることに配慮し，それぞれの学年の各領域で働く数学的な見方・考え方を明らかにしておくことも大切である。

(2) 継続的な指導や学年間の円滑な接続

> (2) 第2の各学年の内容は，次の学年以降においても必要に応じて継続して指導すること。数量や図形についての基礎的な能力の習熟や維持を図るため，適宜練習の機会を設けて計画的に指導すること。なお，その際，第1章総則の第2の3の(2)のウの(イ)に掲げる指導を行う場合には，当該指導のねらいを明確にするとともに，単元など内容や時間のまとまりを見通して資質・能力が偏りなく育成されるよう計画的に指導すること。また，学年間の指導内容を円滑に接続させるため，適切な反復による学習指導を進めるようにすること。

　今回の改訂では，算数科の内容の系統性を大切にしながら，育成を目指す資質・能力について学年が上がるにつれて段階的に高めていくために，知識及び技能の習得とともに，思考力，判断力，表現力等の育成と学びに向かう力，人間性の涵養に向けて，継続的な指導が実現するよう指導計画を編成することが重要である。

　そのために，各領域の内容等を数学的な見方・考え方の視点で位置付けた上で，児童が自立的・協働的に数学的活動に取り組めるように指導計画を作成することが大切である。そして，継続的に取り組んだ数学的活動を振り返り，問題解決の方法を身に付けられるようにすることも大切である。

　また，数学的に考える資質・能力の育成やその維持を図るために，問題解決における知識及び技能の積極的な活用を図るとともに，思考の過程や結果について，判断したり，表現したりする機会を設けるなど，計画的な指導を工夫することが求められる。さらに，児童の学習状況をみながら，適宜練習の機会を設けたり，適切な反復による学習を位置付けたりして指導することも大切である。

　なお，その際，「第1章総則の第2の3の(2)のウの(イ)に掲げる指導を行う場合には，当該指導のねらいを明確にするとともに，単元など内容や時間のまとまりを見通して資質・能力が偏りなく育成されるよう計画的に指導すること。」としている。15分を単位時間とした学習が，技能の習熟のみに偏らないようにすべきであることを示したものである。ここでの学習としては，例えば，日常生活の問題や算数の問題を解決する数学的活動の充実を図る学習活動として，算数で，問題の解決過程や結果を振り返り，学習についてまとめ，学んだことを似た問題に適用したりほかの問題場面に活用したりすることなどが考えられる。単元など内容や時間のまとまりを見通して資質・能力が偏りなく育成されるよう計画的に指導することが大切である。

(3) 領域間の指導の関連

> (3) 第2の各学年の内容の「A数と計算」,「B図形」,「C測定」,「C変化と関係」及び「Dデータの活用」の間の指導の関連を図ること。

今回の改訂では,算数科で育成を目指す資質・能力の観点から領域を設け,第1学年から第3学年までは,「A数と計算」,「B図形」,「C測定」及び「Dデータの活用」の四つの領域に,第4学年から第6学年までは,「A数と計算」,「B図形」,「C変化と関係」及び「Dデータの活用」の四つの領域にそれぞれ内容を分けて示している。ただし,算数科の各内容は,互いに深く関連しており,領域間の関連を図って指導することが必要である。例えば,図形の面積の求め方を考えるに当たり,面積を求める対象となる図形や面積の意味や表し方は「B図形」領域の内容であり,面積を計算で求めることや,公式をつくることや式の見方は「A数と計算」領域に関係している。このように,指導計画の作成に当たっては,ある領域で指導する内容を,他領域の内容の学習指導の場面で活用するなどして,複数の領域間の指導の関連を図るようにする必要がある。

なお,第1学年から第3学年までの「測定」の内容は,第4学年以降においても活用されることに配慮するとともに,第4学年から第6学年の「変化と関係」の内容については,その素地を培う様々な機会が第1学年から第3学年の内容に含まれていることに留意する必要がある。

(4) 低学年における他教科等や幼児教育との関連

> (4) 低学年においては,第1章総則の第2の4の(1)を踏まえ,他教科等との関連を積極的に図り,指導の効果を高めるようにするとともに,幼稚園教育要領等に示す幼児期の終わりまでに育ってほしい姿との関連を考慮すること。特に,小学校入学当初においては,生活科を中心とした合科的・関連的な指導や,弾力的な時間割の設定を行うなどの工夫をすること。

この事項は,低学年の児童の学習上の特性や傾向を考慮し,他教科等との関連を積極的に図るようにすること及び幼稚園教育との関連を図ることについて示した上で,特に小学校入学当初における教育課程編成上の工夫について示したものである。
第1章総則第2の4(1)においては,学校段階等間の接続における幼児期の教育

と小学校教育の接続について次のように示している。

「幼児期の終わりまでに育ってほしい姿を踏まえた指導を工夫することにより，幼稚園教育要領等に基づく幼児期の教育を通して育まれた資質・能力を踏まえて教育活動を実施し，児童が主体的に自己を発揮しながら学びに向かうことが可能となるようにすること。

また，低学年における教育全体において，例えば生活科において育成する自立し生活を豊かにしていくための資質・能力が，他教科等の学習においても生かされるようにするなど，教科等間の関連を積極的に図り，幼児期の教育及び中学年以降の教育との円滑な接続が図られるよう工夫すること。特に，小学校入学当初においては，幼児期において自発的な活動としての遊びを通して育まれてきたことが，各教科等における学習に円滑に接続されるよう，生活科を中心に，合科的・関連的な指導や弾力的な時間割の設定など，指導の工夫や指導計画の作成を行うこと。」

幼児期は自発的な活動としての遊びを通して，周りの人や物，自然などの環境に体ごと関わり全身で感じるなど，活動と場，体験と感情が密接に結び付いている。小学校低学年の児童は同じような発達の特性をもっており，具体的な体験を通して感じたことや考えたことなどを，常に自分なりに組み換えながら学んでいる。こうした特性を生かし，他教科等における学習により育まれた資質・能力を学習に生かすことで，より効果的に資質・能力を育むことにつながるとともに，各教科の特質に応じた学習へと分化していく学習に円滑に適応していくことができるようになることから，教科等間の関連を図った指導の工夫を行うことが重要である。特に小学校入学当初においては，生活科を中心に合科的・関連的な指導を行ったり，児童の生活の流れを大切にして弾力的に時間割を工夫した指導を行ったりして，幼児期の終わりまでに育った姿が発揮できるよう教育課程編成上の工夫（スタートカリキュラム）が重要である。

こうしたことを踏まえ，算数科においては，育成を目指す資質・能力を明らかにした上で，例えば，他教科等における体験などの学習活動の経験を関連付けることが考えられる。

また，幼稚園等においては，幼稚園教育要領等に示す幼児期の終わりまでに育ってほしい姿を考慮した指導が行われていることを踏まえ，例えば，思考力の芽生え数量や図形，標識や文字などへの関心・感覚など幼児期の終わりまでに育ってほしい姿との関連を考慮することが考えられる。

(5) 障害のある児童への指導

> (5) 障害のある児童などについては，学習活動を行う場合に生じる困難さに応じた指導内容や指導方法の工夫を計画的，組織的に行うこと。

　障害者の権利に関する条約に掲げられたインクルーシブ教育システムの構築を目指し，児童の自立と社会参加を一層推進していくためには，通常の学級，通級による指導，特別支援学級，特別支援学校において，児童の十分な学びを確保し，一人一人の児童の障害の状態や発達の段階に応じた指導や支援を一層充実させていく必要がある。

　通常の学級においても，発達障害を含む障害のある児童が在籍している可能性があることを前提に，全ての教科等において，一人一人の教育的ニーズに応じたきめ細かな指導や支援ができるよう，障害種別の指導の工夫のみならず，各教科等の学びの過程において考えられる困難さに対する指導の工夫の意図，手立てを明確にすることが重要である。

　これを踏まえ，今回の改訂では，障害のある児童などの指導に当たっては，個々の児童によって，見えにくさ，聞こえにくさ，道具の操作の困難さ，移動上の制約，健康面や安全面での制約，発音のしにくさ，心理的な不安定，人間関係形成の困難さ，読み書きや計算等の困難さ，注意の集中を持続することが苦手であることなど，学習活動を行う場合に生じる困難さが異なることに留意し，個々の児童の困難さに応じた指導内容や指導方法を工夫することを，各教科等において示している。

　その際，算数科の目標や内容の趣旨，学習活動のねらいを踏まえ，学習内容の変更や学習活動の代替を安易に行うことがないよう留意するとともに，児童の学習負担や心理面にも配慮することが必要である。

　例えば，算数科における配慮として，次のようなものが考えられる。

- 「商」「等しい」など，児童が日常使用することが少なく，抽象度の高い言葉の理解が困難な場合には，児童が具体的にイメージをもつことができるよう，児童の興味・関心や生活経験に関連の深い題材を取り上げて，既習の言葉や分かる言葉に置き換えるなどの配慮をする。
- 文章を読み取り，数量の関係を式を用いて表すことが難しい場合，児童が数量の関係をイメージできるように，児童の経験に基づいた場面や興味ある題材を取り上げたり，場面を具体物を用いて動作化させたり，解決に必要な情報に注目できるよう文章を一部分ごとに示したり，図式化したりすることなどの工夫を行う。
- 空間図形のもつ性質を理解することが難しい場合，空間における直線や平面の位

置関係をイメージできるように，立体模型で特徴のある部分を触らせるなどしながら，言葉でその特徴を説明したり，見取図や展開図と見比べて位置関係を把握したりするなどの工夫を行う。
・データを目的に応じてグラフに表すことが難しい場合，目的に応じたグラフの表し方があることを理解するために，同じデータについて折れ線グラフの縦軸の幅を変えたグラフに表したり，同じデータを棒グラフや折れ線グラフ，帯グラフなど違うグラフに表したりして見比べることを通して，よりよい表し方に気付くことができるようにする。

なお，学校においては，こうした点を踏まえ，個別の指導計画を作成し，必要な配慮を記載し，翌年度の担任等に引き継ぐことなどが必要である。

(6) 道徳科などとの関連

> (6) 第1章総則の第1の2の(2)に示す道徳教育の目標に基づき，道徳科などとの関連を考慮しながら，第3章特別の教科道徳の第2に示す内容について，算数科の特質に応じて適切な指導をすること。

算数科の指導においては，その特質に応じて，道徳について適切に指導する必要があることを示すものである。

学習指導要領の第1章総則第1の2(2)においては，「学校における道徳教育は，特別の教科である道徳（以下「道徳科」という。）を要として学校の教育活動全体を通じて行うものであり，道徳科はもとより，各教科，外国語活動，総合的な学習の時間及び特別活動のそれぞれの特質に応じて，児童の発達の段階を考慮して，適切な指導を行うこと」と規定されている。

算数科における道徳教育の指導においては，学習活動や学習態度への配慮，教師の態度や行動による感化とともに，以下に示すような算数科と道徳教育との関連を明確に意識しながら，適切な指導を行う必要がある。

算数科の目標にある「日常の事象を数理的に捉え見通しをもち筋道を立てて考察する力」の育成は，道徳的な判断力の育成にも資するものである。また，「算数で学んだことを生活や学習に活用しようとする態度」の育成は，工夫して生活や学習をしようとする態度の育成にも資するものである。

次に，道徳教育の要としての「道徳科」の指導との関連を考慮する必要がある。算数科の年間指導計画の作成などに際して，道徳教育の全体計画との関連，指導の内容及び時期等に配慮し，両者が相互に効果を高め合うようにすることが大切である。

2 内容の取扱いについての配慮事項

(1) 考えを表現し伝え合うなどの学習活動

> (1) 思考力，判断力，表現力等を育成するため，各学年の内容の指導に当たっては，具体物，図，言葉，数，式，表，グラフなどを用いて考えたり，説明したり，互いに自分の考えを表現し伝え合ったり，学び合ったり，高め合ったりするなどの学習活動を積極的に取り入れるようにすること。

　今回の改訂では，数学的な見方・考え方を働かせ，知識及び技能の習得とともに，思考力・判断力・表現力等の育成と学びに向かう力・人間性の涵養が求められている。その一方で，全国的な調査の結果などからは，児童の思考力・判断力・表現力等に課題がみられるとの指摘がある。数学的な思考力，判断力，表現力等は，合理的，論理的に考えを進めるとともに，互いの知的なコミュニケーションを図るために重要な役割を果たすものであり，考えを表現し伝え合う学習活動を，全学年を通して数学的活動に内容として位置付けることとした。

　各学年の内容の指導に当たっては，具体物，図，言葉，数，式，表，グラフを用いて考えたり，説明したり，互いに自分の考えを表現し伝え合ったりするなどの学習活動を積極的に取り入れるようにすることの必要性について示している。算数科の指導では，言葉による表現とともに，図，数，式，表，グラフといった数学的な表現の方法を用いることに特質がある。このような表現の方法について学ぶとともに，それらを活用する指導を工夫することが大切である。

(2) コンピュータなどの活用

> (2) 数量や図形についての感覚を豊かにしたり，表やグラフを用いて表現する力を高めたりするなどのため，必要な場面においてコンピュータなどを適切に活用すること。また，第1章総則の第3の1の(3)のイに掲げるプログラミングを体験しながら論理的思考力を身に付けるための学習活動を行う場合には，児童の負担に配慮しつつ，例えば第2の各学年の内容の〔第5学年〕の「B図形」の(1)における正多角形の作図を行う学習に関連して，正確な繰り返し作業を行う必要があり，更に一部を変えることでいろいろな正多角形を同様に考えることができる場面などで取り扱うこと。

算数科の指導においては，コンピュータや電卓などを用いて，データなどの情報を処理したり分類整理したり，表やグラフを用いて表現したり，図形を動的に変化させたり，数理的な実験をしたりするなど，それらがもつ機能を効果的に活用することによって，数量や図形についての感覚を豊かにしたり，表現する力を高めたりするような指導の工夫が考えられる。

　特に，今回の改訂では，統計的な内容を各学年で充実させているが，データを表に整理した後，いろいろなグラフに表すことがコンピュータなどを用いると簡単にできる。目的に応じて適切にグラフの種類や表現を変えることで，結論や主張点がより明確になる。このようなコンピュータなどを用いてグラフを作成するよさに触れることも大切である。

　また，身近なものにコンピュータが内蔵され，プログラミングの働きにより生活の便利さや豊かさがもたらされていることについて理解し，そうしたプログラミングを，自分の意図した活動に活用していけるようにすることもますます重要になっている。将来どのような職業に就くとしても，時代を超えて普遍的に求められる「プログラミング的思考」などを育むプログラミング教育の実施を，子供たちの生活や教科等の学習と関連付けつつ，発達の段階に応じて位置付けていくことが求められる。

　その際，小・中・高等学校を見通した学びの過程の中で，「主体的・対話的で深い学び」の実現に資するプログラミング教育とすることが重要である。小学校においては，教科等における学習上の必要性や学習内容と関連付けながらプログラミング教育を行う単元を位置付け，身近な生活でコンピュータが活用されていることや，問題の解決には必要な手順があることに気付くことを重視する。

　算数科において，プログラミングを体験しながら論理的思考力を身に付けるための活動を行う場合には，算数科の目標を踏まえ，数学的な思考力・判断力・表現力等を身に付ける活動の中で行うものとする。

　算数科においては，問題解決したのち，問題解決の仕方を振り返り，問題解決の方法をより簡潔・明瞭・的確なものに高めたり，それを手順としてまとめたりするという学習活動が多く行われる。例えば，整数などの計算の仕方を考えた後，計算の仕方を簡潔・明瞭・的確なものとしていく中で，筆算という形式で表し，計算の仕方を筆算の手順としてまとめていく。筆算として計算の仕方をまとめた後は，手順通りに間違いなく筆算を行うことが大切になる。これは技能である。

　このように算数科の学習は，問題の解決には必要な手順があることに気付くことに資するものである。

　「プログラミング的思考」とは，自分が意図する一連の活動を実現するために，どのような動きの組み合わせが必要か，どのように改善していけばより意図した活動に近づくのかということを論理的に考えていく力の一つである。

算数科においては,「例えば第2の各学年の内容の〔第5学年〕の「B図形」の(1)における正多角形の作図を行う学習に関連して,正確な繰り返し作業を行う必要があり,更に一部を変えることでいろいろな正多角形を同様に考えることができる場面などで取り扱うこと。」と示されている。

正多角形の学習では「正多角形は円に内接すること」を基に定規とコンパスなどを用いてかくことを指導する。コンピュータを用いると,「正多角形は全ての辺の長さや角の大きさが等しいこと」を基に簡単にかつ正確にかくことができる。また,辺の長さや角の大きさを適切に変えれば,ほかの正多角形もすぐにかくことができる。

辺の長さ分だけ線を引き,角の大きさ分向きを変え,これらのことを繰り返すことで正多角形がかける。正方形は90度向きを変えればよいが,正六角形は何度にすればいいのかを考えていく。線の動きを示す指示として「線を引く」「○度向きを変える」「繰り返す」などの最小限の指示を指定することで,正多角形をかくことができるのである。

算数科ではこのような活動を行うことで,問題の解決には必要な手順があることと,正確な繰り返しが必要な作業をする際にコンピュータを用いるとよいことに気付かせることができる。

(3) 具体的な体験を伴う学習

> (3) 各領域の指導に当たっては,具体物を操作したり,日常の事象を観察したり,児童にとって身近な算数の問題を解決したりするなどの具体的な体験を伴う学習を通して,数量や図形について実感を伴った理解をしたり,算数を学ぶ意義を実感したりする機会を設けること。

各領域の指導に当たっては,具体物を操作したり,日常の事象を観察したり,児童にとって身近な算数の問題を解決したりするなどの具体的な体験を伴う学習を通して,数量や図形について実感を伴った理解をしたり,算数を学ぶ意義を実感したりする機会を設けることの重要性を述べたものである。

算数科の内容は,児童にとって時に抽象的で分かりにくいということがある。例えば,式を用いて表すことはできても,表現した式を基に考えを進めることが苦手な児童がいる。指導に当たっては,おはじきや計算ブロックなどの具体物を用いた活動を行うなど,児童の発達の段階や個に応じた教材,教具の工夫が必要であることに留意する。

(4) 用語・記号の指導

> (4) 第2の各学年の内容に示す〔用語・記号〕は，当該学年で取り上げる内容の程度や範囲を明確にするために示したものであり，その指導に当たっては，各学年の内容と密接に関連させて取り上げるようにし，それらを用いて表したり考えたりすることのよさが分かるようにすること。

　各学年の内容に〔用語・記号〕の示されていることの意図と，指導に当たっての配慮事項を示している。用語や記号は活用することが大切であり，用語や記号を用いて表したり考えたりすることのよさが分かるよう配慮することについて示したものである。

　用語・記号は，社会で共通に認められた内容を簡潔に表現し，それらを的確に用いることによって，思考が節約され，コミュニケーションの効率性が高まる。数学においては，特に記号が大きな役割を果たしている。記号は，抽象的で形式的であるだけに，操作がしやすく，しかも，より一般性をもっている。上手に記号体系を作ることにより，現実の意味を離れて形式的な操作が可能になり，思考を能率的に進めることができるようになるのである。このように，数学において用語や記号の使い方に慣れることで，思考を，より正確に，より的確に，より能率的に行うことができるようになることは，社会や文化の発展に貢献することにもつながる。

　数学の用語・記号については，各領域における具体的な内容の学習を通して，用語・記号の意味や内容が十分に理解でき，用語・記号を用いることのよさ，すなわち，簡潔さ，明瞭さ，そして，的確さについて把握できるように指導する必要がある。つまり，用語・記号が具体的な内容から離れ，形式的な指導に陥ったりすることのないようにしなくてはならない。

　学習指導要領において各学年段階で示した用語・記号は，その学年で指導が完結して「用いることができるようにする」というのではなく，その学年からそれらの用語・記号の使用が始まることを示しているものである。したがって，その学年以降において，それらの用語・記号を用いる能力をしだいに伸ばしていくように配慮して取り扱うことが必要である。

(5) およその大きさや形を捉え，適切に判断すること

> （5）数量や図形についての豊かな感覚を育てるとともに，およその大きさや形を捉え，それらに基づいて適切に判断したり，能率的な処理の仕方を考え出したりすることができるようにすること。

　数についての感覚，量の大きさについての感覚，図形についての感覚を豊かにすることが大切であり，そのことは，各学年の指導内容に関わるものである。また，数量や図形についてのおよその大きさや形を捉えて，それらに基づいて適切に判断したり，能率的な処理の仕方を考え出したりすることを常に配慮した授業を展開する必要がある。

　数量や図形についてのおよその大きさや形を捉えることによって，解決の見通しをもつことができ，大きな誤りを防ぐことができる。問題を解決する際に，見積りや概数などがどんな目的で用いられるかを明確にし，結果や方法をおおまかに捉えて見通しをもって考えを進めていくことを重視する必要がある。

　そのため，低学年から，計算の結果の見通しをもつなど，見積りの指導との関連を図り，およその大きさや形を捉えることの素地を培うための指導を工夫する必要がある。見積りをする際には，既習の内容などを活用することが多いことから，児童の多様な考え方や表現の仕方がみられるので，指導に当たっては適切に対応することが大切である。

(6) 筆算による計算の技能や計算の結果の見積り

> （6）筆算による計算の技能を確実に身に付けることを重視するとともに，目的に応じて計算の結果の見積りをして，計算の仕方や結果について適切に判断できるようにすること。また，低学年の「A数と計算」の指導に当たっては，そろばんや具体物などの教具を適宜用いて，数と計算についての意味の理解を深めるよう留意すること。

　筆算による計算の技能については，算数科の基礎となる能力として確実に身に付けるようにすることが大切であることを示している。計算の指導においては，筆算の計算の仕方を形式的に伝えるのではなく，数の仕組みや計算の意味に基づいて考えることが大切である。その際，目的に応じて計算の結果の見積もりをして，計算

の仕方や結果について適切に判断できるようにすることが必要であることを示している。

また，特に低学年においては，具体物などを用いて数と計算の意味について理解したり，自分の考えを表現したりすることが必要となるため，そろばんや具体物などの教具を適宜用いることが効果的であることを示している。

●3 数学的活動の取組における配慮事項

(1) 数学的活動を通しての指導

> (1) 数学的活動は，基礎的・基本的な知識及び技能を確実に身に付けたり，思考力，判断力，表現力等を高めたり，算数を学ぶことの楽しさや意義を実感したりするために，重要な役割を果たすものであることから，各学年の内容の「A数と計算」，「B図形」，「C測定」，「C変化と関係」及び「Dデータの活用」に示す事項については，数学的活動を通して指導するようにすること。

算数科の目標では，柱書に次のように示されている。

「数学的な見方・考え方を働かせ，数学的活動を通して，数学的に考える資質・能力を次のとおり育成することを目指す。」

「数学的活動を通して」という文言は，「数学的に考える資質・能力を育成すること」にかかっている。小学校において育成を目指す数学的に考える資質・能力とは三つの柱に示された，算数科における知識及び技能，思考力，判断力，表現力等，学びに向かう力，人間性等であり，目標の柱書は，児童が数学的活動に取り組み，教師が適切に指導を行うことによって目標に示されていることを実現するという，学習指導の進め方の基本的な考え方を述べたものである。つまり，数学的活動は，基礎的・基本的な知識及び技能を確実に身に付けたり，思考力，判断力，表現力等を高めたり，算数を学ぶことの楽しさや意義を実感したりするために，重要な役割を果たすものである。

また，数学的活動とは，第1章でも述べたとおり，事象を数理的に捉え，算数の問題を見いだし，問題を自立的，協働的に解決する過程を遂行することである。児童の問題発見や問題解決の学習過程においては「日常の事象を数理的に捉え，数学的に表現・処理し，問題を解決したり，解決の過程や結果を振り返って考えたりする」ことと，「算数の学習場面から問題を見いだし解決したり，解決の過程や結果を振り返って統合的・発展的に考えたりする」ことの二つの過程が相互に関わり合っ

ており，このような問題発見・解決の過程で学習することができるようにすることが大切である。さらに，これらの基盤として，各場面で言語活動を充実し，それぞれの過程や結果を振り返り，評価・改善することができるようにすることも大切である。

なお，前回の小学校学習指導要領では「児童が目的意識をもって主体的に取り組む算数に関わりのある様々な活動」を意味する「算数的活動」という用語を用いていた。算数的活動には，様々な活動が含まれ得るものであり，作業的・体験的な活動など身体を使ったり，具体物を用いたりする活動が主に挙げられることが多いが，そうした活動に限られるものではなく，算数に関する課題について考えたり，算数の知識を基に発展的・応用的に考えたりする活動や，考えたことなどを表現したり，説明したりする活動など，具体物などを用いた活動でない活動についても算数的活動に含まれるとしてきた。これらの活動は全て数学的活動に含まれる。

今回の改訂では，数学的な問題発見・解決の過程における様々な場面とそこで働かせる「数学的な見方・考え方」に焦点化を当てて算数科における児童の活動を充実するために，これまで使用されてきた用語「算数的活動」を「数学的活動」と改めて，その趣旨を一層徹底しており，各領域に示す全ての事項において，数学的活動を通した指導を行うことを求めている。ただし，その指導の過程において，必要に応じて教師が説明をしたり，計算練習を行う場面を設けたりすることは，当然あり得るものであり，そのことを否定するものではない。その意味で，例えば，教師の説明を一方的に聞くだけの学習や，単なる計算練習を行うだけの学習は，数学的活動には含まれない。

(2) 数学的活動を楽しむこと

> (2) 数学的活動を楽しめるようにする機会を設けること。

小学校算数科の目標の(3)には，「数学的活動の楽しさや数学のよさに気付く」ことが示されている。このように，児童が数学的活動の楽しさを実感することについては，小学校算数科の目標にも示されており，数学的活動の指導に当たっても留意する必要がある。第2章第1節でも述べたとおり，数学的活動の楽しさとは，児童が，算数の問題を見いだし，自立的・協働的に問題を解決する過程を遂行するという数学的活動それ自体に楽しみを見いだすということである。言い換えると，数学的活動の楽しさとは，単に楽しく活動をするという側面や自分で問題が解けてうれしいといった側面だけではなく，数学的な見方・考え方が豊かになることによる楽しさ

や，自ら問いをもち自立的に考えること自体の楽しさ，友達と協働的に学び合うことで自分の考えや集団としての考えが広がったり深まったりすることの楽しさ，自分の説明で友達が分かってくれた楽しさ，問題解決の過程や結果を振り返って統合的・発展的に考えることの楽しさという側面なども意味している。

　教師は，児童がこのように数学的活動を楽しめるようにする機会を設けることが大切である。また，こうした経験を基にして，児童が算数を学習する意義や必要性について自らに問いかけ，自分なりの答えを見いだすことができるようにすることにも配慮することも大切である。

(3) 見通しをもって数学的活動に取り組み，振り返ること

> (3) 算数の問題を解決する方法を理解するとともに，自ら問題を見いだし，解決するための構想を立て，実践し，その結果を評価・改善する機会を設けること。

　数学的活動は，基本的に問題解決の形で行われる。その過程では，児童が見通しをもって活動に取り組めるよう配慮する。また，児童が取り組む問題については，教師が提示するものだけでなく，適切な場面を設け，児童が既習の算数の学習を基にするなどして自ら問題を見いだす機会を設けることが大切である。また，その解決の過程では，問題を解決するために既習の何を用いてどのように表したり処理したりする必要があるのかについて構想を立てられるようにすることが重要である。さらに，その構想に基づいて試行錯誤をしたり，データを収集整理したり，観察したり，操作したり，実験したりするなどの活動を必要に応じ適切に選択し行いながら，結果を導くことができるようにすることも重要である。このように見通しをもって数学的活動に取り組むことができるようにすることは，数学的活動に主体的に取り組むことができるようにするために必要である。また，導いた結果については，たとえそれが期待していたものとは異なっていても，自らの活動を振り返り評価することにより，よりよいものに改めていくためのきっかけや新しい問題を得ることができる機会が生まれるきっかけとなる。このことを実体験することは，児童の自立的な取り組みを促す上で大切である。

　また，見通しをもつ際に，この問題はどのような点に着目して数学的な見方・考え方を働かせると解決できるのかを考えることも大切である。例えば，分数の除法の計算の仕方を考える場面では，分数の意味や除法に関して成り立つ性質などに着目して数学的な見方・考え方を働かせると，計算の仕方を導き出すことができる。

その際，児童の数学的な見方・考え方がより豊かで確かなものであれば，更にいろいろな解決方法を考え出すこともできる。このとき問題解決した後で，どのような点に着目して数学的な見方・考え方を働かせるとよりよく問題解決できたのかを振り返ることが大切である。

見通しをもって数学的活動に取り組み，問題解決した後に振り返ることは，児童自らが問いをもって問題解決活動を遂行とすることに他ならない。「この数学的な見方・考え方を働かせると問題を解決できるのではないか。」「図で答えを出したが式でも表せないだろうか。」「いくつかの考え方が出されたが，いつでも使える方法はどれだろうか。」「この問題が解決できたポイントは何だろうか。」「さらに，問題場面を少し変えると，結論はどうなるのだろうか。」など，児童が算数の問題を解決する活動を遂行する上で必要な問いを自らもつことで，数学的活動を自ら遂行することができるようになると考えられる。

(4) 数学的な表現の相互の関連を図ること

> (4) 具体物，図，数，式，表，グラフ相互の関連を図る機会を設けること。

小学校算数科の目標の(2)には，「数学的な表現を用いて事象を簡潔・明瞭・的確に表したり目的に応じて柔軟に表したりする力を養う」ことが示されている。このように，児童が数学的な表現を用いて事象を簡潔・明瞭・的確に表すだけでなく，数学的な表現を柔軟に用いることについては，小学校算数科の目標にも示されており，数学的活動の指導に当たっても留意する必要がある。

具体物や図を用いて実感的に理解したことについて，算数・数学の言葉である数や式を用いて簡潔・明瞭・的確に表現し，そのことを用いて問題解決したり，数学をつくったりすることは，算数・数学の学習を進めていく上で大切である。

一方で，算数・数学の学習の中で，数や式で説明されたことが，ある児童にとっては抽象的で分かりにくいことがある。このようなとき，数や式で説明したことについて，具体的に，具体物や図，表などを基に説明されるとよく分かるということがある。同様に，伴って変わる二つの数量の関係がある場合は，表と式とグラフの相互の関連を図ることが大切である。このように数学的な表現を用いて柔軟に表したりすることを数学的活動を遂行する上で重視する。

(5) 考えを学び合うことやよりよく問題解決できたことを実感すること

> (5) 友達と考えを伝え合うことで学び合ったり，学習の過程と成果を振り返り，よりよく問題解決できたことを実感したりする機会を設けること。

　今回の改訂では，学習指導の過程においては，数学的に問題発見・解決する過程を重視するものとした。算数科においては，「日常の事象を数理的に捉え，数学的に表現・処理し，問題を解決したり，解決の過程や結果を振り返って考えたりする」ことと，「算数の学習場面から問題を見いだし解決したり，解決の過程や結果を振り返って統合的・発展的に考えたりする」ことの二つの問題発見・解決の過程が相互に関わり合っている。これらの基盤として，各場面で言語活動を充実させ，それぞれの過程や結果を振り返り，評価・改善することができるようにすることも大切である。

　具体的には，これらの問題解決の過程において，友達と考えを伝え合うことで学び合ったり，よりよい解法に洗練させたりするための意見の交流や議論など対話的な学びを適宜取り入れていくことが必要である。そして，学習の過程と成果を振り返り，よりよく問題解決できたことを実感する機会を設けることが大切である。よりよく問題解決できたことを実感するには，児童自らが実際によりよい方法で問題解決することで初めて実感できる。問題発見・解決を繰り返すことで，少しずつよりよい方法を用いることができるようにして，よりよく問題解決できたことを実感できるようにすることが大切である。

　このように，対話的な学びを取り入れることで，児童が自分の考えや集団の考えを広げたり深めたりすることができるようにすることが重要である。

付録

目次

- 付録1：学校教育法施行規則（抄）
- 付録2：小学校学習指導要領　第1章　総則
- 付録3：小学校学習指導要領　第2章　第3節　算数
- 付録4：中学校学習指導要領　第2章　第3節　数学
- 付録5：小学校学習指導要領　第3章　特別の教科　道徳
- 付録6：「道徳の内容」の学年段階・学校段階の一覧表
- 付録7：幼稚園教育要領

学校教育法施行規則（抄）

昭和二十二年五月二十三日文部省令第十一号
一部改正：平成二十九年三月三十一日文部科学省令第二十号
平成三十年八月二十七日文部科学省令第二十七号

第四章　小学校

第二節　教育課程

第五十条　小学校の教育課程は，国語，社会，算数，理科，生活，音楽，図画工作，家庭，体育及び外国語の各教科（以下この節において「各教科」という。），特別の教科である道徳，外国語活動，総合的な学習の時間並びに特別活動によつて編成するものとする。

2　私立の小学校の教育課程を編成する場合は，前項の規定にかかわらず，宗教を加えることができる。この場合においては，宗教をもつて前項の特別の教科である道徳に代えることができる。

第五十一条　小学校（第五十二条の二第二項に規定する中学校連携型小学校及び第七十九条の九第二項に規定する中学校併設型小学校を除く。）の各学年における各教科，特別の教科である道徳，外国語活動，総合的な学習の時間及び特別活動のそれぞれの授業時数並びに各学年におけるこれらの総授業時数は，別表第一に定める授業時数を標準とする。

第五十二条　小学校の教育課程については，この節に定めるもののほか，教育課程の基準として文部科学大臣が別に公示する小学校学習指導要領によるものとする。

第五十三条　小学校においては，必要がある場合には，一部の各教科について，これらを合わせて授業を行うことができる。

第五十四条　児童が心身の状況によつて履修することが困難な各教科は，その児童の心身の状況に適合するように課さなければならない。

第五十五条　小学校の教育課程に関し，その改善に資する研究を行うため特に必要があり，かつ，児童の教育上適切な配慮がなされていると文部科学大臣が認める場合においては，文部科学大臣が別に定めるところにより，第五十条第一項，第五十一条（中学校連携型小学校にあつては第五十二条の三，第七十九条の九第二項に規定する中学校併設型小学校にあつては第七十九条の十二において準用する第七十九条の五第一項）又は第五十二条の規定によらないことができる。

第五十五条の二　文部科学大臣が，小学校において，当該小学校又は当該小学校が設置されている地域の実態に照らし，より効果的な教育を実施するため，当該小学校又は当該地域の特色を生かした特別の教育課程を編成して教育を実施する必要があり，かつ，当該特別の教育課程について，教育基本法（平成十八年法律第百二十号）及び学校教育法第三十条第一項の規定等に照らして適切であり，児童の教育上適切な配慮がなされているものとして文部科学大臣が定める基準を満たしていると認める場合においては，文部科学大臣が別に定めるところにより，第五十条第一項，第五十一条（中学校連携型小学校にあつては第五十二条の三，第七十九条の九第二項に規定する中学校併設型小学校にあつては第七十九

条の十二において準用する第七十九条の五第一項）又は第五十二条の規定の全部又は一部によらないことができる。

第五十六条　小学校において，学校生活への適応が困難であるため相当の期間小学校を欠席し引き続き欠席すると認められる児童を対象として，その実態に配慮した特別の教育課程を編成して教育を実施する必要があると文部科学大臣が認める場合においては，文部科学大臣が別に定めるところにより，第五十条第一項，第五十一条（中学校連携型小学校にあつては第五十二条の三，第七十九条の九第二項に規定する中学校併設型小学校にあつては第七十九条の十二において準用する第七十九条の五第一項）又は第五十二条の規定によらないことができる。

第五十六条の二　小学校において，日本語に通じない児童のうち，当該児童の日本語を理解し，使用する能力に応じた特別の指導を行う必要があるものを教育する場合には，文部科学大臣が別に定めるところにより，第五十条第一項，第五十一条（中学校連携型小学校にあつては第五十二条の三，第七十九条の九第二項に規定する中学校併設型小学校にあつては第七十九条の十二において準用する第七十九条の五第一項）及び第五十二条の規定にかかわらず，特別の教育課程によることができる。

第五十六条の三　前条の規定により特別の教育課程による場合においては，校長は，児童が設置者の定めるところにより他の小学校，義務教育学校の前期課程又は特別支援学校の小学部において受けた授業を，当該児童の在学する小学校において受けた当該特別の教育課程に係る授業とみなすことができる。

第五十六条の四　小学校において，学齢を経過した者のうち，その者の年齢，経験又は勤労の状況その他の実情に応じた特別の指導を行う必要があるものを夜間その他特別の時間において教育する場合には，文部科学大臣が別に定めるところにより，第五十条第一項，第五十一条（中学校連携型小学校にあつては第五十二条の三，第七十九条の九第二項に規定する中学校併設型小学校にあつては第七十九条の十二において準用する第七十九条の五第一項）及び第五十二条の規定にかかわらず，特別の教育課程によることができる。

第三節　学年及び授業日

第六十一条　公立小学校における休業日は，次のとおりとする。ただし，第三号に掲げる日を除き，当該学校を設置する地方公共団体の教育委員会（公立大学法人の設置する小学校にあつては，当該公立大学法人の理事長。第三号において同じ。）が必要と認める場合は，この限りでない。
一　国民の祝日に関する法律（昭和二十三年法律第百七十八号）に規定する日
二　日曜日及び土曜日
三　学校教育法施行令第二十九条第一項の規定により教育委員会が定める日

第六十二条　私立小学校における学期及び休業日は，当該学校の学則で定める。

第八章　特別支援教育

第百三十四条の二　校長は，特別支援学校に在学する児童等について個別の教育支援計画（学校と医療，保健，福祉，労働等に関する業務を行う関係機関及び民間団体（次項において「関係機関等」という。）との連携の下に行う当該児童等に対する長期的な支援に関する計画をいう。）を作成しなければならない。

2　校長は，前項の規定により個別の教育支援計画を作成するに当たつては，当該児童等又はその保護者の意向を踏まえつつ，あらかじめ，関係機関等と当該児童等の支援に関する必要な情報の共有を図らなければならない。

第百三十八条　小学校，中学校若しくは義務教育学校又は中等教育学校の前期課程における特別支援学級に係る教育課程については，特に必要がある場合は，第五十条第一項（第七十九条の六第一項において準用する場合を含む。），第五十一条，第五十二条（第七十九条の六第一項において準用する場合を含む。），第五十二条の三，第七十二条（第七十九条の六第二項及び第百八条第一項において準用する場合を含む。），第七十三条，第七十四条（第七十九条の六第二項及び第百八条第一項において準用する場合を含む。），第七十四条の三，第七十六条，第七十九条の五（第七十九条の十二において準用する場合を含む。）及び第百七条（第百十七条において準用する場合を含む。）の規定にかかわらず，特別の教育課程によることができる。

第百三十九条の二　第百三十四条の二の規定は，小学校，中学校若しくは義務教育学校又は中等教育学校の前期課程における特別支援学級の児童又は生徒について準用する。

第百四十条　小学校，中学校，義務教育学校，高等学校又は中等教育学校において，次の各号のいずれかに該当する児童又は生徒（特別支援学級の児童及び生徒を除く。）のうち当該障害に応じた特別の指導を行う必要があるものを教育する場合には，文部科学大臣が別に定めるところにより，第五十条第一項（第七十九条の六第一項において準用する場合を含む。），第五十一条，第五十二条（第七十九条の六第一項において準用する場合を含む。），第五十二条の三，第七十二条（第七十九条の六第二項及び第百八条第一項において準用する場合を含む。），第七十三条，第七十四条（第七十九条の六第二項及び第百八条第一項において準用する場合を含む。），第七十四条の三，第七十六条，第七十九条の五（第七十九条の十二において準用する場合を含む。），第八十三条及び第八十四条（第百八条第二項において準用する場合を含む。）並びに第百七条（第百十七条において準用する場合を含む。）の規定にかかわらず，特別の教育課程によることができる。

一　言語障害者
二　自閉症者
三　情緒障害者
四　弱視者
五　難聴者
六　学習障害者
七　注意欠陥多動性障害者
八　その他障害のある者で，この条の規定により特別の教育課程による教育を行うことが適当なもの

第百四十一条　前条の規定により特別の教育課程による場合においては，校長は，児童又は生徒が，当該小学校，中学校，義務教育学校，高等学校又は中等教育学校の設置者の定めるところにより他の小学校，中学校，義務教育学校，高等学校，中等教育学校又は特別支援学校の小学部，中学部若しくは高等部において受けた授業を，当該小学校，中学校，義務教育学校，高等学校又は中等教育学校において受けた当該特別の教育課程に係る授業とみなすことができる。

第百四十一条の二　第百三十四条の二の規定は，第百四十条の規定により特別の指導が行われている児童又は生徒について準用する。

附則（平成二十九年三月三十一日文部科学省令第二十号）

この省令は，平成三十二年四月一日から施行する。

別表第一（第五十一条関係）

区分		第1学年	第2学年	第3学年	第4学年	第5学年	第6学年
各教科の授業時数	国語	306	315	245	245	175	175
	社会			70	90	100	105
	算数	136	175	175	175	175	175
	理科			90	105	105	105
	生活	102	105				
	音楽	68	70	60	60	50	50
	図画工作	68	70	60	60	50	50
	家庭					60	55
	体育	102	105	105	105	90	90
	外国語					70	70
特別の教科である道徳の授業時数		34	35	35	35	35	35
外国語活動の授業時数				35	35		
総合的な学習の時間の授業時数				70	70	70	70
特別活動の授業時数		34	35	35	35	35	35
総授業時数		850	910	980	1015	1015	1015

備考
　一　この表の授業時数の一単位時間は，四十五分とする。
　二　特別活動の授業時数は，小学校学習指導要領で定める学級活動（学校給食に係るものを除く。）に充てるものとする。
　三　第五十条第二項の場合において，特別の教科である道徳のほかに宗教を加えるときは，宗教の授業時数をもつてこの表の特別の教科である道徳の授業時数の一部に代えることができる。（別表第二及び別表第四の場合においても同様とする。）

小学学習指導要領 第1章 総則

第1 小学校教育の基本と教育課程の役割

1 各学校においては，教育基本法及び学校教育法その他の法令並びにこの章以下に示すところに従い，児童の人間として調和のとれた育成を目指し，児童の心身の発達の段階や特性及び学校や地域の実態を十分考慮して，適切な教育課程を編成するものとし，これらに掲げる目標を達成するよう教育を行うものとする。

2 学校の教育活動を進めるに当たっては，各学校において，第3の1に示す主体的・対話的で深い学びの実現に向けた授業改善を通して，創意工夫を生かした特色ある教育活動を展開する中で，次の(1)から(3)までに掲げる事項の実現を図り，児童に生きる力を育むことを目指すものとする。

(1) 基礎的・基本的な知識及び技能を確実に習得させ，これらを活用して課題を解決するために必要な思考力，判断力，表現力等を育むとともに，主体的に学習に取り組む態度を養い，個性を生かし多様な人々との協働を促す教育の充実に努めること。その際，児童の発達の段階を考慮して，児童の言語活動など，学習の基盤をつくる活動を充実するとともに，家庭との連携を図りながら，児童の学習習慣が確立するよう配慮すること。

(2) 道徳教育や体験活動，多様な表現や鑑賞の活動等を通して，豊かな心や創造性の涵養を目指した教育の充実に努めること。

学校における道徳教育は，特別の教科である道徳（以下「道徳科」という。）を要として学校の教育活動全体を通じて行うものであり，道徳科はもとより，各教科，外国語活動，総合的な学習の時間及び特別活動のそれぞれの特質に応じて，児童の発達の段階を考慮して，適切な指導を行うこと。

道徳教育は，教育基本法及び学校教育法に定められた教育の根本精神に基づき，自己の生き方を考え，主体的な判断の下に行動し，自立した人間として他者と共によりよく生きるための基盤となる道徳性を養うことを目標とすること。

道徳教育を進めるに当たっては，人間尊重の精神と生命に対する畏敬の念を家庭，学校，その他社会における具体的な生活の中に生かし，豊かな心をもち，伝統と文化を尊重し，それらを育んできた我が国と郷土を愛し，個性豊かな文化の創造を図るとともに，平和で民主的な国家及び社会の形成者として，公共の精神を尊び，社会及び国家の発展に努め，他国を尊重し，国際社会の平和と発展や環境の保全に貢献し未来を拓く主体性のある日本人の育成に資することとなるよう特に留意すること。

(3) 学校における体育・健康に関する指導を，児童の発達の段階を考慮して，学校の教育活動全体を通じて適切に行うことにより，健康で安全な生活と豊かなスポーツライフの実現を目指した教育の充実に努めること。特に，学校における食育の推進並びに体力の向上に関する指導，安全に関する指導及び心身の健康の保持増進に関する指導については，体育科，家庭科及び特別活動の時間はもとより，各教科，道徳科，外国語活動及び総合的な学習の時間などにおいてもそれぞれの特質に応じて適切に行うよう努めること。また，それらの指導を通して，家庭や地域社会との連携を図りながら，日常生活において適切な体育・健康に関する活動の実践を促し，生涯を通じて健康・安全で活力ある生活を送るための基礎が培われるよう配慮すること。

3 2の(1)から(3)までに掲げる事項の実現を図り，豊かな創造性を備え持続可能な社会の創り手となることが期待される児童に，生きる力を育むことを目指すに当たっては，学校教育全体並びに各教科，道徳科，外国語活動，総合的な学習の時間及び特別活動（以下「各教科等」という。）ただし，第2の3の(2)のア及びウにおいて，特別活動については学級活動（学校給食に係るも

のを除く。）に限る。）の指導を通してどのような資質・能力の育成を目指すのかを明確にしながら，教育活動の充実を図るものとする。その際，児童の発達の段階や特性等を踏まえつつ，次に掲げることが偏りなく実現できるようにするものとする。
(1) 知識及び技能が習得されるようにすること。
(2) 思考力，判断力，表現力等を育成すること。
(3) 学びに向かう力，人間性等を涵養すること。
4 各学校においては，児童や学校，地域の実態を適切に把握し，教育の目的や目標の実現に必要な教育の内容等を教科等横断的な視点で組み立てていくこと，教育課程の実施状況を評価してその改善を図っていくこと，教育課程の実施に必要な人的又は物的な体制を確保するとともにその改善を図っていくことなどを通して，教育課程に基づき組織的かつ計画的に各学校の教育活動の質の向上を図っていくこと（以下「カリキュラム・マネジメント」という。）に努めるものとする。

● 第2 教育課程の編成

1 各学校の教育目標と教育課程の編成
　教育課程の編成に当たっては，学校教育全体や各教科等における指導を通して育成を目指す資質・能力を踏まえつつ，各学校の教育目標を明確にするとともに，教育課程の編成についての基本的な方針が家庭や地域とも共有されるよう努めるものとする。その際，第5章総合的な学習の時間の第2の1に基づき定められる目標との関連を図るものとする。
2 教科等横断的な視点に立った資質・能力の育成
(1) 各学校においては，児童の発達の段階を考慮し，言語能力，情報活用能力（情報モラルを含む。），問題発見・解決能力等の学習の基盤となる資質・能力を育成していくことができるよう，各教科等の特質を生かし，教科等横断的な視点から教育課程の編成を図るものとする。
(2) 各学校においては，児童や学校，地域の実態及び児童の発達の段階を考慮し，豊かな人生の実現や災害等を乗り越えて次代の社会を形成することに向けた現代的な諸課題に対応して求められる資質・能力を，教科等横断的な視点で育成していくことができるよう，各学校の特色を生かした教育課程の編成を図るものとする。
3 教育課程の編成における共通的事項
(1) 内容等の取扱い
　ア 第2章以下に示す各教科，道徳科，外国語活動及び特別活動の内容に関する事項は，特に示す場合を除き，いずれの学校においても取り扱わなければならない。
　イ 学校において特に必要がある場合には，第2章以下に示していない内容を加えて指導することができる。また，第2章以下に示す内容の取扱いのうち内容の範囲や程度等を示す事項は，全ての児童に対して指導するものとする内容の範囲や程度等を示したものであり，学校において特に必要がある場合には，この事項にかかわらず加えて指導することができる。ただし，これらの場合には，第2章以下に示す各教科，道徳科，外国語活動及び特別活動の目標や内容の趣旨を逸脱したり，児童の負担過重となったりすることのないようにしなければならない。
　ウ 第2章以下に示す各教科，道徳科，外国語活動及び特別活動の内容に掲げる事項の順序は，特に示す場合を除き，指導の順序を示すものではないので，学校においては，その取扱いについて適切な工夫を加えるものとする。
　エ 学年の内容を2学年まとめて示した教科及び外国語活動の内容は，2学年間かけて指導する事項を示したものである。各学校においては，これらの事項を児童や学校，地域の実態に応じ，2学年間を見通して計画的に指導することとし，特に示す場合を除き，いずれかの学

　　　　年に分けて，又はいずれの学年においても指導するものとする。
　　オ　学校において２以上の学年の児童で編制する学級について特に必要がある場合には，各教科及び道徳科の目標の達成に支障のない範囲内で，各教科及び道徳科の目標及び内容について学年別の順序によらないことができる。
　　カ　道徳科を要として学校の教育活動全体を通じて行う道徳教育の内容は，第３章特別の教科道徳の第２に示す内容とし，その実施に当たっては，第６に示す道徳教育に関する配慮事項を踏まえるものとする。
　(2)　授業時数等の取扱い
　　ア　各教科等の授業は，年間35週（第１学年については34週）以上にわたって行うよう計画し，週当たりの授業時数が児童の負担過重にならないようにするものとする。ただし，各教科等や学習活動の特質に応じ効果的な場合には，夏季，冬季，学年末等の休業日の期間に授業日を設定する場合を含め，これらの授業を特定の期間に行うことができる。
　　イ　特別活動の授業のうち，児童会活動，クラブ活動及び学校行事については，それらの内容に応じ，年間，学期ごと，月ごとなどに適切な授業時数を充てるものとする。
　　ウ　各学校の時間割については，次の事項を踏まえ適切に編成するものとする。
　　　(ア)　各教科等のそれぞれの授業の１単位時間は，各学校において，各教科等の年間授業時数を確保しつつ，児童の発達の段階及び各教科等や学習活動の特質を考慮して適切に定めること。
　　　(イ)　各教科等の特質に応じ，10分から15分程度の短い時間を活用して特定の教科等の指導を行う場合において，教師が，単元や題材など内容や時間のまとまりを見通した中で，その指導内容の決定や指導の成果の把握と活用等を責任をもって行う体制が整備されているときは，その時間を当該教科等の年間授業時数に含めることができること。
　　　(ウ)　給食，休憩などの時間については，各学校において工夫を加え，適切に定めること。
　　　(エ)　各学校において，児童や学校，地域の実態，各教科等や学習活動の特質等に応じて，創意工夫を生かした時間割を弾力的に編成できること。
　　エ　総合的な学習の時間における学習活動により，特別活動の学校行事に掲げる各行事の実施と同様の成果が期待できる場合においては，総合的な学習の時間における学習活動をもって相当する特別活動の学校行事に掲げる各行事の実施に替えることができる。
　(3)　指導計画の作成等に当たっての配慮事項
　　各学校においては，次の事項に配慮しながら，学校の創意工夫を生かし，全体として，調和のとれた具体的な指導計画を作成するものとする。
　　ア　各教科等の指導内容については，(1)のアを踏まえつつ，単元や題材など内容や時間のまとまりを見通しながら，そのまとめ方や重点の置き方に適切な工夫を加え，第３の１に示す主体的・対話的で深い学びの実現に向けた授業改善を通して資質・能力を育む効果的な指導ができるようにすること。
　　イ　各教科等及び各学年相互間の関連を図り，系統的，発展的な指導ができるようにすること。
　　ウ　学年の内容を２学年まとめて示した教科及び外国語活動については，当該学年間を見通して，児童や学校，地域の実態に応じ，児童の発達の段階を考慮しつつ，効果的，段階的に指導するようにすること。
　　エ　児童の実態等を考慮し，指導の効果を高めるため，児童の発達の段階や指導内容の関連性等を踏まえつつ，合科的・関連的な指導を進めること。
　４　学校段階等間の接続
　　教育課程の編成に当たっては，次の事項に配慮しながら，学校段階等間の接続を図るものとする。

(1) 幼児期の終わりまでに育ってほしい姿を踏まえた指導を工夫することにより，幼稚園教育要領等に基づく幼児期の教育を通して育まれた資質・能力を踏まえて教育活動を実施し，児童が主体的に自己を発揮しながら学びに向かうことが可能となるようにすること。

また，低学年における教育全体において，例えば生活科において育成する自立し生活を豊かにしていくための資質・能力が，他教科等の学習においても生かされるようにするなど，教科等間の関連を積極的に図り，幼児期の教育及び中学年以降の教育との円滑な接続が図られるよう工夫すること。特に，小学校入学当初においては，幼児期において自発的な活動としての遊びを通して育まれてきたことが，各教科等における学習に円滑に接続されるよう，生活科を中心に，合科的・関連的な指導や弾力的な時間割の設定など，指導の工夫や指導計画の作成を行うこと。

(2) 中学校学習指導要領及び高等学校学習指導要領を踏まえ，中学校教育及びその後の教育との円滑な接続が図られるよう工夫すること。特に，義務教育学校，中学校連携型小学校及び中学校併設型小学校においては，義務教育9年間を見通した計画的かつ継続的な教育課程を編成すること。

第3 教育課程の実施と学習評価

1 主体的・対話的で深い学びの実現に向けた授業改善
   各教科等の指導に当たっては，次の事項に配慮するものとする。
(1) 第1の3の(1)から(3)までに示すことが偏りなく実現されるよう，単元や題材など内容や時間のまとまりを見通しながら，児童の主体的・対話的で深い学びの実現に向けた授業改善を行うこと。

特に，各教科等において身に付けた知識及び技能を活用したり，思考力，判断力，表現力等や学びに向かう力，人間性等を発揮させたりして，学習の対象となる物事を捉え思考することにより，各教科等の特質に応じた物事を捉える視点や考え方（以下「見方・考え方」という。）が鍛えられていくことに留意し，児童が各教科等の特質に応じた見方・考え方を働かせながら，知識を相互に関連付けてより深く理解したり，情報を精査して考えを形成したり，問題を見いだして解決策を考えたり，思いや考えを基に創造したりすることに向かう過程を重視した学習の充実を図ること。

(2) 第2の2の(1)に示す言語能力の育成を図るため，各学校において必要な言語環境を整えるとともに，国語科を要としつつ各教科等の特質に応じて，児童の言語活動を充実すること。あわせて，(7)に示すとおり読書活動を充実すること。

(3) 第2の2の(1)に示す情報活用能力の育成を図るため，各学校において，コンピュータや情報通信ネットワークなどの情報手段を活用するために必要な環境を整え，これらを適切に活用した学習活動の充実を図ること。また，各種の統計資料や新聞，視聴覚教材や教育機器などの教材・教具の適切な活用を図ること。

あわせて，各教科等の特質に応じて，次の学習活動を計画的に実施すること。

　ア　児童がコンピュータで文字を入力するなどの学習の基盤として必要となる情報手段の基本的な操作を習得するための学習活動

　イ　児童がプログラミングを体験しながら，コンピュータに意図した処理を行わせるために必要な論理的思考力を身に付けるための学習活動

(4) 児童が学習の見通しを立てたり学習したことを振り返ったりする活動を，計画的に取り入れるように工夫すること。

(5) 児童が生命の有限性や自然の大切さ，主体的に挑戦してみることや多様な他者と協働するこ

との重要性などを実感しながら理解することができるよう，各教科等の特質に応じた体験活動を重視し，家庭や地域社会と連携しつつ体系的・継続的に実施できるよう工夫すること。
(6) 児童が自ら学習課題や学習活動を選択する機会を設けるなど，児童の興味・関心を生かした自主的，自発的な学習が促されるよう工夫すること。
(7) 学校図書館を計画的に利用しその機能の活用を図り，児童の主体的・対話的で深い学びの実現に向けた授業改善に生かすとともに，児童の自主的，自発的な学習活動や読書活動を充実すること。また，地域の図書館や博物館，美術館，劇場，音楽堂等の施設の活用を積極的に図り，資料を活用した情報の収集や鑑賞等の学習活動を充実すること。

2　学習評価の充実

学習評価の実施に当たっては，次の事項に配慮するものとする。

(1) 児童のよい点や進歩の状況などを積極的に評価し，学習したことの意義や価値を実感できるようにすること。また，各教科等の目標の実現に向けた学習状況を把握する観点から，単元や題材など内容や時間のまとまりを見通しながら評価の場面や方法を工夫して，学習の過程や成果を評価し，指導の改善や学習意欲の向上を図り，資質・能力の育成に生かすようにすること。
(2) 創意工夫の中で学習評価の妥当性や信頼性が高められるよう，組織的かつ計画的な取組を推進するとともに，学年や学校段階を越えて児童の学習の成果が円滑に接続されるように工夫すること。

第4　児童の発達の支援

1　児童の発達を支える指導の充実

教育課程の編成及び実施に当たっては，次の事項に配慮するものとする。

(1) 学習や生活の基盤として，教師と児童との信頼関係及び児童相互のよりよい人間関係を育てるため，日頃から学級経営の充実を図ること。また，主に集団の場面で必要な指導や援助を行うガイダンスと，個々の児童の多様な実態を踏まえ，一人一人が抱える課題に個別に対応した指導を行うカウンセリングの双方により，児童の発達を支援すること。

あわせて，小学校の低学年，中学年，高学年の学年の時期の特長を生かした指導の工夫を行うこと。
(2) 児童が，自己の存在感を実感しながら，よりよい人間関係を形成し，有意義で充実した学校生活を送る中で，現在及び将来における自己実現を図っていくことができるよう，児童理解を深め，学習指導と関連付けながら，生徒指導の充実を図ること。
(3) 児童が，学ぶことと自己の将来とのつながりを見通しながら，社会的・職業的自立に向けて必要な基盤となる資質・能力を身に付けていくことができるよう，特別活動を要としつつ各教科等の特質に応じて，キャリア教育の充実を図ること。
(4) 児童が，基礎的・基本的な知識及び技能の習得も含め，学習内容を確実に身に付けることができるよう，児童や学校の実態に応じ，個別学習やグループ別学習，繰り返し学習，学習内容の習熟の程度に応じた学習，児童の興味・関心等に応じた課題学習，補充的な学習や発展的な学習などの学習活動を取り入れることや，教師間の協力による指導体制を確保することなど，指導方法や指導体制の工夫改善により，個に応じた指導の充実を図ること。その際，第3の1の(3)に示す情報手段や教材・教具の活用を図ること。

2　特別な配慮を必要とする児童への指導

(1) 障害のある児童などへの指導

ア　障害のある児童などについては，特別支援学校等の助言又は援助を活用しつつ，個々の児童の障害の状態等に応じた指導内容や指導方法の工夫を組織的かつ計画的に行うものとす

る。
　　イ　特別支援学級において実施する特別の教育課程については，次のとおり編成するものとする。
　　　(ｱ)　障害による学習上又は生活上の困難を克服し自立を図るため，特別支援学校小学部・中学部学習指導要領第7章に示す自立活動を取り入れること。
　　　(ｲ)　児童の障害の程度や学級の実態等を考慮の上，各教科の目標や内容を下学年の教科の目標や内容に替えたり，各教科を，知的障害者である児童に対する教育を行う特別支援学校の各教科に替えたりするなどして，実態に応じた教育課程を編成すること。
　　ウ　障害のある児童に対して，通級による指導を行い，特別の教育課程を編成する場合には，特別支援学校小学部・中学部学習指導要領第7章に示す自立活動の内容を参考とし，具体的な目標や内容を定め，指導を行うものとする。その際，効果的な指導が行われるよう，各教科等と通級による指導との関連を図るなど，教師間の連携に努めるものとする。
　　エ　障害のある児童などについては，家庭，地域及び医療や福祉，保健，労働等の業務を行う関係機関との連携を図り，長期的な視点で児童への教育的支援を行うために，個別の教育支援計画を作成し活用することに努めるとともに，各教科等の指導に当たって，個々の児童の実態を的確に把握し，個別の指導計画を作成し活用することに努めるものとする。特に，特別支援学級に在籍する児童や通級による指導を受ける児童については，個々の児童の実態を的確に把握し，個別の教育支援計画や個別の指導計画を作成し，効果的に活用するものとする。
(2)　海外から帰国した児童などの学校生活への適応や，日本語の習得に困難のある児童に対する日本語指導
　　ア　海外から帰国した児童などについては，学校生活への適応を図るとともに，外国における生活経験を生かすなどの適切な指導を行うものとする。
　　イ　日本語の習得に困難のある児童については，個々の児童の実態に応じた指導内容や指導方法の工夫を組織的かつ計画的に行うものとする。特に，通級による日本語指導については，教師間の連携に努め，指導についての計画を個別に作成することなどにより，効果的な指導に努めるものとする。
(3)　不登校児童への配慮
　　ア　不登校児童については，保護者や関係機関と連携を図り，心理や福祉の専門家の助言又は援助を得ながら，社会的自立を目指す観点から，個々の児童の実態に応じた情報の提供その他の必要な支援を行うものとする。
　　イ　相当の期間小学校を欠席し引き続き欠席すると認められる児童を対象として，文部科学大臣が認める特別の教育課程を編成する場合には，児童の実態に配慮した教育課程を編成するとともに，個別学習やグループ別学習など指導方法や指導体制の工夫改善に努めるものとする。

第5　学校運営上の留意事項

1　教育課程の改善と学校評価等
　　ア　各学校においては，校長の方針の下に，校務分掌に基づき教職員が適切に役割を分担しつつ，相互に連携しながら，各学校の特色を生かしたカリキュラム・マネジメントを行うよう努めるものとする。また，各学校が行う学校評価については，教育課程の編成，実施，改善が教育活動や学校運営の中核となることを踏まえ，カリキュラム・マネジメントと関連付けながら実施するよう留意するものとする。

イ　教育課程の編成及び実施に当たっては，学校保健計画，学校安全計画，食に関する指導の全体計画，いじめの防止等のための対策に関する基本的な方針など，各分野における学校の全体計画等と関連付けながら，効果的な指導が行われるように留意するものとする。
2　家庭や地域社会との連携及び協働と学校間の連携
　教育課程の編成及び実施に当たっては，次の事項に配慮するものとする。
　　ア　学校がその目的を達成するため，学校や地域の実態等に応じ，教育活動の実施に必要な人的又は物的な体制を家庭や地域の人々の協力を得ながら整えるなど，家庭や地域社会との連携及び協働を深めること。また，高齢者や異年齢の子供など，地域における世代を越えた交流の機会を設けること。
　　イ　他の小学校や，幼稚園，認定こども園，保育所，中学校，高等学校，特別支援学校などとの間の連携や交流を図るとともに，障害のある幼児児童生徒との交流及び共同学習の機会を設け，共に尊重し合いながら協働して生活していく態度を育むようにすること。

第6　道徳教育に関する配慮事項

　道徳教育を進めるに当たっては，道徳教育の特質を踏まえ，前項までに示す事項に加え，次の事項に配慮するものとする。
1　各学校においては，第1の2の(2)に示す道徳教育の目標を踏まえ，道徳教育の全体計画を作成し，校長の方針の下に，道徳教育の推進を主に担当する教師(以下「道徳教育推進教師」という。)を中心に，全教師が協力して道徳教育を展開すること。なお，道徳教育の全体計画の作成に当たっては，児童や学校，地域の実態を考慮して，学校の道徳教育の重点目標を設定するとともに，道徳科の指導方針，第3章特別の教科道徳の第2に示す内容との関連を踏まえた各教科，外国語活動，総合的な学習の時間及び特別活動における指導の内容及び時期並びに家庭や地域社会との連携の方法を示すこと。
2　各学校においては，児童の発達の段階や特性等を踏まえ，指導内容の重点化を図ること。その際，各学年を通じて，自立心や自律性，生命を尊重する心や他者を思いやる心を育てることに留意すること。また，各学年段階においては，次の事項に留意すること。
　(1)　第1学年及び第2学年においては，挨拶などの基本的な生活習慣を身に付けること，善悪を判断し，してはならないことをしないこと，社会生活上のきまりを守ること。
　(2)　第3学年及び第4学年においては，善悪を判断し，正しいと判断したことを行うこと，身近な人々と協力し助け合うこと，集団や社会のきまりを守ること。
　(3)　第5学年及び第6学年においては，相手の考え方や立場を理解して支え合うこと，法やきまりの意義を理解して進んで守ること，集団生活の充実に努めること，伝統と文化を尊重し，それらを育んできた我が国と郷土を愛するとともに，他国を尊重すること。
3　学校や学級内の人間関係や環境を整えるとともに，集団宿泊活動やボランティア活動，自然体験活動，地域の行事への参加などの豊かな体験を充実すること。また，道徳教育の指導内容が，児童の日常生活に生かされるようにすること。その際，いじめの防止や安全の確保等にも資することとなるよう留意すること。
4　学校の道徳教育の全体計画や道徳教育に関する諸活動などの情報を積極的に公表したり，道徳教育の充実のために家庭や地域の人々の積極的な参加や協力を得たりするなど，家庭や地域社会との共通理解を深め，相互の連携を図ること。

小学校学習指導要領 第2章 第3節 算数

● 第1 目 標

数学的な見方・考え方を働かせ，数学的活動を通して，数学的に考える資質・能力を次のとおり育成することを目指す。

(1) 数量や図形などについての基礎的・基本的な概念や性質などを理解するとともに，日常の事象を数理的に処理する技能を身に付けるようにする。

(2) 日常の事象を数理的に捉え見通しをもち筋道を立てて考察する力，基礎的・基本的な数量や図形の性質などを見いだし統合的・発展的に考察する力，数学的な表現を用いて事象を簡潔・明瞭・的確に表したり目的に応じて柔軟に表したりする力を養う。

(3) 数学的活動の楽しさや数学のよさに気付き，学習を振り返ってよりよく問題解決しようとする態度，算数で学んだことを生活や学習に活用しようとする態度を養う。

● 第2 各学年の目標及び内容

〔第1学年〕

1 目 標

(1) 数の概念とその表し方及び計算の意味を理解し，量，図形及び数量の関係についての理解の基礎となる経験を重ね，数量や図形についての感覚を豊かにするとともに，加法及び減法の計算をしたり，形を構成したり，身の回りにある量の大きさを比べたり，簡単な絵や図などに表したりすることなどについての技能を身に付けるようにする。

(2) ものの数に着目し，具体物や図などを用いて数の数え方や計算の仕方を考える力，ものの形に着目して特徴を捉えたり，具体的な操作を通して形の構成について考えたりする力，身の回りにあるものの特徴を量に着目して捉え，量の大きさの比べ方を考える力，データの個数に着目して身の回りの事象の特徴を捉える力などを養う。

(3) 数量や図形に親しみ，算数で学んだことのよさや楽しさを感じながら学ぶ態度を養う。

2 内 容

A 数と計算

(1) 数の構成と表し方に関わる数学的活動を通して，次の事項を身に付けることができるよう指導する。

　ア 次のような知識及び技能を身に付けること。
　　(ア) ものとものとを対応させることによって，ものの個数を比べること。
　　(イ) 個数や順番を正しく数えたり表したりすること。
　　(ウ) 数の大小や順序を考えることによって，数の系列を作ったり，数直線の上に表したりすること。
　　(エ) 一つの数をほかの数の和や差としてみるなど，ほかの数と関係付けてみること。
　　(オ) 2位数の表し方について理解すること。
　　(カ) 簡単な場合について，3位数の表し方を知ること。
　　(キ) 数を，十を単位としてみること。
　　(ク) 具体物をまとめて数えたり等分したりして整理し，表すこと。
　イ 次のような思考力，判断力，表現力等を身に付けること。

(ｱ) 数のまとまりに着目し，数の大きさの比べ方や数え方を考え，それらを日常生活に生かすこと。
(2) 加法及び減法に関わる数学的活動を通して，次の事項を身に付けることができるよう指導する。
ア 次のような知識及び技能を身に付けること。
(ｱ) 加法及び減法の意味について理解し，それらが用いられる場合について知ること。
(ｲ) 加法及び減法が用いられる場面を式に表したり，式を読み取ったりすること。
(ｳ) 1位数と1位数との加法及びその逆の減法の計算が確実にできること。
(ｴ) 簡単な場合について，2位数などについても加法及び減法ができることを知ること。
イ 次のような思考力，判断力，表現力等を身に付けること。
(ｱ) 数量の関係に着目し，計算の意味や計算の仕方を考えたり，日常生活に生かしたりすること。

B 図形
(1) 身の回りにあるものの形に関わる数学的活動を通して，次の事項を身に付けることができるよう指導する。
ア 次のような知識及び技能を身に付けること。
(ｱ) ものの形を認め，形の特徴を知ること。
(ｲ) 具体物を用いて形を作ったり分解したりすること。
(ｳ) 前後，左右，上下など方向や位置についての言葉を用いて，ものの位置を表すこと。
イ 次のような思考力，判断力，表現力等を身に付けること。
(ｱ) ものの形に着目し，身の回りにあるものの特徴を捉えたり，具体的な操作を通して形の構成について考えたりすること。

C 測定
(1) 身の回りのものの大きさに関わる数学的活動を通して，次の事項を身に付けることができるよう指導する。
ア 次のような知識及び技能を身に付けること。
(ｱ) 長さ，広さ，かさなどの量を，具体的な操作によって直接比べたり，他のものを用いて比べたりすること。
(ｲ) 身の回りにあるものの大きさを単位として，その幾つ分かで大きさを比べること。
イ 次のような思考力，判断力，表現力等を身に付けること。
(ｱ) 身の回りのものの特徴に着目し，量の大きさの比べ方を見いだすこと。
(2) 時刻に関わる数学的活動を通して，次の事項を身に付けることができるよう指導する。
ア 次のような知識及び技能を身に付けること。
(ｱ) 日常生活の中で時刻を読むこと。
イ 次のような思考力，判断力，表現力等を身に付けること。
(ｱ) 時刻の読み方を用いて，時刻と日常生活を関連付けること。

D データの活用
(1) 数量の整理に関わる数学的活動を通して，次の事項を身に付けることができるよう指導する。
ア 次のような知識及び技能を身に付けること。
(ｱ) ものの個数について，簡単な絵や図などに表したり，それらを読み取ったりすること。
イ 次のような思考力，判断力，表現力等を身に付けること。
(ｱ) データの個数に着目し，身の回りの事象の特徴を捉えること。

〔数学的活動〕
(1) 内容の「A数と計算」，「B図形」，「C測定」及び「Dデータの活用」に示す学習については，

次のような数学的活動に取り組むものとする。
　　ア　身の回りの事象を観察したり，具体物を操作したりして，数量や形を見いだす活動
　　イ　日常生活の問題を具体物などを用いて解決したり結果を確かめたりする活動
　　ウ　算数の問題を具体物などを用いて解決したり結果を確かめたりする活動
　　エ　問題解決の過程や結果を，具体物や図などを用いて表現する活動
〔用語・記号〕
　　一の位　十の位　＋　－　＝

〔第2学年〕

1　目標

(1) 数の概念についての理解を深め，計算の意味と性質，基本的な図形の概念，量の概念，簡単な表とグラフなどについて理解し，数量や図形についての感覚を豊かにするとともに，加法，減法及び乗法の計算をしたり，図形を構成したり，長さやかさなどを測定したり，表やグラフに表したりすることなどについての技能を身に付けるようにする。

(2) 数とその表現や数量の関係に着目し，必要に応じて具体物や図などを用いて数の表し方や計算の仕方などを考察する力，平面図形の特徴を図形を構成する要素に着目して捉えたり，身の回りの事象を図形の性質から考察したりする力，身の回りにあるものの特徴を量に着目して捉え，量の単位を用いて的確に表現する力，身の回りの事象をデータの特徴に着目して捉え，簡潔に表現したり考察したりする力などを養う。

(3) 数量や図形に進んで関わり，数学的に表現・処理したことを振り返り，数理的な処理のよさに気付き生活や学習に活用しようとする態度を養う。

2　内容

A　数と計算

(1) 数の構成と表し方に関わる数学的活動を通して，次の事項を身に付けることができるよう指導する。
　ア　次のような知識及び技能を身に付けること。
　　(ｱ)　同じ大きさの集まりにまとめて数えたり，分類して数えたりすること。
　　(ｲ)　4位数までについて，十進位取り記数法による数の表し方及び数の大小や順序について理解すること。
　　(ｳ)　数を十や百を単位としてみるなど，数の相対的な大きさについて理解すること。
　　(ｴ)　一つの数をほかの数の積としてみるなど，ほかの数と関係付けてみること。
　　(ｵ)　簡単な事柄を分類整理し，それを数を用いて表すこと。
　　(ｶ)　$\frac{1}{2}$，$\frac{1}{3}$など簡単な分数について知ること。
　イ　次のような思考力，判断力，表現力等を身に付けること。
　　(ｱ)　数のまとまりに着目し，大きな数の大きさの比べ方や数え方を考え，日常生活に生かすこと。

(2) 加法及び減法に関わる数学的活動を通して，次の事項を身に付けることができるよう指導する。
　ア　次のような知識及び技能を身に付けること。
　　(ｱ)　2位数の加法及びその逆の減法の計算が，1位数などについての基本的な計算を基にしてできることを理解し，それらの計算が確実にできること。また，それらの筆算の仕方について理解すること。
　　(ｲ)　簡単な場合について，3位数などの加法及び減法の計算の仕方を知ること。

付録3

　　　　(ウ) 加法及び減法に関して成り立つ性質について理解すること。
　　　　(エ) 加法と減法との相互関係について理解すること。
　　　イ 次のような思考力，判断力，表現力等を身に付けること。
　　　　(ア) 数量の関係に着目し，計算の仕方を考えたり計算に関して成り立つ性質を見いだしたりするとともに，その性質を活用して，計算を工夫したり計算の確かめをしたりすること。
　(3) 乗法に関わる数学的活動を通して，次の事項を身に付けることができるよう指導する。
　　　ア 次のような知識及び技能を身に付けること。
　　　　(ア) 乗法の意味について理解し，それが用いられる場合について知ること。
　　　　(イ) 乗法が用いられる場面を式に表したり，式を読み取ったりすること。
　　　　(ウ) 乗法に関して成り立つ簡単な性質について理解すること。
　　　　(エ) 乗法九九について知り，1位数と1位数との乗法の計算が確実にできること。
　　　　(オ) 簡単な場合について，2位数と1位数との乗法の計算の仕方を知ること。
　　　イ 次のような思考力，判断力，表現力等を身に付けること。
　　　　(ア) 数量の関係に着目し，計算の意味や計算の仕方を考えたり計算に関して成り立つ性質を見いだしたりするとともに，その性質を活用して，計算を工夫したり計算の確かめをしたりすること。
　　　　(イ) 数量の関係に着目し，計算を日常生活に生かすこと。
B　図形
　(1) 図形に関わる数学的活動を通して，次の事項を身に付けることができるよう指導する。
　　　ア 次のような知識及び技能を身に付けること。
　　　　(ア) 三角形，四角形について知ること。
　　　　(イ) 正方形，長方形，直角三角形について知ること。
　　　　(ウ) 正方形や長方形の面で構成される箱の形をしたものについて理解し，それらを構成したり分解したりすること。
　　　イ 次のような思考力，判断力，表現力等を身に付けること。
　　　　(ア) 図形を構成する要素に着目し，構成の仕方を考えるとともに，身の回りのものの形を図形として捉えること。
C　測定
　(1) 量の単位と測定に関わる数学的活動を通して，次の事項を身に付けることができるよう指導する。
　　　ア 次のような知識及び技能を身に付けること。
　　　　(ア) 長さの単位（ミリメートル（mm），センチメートル（cm），メートル（m））及びかさの単位（ミリリットル（mL），デシリットル（dL），リットル（L））について知り，測定の意味を理解すること。
　　　　(イ) 長さ及びかさについて，およその見当を付け，単位を適切に選択して測定すること。
　　　イ 次のような思考力，判断力，表現力等を身に付けること。
　　　　(ア) 身の回りのものの特徴に着目し，目的に応じた単位で量の大きさを的確に表現したり，比べたりすること。
　(2) 時刻と時間に関わる数学的活動を通して，次の事項を身に付けることができるよう指導する。
　　　ア 次のような知識及び技能を身に付けること。
　　　　(ア) 日，時，分について知り，それらの関係を理解すること。
　　　イ 次のような思考力，判断力，表現力等を身に付けること。
　　　　(ア) 時間の単位に着目し，時刻や時間を日常生活に生かすこと。
D　データの活用

(1) データの分析に関わる数学的活動を通して、次の事項を身に付けることができるよう指導する。

　ア　次のような知識及び技能を身に付けること。

　　(ア)　身の回りにある数量を分類整理し、簡単な表やグラフを用いて表したり読み取ったりすること。

　イ　次のような思考力、判断力、表現力等を身に付けること。

　　(ア)　データを整理する観点に着目し、身の回りの事象について表やグラフを用いて考察すること。

〔数学的活動〕

(1) 内容の「A数と計算」、「B図形」、「C測定」及び「Dデータの活用」に示す学習については、次のような数学的活動に取り組むものとする。

　ア　身の回りの事象を観察したり、具体物を操作したりして、数量や図形に進んで関わる活動

　イ　日常の事象から見いだした算数の問題を、具体物、図、数、式などを用いて解決し、結果を確かめる活動

　ウ　算数の学習場面から見いだした算数の問題を、具体物、図、数、式などを用いて解決し、結果を確かめる活動

　エ　問題解決の過程や結果を、具体物、図、数、式などを用いて表現し伝え合う活動

〔用語・記号〕

　　直線　直角　頂点　辺　面　単位　×　＞　＜

3　内容の取扱い

(1) 内容の「A数と計算」の(1)については、1万についても取り扱うものとする。

(2) 内容の「A数と計算」の(2)については、必要な場合には、(　)や□などを用いることができる。また、計算の結果の見積りについて配慮するものとする。

(3) 内容の「A数と計算」の(2)のア(ウ)については、交換法則や結合法則を取り扱うものとする。

(4) 内容の「A数と計算」の(3)のア(ウ)については、主に乗数が1ずつ増えるときの積の増え方や交換法則を取り扱うものとする。

(5) 内容の「B図形」の(1)のア(イ)に関連して、正方形、長方形が身の回りで多く使われていることが分かるようにするとともに、敷き詰めるなどの操作的な活動を通して、平面の広がりについての基礎となる経験を豊かにするよう配慮するものとする。

〔第3学年〕

1　目標

(1) 数の表し方、整数の計算の意味と性質、小数及び分数の意味と表し方、基本的な図形の概念、量の概念、棒グラフなどについて理解し、数量や図形についての感覚を豊かにするとともに、整数などの計算をしたり、図形を構成したり、長さや重さなどを測定したり、表やグラフに表したりすることなどについての技能を身に付けるようにする。

(2) 数とその表現や数量の関係に着目し、必要に応じて具体物や図などを用いて数の表し方や計算の仕方などを考察する力、平面図形の特徴を図形を構成する要素に着目して捉えたり、身の回りの事象を図形の性質から考察したりする力、身の回りにあるものの特徴を量に着目して捉え、量の単位を用いて的確に表現する力、身の回りの事象をデータの特徴に着目して捉え、簡潔に表現したり適切に判断したりする力などを養う。

(3) 数量や図形に進んで関わり、数学的に表現・処理したことを振り返り、数理的な処理のよさに気付き生活や学習に活用しようとする態度を養う。

2 内容

A 数と計算

(1) 整数の表し方に関わる数学的活動を通して,次の事項を身に付けることができるよう指導する。

　ア 次のような知識及び技能を身に付けること。
　　(ア) 万の単位について知ること。
　　(イ) 10倍,100倍,1000倍,$\frac{1}{10}$の大きさの数及びそれらの表し方について知ること。
　　(ウ) 数の相対的な大きさについての理解を深めること。
　イ 次のような思考力,判断力,表現力等を身に付けること。
　　(ア) 数のまとまりに着目し,大きな数の大きさの比べ方や表し方を考え,日常生活に生かすこと。

(2) 加法及び減法に関わる数学的活動を通して,次の事項を身に付けることができるよう指導する。

　ア 次のような知識及び技能を身に付けること。
　　(ア) 3位数や4位数の加法及び減法の計算が,2位数などについての基本的な計算を基にしてできることを理解すること。また,それらの筆算の仕方について理解すること。
　　(イ) 加法及び減法の計算が確実にでき,それらを適切に用いること。
　イ 次のような思考力,判断力,表現力等を身に付けること。
　　(ア) 数量の関係に着目し,計算の仕方を考えたり計算に関して成り立つ性質を見いだしたりするとともに,その性質を活用して,計算を工夫したり計算の確かめをしたりすること。

(3) 乗法に関わる数学的活動を通して,次の事項を身に付けることができるよう指導する。

　ア 次のような知識及び技能を身に付けること。
　　(ア) 2位数や3位数に1位数や2位数をかける乗法の計算が,乗法九九などの基本的な計算を基にしてできることを理解すること。また,その筆算の仕方について理解すること。
　　(イ) 乗法の計算が確実にでき,それを適切に用いること。
　　(ウ) 乗法に関して成り立つ性質について理解すること。
　イ 次のような思考力,判断力,表現力等を身に付けること。
　　(ア) 数量の関係に着目し,計算の仕方を考えたり計算に関して成り立つ性質を見いだしたりするとともに,その性質を活用して,計算を工夫したり計算の確かめをしたりすること。

(4) 除法に関わる数学的活動を通して,次の事項を身に付けることができるよう指導する。

　ア 次のような知識及び技能を身に付けること。
　　(ア) 除法の意味について理解し,それが用いられる場合について知ること。また,余りについて知ること。
　　(イ) 除法が用いられる場面を式に表したり,式を読み取ったりすること。
　　(ウ) 除法と乗法や減法との関係について理解すること。
　　(エ) 除数と商が共に1位数である除法の計算が確実にできること。
　　(オ) 簡単な場合について,除数が1位数で商が2位数の除法の計算の仕方を知ること。
　イ 次のような思考力,判断力,表現力等を身に付けること。
　　(ア) 数量の関係に着目し,計算の意味や計算の仕方を考えたり,計算に関して成り立つ性質を見いだしたりするとともに,その性質を活用して,計算を工夫したり計算の確かめをしたりすること。
　　(イ) 数量の関係に着目し,計算を日常生活に生かすこと。

(5) 小数とその表し方に関わる数学的活動を通して,次の事項を身に付けることができるよう指導する。

ア　次のような知識及び技能を身に付けること。
　　　(ア)　端数部分の大きさを表すのに小数を用いることを知ること。また，小数の表し方及び$\frac{1}{10}$の位について知ること。
　　　(イ)　$\frac{1}{10}$の位までの小数の加法及び減法の意味について理解し，それらの計算ができることを知ること。
　　イ　次のような思考力，判断力，表現力等を身に付けること。
　　　(ア)　数のまとまりに着目し，小数でも数の大きさを比べたり計算したりできるかどうかを考えるとともに，小数を日常生活に生かすこと。
(6) 分数とその表し方に関わる数学的活動を通して，次の事項を身に付けることができるよう指導する。
　　ア　次のような知識及び技能を身に付けること。
　　　(ア)　等分してできる部分の大きさや端数部分の大きさを表すのに分数を用いることを知ること。また，分数の表し方について知ること。
　　　(イ)　分数が単位分数の幾つ分かで表すことができることを知ること。
　　　(ウ)　簡単な場合について，分数の加法及び減法の意味について理解し，それらの計算ができることを知ること。
　　イ　次のような思考力，判断力，表現力等を身に付けること。
　　　(ア)　数のまとまりに着目し，分数でも数の大きさを比べたり計算したりできるかどうかを考えるとともに，分数を日常生活に生かすこと。
(7) 数量の関係を表す式に関わる数学的活動を通して，次の事項を身に付けることができるよう指導する。
　　ア　次のような知識及び技能を身に付けること。
　　　(ア)　数量の関係を表す式について理解するとともに，数量を□などを用いて表し，その関係を式に表したり，□などに数を当てはめて調べたりすること。
　　イ　次のような思考力，判断力，表現力等を身に付けること。
　　　(ア)　数量の関係に着目し，数量の関係を図や式を用いて簡潔に表したり，式と図を関連付けて式を読んだりすること。
(8) そろばんを用いた数の表し方と計算に関わる数学的活動を通して，次の事項を身に付けることができるよう指導する。
　　ア　次のような知識及び技能を身に付けること。
　　　(ア)　そろばんによる数の表し方について知ること。
　　　(イ)　簡単な加法及び減法の計算の仕方について知り，計算すること。
　　イ　次のような思考力，判断力，表現力等を身に付けること。
　　　(ア)　そろばんの仕組みに着目し，大きな数や小数の計算の仕方を考えること。
B　図形
(1) 図形に関わる数学的活動を通して，次の事項を身に付けることができるよう指導する。
　　ア　次のような知識及び技能を身に付けること。
　　　(ア)　二等辺三角形，正三角形などについて知り，作図などを通してそれらの関係に次第に着目すること。
　　　(イ)　基本的な図形と関連して角について知ること。
　　　(ウ)　円について，中心，半径，直径を知ること。また，円に関連して，球についても直径などを知ること。
　　イ　次のような思考力，判断力，表現力等を身に付けること。
　　　(ア)　図形を構成する要素に着目し，構成の仕方を考えるとともに，図形の性質を見いだし，

身の回りのものの形を図形として捉えること。
C　測定
(1) 量の単位と測定に関わる数学的活動を通して，次の事項を身に付けることができるよう指導する。
　ア　次のような知識及び技能を身に付けること。
　　(ｱ) 長さの単位（キロメートル（km））及び重さの単位（グラム（g），キログラム（kg））について知り，測定の意味を理解すること。
　　(ｲ) 長さや重さについて，適切な単位で表したり，およその見当を付け計器を適切に選んで測定したりすること。
　イ　次のような思考力，判断力，表現力等を身に付けること。
　　(ｱ) 身の回りのものの特徴に着目し，単位の関係を統合的に考察すること。
(2) 時刻と時間に関わる数学的活動を通して，次の事項を身に付けることができるよう指導する。
　ア　次のような知識及び技能を身に付けること。
　　(ｱ) 秒について知ること。
　　(ｲ) 日常生活に必要な時刻や時間を求めること。
　イ　次のような思考力，判断力，表現力等を身に付けること。
　　(ｱ) 時間の単位に着目し，時刻や時間の求め方について考察し，日常生活に生かすこと。
D　データの活用
(1) データの分析に関わる数学的活動を通して，次の事項を身に付けることができるよう指導する。
　ア　次のような知識及び技能を身に付けること。
　　(ｱ) 日時の観点や場所の観点などからデータを分類整理し，表に表したり読んだりすること。
　　(ｲ) 棒グラフの特徴やその用い方を理解すること。
　イ　次のような思考力，判断力，表現力等を身に付けること。
　　(ｱ) データを整理する観点に着目し，身の回りの事象について表やグラフを用いて考察して，見いだしたことを表現すること。

〔数学的活動〕
(1) 内容の「A数と計算」，「B図形」，「C測定」及び「Dデータの活用」に示す学習については，次のような数学的活動に取り組むものとする。
　ア　身の回りの事象を観察したり，具体物を操作したりして，数量や図形に進んで関わる活動
　イ　日常の事象から見いだした算数の問題を，具体物，図，数，式などを用いて解決し，結果を確かめる活動
　ウ　算数の学習場面から見いだした算数の問題を，具体物，図，数，式などを用いて解決し，結果を確かめる活動
　エ　問題解決の過程や結果を，具体物，図，数，式などを用いて表現し伝え合う活動

〔用語・記号〕
　等号　不等号　小数点　$\frac{1}{10}$の位　数直線　分母　分子　÷

3　内容の取扱い

(1) 内容の「A数と計算」の(1)については，1億についても取り扱うものとする。
(2) 内容の「A数と計算」の(2)及び(3)については，簡単な計算は暗算でできるよう配慮するものとする。また，計算の結果の見積りについても触れるものとする。
(3) 内容の「A数と計算」の(3)については，乗数又は被乗数が0の場合の計算についても取り扱うものとする。

(4) 内容の「A数と計算」の(3)のアの(ウ)については，交換法則，結合法則，分配法則を取り扱うものとする。

(5) 内容の「A数と計算」の(5)及び(6)については，小数の0.1と分数の$\frac{1}{10}$などを数直線を用いて関連付けて取り扱うものとする。

(6) 内容の「B図形」の(1)の基本的な図形については，定規，コンパスなどを用いて，図形をかいたり確かめたりする活動を重視するとともに，三角形や円などを基にして模様をかくなどの具体的な活動を通して，図形のもつ美しさに関心をもたせるよう配慮するものとする。

(7) 内容の「C測定」の(1)については，重さの単位のトン（t）について触れるとともに，接頭語（キロ（k）やミリ（m））についても触れるものとする。

(8) 内容の「Dデータの活用」の(1)のアの(イ)については，最小目盛りが2，5又は20，50などの棒グラフや，複数の棒グラフを組み合わせたグラフなどにも触れるものとする。

〔第4学年〕

1 目 標

(1) 小数及び分数の意味と表し方，四則の関係，平面図形と立体図形，面積，角の大きさ，折れ線グラフなどについて理解するとともに，整数，小数及び分数の計算をしたり，図形を構成したり，図形の面積や角の大きさを求めたり，表やグラフに表したりすることなどについての技能を身に付けるようにする。

(2) 数とその表現や数量の関係に着目し，目的に合った表現方法を用いて計算の仕方などを考察する力，図形を構成する要素及びそれらの位置関係に着目し，図形の性質や図形の計量について考察する力，伴って変わる二つの数量やそれらの関係に着目し，変化や対応の特徴を見いだして，二つの数量の関係を表や式を用いて考察する力，目的に応じてデータを収集し，データの特徴や傾向に着目して表やグラフに的確に表現し，それらを用いて問題解決したり，解決の過程や結果を多面的に捉え考察したりする力などを養う。

(3) 数学的に表現・処理したことを振り返り，多面的に捉え検討してよりよいものを求めて粘り強く考える態度，数学のよさに気付き学習したことを生活や学習に活用しようとする態度を養う。

2 内 容

A 数と計算

(1) 整数の表し方に関わる数学的活動を通して，次の事項を身に付けることができるよう指導する。

　ア 次のような知識及び技能を身に付けること。
　　(ア) 億，兆の単位について知り，十進位取り記数法についての理解を深めること。
　イ 次のような思考力，判断力，表現力等を身に付けること。
　　(ア) 数のまとまりに着目し，大きな数の大きさの比べ方や表し方を統合的に捉えるとともに，それらを日常生活に生かすこと。

(2) 概数に関わる数学的活動を通して，次の事項を身に付けることができるよう指導する。

　ア 次のような知識及び技能を身に付けること。
　　(ア) 概数が用いられる場合について知ること。
　　(イ) 四捨五入について知ること。
　　(ウ) 目的に応じて四則計算の結果の見積りをすること。
　イ 次のような思考力，判断力，表現力等を身に付けること。
　　(ア) 日常の事象における場面に着目し，目的に合った数の処理の仕方を考えるとともに，そ

れを日常生活に生かすこと。
(3) 整数の除法に関わる数学的活動を通して,次の事項を身に付けることができるよう指導する。
　ア　次のような知識及び技能を身に付けること。
　　(ｱ)　除数が1位数や2位数で被除数が2位数や3位数の場合の計算が,基本的な計算を基にしてできることを理解すること。また,その筆算の仕方について理解すること。
　　(ｲ)　除法の計算が確実にでき,それを適切に用いること。
　　(ｳ)　除法について,次の関係を理解すること。
　　　（被除数）＝（除数）×（商）＋（余り）
　　(ｴ)　除法に関して成り立つ性質について理解すること。
　イ　次のような思考力,判断力,表現力等を身に付けること。
　　(ｱ)　数量の関係に着目し,計算の仕方を考えたり計算に関して成り立つ性質を見いだしたりするとともに,その性質を活用して,計算を工夫したり計算の確かめをしたりすること。
(4) 小数とその計算に関わる数学的活動を通して,次の事項を身に付けることができるよう指導する。
　ア　次のような知識及び技能を身に付けること。
　　(ｱ)　ある量の何倍かを表すのに小数を用いることを知ること。
　　(ｲ)　小数が整数と同じ仕組みで表されていることを知るとともに,数の相対的な大きさについての理解を深めること。
　　(ｳ)　小数の加法及び減法の計算ができること。
　　(ｴ)　乗数や除数が整数である場合の小数の乗法及び除法の計算ができること。
　イ　次のような思考力,判断力,表現力等を身に付けること。
　　(ｱ)　数の表し方の仕組みや数を構成する単位に着目し,計算の仕方を考えるとともに,それを日常生活に生かすこと。
(5) 分数とその加法及び減法に関わる数学的活動を通して,次の事項を身に付けることができるよう指導する。
　ア　次のような知識及び技能を身に付けること。
　　(ｱ)　簡単な場合について,大きさの等しい分数があることを知ること。
　　(ｲ)　同分母の分数の加法及び減法の計算ができること。
　イ　次のような思考力,判断力,表現力等を身に付けること。
　　(ｱ)　数を構成する単位に着目し,大きさの等しい分数を探したり,計算の仕方を考えたりするとともに,それを日常生活に生かすこと。
(6) 数量の関係を表す式に関わる数学的活動を通して,次の事項を身に付けることができるよう指導する。
　ア　次のような知識及び技能を身に付けること。
　　(ｱ)　四則の混合した式や（　）を用いた式について理解し,正しく計算すること。
　　(ｲ)　公式についての考え方を理解し,公式を用いること。
　　(ｳ)　数量を□,△などを用いて表し,その関係を式に表したり,□,△などに数を当てはめて調べたりすること。
　イ　次のような思考力,判断力,表現力等を身に付けること。
　　(ｱ)　問題場面の数量の関係に着目し,数量の関係を簡潔に,また一般的に表現したり,式の意味を読み取ったりすること。
(7) 計算に関して成り立つ性質に関わる数学的活動を通して,次の事項を身に付けることができるよう指導する。
　ア　次のような知識及び技能を身に付けること。

                (ア) 四則に関して成り立つ性質についての理解を深めること。
            イ 次のような思考力，判断力，表現力等を身に付けること。
                (ア) 数量の関係に着目し，計算に関して成り立つ性質を用いて計算の仕方を考えること。
    (8) そろばんを用いた数の表し方と計算に関わる数学的活動を通して，次の事項を身に付けることができるよう指導する。
            ア 次のような知識及び技能を身に付けること。
                (ア) 加法及び減法の計算をすること。
            イ 次のような思考力，判断力，表現力等を身に付けること。
                (ア) そろばんの仕組みに着目し，大きな数や小数の計算の仕方を考えること。
B 図形
    (1) 平面図形に関わる数学的活動を通して，次の事項を身に付けることができるよう指導する。
        ア 次のような知識及び技能を身に付けること。
            (ア) 直線の平行や垂直の関係について理解すること。
            (イ) 平行四辺形，ひし形，台形について知ること。
        イ 次のような思考力，判断力，表現力等を身に付けること。
            (ア) 図形を構成する要素及びそれらの位置関係に着目し，構成の仕方を考察し図形の性質を見いだすとともに，その性質を基に既習の図形を捉え直すこと。
    (2) 立体図形に関わる数学的活動を通して，次の事項を身に付けることができるよう指導する。
        ア 次のような知識及び技能を身に付けること。
            (ア) 立方体，直方体について知ること。
            (イ) 直方体に関連して，直線や平面の平行や垂直の関係について理解すること。
            (ウ) 見取図，展開図について知ること。
        イ 次のような思考力，判断力，表現力等を身に付けること。
            (ア) 図形を構成する要素及びそれらの位置関係に着目し，立体図形の平面上での表現や構成の仕方を考察し図形の性質を見いだすとともに，日常の事象を図形の性質から捉え直すこと。
    (3) ものの位置に関わる数学的活動を通して，次の事項を身に付けることができるよう指導する。
        ア 次のような知識及び技能を身に付けること。
            (ア) ものの位置の表し方について理解すること。
        イ 次のような思考力，判断力，表現力等を身に付けること。
            (ア) 平面や空間における位置を決める要素に着目し，その位置を数を用いて表現する方法を考察すること。
    (4) 平面図形の面積に関わる数学的活動を通して，次の事項を身に付けることができるよう指導する。
        ア 次のような知識及び技能を身に付けること。
            (ア) 面積の単位（平方センチメートル（cm^2），平方メートル（m^2），平方キロメートル（km^2））について知ること。
            (イ) 正方形及び長方形の面積の計算による求め方について理解すること。
        イ 次のような思考力，判断力，表現力等を身に付けること。
            (ア) 面積の単位や図形を構成する要素に着目し，図形の面積の求め方を考えるとともに，面積の単位とこれまでに学習した単位との関係を考察すること。
    (5) 角の大きさに関わる数学的活動を通して，次の事項を身に付けることができるよう指導する。
        ア 次のような知識及び技能を身に付けること。
            (ア) 角の大きさを回転の大きさとして捉えること。

(イ) 角の大きさの単位 (度 (°)) について知り，角の大きさを測定すること。
　　イ 次のような思考力，判断力，表現力等を身に付けること。
　　　(ア) 図形の角の大きさに着目し，角の大きさを柔軟に表現したり，図形の考察に生かしたりすること。
　C 変化と関係
　(1) 伴って変わる二つの数量に関わる数学的活動を通して，次の事項を身に付けることができるよう指導する。
　　ア 次のような知識及び技能を身に付けること。
　　　(ア) 変化の様子を表や式，折れ線グラフを用いて表したり，変化の特徴を読み取ったりすること。
　　イ 次のような思考力，判断力，表現力等を身に付けること。
　　　(ア) 伴って変わる二つの数量を見いだして，それらの関係に着目し，表や式を用いて変化や対応の特徴を考察すること。
　(2) 二つの数量の関係に関わる数学的活動を通して，次の事項を身に付けることができるよう指導する。
　　ア 次のような知識及び技能を身に付けること。
　　　(ア) 簡単な場合について，ある二つの数量の関係と別の二つの数量の関係とを比べる場合に割合を用いる場合があることを知ること。
　　イ 次のような思考力，判断力，表現力等を身に付けること。
　　　(ア) 日常の事象における数量の関係に着目し，図や式などを用いて，ある二つの数量の関係と別の二つの数量の関係との比べ方を考察すること。
　D データの活用
　(1) データの収集とその分析に関わる数学的活動を通して，次の事項を身に付けることができるよう指導する。
　　ア 次のような知識及び技能を身に付けること。
　　　(ア) データを二つの観点から分類整理する方法を知ること。
　　　(イ) 折れ線グラフの特徴とその用い方を理解すること。
　　イ 次のような思考力，判断力，表現力等を身に付けること。
　　　(ア) 目的に応じてデータを集めて分類整理し，データの特徴や傾向に着目し，問題を解決するために適切なグラフを選択して判断し，その結論について考察すること。
〔数学的活動〕
(1) 内容の「A数と計算」，「B図形」，「C変化と関係」及び「Dデータの活用」に示す学習については，次のような数学的活動に取り組むものとする。
　ア 日常の事象から算数の問題を見いだして解決し，結果を確かめたり，日常生活等に生かしたりする活動
　イ 算数の学習場面から算数の問題を見いだして解決し，結果を確かめたり，発展的に考察したりする活動
　ウ 問題解決の過程や結果を，図や式などを用いて数学的に表現し伝え合う活動
〔用語・記号〕
　　和　差　積　商　以上　以下　未満　真分数　仮分数　帯分数　平行　垂直　対角線　平面

3　内容の取扱い

(1) 内容の「A数と計算」の(1)については，大きな数を表す際に，3桁ごとに区切りを用いる場合があることに触れるものとする。

(2) 内容の「A数と計算」の(2)のアの(ウ)及び(3)については，簡単な計算は暗算でできるよう配慮するものとする。また，暗算を筆算や見積りに生かすよう配慮するものとする。

(3) 内容の「A数と計算」の(3)については，第1学年から第4学年までに示す整数の計算の能力を定着させ，それを用いる能力を伸ばすことに配慮するものとする。

(4) 内容の「A数と計算」の(3)のアの(エ)については，除数及び被除数に同じ数をかけても，同じ数で割っても商は変わらないという性質などを取り扱うものとする。

(5) 内容の「A数と計算」の(4)のアの(エ)については，整数を整数で割って商が小数になる場合も含めるものとする。

(6) 内容の「A数と計算」の(7)のアの(ア)については，交換法則，結合法則，分配法則を扱うものとする。

(7) 内容の「B図形」の(1)については，平行四辺形，ひし形，台形で平面を敷き詰めるなどの操作的な活動を重視するよう配慮するものとする。

(8) 内容の「B図形」の(4)のアの(ア)については，アール（a），ヘクタール（ha）の単位についても触れるものとする。

(9) 内容の「Dデータの活用」の(1)のアの(ア)については，資料を調べるときに，落ちや重なりがないようにすることを取り扱うものとする。

(10) 内容の「Dデータの活用」の(1)のアの(イ)については，複数系列のグラフや組み合わせたグラフにも触れるものとする。

〔第5学年〕

1 目標

(1) 整数の性質，分数の意味，小数と分数の計算の意味，面積の公式，図形の意味と性質，図形の体積，速さ，割合，帯グラフなどについて理解するとともに，小数や分数の計算をしたり，図形の性質を調べたり，図形の面積や体積を求めたり，表やグラフに表したりすることなどについての技能を身に付けるようにする。

(2) 数とその表現や計算の意味に着目し，目的に合った表現方法を用いて数の性質や計算の仕方などを考察する力，図形を構成する要素や図形間の関係などに着目し，図形の性質や図形の計量について考察する力，伴って変わる二つの数量やそれらの関係に着目し，変化や対応の特徴を見いだして，二つの数量の関係を表や式を用いて考察する力，目的に応じてデータを収集し，データの特徴や傾向に着目して表やグラフに的確に表現し，それらを用いて問題解決したり，解決の過程や結果を多面的に捉え考察したりする力などを養う。

(3) 数学的に表現・処理したことを振り返り，多面的に捉え検討してよりよいものを求めて粘り強く考える態度，数学のよさに気付き学習したことを生活や学習に活用しようとする態度を養う。

2 内容

A 数と計算

(1) 整数の性質及び整数の構成に関わる数学的活動を通して，次の事項を身に付けることができるよう指導する。

　ア 次のような知識及び技能を身に付けること。
　　(ア) 整数は，観点を決めると偶数と奇数に類別されることを知ること。
　　(イ) 約数，倍数について知ること。
　イ 次のような思考力，判断力，表現力等を身に付けること。
　　(ア) 乗法及び除法に着目し，観点を決めて整数を類別する仕方を考えたり，数の構成につい

て考察したりするとともに，日常生活に生かすこと。
(2) 整数及び小数の表し方に関わる数学的活動を通して，次の事項を身に付けることができるよう指導する。
　ア　次のような知識及び技能を身に付けること。
　　(ア)　ある数の10倍，100倍，1000倍，$\frac{1}{10}$，$\frac{1}{100}$などの大きさの数を，小数点の位置を移してつくること。
　イ　次のような思考力，判断力，表現力等を身に付けること。
　　(ア)　数の表し方の仕組みに着目し，数の相対的な大きさを考察し，計算などに有効に生かすこと。
(3) 小数の乗法及び除法に関わる数学的活動を通して，次の事項を身に付けることができるよう指導する。
　ア　次のような知識及び技能を身に付けること。
　　(ア)　乗数や除数が小数である場合の小数の乗法及び除法の意味について理解すること。
　　(イ)　小数の乗法及び除法の計算ができること。また，余りの大きさについて理解すること。
　　(ウ)　小数の乗法及び除法についても整数の場合と同じ関係や法則が成り立つことを理解すること。
　イ　次のような思考力，判断力，表現力等を身に付けること。
　　(ア)　乗法及び除法の意味に着目し，乗数や除数が小数である場合まで数の範囲を広げて乗法及び除法の意味を捉え直すとともに，それらの計算の仕方を考えたり，それらを日常生活に生かしたりすること。
(4) 分数に関わる数学的活動を通して，次の事項を身に付けることができるよう指導する。
　ア　次のような知識及び技能を身に付けること。
　　(ア)　整数及び小数を分数の形に直したり，分数を小数で表したりすること。
　　(イ)　整数の除法の結果は，分数を用いると常に一つの数として表すことができることを理解すること。
　　(ウ)　一つの分数の分子及び分母に同じ数を乗除してできる分数は，元の分数と同じ大きさを表すことを理解すること。
　　(エ)　分数の相等及び大小について知り，大小を比べること。
　イ　次のような思考力，判断力，表現力等を身に付けること。
　　(ア)　数を構成する単位に着目し，数の相等及び大小関係について考察すること。
　　(イ)　分数の表現に着目し，除法の結果の表し方を振り返り，分数の意味をまとめること。
(5) 分数の加法及び減法に関わる数学的活動を通して，次の事項を身に付けることができるよう指導する。
　ア　次のような知識及び技能を身に付けること。
　　(ア)　異分母の分数の加法及び減法の計算ができること。
　イ　次のような思考力，判断力，表現力等を身に付けること。
　　(ア)　分数の意味や表現に着目し，計算の仕方を考えること。
(6) 数量の関係を表す式に関わる数学的活動を通して，次の事項を身に付けることができるよう指導する。
　ア　次のような知識及び技能を身に付けること。
　　(ア)　数量の関係を表す式についての理解を深めること。
　イ　次のような思考力，判断力，表現力等を身に付けること。
　　(ア)　二つの数量の対応や変わり方に着目し，簡単な式で表されている関係について考察すること。

B 図形
(1) 平面図形に関わる数学的活動を通して,次の事項を身に付けることができるよう指導する。
　ア 次のような知識及び技能を身に付けること。
　　(ア) 図形の形や大きさが決まる要素について理解するとともに,図形の合同について理解すること。
　　(イ) 三角形や四角形など多角形についての簡単な性質を理解すること。
　　(ウ) 円と関連させて正多角形の基本的な性質を知ること。
　　(エ) 円周率の意味について理解し,それを用いること。
　イ 次のような思考力,判断力,表現力等を身に付けること。
　　(ア) 図形を構成する要素及び図形間の関係に着目し,構成の仕方を考察したり,図形の性質を見いだし,その性質を筋道を立てて考え説明したりすること。
(2) 立体図形に関わる数学的活動を通して,次の事項を身に付けることができるよう指導する。
　ア 次のような知識及び技能を身に付けること。
　　(ア) 基本的な角柱や円柱について知ること。
　イ 次のような思考力,判断力,表現力等を身に付けること。
　　(ア) 図形を構成する要素に着目し,図形の性質を見いだすとともに,その性質を基に既習の図形を捉え直すこと。
(3) 平面図形の面積に関わる数学的活動を通して,次の事項を身に付けることができるよう指導する。
　ア 次のような知識及び技能を身に付けること。
　　(ア) 三角形,平行四辺形,ひし形,台形の面積の計算による求め方について理解すること。
　イ 次のような思考力,判断力,表現力等を身に付けること。
　　(ア) 図形を構成する要素などに着目して,基本図形の面積の求め方を見いだすとともに,その表現を振り返り,簡潔かつ的確な表現に高め,公式として導くこと。
(4) 立体図形の体積に関わる数学的活動を通して,次の事項を身に付けることができるよう指導する。
　ア 次のような知識及び技能を身に付けること。
　　(ア) 体積の単位(立方センチメートル(cm^3),立方メートル(m^3))について知ること。
　　(イ) 立方体及び直方体の体積の計算による求め方について理解すること。
　イ 次のような思考力,判断力,表現力等を身に付けること。
　　(ア) 体積の単位や図形を構成する要素に着目し,図形の体積の求め方を考えるとともに,体積の単位とこれまでに学習した単位との関係を考察すること。

C 変化と関係
(1) 伴って変わる二つの数量に関わる数学的活動を通して,次の事項を身に付けることができるよう指導する。
　ア 次のような知識及び技能を身に付けること。
　　(ア) 簡単な場合について,比例の関係があることを知ること。
　イ 次のような思考力,判断力,表現力等を身に付けること。
　　(ア) 伴って変わる二つの数量を見いだして,それらの関係に着目し,表や式を用いて変化や対応の特徴を考察すること。
(2) 異種の二つの量の割合として捉えられる数量に関わる数学的活動を通して,次の事項を身に付けることができるよう指導する。
　ア 次のような知識及び技能を身に付けること。
　　(ア) 速さなど単位量当たりの大きさの意味及び表し方について理解し,それを求めること。

付録3

イ　次のような思考力，判断力，表現力等を身に付けること。
　　　(ア)　異種の二つの量の割合として捉えられる数量の関係に着目し，目的に応じて大きさを比べたり表現したりする方法を考察し，それらを日常生活に生かすこと。
(3)　二つの数量の関係に関わる数学的活動を通して，次の事項を身に付けることができるよう指導する。
　　ア　次のような知識及び技能を身に付けること。
　　　(ア)　ある二つの数量の関係と別の二つの数量の関係とを比べる場合に割合を用いる場合があることを理解すること。
　　　(イ)　百分率を用いた表し方を理解し，割合などを求めること。
　　イ　次のような思考力，判断力，表現力等を身に付けること。
　　　(ア)　日常の事象における数量の関係に着目し，図や式などを用いて，ある二つの数量の関係と別の二つの数量の関係との比べ方を考察し，それを日常生活に生かすこと。

D　データの活用
(1)　データの収集とその分析に関わる数学的活動を通して，次の事項を身に付けることができるよう指導する。
　　ア　次のような知識及び技能を身に付けること。
　　　(ア)　円グラフや帯グラフの特徴とそれらの用い方を理解すること。
　　　(イ)　データの収集や適切な手法の選択など統計的な問題解決の方法を知ること。
　　イ　次のような思考力，判断力，表現力等を身に付けること。
　　　(ア)　目的に応じてデータを集めて分類整理し，データの特徴や傾向に着目し，問題を解決するために適切なグラフを選択して判断し，その結論について多面的に捉え考察すること。
(2)　測定した結果を平均する方法に関わる数学的活動を通して，次の事項を身に付けることができるよう指導する。
　　ア　次のような知識及び技能を身に付けること。
　　　(ア)　平均の意味について理解すること。
　　イ　次のような思考力，判断力，表現力等を身に付けること。
　　　(ア)　概括的に捉えることに着目し，測定した結果を平均する方法について考察し，それを学習や日常生活に生かすこと。

〔数学的活動〕
(1)　内容の「A数と計算」，「B図形」，「C変化と関係」及び「Dデータの活用」に示す学習については，次のような数学的活動に取り組むものとする。
　　ア　日常の事象から算数の問題を見いだして解決し，結果を確かめたり，日常生活等に生かしたりする活動
　　イ　算数の学習場面から算数の問題を見いだして解決し，結果を確かめたり，発展的に考察したりする活動
　　ウ　問題解決の過程や結果を，図や式などを用いて数学的に表現し伝え合う活動

〔用語・記号〕
　　最大公約数　最小公倍数　通分　約分　底面　側面　比例　％

3　内容の取扱い
(1)　内容の「A数と計算」の(1)のアの(イ)については，最大公約数や最小公倍数を形式的に求めることに偏ることなく，具体的な場面に即して取り扱うものとする。
(2)　内容の「B図形」の(1)については，平面を合同な図形で敷き詰めるなどの操作的な活動を重視するよう配慮するものとする。

(3) 内容の「B図形」の(1)のアの(エ)については、円周率は3.14を用いるものとする。
(4) 内容の「C変化と関係」の(3)のアの(イ)については、歩合の表し方について触れるものとする。
(5) 内容の「Dデータの活用」の(1)については、複数の帯グラフを比べることにも触れるものとする。

〔第6学年〕

1 目 標

(1) 分数の計算の意味、文字を用いた式、図形の意味、図形の体積、比例、度数分布を表す表などについて理解するとともに、分数の計算をしたり、図形を構成したり、図形の面積や体積を求めたり、表やグラフに表したりすることなどについての技能を身に付けるようにする。

(2) 数とその表現や計算の意味に着目し、発展的に考察して問題を見いだすとともに、目的に応じて多様な表現方法を用いながら数の表し方や計算の仕方などを考察する力、図形を構成する要素や図形間の関係などに着目し、図形の性質や図形の計量について考察する力、伴って変わる二つの数量やそれらの関係に着目し、変化や対応の特徴を見いだして、二つの数量の関係を表や式、グラフを用いて考察する力、身の回りの事象から設定した問題について、目的に応じてデータを収集し、データの特徴や傾向に着目して適切な手法を選択して分析を行い、それらを用いて問題解決したり、解決の過程や結果を批判的に考察したりする力などを養う。

(3) 数学的に表現・処理したことを振り返り、多面的に捉え検討してよりよいものを求めて粘り強く考える態度、数学のよさに気付き学習したことを生活や学習に活用しようとする態度を養う。

2 内 容

A 数と計算

(1) 分数の乗法及び除法に関わる数学的活動を通して、次の事項を身に付けることができるよう指導する。

　ア 次のような知識及び技能を身に付けること。
　　(ア) 乗数や除数が整数や分数である場合も含めて、分数の乗法及び除法の意味について理解すること。
　　(イ) 分数の乗法及び除法の計算ができること。
　　(ウ) 分数の乗法及び除法についても、整数の場合と同じ関係や法則が成り立つことを理解すること。

　イ 次のような思考力、判断力、表現力等を身に付けること。
　　(ア) 数の意味と表現、計算について成り立つ性質に着目し、計算の仕方を多面的に捉え考えること。

(2) 数量の関係を表す式に関わる数学的活動を通して、次の事項を身に付けることができるよう指導する。

　ア 次のような知識及び技能を身に付けること。
　　(ア) 数量を表す言葉や□、△などの代わりに、a, x などの文字を用いて式に表したり、文字に数を当てはめて調べたりすること。

　イ 次のような思考力、判断力、表現力等を身に付けること。
　　(ア) 問題場面の数量の関係に着目し、数量の関係を簡潔かつ一般的に表現したり、式の意味を読み取ったりすること。

B 図形

(1) 平面図形に関わる数学的活動を通して、次の事項を身に付けることができるよう指導する。

ア　次のような知識及び技能を身に付けること。
　　　(ア)　縮図や拡大図について理解すること。
　　　(イ)　対称な図形について理解すること。
　　イ　次のような思考力，判断力，表現力等を身に付けること。
　　　(ア)　図形を構成する要素及び図形間の関係に着目し，構成の仕方を考察したり図形の性質を見いだしたりするとともに，その性質を基に既習の図形を捉え直したり日常生活に生かしたりすること。
(2)　身の回りにある形の概形やおよその面積などに関わる数学的活動を通して，次の事項を身に付けることができるよう指導する。
　　ア　次のような知識及び技能を身に付けること。
　　　(ア)　身の回りにある形について，その概形を捉え，およその面積などを求めること。
　　イ　次のような思考力，判断力，表現力等を身に付けること。
　　　(ア)　図形を構成する要素や性質に着目し，筋道を立てて面積などの求め方を考え，それを日常生活に生かすこと。
(3)　平面図形の面積に関わる数学的活動を通して，次の事項を身に付けることができるよう指導する。
　　ア　次のような知識及び技能を身に付けること。
　　　(ア)　円の面積の計算による求め方について理解すること。
　　イ　次のような思考力，判断力，表現力等を身に付けること。
　　　(ア)　図形を構成する要素などに着目し，基本図形の面積の求め方を見いだすとともに，その表現を振り返り，簡潔かつ的確な表現に高め，公式として導くこと。
(4)　立体図形の体積に関わる数学的活動を通して，次の事項を身に付けることができるよう指導する。
　　ア　次のような知識及び技能を身に付けること。
　　　(ア)　基本的な角柱及び円柱の体積の計算による求め方について理解すること。
　　イ　次のような思考力，判断力，表現力等を身に付けること。
　　　(ア)　図形を構成する要素に着目し，基本図形の体積の求め方を見いだすとともに，その表現を振り返り，簡潔かつ的確な表現に高め，公式として導くこと。
C　変化と関係
(1)　伴って変わる二つの数量に関わる数学的活動を通して，次の事項を身に付けることができるよう指導する。
　　ア　次のような知識及び技能を身に付けること。
　　　(ア)　比例の関係の意味や性質を理解すること。
　　　(イ)　比例の関係を用いた問題解決の方法について知ること。
　　　(ウ)　反比例の関係について知ること。
　　イ　次のような思考力，判断力，表現力等を身に付けること。
　　　(ア)　伴って変わる二つの数量を見いだして，それらの関係に着目し，目的に応じて表や式，グラフを用いてそれらの関係を表現して，変化や対応の特徴を見いだすとともに，それらを日常生活に生かすこと。
(2)　二つの数量の関係に関わる数学的活動を通して，次の事項を身に付けることができるよう指導する。
　　ア　次のような知識及び技能を身に付けること。
　　　(ア)　比の意味や表し方を理解し，数量の関係を比で表したり，等しい比をつくったりすること。

イ　次のような思考力，判断力，表現力等を身に付けること。
　　　(ｱ)　日常の事象における数量の関係に着目し，図や式などを用いて数量の関係の比べ方を考察し，それを日常生活に生かすこと。
D　データの活用
(1)　データの収集とその分析に関わる数学的活動を通して，次の事項を身に付けることができるよう指導する。
　　ア　次のような知識及び技能を身に付けること。
　　　(ｱ)　代表値の意味や求め方を理解すること。
　　　(ｲ)　度数分布を表す表やグラフの特徴及びそれらの用い方を理解すること。
　　　(ｳ)　目的に応じてデータを収集したり適切な手法を選択したりするなど，統計的な問題解決の方法を知ること。
　　イ　次のような思考力，判断力，表現力等を身に付けること。
　　　(ｱ)　目的に応じてデータを集めて分類整理し，データの特徴や傾向に着目し，代表値などを用いて問題の結論について判断するとともに，その妥当性について批判的に考察すること。
(2)　起こり得る場合に関わる数学的活動を通して，次の事項を身に付けることができるよう指導する。
　　ア　次のような知識及び技能を身に付けること。
　　　(ｱ)　起こり得る場合を順序よく整理するための図や表などの用い方を知ること。
　　イ　次のような思考力，判断力，表現力等を身に付けること。
　　　(ｱ)　事象の特徴に着目し，順序よく整理する観点を決めて，落ちや重なりなく調べる方法を考察すること。

〔数学的活動〕
(1)　内容の「A数と計算」，「B図形」，「C変化と関係」及び「Dデータの活用」に示す学習については，次のような数学的活動に取り組むものとする。
　　ア　日常の事象を数理的に捉え問題を見いだして解決し，解決過程を振り返り，結果や方法を改善したり，日常生活等に生かしたりする活動
　　イ　算数の学習場面から算数の問題を見いだして解決し，解決過程を振り返り統合的・発展的に考察する活動
　　ウ　問題解決の過程や結果を，目的に応じて図や式などを用いて数学的に表現し伝え合う活動

〔用語・記号〕
　　線対称　点対称　対称の軸　対称の中心　比の値　ドットプロット　平均値　中央値　最頻値　階級　：

3　内容の取扱い

(1)　内容の「A数と計算」の(1)については，逆数を用いて除法を乗法の計算としてみることや，整数や小数の乗法や除法を分数の場合の計算にまとめることも取り扱うものとする。
(2)　内容の「A数と計算」の(1)については，第3学年から第6学年までに示す小数や分数の計算の能力を定着させ，それらを用いる能力を伸ばすことに配慮するものとする。
(3)　内容の「B図形」の(3)のアの(ｱ)については，円周率は3.14を用いるものとする。

● 第3　指導計画の作成と内容の取扱い

1　指導計画の作成に当たっては，次の事項に配慮するものとする。
(1)　単元など内容や時間のまとまりを見通して，その中で育む資質・能力の育成に向けて，数学

的活動を通して，児童の主体的・対話的で深い学びの実現を図るようにすること。その際，数学的な見方・考え方を働かせながら，日常の事象を数理的に捉え，算数の問題を見いだし，問題を自立的，協働的に解決し，学習の過程を振り返り，概念を形成するなどの学習の充実を図ること。

(2) 第2の各学年の内容は，次の学年以降においても必要に応じて継続して指導すること。数量や図形についての基礎的な能力の習熟や維持を図るため，適宜練習の機会を設けて計画的に指導すること。なお，その際，第1章総則の第2の3の(2)のウの(イ)に掲げる指導を行う場合には，当該指導のねらいを明確にするとともに，単元など内容や時間のまとまりを見通して資質・能力が偏りなく育成されるよう計画的に指導すること。また，学年間の指導内容を円滑に接続させるため，適切な反復による学習指導を進めるようにすること。

(3) 第2の各学年の内容の「A数と計算」，「B図形」，「C測定」，「C変化と関係」及び「Dデータの活用」の間の指導の関連を図ること。

(4) 低学年においては，第1章総則の第2の4の(1)を踏まえ，他教科等との関連を積極的に図り，指導の効果を高めるようにするとともに，幼稚園教育要領等に示す幼児期の終わりまでに育ってほしい姿との関連を考慮すること。特に，小学校入学当初においては，生活科を中心とした合科的・関連的な指導や，弾力的な時間割の設定を行うなどの工夫をすること。

(5) 障害のある児童などについては，学習活動を行う場合に生じる困難さに応じた指導内容や指導方法の工夫を計画的，組織的に行うこと。

(6) 第1章総則の第1の2の(2)に示す道徳教育の目標に基づき，道徳科などとの関連を考慮しながら，第3章特別の教科道徳の第2に示す内容について，算数科の特質に応じて適切な指導をすること。

2　第2の内容の取扱いについては，次の事項に配慮するものとする。

(1) 思考力，判断力，表現力等を育成するため，各学年の内容の指導に当たっては，具体物，図，言葉，数，式，表，グラフなどを用いて考えたり，説明したり，互いに自分の考えを表現し伝え合ったり，学び合ったり，高め合ったりするなどの学習活動を積極的に取り入れるようにすること。

(2) 数量や図形についての感覚を豊かにしたり，表やグラフを用いて表現する力を高めたりするなどのため，必要な場面においてコンピュータなどを適切に活用すること。また，第1章総則の第3の1の(3)のイに掲げるプログラミングを体験しながら論理的思考力を身に付けるための学習活動を行う場合には，児童の負担に配慮しつつ，例えば第2の各学年の内容の〔第5学年〕の「B図形」の(1)における正多角形の作図を行う学習に関連して，正確な繰り返し作業を行う必要があり，更に一部を変えることでいろいろな正多角形を同様に考えることができる場面などで取り扱うこと。

(3) 各領域の指導に当たっては，具体物を操作したり，日常の事象を観察したり，児童にとって身近な算数の問題を解決したりするなどの具体的な体験を伴う学習を通して，数量や図形について実感を伴った理解をしたり，算数を学ぶ意義を実感したりする機会を設けること。

(4) 第2の各学年の内容に示す〔用語・記号〕は，当該学年で取り上げる内容の程度や範囲を明確にするために示したものであり，その指導に当たっては，各学年の内容と密接に関連させて取り上げるようにし，それらを用いて表したり考えたりすることのよさが分かるようにすること。

(5) 数量や図形についての豊かな感覚を育てるとともに，およその大きさや形を捉え，それらに基づいて適切に判断したり，能率的な処理の仕方を考え出したりすることができるようにすること。

(6) 筆算による計算の技能を確実に身に付けることを重視するとともに，目的に応じて計算の結

果の見積りをして，計算の仕方や結果について適切に判断できるようにすること。また，低学年の「A数と計算」の指導に当たっては，そろばんや具体物などの教具を適宜用いて，数と計算についての意味の理解を深めるよう留意すること。
3 数学的活動の取組においては，次の事項に配慮するものとする。
 (1) 数学的活動は，基礎的・基本的な知識及び技能を確実に身に付けたり，思考力，判断力，表現力等を高めたり，算数を学ぶことの楽しさや意義を実感したりするために，重要な役割を果たすものであることから，各学年の内容の「A数と計算」，「B図形」，「C測定」，「C変化と関係」及び「Dデータの活用」に示す事項については，数学的活動を通して指導するようにすること。
 (2) 数学的活動を楽しめるようにする機会を設けること。
 (3) 算数の問題を解決する方法を理解するとともに，自ら問題を見いだし，解決するための構想を立て，実践し，その結果を評価・改善する機会を設けること。
 (4) 具体物，図，数，式，表，グラフ相互の関連を図る機会を設けること。
 (5) 友達と考えを伝え合うことで学び合ったり，学習の過程と成果を振り返り，よりよく問題解決できたことを実感したりする機会を設けること。

中学校学習指導要領 第2章 第3節 数学

● 第1 目　標

数学的な見方・考え方を働かせ，数学的活動を通して，数学的に考える資質・能力を次のとおり育成することを目指す。

(1) 数量や図形などについての基礎的な概念や原理・法則などを理解するとともに，事象を数学化したり，数学的に解釈したり，数学的に表現・処理したりする技能を身に付けるようにする。

(2) 数学を活用して事象を論理的に考察する力，数量や図形などの性質を見いだし統合的・発展的に考察する力，数学的な表現を用いて事象を簡潔・明瞭・的確に表現する力を養う。

(3) 数学的活動の楽しさや数学のよさを実感して粘り強く考え，数学を生活や学習に生かそうとする態度，問題解決の過程を振り返って評価・改善しようとする態度を養う。

● 第2 各学年の目標及び内容

〔第1学年〕
1 目　標

(1) 正の数と負の数，文字を用いた式と一元一次方程式，平面図形と空間図形，比例と反比例，データの分布と確率などについての基礎的な概念や原理・法則などを理解するとともに，事象を数理的に捉えたり，数学的に解釈したり，数学的に表現・処理したりする技能を身に付けるようにする。

(2) 数の範囲を拡張し，数の性質や計算について考察したり，文字を用いて数量の関係や法則などを考察したりする力，図形の構成要素や構成の仕方に着目し，図形の性質や関係を直観的に捉え論理的に考察する力，数量の変化や対応に着目して関数関係を見いだし，その特徴を表，式，グラフなどで考察する力，データの分布に着目し，その傾向を読み取り批判的に考察して判断したり，不確定な事象の起こりやすさについて考察したりする力を養う。

(3) 数学的活動の楽しさや数学のよさに気付いて粘り強く考え，数学を生活や学習に生かそうとする態度，問題解決の過程を振り返って検討しようとする態度，多面的に捉え考えようとする態度を養う。

2 内　容

A　数と式

(1) 正の数と負の数について，数学的活動を通して，次の事項を身に付けることができるよう指導する。

　ア　次のような知識及び技能を身に付けること。
　　(ア) 正の数と負の数の必要性と意味を理解すること。
　　(イ) 正の数と負の数の四則計算をすること。
　　(ウ) 具体的な場面で正の数と負の数を用いて表したり処理したりすること。

　イ　次のような思考力，判断力，表現力等を身に付けること。
　　(ア) 算数で学習した数の四則計算と関連付けて，正の数と負の数の四則計算の方法を考察し表現すること。
　　(イ) 正の数と負の数を具体的な場面で活用すること。

(2) 文字を用いた式について，数学的活動を通して，次の事項を身に付けることができるよう指導する。

ア　次のような知識及び技能を身に付けること。
　　(ア)　文字を用いることの必要性と意味を理解すること。
　　(イ)　文字を用いた式における乗法と除法の表し方を知ること。
　　(ウ)　簡単な一次式の加法と減法の計算をすること。
　　(エ)　数量の関係や法則などを文字を用いた式に表すことができることを理解し，式を用いて表したり読み取ったりすること。
　イ　次のような思考力，判断力，表現力等を身に付けること。
　　(ア)　具体的な場面と関連付けて，一次式の加法と減法の計算の方法を考察し表現すること。
(3)　一元一次方程式について，数学的活動を通して，次の事項を身に付けることができるよう指導する。
　ア　次のような知識及び技能を身に付けること。
　　(ア)　方程式の必要性と意味及び方程式の中の文字や解の意味を理解すること。
　　(イ)　簡単な一元一次方程式を解くこと。
　イ　次のような思考力，判断力，表現力等を身に付けること。
　　(ア)　等式の性質を基にして，一元一次方程式を解く方法を考察し表現すること。
　　(イ)　一元一次方程式を具体的な場面で活用すること。

〔用語・記号〕
　　自然数　素数　符号　絶対値　項　係数　移項　≦　≧

B　図　形
(1)　平面図形について，数学的活動を通して，次の事項を身に付けることができるよう指導する。
　ア　次のような知識及び技能を身に付けること。
　　(ア)　角の二等分線，線分の垂直二等分線，垂線などの基本的な作図の方法を理解すること。
　　(イ)　平行移動，対称移動及び回転移動について理解すること。
　イ　次のような思考力，判断力，表現力等を身に付けること。
　　(ア)　図形の性質に着目し，基本的な作図の方法を考察し表現すること。
　　(イ)　図形の移動に着目し，二つの図形の関係について考察し表現すること。
　　(ウ)　基本的な作図や図形の移動を具体的な場面で活用すること。
(2)　空間図形について，数学的活動を通して，次の事項を身に付けることができるよう指導する。
　ア　次のような知識及び技能を身に付けること。
　　(ア)　空間における直線や平面の位置関係を知ること。
　　(イ)　扇形の弧の長さと面積，基本的な柱体や錐体，球の表面積と体積を求めること。
　イ　次のような思考力，判断力，表現力等を身に付けること。
　　(ア)　空間図形を直線や平面図形の運動によって構成されるものと捉えたり，空間図形を平面上に表現して平面上の表現から空間図形の性質を見いだしたりすること。
　　(イ)　立体図形の表面積や体積の求め方を考察し表現すること。

〔用語・記号〕
　　弧　弦　回転体　ねじれの位置　π　$//$　$\perp$　$\angle$　$\triangle$

C　関　数
(1)　比例，反比例について，数学的活動を通して，次の事項を身に付けることができるよう指導する。
　ア　次のような知識及び技能を身に付けること。
　　(ア)　関数関係の意味を理解すること。
　　(イ)　比例，反比例について理解すること。
　　(ウ)　座標の意味を理解すること。

　　　　(エ) 比例，反比例を表，式，グラフなどに表すこと。
　　イ　次のような思考力，判断力，表現力等を身に付けること。
　　　　(ア) 比例，反比例として捉えられる二つの数量について，表，式，グラフなどを用いて調べ，それらの変化や対応の特徴を見いだすこと。
　　　　(イ) 比例，反比例を用いて具体的な事象を捉え考察し表現すること。
〔用語・記号〕
　　関数　変数　変域
D　データの活用
(1) データの分布について，数学的活動を通して，次の事項を身に付けることができるよう指導する。
　　ア　次のような知識及び技能を身に付けること。
　　　　(ア) ヒストグラムや相対度数などの必要性と意味を理解すること。
　　　　(イ) コンピュータなどの情報手段を用いるなどしてデータを表やグラフに整理すること。
　　イ　次のような思考力，判断力，表現力等を身に付けること。
　　　　(ア) 目的に応じてデータを収集して分析し，そのデータの分布の傾向を読み取り，批判的に考察し判断すること。
(2) 不確定な事象の起こりやすさについて，数学的活動を通して，次の事項を身に付けることができるよう指導する。
　　ア　次のような知識及び技能を身に付けること。
　　　　(ア) 多数の観察や多数回の試行によって得られる確率の必要性と意味を理解すること。
　　イ　次のような思考力，判断力，表現力等を身に付けること。
　　　　(ア) 多数の観察や多数回の試行の結果を基にして，不確定な事象の起こりやすさの傾向を読み取り表現すること。
〔用語・記号〕
　　範囲　累積度数
〔数学的活動〕
(1) 「A数と式」，「B図形」，「C関数」及び「Dデータの活用」の学習やそれらを相互に関連付けた学習において，次のような数学的活動に取り組むものとする。
　　ア　日常の事象を数理的に捉え，数学的に表現・処理し，問題を解決したり，解決の過程や結果を振り返って考察したりする活動
　　イ　数学の事象から問題を見いだし解決したり，解決の過程や結果を振り返って統合的・発展的に考察したりする活動
　　ウ　数学的な表現を用いて筋道立てて説明し伝え合う活動

3　内容の取扱い

(1) 内容の「A数と式」の(1)に関連して，自然数を素数の積として表すことを取り扱うものとする。
(2) 内容の「A数と式」の(1)のアとイの(ア)に関連して，数の集合と四則計算の可能性を取り扱うものとする。
(3) 内容の「A数と式」の(2)のアの(エ)に関連して，大小関係を不等式を用いて表すことを取り扱うものとする。
(4) 内容の「A数と式」の(3)のアの(イ)とイの(イ)に関連して，簡単な比例式を解くことを取り扱うものとする。
(5) 内容の「B図形」の(1)のイの(ウ)に関連して，円の接線はその接点を通る半径に垂直である

ことを取り扱うものとする。
(6) 内容の「B図形」の(2)のイの(ア)については,見取図や展開図,投影図を取り扱うものとする。

〔第2学年〕
1 目標
(1) 文字を用いた式と連立二元一次方程式,平面図形と数学的な推論,一次関数,データの分布と確率などについての基礎的な概念や原理・法則などを理解するとともに,事象を数学化したり,数学的に解釈したり,数学的に表現・処理したりする技能を身に付けるようにする。
(2) 文字を用いて数量の関係や法則などを考察する力,数学的な推論の過程に着目し,図形の性質や関係を論理的に考察し表現する力,関数関係に着目し,その特徴を表,式,グラフを相互に関連付けて考察する力,複数の集団のデータの分布に着目し,その傾向を比較して読み取り批判的に考察して判断したり,不確定な事象の起こりやすさについて考察したりする力を養う。
(3) 数学的活動の楽しさや数学のよさを実感して粘り強く考え,数学を生活や学習に生かそうとする態度,問題解決の過程を振り返って評価・改善しようとする態度,多様な考えを認め,よりよく問題解決しようとする態度を養う。

2 内容
A 数と式
(1) 文字を用いた式について,数学的活動を通して,次の事項を身に付けることができるよう指導する。
　ア 次のような知識及び技能を身に付けること。
　　(ア) 簡単な整式の加法と減法及び単項式の乗法と除法の計算をすること。
　　(イ) 具体的な事象の中の数量の関係を文字を用いた式で表したり,式の意味を読み取ったりすること。
　　(ウ) 文字を用いた式で数量及び数量の関係を捉え説明できることを理解すること。
　　(エ) 目的に応じて,簡単な式を変形すること。
　イ 次のような思考力,判断力,表現力等を身に付けること。
　　(ア) 具体的な数の計算や既に学習した計算の方法と関連付けて,整式の加法と減法及び単項式の乗法と除法の計算の方法を考察し表現すること。
　　(イ) 文字を用いた式を具体的な場面で活用すること。
(2) 連立二元一次方程式について,数学的活動を通して,次の事項を身に付けることができるよう指導する。
　ア 次のような知識及び技能を身に付けること。
　　(ア) 二元一次方程式とその解の意味を理解すること。
　　(イ) 連立二元一次方程式の必要性と意味及びその解の意味を理解すること。
　　(ウ) 簡単な連立二元一次方程式を解くこと。
　イ 次のような思考力,判断力,表現力等を身に付けること。
　　(ア) 一元一次方程式と関連付けて,連立二元一次方程式を解く方法を考察し表現すること。
　　(イ) 連立二元一次方程式を具体的な場面で活用すること。
〔用語・記号〕
　同類項
B 図形
(1) 基本的な平面図形の性質について,数学的活動を通して,次の事項を身に付けることができるよう指導する。

ア　次のような知識及び技能を身に付けること。
　　　(ｱ)　平行線や角の性質を理解すること。
　　　(ｲ)　多角形の角についての性質が見いだせることを知ること。
　　イ　次のような思考力，判断力，表現力等を身に付けること。
　　　(ｱ)　基本的な平面図形の性質を見いだし，平行線や角の性質を基にしてそれらを確かめ説明すること。
　(2)　図形の合同について，数学的活動を通して，次の事項を身に付けることができるよう指導する。
　　ア　次のような知識及び技能を身に付けること。
　　　(ｱ)　平面図形の合同の意味及び三角形の合同条件について理解すること。
　　　(ｲ)　証明の必要性と意味及びその方法について理解すること。
　　イ　次のような思考力，判断力，表現力等を身に付けること。
　　　(ｱ)　三角形の合同条件などを基にして三角形や平行四辺形の基本的な性質を論理的に確かめたり，証明を読んで新たな性質を見いだしたりすること。
　　　(ｲ)　三角形や平行四辺形の基本的な性質などを具体的な場面で活用すること。
〔用語・記号〕
　　対頂角　内角　外角　定義　証明　逆　反例　≡

C　関　数
　(1)　一次関数について，数学的活動を通して，次の事項を身に付けることができるよう指導する。
　　ア　次のような知識及び技能を身に付けること。
　　　(ｱ)　一次関数について理解すること。
　　　(ｲ)　事象の中には一次関数として捉えられるものがあることを知ること。
　　　(ｳ)　二元一次方程式を関数を表す式とみること。
　　イ　次のような思考力，判断力，表現力等を身に付けること。
　　　(ｱ)　一次関数として捉えられる二つの数量について，変化や対応の特徴を見いだし，表，式，グラフを相互に関連付けて考察し表現すること。
　　　(ｲ)　一次関数を用いて具体的な事象を捉え考察し表現すること。
〔用語・記号〕
　　変化の割合　傾き

D　データの活用
　(1)　データの分布について，数学的活動を通して，次の事項を身に付けることができるよう指導する。
　　ア　次のような知識及び技能を身に付けること。
　　　(ｱ)　四分位範囲や箱ひげ図の必要性と意味を理解すること。
　　　(ｲ)　コンピュータなどの情報手段を用いるなどしてデータを整理し箱ひげ図で表すこと。
　　イ　次のような思考力，判断力，表現力等を身に付けること。
　　　(ｱ)　四分位範囲や箱ひげ図を用いてデータの分布の傾向を比較して読み取り，批判的に考察し判断すること。
　(2)　不確定な事象の起こりやすさについて，数学的活動を通して，次の事項を身に付けることができるよう指導する。
　　ア　次のような知識及び技能を身に付けること。
　　　(ｱ)　多数回の試行によって得られる確率と関連付けて，場合の数を基にして得られる確率の必要性と意味を理解すること。
　　　(ｲ)　簡単な場合について確率を求めること。
　　イ　次のような思考力，判断力，表現力等を身に付けること。

(ア) 同様に確からしいことに着目し，場合の数を基にして得られる確率の求め方を考察し表現すること。
　　　(イ) 確率を用いて不確定な事象を捉え考察し表現すること。
〔数学的活動〕
(1) 「A数と式」，「B図形」，「C関数」及び「Dデータの活用」の学習やそれらを相互に関連付けた学習において，次のような数学的活動に取り組むものとする。
　ア　日常の事象や社会の事象を数理的に捉え，数学的に表現・処理し，問題を解決したり，解決の過程や結果を振り返って考察したりする活動
　イ　数学の事象から見通しをもって問題を見いだし解決したり，解決の過程や結果を振り返って統合的・発展的に考察したりする活動
　ウ　数学的な表現を用いて論理的に説明し伝え合う活動

3　内容の取扱い

(1) 内容の「B図形」の(2)のイの(ア)に関連して，正方形，ひし形及び長方形が平行四辺形の特別な形であることを取り扱うものとする。

〔第3学年〕
1　目　標

(1) 数の平方根，多項式と二次方程式，図形の相似，円周角と中心角の関係，三平方の定理，関数 $y=ax^2$，標本調査などについての基礎的な概念や原理・法則などを理解するとともに，事象を数学化したり，数学的に解釈したり，数学的に表現・処理したりする技能を身に付けるようにする。

(2) 数の範囲に着目し，数の性質や計算について考察したり，文字を用いて数量の関係や法則などを考察したりする力，図形の構成要素の関係に着目し，図形の性質や計量について論理的に考察し表現する力，関数関係に着目し，その特徴を表，式，グラフを相互に関連付けて考察する力，標本と母集団の関係に着目し，母集団の傾向を推定し判断したり，調査の方法や結果を批判的に考察したりする力を養う。

(3) 数学的活動の楽しさや数学のよさを実感して粘り強く考え，数学を生活や学習に生かそうとする態度，問題解決の過程を振り返って評価・改善しようとする態度，多様な考えを認め，よりよく問題解決しようとする態度を養う。

2　内　容

A　数と式

(1) 正の数の平方根について，数学的活動を通して，次の事項を身に付けることができるよう指導する。
　ア　次のような知識及び技能を身に付けること。
　　(ア) 数の平方根の必要性と意味を理解すること。
　　(イ) 数の平方根を含む簡単な式の計算をすること。
　　(ウ) 具体的な場面で数の平方根を用いて表したり処理したりすること。
　イ　次のような思考力，判断力，表現力等を身に付けること。
　　(ア) 既に学習した計算の方法と関連付けて，数の平方根を含む式の計算の方法を考察し表現すること。
　　(イ) 数の平方根を具体的な場面で活用すること。
(2) 簡単な多項式について，数学的活動を通して，次の事項を身に付けることができるよう指導

する。
　　ア　次のような知識及び技能を身に付けること。
　　　(ア)　単項式と多項式の乗法及び多項式を単項式で割る除法の計算をすること。
　　　(イ)　簡単な一次式の乗法の計算及び次の公式を用いる簡単な式の展開や因数分解をすること。
$$(a+b)^2 = a^2 + 2ab + b^2$$
$$(a-b)^2 = a^2 - 2ab + b^2$$
$$(a+b)(a-b) = a^2 - b^2$$
$$(x+a)(x+b) = x^2 + (a+b)x + ab$$
　　イ　次のような思考力，判断力，表現力等を身に付けること。
　　　(ア)　既に学習した計算の方法と関連付けて，式の展開や因数分解をする方法を考察し表現すること。
　　　(イ)　文字を用いた式で数量及び数量の関係を捉え説明すること。
(3)　二次方程式について，数学的活動を通して，次の事項を身に付けることができるよう指導する。
　　ア　次のような知識及び技能を身に付けること。
　　　(ア)　二次方程式の必要性と意味及びその解の意味を理解すること。
　　　(イ)　因数分解したり平方の形に変形したりして二次方程式を解くこと。
　　　(ウ)　解の公式を知り，それを用いて二次方程式を解くこと。
　　イ　次のような思考力，判断力，表現力等を身に付けること。
　　　(ア)　因数分解や平方根の考えを基にして，二次方程式を解く方法を考察し表現すること。
　　　(イ)　二次方程式を具体的な場面で活用すること。

〔用語・記号〕
　　根号　有理数　無理数　因数　$\sqrt{}$

B　図　形
(1)　図形の相似について，数学的活動を通して，次の事項を身に付けることができるよう指導する。
　　ア　次のような知識及び技能を身に付けること。
　　　(ア)　平面図形の相似の意味及び三角形の相似条件について理解すること。
　　　(イ)　基本的な立体の相似の意味及び相似な図形の相似比と面積比や体積比との関係について理解すること。
　　イ　次のような思考力，判断力，表現力等を身に付けること。
　　　(ア)　三角形の相似条件などを基にして図形の基本的な性質を論理的に確かめること。
　　　(イ)　平行線と線分の比についての性質を見いだし，それらを確かめること。
　　　(ウ)　相似な図形の性質を具体的な場面で活用すること。
(2)　円周角と中心角の関係について，数学的活動を通して，次の事項を身に付けることができるよう指導する。
　　ア　次のような知識及び技能を身に付けること。
　　　(ア)　円周角と中心角の関係の意味を理解し，それが証明できることを知ること。
　　イ　次のような思考力，判断力，表現力等を身に付けること。
　　　(ア)　円周角と中心角の関係を見いだすこと。
　　　(イ)　円周角と中心角の関係を具体的な場面で活用すること。
(3)　三平方の定理について，数学的活動を通して，次の事項を身に付けることができるよう指導する。
　　ア　次のような知識及び技能を身に付けること。

(ア) 三平方の定理の意味を理解し，それが証明できることを知ること。
　　イ　次のような思考力，判断力，表現力等を身に付けること。
　　　(ア) 三平方の定理を見いだすこと。
　　　(イ) 三平方の定理を具体的な場面で活用すること。
〔用語・記号〕
　　∽

C　関　数
(1) 関数 $y = ax^2$ について，数学的活動を通して，次の事項を身に付けることができるよう指導する。
　ア　次のような知識及び技能を身に付けること。
　　(ア) 関数 $y = ax^2$ について理解すること。
　　(イ) 事象の中には関数 $y = ax^2$ として捉えられるものがあることを知ること。
　　(ウ) いろいろな事象の中に，関数関係があることを理解すること。
　イ　次のような思考力，判断力，表現力等を身に付けること。
　　(ア) 関数 $y = ax^2$ として捉えられる二つの数量について，変化や対応の特徴を見いだし，表，式，グラフを相互に関連付けて考察し表現すること。
　　(イ) 関数 $y = ax^2$ を用いて具体的な事象を捉え考察し表現すること。

D　データの活用
(1) 標本調査について，数学的活動を通して，次の事項を身に付けることができるよう指導する。
　ア　次のような知識及び技能を身に付けること。
　　(ア) 標本調査の必要性と意味を理解すること。
　　(イ) コンピュータなどの情報手段を用いるなどして無作為に標本を取り出し，整理すること。
　イ　次のような思考力，判断力，表現力等を身に付けること。
　　(ア) 標本調査の方法や結果を批判的に考察し表現すること。
　　(イ) 簡単な場合について標本調査を行い，母集団の傾向を推定し判断すること。
〔用語・記号〕
　　全数調査
〔数学的活動〕
(1) 「A数と式」，「B図形」，「C関数」及び「Dデータの活用」の学習やそれらを相互に関連付けた学習において，次のような数学的活動に取り組むものとする。
　ア　日常の事象や社会の事象を数理的に捉え，数学的に表現・処理し，問題を解決したり，解決の過程や結果を振り返って考察したりする活動
　イ　数学の事象から見通しをもって問題を見いだし解決したり，解決の過程や結果を振り返って統合的・発展的に考察したりする活動
　ウ　数学的な表現を用いて論理的に説明し伝え合う活動

3　内容の取扱い

(1) 内容の「A数と式」の(1)などに関連して，誤差や近似値，$a \times 10^n$ の形の表現を取り扱うものとする。
(2) 内容の「A数と式」の(3)については，実数の解をもつ二次方程式を取り扱うものとする。
(3) 内容の「A数と式」の(3)のアの(イ)とイの(ア)については，$ax^2 = b$（a, b は有理数）の二次方程式及び $x^2 + px + q = 0$（p, q は整数）の二次方程式を取り扱うものとする。因数分解して解くことの指導においては，内容の「A数と式」の(2)のアの(イ)に示した公式を用いることができるものを中心に取り扱うものとする。また，平方の形に変形して解くことの指導におい

ては，xの係数が偶数であるものを中心に取り扱うものとする。
(4) 内容の「B図形」の(2)に関連して，円周角の定理の逆を取り扱うものとする。

第3 指導計画の作成と内容の取扱い

1 指導計画の作成に当たっては，次の事項に配慮するものとする。
 (1) 単元など内容や時間のまとまりを見通して，その中で育む資質・能力の育成に向けて，数学的活動を通して，生徒の主体的・対話的で深い学びの実現を図るようにすること。その際，数学的な見方・考え方を働かせながら，日常の事象や社会の事象を数理的に捉え，数学の問題を見いだし，問題を自立的，協働的に解決し，学習の過程を振り返り，概念を形成するなどの学習の充実を図ること。
 (2) 第2の各学年の目標の達成に支障のない範囲内で，当該学年の内容の一部を軽く取り扱い，それを後の学年で指導することができるものとすること。また，学年の目標を逸脱しない範囲内で，後の学年の内容の一部を加えて指導することもできるものとすること。
 (3) 生徒の学習を確実なものにするために，新たな内容を指導する際には，既に指導した関連する内容を意図的に再度取り上げ，学び直しの機会を設定することに配慮すること。
 (4) 障害のある生徒などについては，学習活動を行う場合に生じる困難さに応じた指導内容や指導方法の工夫を計画的，組織的に行うこと。
 (5) 第1章総則の第1の2の(2)に示す道徳教育の目標に基づき，道徳科などとの関連を考慮しながら，第3章特別の教科道徳の第2に示す内容について，数学科の特質に応じて適切な指導をすること。
2 第2の内容の取扱いについては，次の事項に配慮するものとする。
 (1) 思考力，判断力，表現力等を育成するため，各学年の内容の指導に当たっては，数学的な表現を用いて簡潔・明瞭・的確に表現したり，互いに自分の考えを表現し伝え合ったりするなどの機会を設けること。
 (2) 各領域の指導に当たっては，必要に応じ，そろばんや電卓，コンピュータ，情報通信ネットワークなどの情報手段を適切に活用し，学習の効果を高めること。
 (3) 各領域の指導に当たっては，具体物を操作して考えたり，データを収集して整理したりするなどの具体的な体験を伴う学習を充実すること。
 (4) 第2の各学年の内容に示す〔用語・記号〕は，当該学年で取り扱う内容の程度や範囲を明確にするために示したものであり，その指導に当たっては，各学年の内容と密接に関連させて取り上げること。
3 数学的活動の取組においては，次の事項に配慮するものとする。
 (1) 数学的活動を楽しめるようにするとともに，数学を学習することの意義や数学の必要性などを実感する機会を設けること。
 (2) 数学を活用して問題解決する方法を理解するとともに，自ら問題を見いだし，解決するための構想を立て，実践し，その過程や結果を評価・改善する機会を設けること。
 (3) 各領域の指導に当たっては，観察や操作，実験などの活動を通して，数量や図形などの性質を見いだしたり，発展させたりする機会を設けること。
 (4) 数学的活動の過程を振り返り，レポートにまとめ発表することなどを通して，その成果を共有する機会を設けること。
4 生徒の数学的活動への取組を促し思考力，判断力，表現力等の育成を図るため，各領域の内容を総合したり日常の事象や他教科等での学習に関連付けたりするなどして見いだした問題を解決する学習を課題学習と言い，この実施に当たっては各学年で指導計画に適切に位置付けるものとする。

小学校学習指導要領 第3章 特別の教科 道徳

● 第1 目標

第1章総則の第1の2の(2)に示す道徳教育の目標に基づき，よりよく生きるための基盤となる道徳性を養うため，道徳的諸価値についての理解を基に，自己を見つめ，物事を多面的・多角的に考え，自己の生き方についての考えを深める学習を通して，道徳的な判断力，心情，実践意欲と態度を育てる。

● 第2 内 容

学校の教育活動全体を通じて行う道徳教育の要である道徳科においては，以下に示す項目について扱う。

A 主として自分自身に関すること

［善悪の判断，自律，自由と責任］
〔第1学年及び第2学年〕
よいことと悪いこととの区別をし，よいと思うことを進んで行うこと。
〔第3学年及び第4学年〕
正しいと判断したことは，自信をもって行うこと。
〔第5学年及び第6学年〕
自由を大切にし，自律的に判断し，責任のある行動をすること。

［正直，誠実］
〔第1学年及び第2学年〕
うそをついたりごまかしをしたりしないで，素直に伸び伸びと生活すること。
〔第3学年及び第4学年〕
過ちは素直に改め，正直に明るい心で生活すること。
〔第5学年及び第6学年〕
誠実に，明るい心で生活すること。

［節度，節制］
〔第1学年及び第2学年〕
健康や安全に気を付け，物や金銭を大切にし，身の回りを整え，わがままをしないで，規則正しい生活をすること。
〔第3学年及び第4学年〕
自分でできることは自分でやり，安全に気を付け，よく考えて行動し，節度のある生活をすること。
〔第5学年及び第6学年〕
安全に気を付けることや，生活習慣の大切さについて理解し，自分の生活を見直し，節度を守り節制に心掛けること。

［個性の伸長］
〔第1学年及び第2学年〕
自分の特徴に気付くこと。
〔第3学年及び第4学年〕
自分の特徴に気付き，長所を伸ばすこと。
〔第5学年及び第6学年〕
自分の特徴を知って，短所を改め長所を伸ばすこと。

［希望と勇気，努力と強い意志］
〔第1学年及び第2学年〕
自分のやるべき勉強や仕事をしっかりと行うこと。
〔第3学年及び第4学年〕
自分でやろうと決めた目標に向かって，強い意志をもち，粘り強くやり抜くこと。
〔第5学年及び第6学年〕
より高い目標を立て，希望と勇気をもち，困難があってもくじけずに努力して物事をやり抜くこと。

［真理の探究］
〔第5学年及び第6学年〕
真理を大切にし，物事を探究しようとする心をもつこと。

B　主として人との関わりに関すること

［親切，思いやり］
〔第1学年及び第2学年〕
身近にいる人に温かい心で接し，親切にすること。
〔第3学年及び第4学年〕
相手のことを思いやり，進んで親切にすること。
〔第5学年及び第6学年〕
誰に対しても思いやりの心をもち，相手の立場に立って親切にすること。

［感謝］
〔第1学年及び第2学年〕
家族など日頃世話になっている人々に感謝すること。
〔第3学年及び第4学年〕
家族など生活を支えてくれている人々や現在の生活を築いてくれた高齢者に，尊敬と感謝の気持ちをもって接すること。
〔第5学年及び第6学年〕
日々の生活が家族や過去からの多くの人々の支え合いや助け合いで成り立っていることに感謝し，それに応えること。

［礼儀］
〔第1学年及び第2学年〕
気持ちのよい挨拶，言葉遣い，動作などに心掛けて，明るく接すること。
〔第3学年及び第4学年〕
礼儀の大切さを知り，誰に対しても真心をもって接すること。
〔第5学年及び第6学年〕
時と場をわきまえて，礼儀正しく真心をもって接すること。

［友情，信頼］
〔第1学年及び第2学年〕
友達と仲よくし，助け合うこと。
〔第3学年及び第4学年〕
友達と互いに理解し，信頼し，助け合うこと。
〔第5学年及び第6学年〕
友達と互いに信頼し，学び合って友情を深め，異性についても理解しながら，人間関係を築いていくこと。

［相互理解，寛容］
〔第3学年及び第4学年〕

自分の考えや意見を相手に伝えるとともに，相手のことを理解し，自分と異なる意見も大切にすること。
　〔第5学年及び第6学年〕
　　　自分の考えや意見を相手に伝えるとともに，謙虚な心をもち，広い心で自分と異なる意見や立場を尊重すること。
C　主として集団や社会との関わりに関すること
［規則の尊重］
　〔第1学年及び第2学年〕
　　　約束やきまりを守り，みんなが使う物を大切にすること。
　〔第3学年及び第4学年〕
　　　約束や社会のきまりの意義を理解し，それらを守ること。
　〔第5学年及び第6学年〕
　　　法やきまりの意義を理解した上で進んでそれらを守り，自他の権利を大切にし，義務を果たすこと。
［公正，公平，社会正義］
　〔第1学年及び第2学年〕
　　　自分の好き嫌いにとらわれないで接すること。
　〔第3学年及び第4学年〕
　　　誰に対しても分け隔てをせず，公正，公平な態度で接すること。
　〔第5学年及び第6学年〕
　　　誰に対しても差別をすることや偏見をもつことなく，公正，公平な態度で接し，正義の実現に努めること。
［勤労，公共の精神］
　〔第1学年及び第2学年〕
　　　働くことのよさを知り，みんなのために働くこと。
　〔第3学年及び第4学年〕
　　　働くことの大切さを知り，進んでみんなのために働くこと。
　〔第5学年及び第6学年〕
　　　働くことや社会に奉仕することの充実感を味わうとともに，その意義を理解し，公共のために役に立つことをすること。
［家族愛，家庭生活の充実］
　〔第1学年及び第2学年〕
　　　父母，祖父母を敬愛し，進んで家の手伝いなどをして，家族の役に立つこと。
　〔第3学年及び第4学年〕
　　　父母，祖父母を敬愛し，家族みんなで協力し合って楽しい家庭をつくること。
　〔第5学年及び第6学年〕
　　　父母，祖父母を敬愛し，家族の幸せを求めて，進んで役に立つことをすること。
［よりよい学校生活，集団生活の充実］
　〔第1学年及び第2学年〕
　　　先生を敬愛し，学校の人々に親しんで，学級や学校の生活を楽しくすること。
　〔第3学年及び第4学年〕
　　　先生や学校の人々を敬愛し，みんなで協力し合って楽しい学級や学校をつくること。
　〔第5学年及び第6学年〕
　　　先生や学校の人々を敬愛し，みんなで協力し合ってよりよい学級や学校をつくるとともに，様々な集団の中での自分の役割を自覚して集団生活の充実に努めること。

付録5

[伝統と文化の尊重，国や郷土を愛する態度]
〔第1学年及び第2学年〕
我が国や郷土の文化と生活に親しみ，愛着をもつこと。
〔第3学年及び第4学年〕
我が国や郷土の伝統と文化を大切にし，国や郷土を愛する心をもつこと。
〔第5学年及び第6学年〕
我が国や郷土の伝統と文化を大切にし，先人の努力を知り，国や郷土を愛する心をもつこと。

[国際理解，国際親善]
〔第1学年及び第2学年〕
他国の人々や文化に親しむこと。
〔第3学年及び第4学年〕
他国の人々や文化に親しみ，関心をもつこと。
〔第5学年及び第6学年〕
他国の人々や文化について理解し，日本人としての自覚をもって国際親善に努めること。

D 主として生命や自然，崇高なものとの関わりに関すること

[生命の尊さ]
〔第1学年及び第2学年〕
生きることのすばらしさを知り，生命を大切にすること。
〔第3学年及び第4学年〕
生命の尊さを知り，生命あるものを大切にすること。
〔第5学年及び第6学年〕
生命が多くの生命のつながりの中にあるかけがえのないものであることを理解し，生命を尊重すること。

[自然愛護]
〔第1学年及び第2学年〕
身近な自然に親しみ，動植物に優しい心で接すること。
〔第3学年及び第4学年〕
自然のすばらしさや不思議さを感じ取り，自然や動植物を大切にすること。
〔第5学年及び第6学年〕
自然の偉大さを知り，自然環境を大切にすること。

[感動，畏敬の念]
〔第1学年及び第2学年〕
美しいものに触れ，すがすがしい心をもつこと。
〔第3学年及び第4学年〕
美しいものや気高いものに感動する心をもつこと。
〔第5学年及び第6学年〕
美しいものや気高いものに感動する心や人間の力を超えたものに対する畏敬の念をもつこと。

[よりよく生きる喜び]
〔第5学年及び第6学年〕
よりよく生きようとする人間の強さや気高さを理解し，人間として生きる喜びを感じること。

第3 指導計画の作成と内容の取扱い

1 各学校においては，道徳教育の全体計画に基づき，各教科，外国語活動，総合的な学習の時間及び特別活動との関連を考慮しながら，道徳科の年間指導計画を作成するものとする。なお，作

成に当たっては，第2に示す各学年段階の内容項目について，相当する各学年において全て取り上げることとする。その際，児童や学校の実態に応じ，2学年間を見通した重点的な指導や内容項目間の関連を密にした指導，一つの内容項目を複数の時間で扱う指導を取り入れるなどの工夫を行うものとする。

2 第2の内容の指導に当たっては，次の事項に配慮するものとする。
 (1) 校長や教頭などの参加，他の教師との協力的な指導などについて工夫し，道徳教育推進教師を中心とした指導体制を充実すること。
 (2) 道徳科が学校の教育活動全体を通じて行う道徳教育の要としての役割を果たすことができるよう，計画的・発展的な指導を行うこと。特に，各教科，外国語活動，総合的な学習の時間及び特別活動における道徳教育としては取り扱う機会が十分でない内容項目に関わる指導を補うことや，児童や学校の実態等を踏まえて指導をより一層深めること，内容項目の相互の関連を捉え直したり発展させたりすることに留意すること。
 (3) 児童が自ら道徳性を養う中で，自らを振り返って成長を実感したり，これからの課題や目標を見付けたりすることができるよう工夫すること。その際，道徳性を養うことの意義について，児童自らが考え，理解し，主体的に学習に取り組むことができるようにすること。
 (4) 児童が多様な感じ方や考え方に接する中で，考えを深め，判断し，表現する力などを育むことができるよう，自分の考えを基に話し合ったり書いたりするなどの言語活動を充実すること。
 (5) 児童の発達の段階や特性等を考慮し，指導のねらいに即して，問題解決的な学習，道徳的行為に関する体験的な学習等を適切に取り入れるなど，指導方法を工夫すること。その際，それらの活動を通じて学んだ内容の意義などについて考えることができるようにすること。また，特別活動等における多様な実践活動や体験活動も道徳科の授業に生かすようにすること。
 (6) 児童の発達の段階や特性等を考慮し，第2に示す内容との関連を踏まえつつ，情報モラルに関する指導を充実すること。また，児童の発達の段階や特性等を考慮し，例えば，社会の持続可能な発展などの現代的な課題の取扱いにも留意し，身近な社会的課題を自分との関係において考え，それらの解決に寄与しようとする意欲や態度を育てるよう努めること。なお，多様な見方や考え方のできる事柄について，特定の見方や考え方に偏った指導を行うことのないようにすること。
 (7) 道徳科の授業を公開したり，授業の実施や地域教材の開発や活用などに家庭や地域の人々，各分野の専門家等の積極的な参加や協力を得たりするなど，家庭や地域社会との共通理解を深め，相互の連携を図ること。

3 教材については，次の事項に留意するものとする。
 (1) 児童の発達の段階や特性，地域の実情等を考慮し，多様な教材の活用に努めること。特に，生命の尊厳，自然，伝統と文化，先人の伝記，スポーツ，情報化への対応等の現代的な課題などを題材とし，児童が問題意識をもって多面的・多角的に考えたり，感動を覚えたりするような充実した教材の開発や活用を行うこと。
 (2) 教材については，教育基本法や学校教育法その他の法令に従い，次の観点に照らし適切と判断されるものであること。
  ア 児童の発達の段階に即し，ねらいを達成するのにふさわしいものであること。
  イ 人間尊重の精神にかなうものであって，悩みや葛藤等の心の揺れ，人間関係の理解等の課題も含め，児童が深く考えることができ，人間としてよりよく生きる喜びや勇気を与えられるものであること。
  ウ 多様な見方や考え方のできる事柄を取り扱う場合には，特定の見方や考え方に偏った取扱いがなされていないものであること。

4 児童の学習状況や道徳性に係る成長の様子を継続的に把握し，指導に生かすよう努める必要がある。ただし，数値などによる評価は行わないものとする。

「道徳の内容」の学年段階・学校段階の一覧表

	小学校第1学年及び第2学年（19）	小学校第3学年及び第4学年（20）
A　主として自分自身に関すること		
善悪の判断, 自律,自由と責任	(1) よいことと悪いこととの区別をし，よいと思うことを進んで行うこと。	(1) 正しいと判断したことは，自信をもって行うこと。
正直,誠実	(2) うそをついたりごまかしをしたりしないで，素直に伸び伸びと生活すること。	(2) 過ちは素直に改め，正直に明るい心で生活すること。
節度,節制	(3) 健康や安全に気を付け，物や金銭を大切にし，身の回りを整え，わがままをしないで，規則正しい生活をすること。	(3) 自分でできることは自分でやり，安全に気を付け，よく考えて行動し，節度のある生活をすること。
個性の伸長	(4) 自分の特徴に気付くこと。	(4) 自分の特徴に気付き，長所を伸ばすこと。
希望と勇気, 努力と強い意志	(5) 自分のやるべき勉強や仕事をしっかりと行うこと。	(5) 自分でやろうと決めた目標に向かって，強い意志をもち，粘り強くやり抜くこと。
真理の探究		
B　主として人との関わりに関すること		
親切,思いやり	(6) 身近にいる人に温かい心で接し，親切にすること。	(6) 相手のことを思いやり，進んで親切にすること。
感謝	(7) 家族など日頃世話になっている人々に感謝すること。	(7) 家族など生活を支えてくれている人々や現在の生活を築いてくれた高齢者に，尊敬と感謝の気持ちをもって接すること。
礼儀	(8) 気持ちのよい挨拶，言葉遣い，動作などに心掛けて，明るく接すること。	(8) 礼儀の大切さを知り，誰に対しても真心をもって接すること。
友情,信頼	(9) 友達と仲よくし，助け合うこと。	(9) 友達と互いに理解し，信頼し，助け合うこと。
相互理解,寛容		(10) 自分の考えや意見を相手に伝えるとともに，相手のことを理解し，自分と異なる意見も大切にすること。
C　主として集団や社会との関わりに関すること		
規則の尊重	(10) 約束やきまりを守り，みんなが使う物を大切にすること。	(11) 約束や社会のきまりの意義を理解し，それらを守ること。
公正,公平, 社会正義	(11) 自分の好き嫌いにとらわれないで接すること。	(12) 誰に対しても分け隔てをせず，公正，公平な態度で接すること。
勤労,公共の精神	(12) 働くことのよさを知り，みんなのために働くこと。	(13) 働くことの大切さを知り，進んでみんなのために働くこと。
家族愛, 家庭生活の充実	(13) 父母，祖父母を敬愛し，進んで家の手伝いなどをして，家族の役に立つこと。	(14) 父母，祖父母を敬愛し，家族みんなで協力し合って楽しい家庭をつくること。
よりよい学校生活, 集団生活の充実	(14) 先生を敬愛し，学校の人々に親しんで，学級や学校の生活を楽しくすること。	(15) 先生や学校の人々を敬愛し，みんなで協力し合って楽しい学級や学校をつくること。
伝統と文化の尊重, 国や郷土を 愛する態度	(15) 我が国や郷土の文化と生活に親しみ，愛着をもつこと。	(16) 我が国や郷土の伝統と文化を大切にし，国や郷土を愛する心をもつこと。
国際理解, 国際親善	(16) 他国の人々や文化に親しむこと。	(17) 他国の人々や文化に親しみ，関心をもつこと。
D　主として生命や自然，崇高なものとの関わりに関すること		
生命の尊さ	(17) 生きることのすばらしさを知り，生命を大切にすること。	(18) 生命の尊さを知り，生命あるものを大切にすること。
自然愛護	(18) 身近な自然に親しみ，動植物に優しい心で接すること。	(19) 自然のすばらしさや不思議さを感じ取り，自然や動植物を大切にすること。
感動,畏敬の念	(19) 美しいものに触れ，すがすがしい心をもつこと。	(20) 美しいものや気高いものに感動する心をもつこと。
よりよく 生きる喜び		

小学校第5学年及び第6学年（22）	中学校（22）	
(1) 自由を大切にし，自律的に判断し，責任のある行動をすること。 (2) 誠実に，明るい心で生活すること。	(1) 自律の精神を重んじ，自主的に考え，判断し，誠実に実行してその結果に責任をもつこと。	自主，自律，自由と責任
(3) 安全に気を付けることや，生活習慣の大切さについて理解し，自分の生活を見直し，節度を守り節制に心掛けること。	(2) 望ましい生活習慣を身に付け，心身の健康の増進を図り，節度を守り節制に心掛け，安全で調和のある生活をすること。	節度，節制
(4) 自分の特徴を知って，短所を改め長所を伸ばすこと。	(3) 自己を見つめ，自己の向上を図るとともに，個性を伸ばして充実した生き方を追求すること。	向上心，個性の伸長
(5) より高い目標を立て，希望と勇気をもち，困難があってもくじけずに努力して物事をやり抜くこと。	(4) より高い目標を設定し，その達成を目指し，希望と勇気をもち，困難や失敗を乗り越えて着実にやり遂げること。	希望と勇気，克己と強い意志
(6) 真理を大切にし，物事を探究しようとする心をもつこと。	(5) 真実を大切にし，真理を探究して新しいものを生み出そうと努めること。	真理の探究，創造
(7) 誰に対しても思いやりの心をもち，相手の立場に立って親切にすること。 (8) 日々の生活が家族や過去からの多くの人々の支え合いや助け合いで成り立っていることに感謝し，それに応えること。	(6) 思いやりの心をもって人と接するとともに，家族などの支えや多くの人々の善意により日々の生活や現在の自分があることに感謝し，進んでそれに応え，人間愛の精神を深めること。	思いやり，感謝
(9) 時と場をわきまえて，礼儀正しく真心をもって接すること。	(7) 礼儀の意義を理解し，時と場に応じた適切な言動をとること。	礼儀
(10) 友達と互いに信頼し，学び合って友情を深め，異性についても理解しながら，人間関係を築いていくこと。	(8) 友情の尊さを理解して心から信頼できる友達をもち，互いに励まし合い，高め合うとともに，異性についての理解を深め，悩みや葛藤も経験しながら人間関係を深めていくこと。	友情，信頼
(11) 自分の考えや意見を相手に伝えるとともに，謙虚な心をもち，広い心で自分と異なる意見や立場を尊重すること。	(9) 自分の考えや意見を相手に伝えるとともに，それぞれの個性や立場を尊重し，いろいろなものの見方や考え方があることを理解し，寛容の心をもって謙虚に他に学び，自らを高めていくこと。	相互理解，寛容
(12) 法やきまりの意義を理解した上で進んでそれらを守り，自他の権利を大切にし，義務を果たすこと。	(10) 法やきまりの意義を理解し，それらを進んで守るとともに，そのよりよい在り方について考え，自他の権利を大切にし，義務を果たして，規律ある安定した社会の実現に努めること。	遵法精神，公徳心
(13) 誰に対しても差別をすることや偏見をもつことなく，公正，公平な態度で接し，正義の実現に努めること。	(11) 正義と公正さを重んじ，誰に対しても公平に接し，差別や偏見のない社会の実現に努めること。	公正，公平，社会正義
(14) 働くことや社会に奉仕することの充実感を味わうとともに，その意義を理解し，公共のために役に立つことをすること。	(12) 社会参画の意識と社会連帯の自覚を高め，公共の精神をもってよりよい社会の実現に努めること。	社会参画，公共の精神
	(13) 勤労の尊さや意義を理解し，将来の生き方について考えを深め，勤労を通じて社会に貢献すること。	勤労
(15) 父母，祖父母を敬愛し，家族の幸せを求めて，進んで役に立つことをすること。	(14) 父母，祖父母を敬愛し，家族の一員としての自覚をもって充実した家庭生活を築くこと。	家族愛，家庭生活の充実
(16) 先生や学校の人々を敬愛し，みんなで協力し合ってよりよい学級や学校をつくるとともに，様々な集団の中での自分の役割を自覚して集団生活の充実に努めること。	(15) 教師や学校の人々を敬愛し，学級や学校の一員としての自覚をもち，協力し合ってよりよい校風をつくるとともに，様々な集団の意義や集団の中での自分の役割と責任を自覚して集団生活の充実に努めること。	よりよい学校生活，集団生活の充実
(17) 我が国や郷土の伝統と文化を大切にし，先人の努力を知り，国や郷土を愛する心をもつこと。	(16) 郷土の伝統と文化を大切にし，社会に尽くした先人や高齢者に尊敬の念を深め，地域社会の一員としての自覚をもって郷土を愛し，進んで郷土の発展に努めること。	郷土の伝統と文化の尊重，郷土を愛する態度
	(17) 優れた伝統の継承と新しい文化の創造に貢献するとともに，日本人としての自覚をもって国を愛し，国家及び社会の形成者として，その発展に努めること。	我が国の伝統と文化の尊重，国を愛する態度
(18) 他国の人々や文化について理解し，日本人としての自覚をもって国際親善に努めること。	(18) 世界の中の日本人としての自覚をもち，他国を尊重し，国際的視野に立って，世界の平和と人類の発展に寄与すること。	国際理解，国際貢献
(19) 生命が多くの生命のつながりの中にあるかけがえのないものであることを理解し，生命を尊重すること。	(19) 生命の尊さについて，その連続性や有限性なども含めて理解し，かけがえのない生命を尊重すること。	生命の尊さ
(20) 自然の偉大さを知り，自然環境を大切にすること。	(20) 自然の崇高さを知り，自然環境を大切にすることの意義を理解し，進んで自然の愛護に努めること。	自然愛護
(21) 美しいものや気高いものに感動する心や人間の力を超えたものに対する畏敬の念をもつこと。	(21) 美しいものや気高いものに感動する心をもち，人間の力を超えたものに対する畏敬の念を深めること。	感動，畏敬の念
(22) よりよく生きようとする人間の強さや気高さを理解し，人間として生きる喜びを感じること。	(22) 人間には自らの弱さや醜さを克服する強さや気高く生きようとする心があることを理解し，人間として生きることに喜びを見いだすこと。	よりよく生きる喜び

幼稚園教育要領

　教育は，教育基本法第1条に定めるとおり，人格の完成を目指し，平和で民主的な国家及び社会の形成者として必要な資質を備えた心身ともに健康な国民の育成を期すという目的のもと，同法第2条に掲げる次の目標を達成するよう行われなければならない。

　1　幅広い知識と教養を身に付け，真理を求める態度を養い，豊かな情操と道徳心を培うとともに，健やかな身体を養うこと。
　2　個人の価値を尊重して，その能力を伸ばし，創造性を培い，自主及び自律の精神を養うとともに，職業及び生活との関連を重視し，勤労を重んずる態度を養うこと。
　3　正義と責任，男女の平等，自他の敬愛と協力を重んずるとともに，公共の精神に基づき，主体的に社会の形成に参画し，その発展に寄与する態度を養うこと。
　4　生命を尊び，自然を大切にし，環境の保全に寄与する態度を養うこと。
　5　伝統と文化を尊重し，それらをはぐくんできた我が国と郷土を愛するとともに，他国を尊重し，国際社会の平和と発展に寄与する態度を養うこと。

　また，幼児期の教育については，同法第11条に掲げるとおり，生涯にわたる人格形成の基礎を培う重要なものであることにかんがみ，国及び地方公共団体は，幼児の健やかな成長に資する良好な環境の整備その他適当な方法によって，その振興に努めなければならないこととされている。

　これからの幼稚園には，学校教育の始まりとして，こうした教育の目的及び目標の達成を目指しつつ，一人一人の幼児が，将来，自分のよさや可能性を認識するとともに，あらゆる他者を価値のある存在として尊重し，多様な人々と協働しながら様々な社会的変化を乗り越え，豊かな人生を切り拓き，持続可能な社会の創り手となることができるようにするための基礎を培うことが求められる。このために必要な教育の在り方を具体化するのが，各幼稚園において教育の内容等を組織的かつ計画的に組み立てた教育課程である。

　教育課程を通して，これからの時代に求められる教育を実現していくためには，よりよい学校教育を通してよりよい社会を創るという理念を学校と社会とが共有し，それぞれの幼稚園において，幼児期にふさわしい生活をどのように展開し，どのような資質・能力を育むようにするのかを教育課程において明確にしながら，社会との連携及び協働によりその実現を図っていくという，社会に開かれた教育課程の実現が重要となる。

　幼稚園教育要領とは，こうした理念の実現に向けて必要となる教育課程の基準を大綱的に定めるものである。幼稚園教育要領が果たす役割の一つは，公の性質を有する幼稚園における教育水準を全国的に確保することである。また，各幼稚園がその特色を生かして創意工夫を重ね，長年にわたり積み重ねられてきた教育実践や学術研究の蓄積を生かしながら，幼児や地域の現状や課題を捉え，家庭や地域社会と協力して，幼稚園教育要領を踏まえた教育活動の更なる充実を図っていくことも重要である。

　幼児の自発的な活動としての遊びを生み出すために必要な環境を整え，一人一人の資質・能力を育んでいくことは，教職員をはじめとする幼稚園関係者はもとより，家庭や地域の人々も含め，様々な立場から幼児や幼稚園に関わる全ての大人に期待される役割である。家庭との緊密な連携の下，小学校以降の教育や生涯にわたる学習とのつながりを見通しながら，幼児の自発的な活動としての遊びを通しての総合的な指導をする際に広く活用されるものとなることを期待して，ここに幼稚園教育要領を定める。

第1章　総則

第1　幼稚園教育の基本

　幼児期の教育は，生涯にわたる人格形成の基礎を培う重要なものであり，幼稚園教育は，学校教育法に規定する目的及び目標を達成するため，幼児期の特性を踏まえ，環境を通して行うものであることを基本とする。

　このため教師は，幼児との信頼関係を十分に築き，幼児が身近な環境に主体的に関わり，環境との関わり方や意味に気付き，これらを取り込もうとして，試行錯誤したり，考えたりするようになる幼児期の教育における見方・考え方を生かし，幼児と共によりよい教育環境を創造するように努めるものとする。これらを踏まえ，次に示す事項を重視して教育を行わなければならない。

　1　幼児は安定した情緒の下で自己を十分に発揮することにより発達に必要な体験を得ていくものであることを考慮して，幼児の主体的な活動を促し，幼児期にふさわしい生活が展開されるようにすること。

　2　幼児の自発的な活動としての遊びは，心身の調和のとれた発達の基礎を培う重要な学習であることを考慮して，遊びを通しての指導を中心として第2章に示すねらいが総合的に達成されるようにすること。

　3　幼児の発達は，心身の諸側面が相互に関連し合い，多様な経過をたどって成し遂げられていくものであること，また，幼児の生活経験がそれぞれ異なることなどを考慮して，幼児一人一人の特性に応じ，発達の課題に即した指導を行うようにすること。

　その際，教師は，幼児の主体的な活動が確保されるよう幼児一人一人の行動の理解と予想に基づき，計画的に環境を構成しなければならない。この場合において，教師は，幼児と人やものとの関わりが重要であることを踏まえ，教材を工夫し，物的・空間的環境を構成しなければならない。また，幼児一人一人の活動の場面に応じて，様々な役割を果たし，その活動を豊かにしなければならない。

第2　幼稚園教育において育みたい資質・能力及び「幼児期の終わりまで育ってほしい姿」

　1　幼稚園においては，生きる力の基礎を育むため，この章の第1に示す幼稚園教育の基本を踏まえ，次に掲げる資質・能力を一体的に育むよう努めるものとする。

　(1)　豊かな体験を通じて，感じたり，気付いたり，分かったり，できるようになったりする「知識及び技能の基礎」

　(2)　気付いたことや，できるようになったことなどを使い，考えたり，試したり，工夫したり，表現したりする「思考力，判断力，表現力等の基礎」

　(3)　心情，意欲，態度が育つ中で，よりよい生活を営もうとする「学びに向かう力，人間性等」

　2　1に示す資質・能力は，第2章に示すねらい及び内容に基づく活動全体によって育むものである。

　3　次に示す「幼児期の終わりまでに育ってほしい姿」は，第2章に示すねらい及び内容に基づく活動全体を通して資質・能力が育まれている幼児の幼稚園修了時の具体的な姿であり，教師が指導を行う際に考慮するものである。

　(1)　健康な心と体
　　　幼稚園生活の中で，充実感をもって自分のやりたいことに向かって心と体を十分に働かせ，見通しをもって行動し，自ら健康で安全な生活をつくり出すようになる。

　(2)　自立心
　　　身近な環境に主体的に関わり様々な活動を楽しむ中で，しなければならないことを自覚し，自分の力で行うために考えたり，工夫したりしながら，諦めずにやり遂げることで達成感を味わい，自信をもって行動するようになる。

(3) 協同性

　　友達と関わる中で、互いの思いや考えなどを共有し、共通の目的の実現に向けて、考えたり、工夫したり、協力したりし、充実感をもってやり遂げるようになる。

(4) 道徳性・規範意識の芽生え

　　友達と様々な体験を重ねる中で、してよいことや悪いことが分かり、自分の行動を振り返ったり、友達の気持ちに共感したりし、相手の立場に立って行動するようになる。また、きまりを守る必要性が分かり、自分の気持ちを調整し、友達と折り合いを付けながら、きまりをつくったり、守ったりするようになる。

(5) 社会生活との関わり

　　家族を大切にしようとする気持ちをもつとともに、地域の身近な人と触れ合う中で、人との様々な関わり方に気付き、相手の気持ちを考えて関わり、自分が役に立つ喜びを感じ、地域に親しみをもつようになる。また、幼稚園内外の様々な環境に関わる中で、遊びや生活に必要な情報を取り入れ、情報に基づき判断したり、情報を伝え合ったり、活用したりするなど、情報を役立てながら活動するようになるとともに、公共の施設を大切に利用するなどして、社会とのつながりなどを意識するようになる。

(6) 思考力の芽生え

　　身近な事象に積極的に関わる中で、物の性質や仕組みなどを感じ取ったり、気付いたりし、考えたり、予想したり、工夫したりするなど、多様な関わりを楽しむようになる。また、友達の様々な考えに触れる中で、自分と異なる考えがあることに気付き、自ら判断したり、考え直したりするなど、新しい考えを生み出す喜びを味わいながら、自分の考えをよりよいものにするようになる。

(7) 自然との関わり・生命尊重

　　自然に触れて感動する体験を通して、自然の変化などを感じ取り、好奇心や探究心をもって考え言葉などで表現しながら、身近な事象への関心が高まるとともに、自然への愛情や畏敬の念をもつようになる。また、身近な動植物に心を動かされる中で、生命の不思議さや尊さに気付き、身近な動植物への接し方を考え、命あるものとしていたわり、大切にする気持ちをもって関わるようになる。

(8) 数量や図形、標識や文字などへの関心・感覚

　　遊びや生活の中で、数量や図形、標識や文字などに親しむ体験を重ねたり、標識や文字の役割に気付いたりし、自らの必要感に基づきこれらを活用し、興味や関心、感覚をもつようになる。

(9) 言葉による伝え合い

　　先生や友達と心を通わせる中で、絵本や物語などに親しみながら、豊かな言葉や表現を身に付け、経験したことや考えたことなどを言葉で伝えたり、相手の話を注意して聞いたりし、言葉による伝え合いを楽しむようになる。

(10) 豊かな感性と表現

　　心を動かす出来事などに触れ感性を働かせる中で、様々な素材の特徴や表現の仕方などに気付き、感じたことや考えたことを自分で表現したり、友達同士で表現する過程を楽しんだりし、表現する喜びを味わい、意欲をもつようになる。

第3　教育課程の役割と編成等

1　教育課程の役割

　　各幼稚園においては、教育基本法及び学校教育法その他の法令並びにこの幼稚園教育要領の示すところに従い、創意工夫を生かし、幼児の心身の発達と幼稚園及び地域の実態に即応した適切な教育課程を編成するものとする。

　　また、各幼稚園においては、6に示す全体的な計画にも留意しながら、「幼児期の終わりまで

に育ってほしい姿」を踏まえ教育課程を編成すること，教育課程の実施状況を評価してその改善を図っていくこと，教育課程の実施に必要な人的又は物的な体制を確保するとともにその改善を図っていくことなどを通して，教育課程に基づき組織的かつ計画的に各幼稚園の教育活動の質の向上を図っていくこと（以下「カリキュラム・マネジメント」という。）に努めるものとする。

2　各幼稚園の教育目標と教育課程の編成

　教育課程の編成に当たっては，幼稚園教育において育みたい資質・能力を踏まえつつ，各幼稚園の教育目標を明確にするとともに，教育課程の編成についての基本的な方針が家庭や地域とも共有されるよう努めるものとする。

3　教育課程の編成上の基本的事項

(1)　幼稚園生活の全体を通して第2章に示すねらいが総合的に達成されるよう，教育課程に係る教育期間や幼児の生活経験や発達の過程などを考慮して具体的なねらいと内容を組織するものとする。この場合においては，特に，自我が芽生え，他者の存在を意識し，自己を抑制しようとする気持ちが生まれる幼児期の発達の特性を踏まえ，入園から修了に至るまでの長期的な視野をもって充実した生活が展開できるように配慮するものとする。

(2)　幼稚園の毎学年の教育課程に係る教育週数は，特別の事情のある場合を除き，39週を下ってはならない。

(3)　幼稚園の1日の教育課程に係る教育時間は，4時間を標準とする。ただし，幼児の心身の発達の程度や季節などに適切に配慮するものとする。

4　教育課程の編成上の留意事項

　教育課程の編成に当たっては，次の事項に留意するものとする。

(1)　幼児の生活は，入園当初の一人一人の遊びや教師との触れ合いを通して幼稚園生活に親しみ，安定していく時期から，他の幼児との関わりの中で幼児の主体的な活動が深まり，幼児が互いに必要な存在であることを認識するようになり，やがて幼児同士や学級全体で目的をもって協同して幼稚園生活を展開し，深めていく時期などに至るまでの過程を様々に経ながら広げられていくものであることを考慮し，活動がそれぞれの時期にふさわしく展開されるようにすること。

(2)　入園当初，特に，3歳児の入園については，家庭との連携を緊密にし，生活のリズムや安全面に十分配慮すること。また，満3歳児については，学年の途中から入園することを考慮し，幼児が安心して幼稚園生活を過ごすことができるよう配慮すること。

(3)　幼稚園生活が幼児にとって安全なものとなるよう，教職員による協力体制の下，幼児の主体的な活動を大切にしつつ，園庭や園舎などの環境の配慮や指導の工夫を行うこと。

5　小学校教育との接続に当たっての留意事項

(1)　幼稚園においては，幼稚園教育が，小学校以降の生活や学習の基盤の育成につながることに配慮し，幼児期にふさわしい生活を通して，創造的な思考や主体的な生活態度などの基礎を培うようにするものとする。

(2)　幼稚園教育において育まれた資質・能力を踏まえ，小学校教育が円滑に行われるよう，小学校の教師との意見交換や合同の研究の機会などを設け，「幼児期の終わりまでに育ってほしい姿」を共有するなど連携を図り，幼稚園教育と小学校教育との円滑な接続を図るよう努めるものとする。

6　全体的な計画の作成

　各幼稚園においては，教育課程を中心に，第3章に示す教育課程に係る教育時間の終了後等に行う教育活動の計画，学校保健計画，学校安全計画などを関連させ，一体的に教育活動が展開されるよう全体的な計画を作成するものとする。

第4 指導計画の作成と幼児理解に基づいた評価

1 指導計画の考え方

　幼稚園教育は，幼児が自ら意欲をもって環境と関わることによりつくり出される具体的な活動を通して，その目標の達成を図るものである。

　幼稚園においてはこのことを踏まえ，幼児期にふさわしい生活が展開され，適切な指導が行われるよう，それぞれの幼稚園の教育課程に基づき，調和のとれた組織的，発展的な指導計画を作成し，幼児の活動に沿った柔軟な指導を行わなければならない。

2 指導計画の作成上の基本的事項

(1) 指導計画は，幼児の発達に即して一人一人の幼児が幼児期にふさわしい生活を展開し，必要な体験を得られるようにするために，具体的に作成するものとする。

(2) 指導計画の作成に当たっては，次に示すところにより，具体的なねらい及び内容を明確に設定し，適切な環境を構成することなどにより活動が選択・展開されるようにするものとする。

　ア　具体的なねらい及び内容は，幼稚園生活における幼児の発達の過程を見通し，幼児の生活の連続性，季節の変化などを考慮して，幼児の興味や関心，発達の実情などに応じて設定すること。

　イ　環境は，具体的なねらいを達成するために適切なものとなるように構成し，幼児が自らその環境に関わることにより様々な活動を展開しつつ必要な体験を得られるようにすること。その際，幼児の生活する姿や発想を大切にし，常にその環境が適切なものとなるようにすること。

　ウ　幼児の行う具体的な活動は，生活の流れの中で様々に変化するものであることに留意し，幼児が望ましい方向に向かって自ら活動を展開していくことができるよう必要な援助をすること。

　その際，幼児の実態及び幼児を取り巻く状況の変化などに即して指導の過程についての評価を適切に行い，常に指導計画の改善を図るものとする。

3 指導計画の作成上の留意事項

　指導計画の作成に当たっては，次の事項に留意するものとする。

(1) 長期的に発達を見通した年，学期，月などにわたる長期の指導計画やこれとの関連を保ちながらより具体的な幼児の生活に即した週，日などの短期の指導計画を作成し，適切な指導が行われるようにすること。特に，週，日などの短期の指導計画については，幼児の生活のリズムに配慮し，幼児の意識や興味の連続性のある活動が相互に関連して幼稚園生活の自然な流れの中に組み込まれるようにすること。

(2) 幼児が様々な人やものとの関わりを通して，多様な体験をし，心身の調和のとれた発達を促すようにしていくこと。その際，幼児の発達に即して主体的・対話的で深い学びが実現するようにするとともに，心を動かされる体験が次の活動を生み出すことを考慮し，一つ一つの体験が相互に結び付き，幼稚園生活が充実するようにすること。

(3) 言語に関する能力の発達と思考力等の発達が関連していることを踏まえ，幼稚園生活全体を通して，幼児の発達を踏まえた言語環境を整え，言語活動の充実を図ること。

(4) 幼児が次の活動への期待や意欲をもつことができるよう，幼児の実態を踏まえながら，教師や他の幼児と共に遊びや生活の中で見通しをもったり，振り返ったりするよう工夫すること。

(5) 行事の指導に当たっては，幼稚園生活の自然の流れの中で生活に変化や潤いを与え，幼児が主体的に楽しく活動できるようにすること。なお，それぞれの行事についてはその教育的価値を十分検討し，適切なものを精選し，幼児の負担にならないようにすること。

(6) 幼児期は直接的な体験が重要であることを踏まえ，視聴覚教材やコンピュータなど情報機器を活用する際には，幼稚園生活では得難い体験を補完するなど，幼児の体験との関連を考慮す

付録7

ること。
- (7) 幼児の主体的な活動を促すためには，教師が多様な関わりをもつことが重要であることを踏まえ，教師は，理解者，共同作業者など様々な役割を果たし，幼児の発達に必要な豊かな体験が得られるよう，活動の場面に応じて，適切な指導を行うようにすること。
- (8) 幼児の行う活動は，個人，グループ，学級全体などで多様に展開されるものであることを踏まえ，幼稚園全体の教師による協力体制を作りながら，一人一人の幼児が興味や欲求を十分に満足させるよう適切な援助を行うようにすること。

4 幼児理解に基づいた評価の実施

幼児一人一人の発達の理解に基づいた評価の実施に当たっては，次の事項に配慮するものとする。

- (1) 指導の過程を振り返りながら幼児の理解を進め，幼児一人一人のよさや可能性などを把握し，指導の改善に生かすようにすること。その際，他の幼児との比較や一定の基準に対する達成度についての評定によって捉えるものではないことに留意すること。
- (2) 評価の妥当性や信頼性が高められるよう創意工夫を行い，組織的かつ計画的な取組を推進するとともに，次年度又は小学校等にその内容が適切に引き継がれるようにすること。

第5 特別な配慮を必要とする幼児への指導

1 障害のある幼児などへの指導

障害のある幼児などへの指導に当たっては，集団の中で生活することを通して全体的な発達を促していくことに配慮し，特別支援学校などの助言又は援助を活用しつつ，個々の幼児の障害の状態などに応じた指導内容や指導方法の工夫を組織的かつ計画的に行うものとする。また，家庭，地域及び医療や福祉，保健等の業務を行う関係機関との連携を図り，長期的な視点で幼児への教育的支援を行うために，個別の教育支援計画を作成し活用することに努めるとともに，個々の幼児の実態を的確に把握し，個別の指導計画を作成し活用することに努めるものとする。

2 海外から帰国した幼児や生活に必要な日本語の習得に困難のある幼児の幼稚園生活への適応

海外から帰国した幼児や生活に必要な日本語の習得に困難のある幼児については，安心して自己を発揮できるよう配慮するなど個々の幼児の実態に応じ，指導内容や指導方法の工夫を組織的かつ計画的に行うものとする。

第6 幼稚園運営上の留意事項

1 各幼稚園においては，園長の方針の下に，園務分掌に基づき教職員が適切に役割を分担しつつ，相互に連携しながら，教育課程や指導の改善を図るものとする。また，各幼稚園が行う学校評価については，教育課程の編成，実施，改善が教育活動や幼稚園運営の中核となることを踏まえ，カリキュラム・マネジメントと関連付けながら実施するよう留意するものとする。

2 幼児の生活は，家庭を基盤として地域社会を通じて次第に広がりをもつものであることに留意し，家庭との連携を十分に図るなど，幼稚園における生活が家庭や地域社会と連続性を保ちつつ展開されるようにするものとする。その際，地域の自然，高齢者や異年齢の子供などを含む人材，行事や公共施設などの地域の資源を積極的に活用し，幼児が豊かな生活体験を得られるように工夫するものとする。また，家庭との連携に当たっては，保護者との情報交換の機会を設けたり，保護者と幼児との活動の機会を設けたりなどすることを通じて，保護者の幼児期の教育に関する理解が深まるよう配慮するものとする。

3 地域や幼稚園の実態等により，幼稚園間に加え，保育所，幼保連携型認定こども園，小学校，中学校，高等学校及び特別支援学校などとの間の連携や交流を図るものとする。特に，幼稚園教育と小学校教育の円滑な接続のため，幼稚園の幼児と小学校の児童との交流の機会を積極的に設けるようにするものとする。また，障害のある幼児児童生徒との交流及び共同学習の機会を設け，

共に尊重し合いながら協働して生活していく態度を育むよう努めるものとする。

第7　教育課程に係る教育時間終了後等に行う教育活動など

　幼稚園は，第3章に示す教育課程に係る教育時間の終了後等に行う教育活動について，学校教育法に規定する目的及び目標並びにこの章の第1に示す幼稚園教育の基本を踏まえ実施するものとする。また，幼稚園の目的の達成に資するため，幼児の生活全体が豊かなものとなるよう家庭や地域における幼児期の教育の支援に努めるものとする。

● 第2章 ねらい及び内容

　この章に示すねらいは，幼稚園教育において育みたい資質・能力を幼児の生活する姿から捉えたものであり，内容は，ねらいを達成するために指導する事項である。各領域は，これらを幼児の発達の側面から，心身の健康に関する領域「健康」，人との関わりに関する領域「人間関係」，身近な環境との関わりに関する領域「環境」，言葉の獲得に関する領域「言葉」及び感性と表現に関する領域「表現」としてまとめ，示したものである。内容の取扱いは，幼児の発達を踏まえた指導を行うに当たって留意すべき事項である。

　各領域に示すねらいは，幼稚園における生活の全体を通じ，幼児が様々な体験を積み重ねる中で相互に関連をもちながら次第に達成に向かうものであること，内容は，幼児が環境に関わって展開する具体的な活動を通して総合的に指導されるものであることに留意しなければならない。

　また，「幼児期の終わりまでに育ってほしい姿」が，ねらい及び内容に基づく活動全体を通して資質・能力が育まれている幼児の幼稚園修了時の具体的な姿であることを踏まえ，指導を行う際に考慮するものとする。

　なお，特に必要な場合には，各領域に示すねらいの趣旨に基づいて適切な，具体的な内容を工夫し，それを加えても差し支えないが，その場合には，それが第1章の第1に示す幼稚園教育の基本を逸脱しないよう慎重に配慮する必要がある。

健　康
〔健康な心と体を育て，自ら健康で安全な生活をつくり出す力を養う。〕

1　ねらい
(1)　明るく伸び伸びと行動し，充実感を味わう。
(2)　自分の体を十分に動かし，進んで運動しようとする。
(3)　健康，安全な生活に必要な習慣や態度を身に付け，見通しをもって行動する。

2　内　容
(1)　先生や友達と触れ合い，安定感をもって行動する。
(2)　いろいろな遊びの中で十分に体を動かす。
(3)　進んで戸外で遊ぶ。
(4)　様々な活動に親しみ，楽しんで取り組む。
(5)　先生や友達と食べることを楽しみ，食べ物への興味や関心をもつ。
(6)　健康な生活のリズムを身に付ける。
(7)　身の回りを清潔にし，衣服の着脱，食事，排泄（せつ）などの生活に必要な活動を自分でする。
(8)　幼稚園における生活の仕方を知り，自分たちで生活の場を整えながら見通しをもって行動する。
(9)　自分の健康に関心をもち，病気の予防などに必要な活動を進んで行う。
(10)　危険な場所，危険な遊び方，災害時などの行動の仕方が分かり，安全に気を付けて行動する。

3　内容の取扱い
上記の取扱いに当たっては，次の事項に留意する必要がある。
(1)　心と体の健康は，相互に密接な関連があるものであることを踏まえ，幼児が教師や他の幼児との温かい触れ合いの中で自己の存在感や充実感を味わうことなどを基盤として，しなやかな心と体の発達を促すこと。特に，十分に体を動かす気持ちよさを体験し，自ら体を動かそうとする意欲が育つようにすること。
(2)　様々な遊びの中で，幼児が興味や関心，能力に応じて全身を使って活動することにより，体を動かす楽しさを味わい，自分の体を大切にしようとする気持ちが育つようにすること。その際，

多様な動きを経験する中で，体の動きを調整するようにすること。
(3) 自然の中で伸び伸びと体を動かして遊ぶことにより，体の諸機能の発達が促されることに留意し，幼児の興味や関心が戸外にも向くようにすること。その際，幼児の動線に配慮した園庭や遊具の配置などを工夫すること。
(4) 健康な心と体を育てるためには食育を通じた望ましい食習慣の形成が大切であることを踏まえ，幼児の食生活の実情に配慮し，和やかな雰囲気の中で教師や他の幼児と食べる喜びや楽しさを味わったり，様々な食べ物への興味や関心をもったりするなどし，食の大切さに気付き，進んで食べようとする気持ちが育つようにすること。
(5) 基本的な生活習慣の形成に当たっては，家庭での生活経験に配慮し，幼児の自立心を育て，幼児が他の幼児と関わりながら主体的な活動を展開する中で，生活に必要な習慣を身に付け，次第に見通しをもって行動できるようにすること。
(6) 安全に関する指導に当たっては，情緒の安定を図り，遊びを通して安全についての構えを身に付け，危険な場所や事物などが分かり，安全についての理解を深めるようにすること。また，交通安全の習慣を身に付けるようにするとともに，避難訓練などを通して，災害などの緊急時に適切な行動がとれるようにすること。

人間関係
〔他の人々と親しみ，支え合って生活するために，自立心を育て，人と関わる力を養う。〕

1 ねらい
(1) 幼稚園生活を楽しみ，自分の力で行動することの充実感を味わう。
(2) 身近な人と親しみ，関わりを深め，工夫したり，協力したりして一緒に活動する楽しさを味わい，愛情や信頼感をもつ。
(3) 社会生活における望ましい習慣や態度を身に付ける。

2 内容
(1) 先生や友達と共に過ごすことの喜びを味わう。
(2) 自分で考え，自分で行動する。
(3) 自分でできることは自分でする。
(4) いろいろな遊びを楽しみながら物事をやり遂げようとする気持ちをもつ。
(5) 友達と積極的に関わりながら喜びや悲しみを共感し合う。
(6) 自分の思ったことを相手に伝え，相手の思っていることに気付く。
(7) 友達のよさに気付き，一緒に活動する楽しさを味わう。
(8) 友達と楽しく活動する中で，共通の目的を見いだし，工夫したり，協力したりなどする。
(9) よいことや悪いことがあることに気付き，考えながら行動する。
(10) 友達との関わりを深め，思いやりをもつ。
(11) 友達と楽しく生活する中できまりの大切さに気付き，守ろうとする。
(12) 共同の遊具や用具を大切にし，皆で使う。
(13) 高齢者をはじめ地域の人々などの自分の生活に関係の深いいろいろな人に親しみをもつ。

3 内容の取扱い
上記の取扱いに当たっては，次の事項に留意する必要がある。
(1) 教師との信頼関係に支えられて自分自身の生活を確立していくことが人と関わる基盤となることを考慮し，幼児が自ら周囲に働き掛けることにより多様な感情を体験し，試行錯誤しながら諦めずにやり遂げることの達成感や，前向きな見通しをもって自分の力で行うことの充実感を味わうことができるよう，幼児の行動を見守りながら適切な援助を行うようにすること。

(2) 一人一人を生かした集団を形成しながら人と関わる力を育てていくようにすること。その際，集団の生活の中で，幼児が自己を発揮し，教師や他の幼児に認められる体験をし，自分のよさや特徴に気付き，自信をもって行動できるようにすること。
(3) 幼児が互いに関わりを深め，協同して遊ぶようになるため，自ら行動する力を育てるようにするとともに，他の幼児と試行錯誤しながら活動を展開する楽しさや共通の目的が実現する喜びを味わうことができるようにすること。
(4) 道徳性の芽生えを培うに当たっては，基本的な生活習慣の形成を図るとともに，幼児が他の幼児との関わりの中で他人の存在に気付き，相手を尊重する気持ちをもって行動できるようにし，また，自然や身近な動植物に親しむことなどを通して豊かな心情が育つようにすること。特に，人に対する信頼感や思いやりの気持ちは，葛藤やつまずきをも体験し，それらを乗り越えることにより次第に芽生えてくることに配慮すること。
(5) 集団の生活を通して，幼児が人との関わりを深め，規範意識の芽生えが培われることを考慮し，幼児が教師との信頼関係に支えられて自己を発揮する中で，互いに思いを主張し，折り合いを付ける体験をし，きまりの必要性などに気付き，自分の気持ちを調整する力が育つようにすること。
(6) 高齢者をはじめ地域の人々などの自分の生活に関係の深いいろいろな人と触れ合い，自分の感情や意志を表現しながら共に楽しみ，共感し合う体験を通して，これらの人々などに親しみをもち，人と関わることの楽しさや人の役に立つ喜びを味わうことができるようにすること。また，生活を通して親や祖父母などの家族の愛情に気付き，家族を大切にしようとする気持ちが育つようにすること。

環　境

〔周囲の様々な環境に好奇心や探究心をもって関わり，それらを生活に取り入れていこうとする力を養う。〕

1　ねらい

(1) 身近な環境に親しみ，自然と触れ合う中で様々な事象に興味や関心をもつ。
(2) 身近な環境に自分から関わり，発見を楽しんだり，考えたりし，それを生活に取り入れようとする。
(3) 身近な事象を見たり，考えたり，扱ったりする中で，物の性質や数量，文字などに対する感覚を豊かにする。

2　内　容

(1) 自然に触れて生活し，その大きさ，美しさ，不思議さなどに気付く。
(2) 生活の中で，様々な物に触れ，その性質や仕組みに興味や関心をもつ。
(3) 季節により自然や人間の生活に変化のあることに気付く。
(4) 自然などの身近な事象に関心をもち，取り入れて遊ぶ。
(5) 身近な動植物に親しみをもって接し，生命の尊さに気付き，いたわったり，大切にしたりする。
(6) 日常生活の中で，我が国や地域社会における様々な文化や伝統に親しむ。
(7) 身近な物を大切にする。
(8) 身近な物や遊具に興味をもって関わり，自分なりに比べたり，関連付けたりしながら考えたり，試したりして工夫して遊ぶ。
(9) 日常生活の中で数量や図形などに関心をもつ。
(10) 日常生活の中で簡単な標識や文字などに関心をもつ。
(11) 生活に関係の深い情報や施設などに興味や関心をもつ。
(12) 幼稚園内外の行事において国旗に親しむ。

3　内容の取扱い

上記の取扱いに当たっては，次の事項に留意する必要がある。

(1) 幼児が，遊びの中で周囲の環境と関わり，次第に周囲の世界に好奇心を抱き，その意味や操作の仕方に関心をもち，物事の法則性に気付き，自分なりに考えることができるようになる過程を大切にすること。また，他の幼児の考えなどに触れて新しい考えを生み出す喜びや楽しさを味わい，自分の考えをよりよいものにしようとする気持ちが育つようにすること。

(2) 幼児期において自然のもつ意味は大きく，自然の大きさ，美しさ，不思議さなどに直接触れる体験を通して，幼児の心が安らぎ，豊かな感情，好奇心，思考力，表現力の基礎が培われることを踏まえ，幼児が自然との関わりを深めることができるよう工夫すること。

(3) 身近な事象や動植物に対する感動を伝え合い，共感し合うことなどを通して自分から関わろうとする意欲を育てるとともに，様々な関わり方を通してそれらに対する親しみや畏敬の念，生命を大切にする気持ち，公共心，探究心などが養われるようにすること。

(4) 文化や伝統に親しむ際には，正月や節句など我が国の伝統的な行事，国歌，唱歌，わらべうたや我が国の伝統的な遊びに親しんだり，異なる文化に触れる活動に親しんだりすることを通じて，社会とのつながりの意識や国際理解の意識の芽生えなどが養われるようにすること。

(5) 数量や文字などに関しては，日常生活の中で幼児自身の必要感に基づく体験を大切にし，数量や文字などに関する興味や関心，感覚が養われるようにすること。

言　葉

〔経験したことや考えたことなどを自分なりの言葉で表現し，相手の話す言葉を聞こうとする意欲や態度を育て，言葉に対する感覚や言葉で表現する力を養う。〕

1　ねらい

(1) 自分の気持ちを言葉で表現する楽しさを味わう。
(2) 人の言葉や話などをよく聞き，自分の経験したことや考えたことを話し，伝え合う喜びを味わう。
(3) 日常生活に必要な言葉が分かるようになるとともに，絵本や物語などに親しみ，言葉に対する感覚を豊かにし，先生や友達と心を通わせる。

2　内　容

(1) 先生や友達の言葉や話に興味や関心をもち，親しみをもって聞いたり，話したりする。
(2) したり，見たり，聞いたり，感じたり，考えたりなどしたことを自分なりに言葉で表現する。
(3) したいこと，してほしいことを言葉で表現したり，分からないことを尋ねたりする。
(4) 人の話を注意して聞き，相手に分かるように話す。
(5) 生活の中で必要な言葉が分かり，使う。
(6) 親しみをもって日常の挨拶をする。
(7) 生活の中で言葉の楽しさや美しさに気付く。
(8) いろいろな体験を通じてイメージや言葉を豊かにする。
(9) 絵本や物語などに親しみ，興味をもって聞き，想像をする楽しさを味わう。
(10) 日常生活の中で，文字などで伝える楽しさを味わう。

3　内容の取扱い

上記の取扱いに当たっては，次の事項に留意する必要がある。

(1) 言葉は，身近な人に親しみをもって接し，自分の感情や意志などを伝え，それに相手が応答し，その言葉を聞くことを通して次第に獲得されていくものであることを考慮して，幼児が教師や他の幼児と関わることにより心を動かされるような体験をし，言葉を交わす喜びを味わえるようにすること。

(2) 幼児が自分の思いを言葉で伝えるとともに，教師や他の幼児などの話を興味をもって注意して聞くことを通して次第に話を理解するようになっていき，言葉による伝え合いができるようにすること。
(3) 絵本や物語などで，その内容と自分の経験とを結び付けたり，想像を巡らせたりするなど，楽しみを十分に味わうことによって，次第に豊かなイメージをもち，言葉に対する感覚が養われるようにすること。
(4) 幼児が生活の中で，言葉の響きやリズム，新しい言葉や表現などに触れ，これらを使う楽しさを味わえるようにすること。その際，絵本や物語に親しんだり，言葉遊びなどをしたりすることを通して，言葉が豊かになるようにすること。
(5) 幼児が日常生活の中で，文字などを使いながら思ったことや考えたことを伝える喜びや楽しさを味わい，文字に対する興味や関心をもつようにすること。

表 現

［感じたことや考えたことを自分なりに表現することを通して，豊かな感性や表現する力を養い，創造性を豊かにする。］

1 ねらい

(1) いろいろなものの美しさなどに対する豊かな感性をもつ。
(2) 感じたことや考えたことを自分なりに表現して楽しむ。
(3) 生活の中でイメージを豊かにし，様々な表現を楽しむ。

2 内 容

(1) 生活の中で様々な音，形，色，手触り，動きなどに気付いたり，感じたりするなどして楽しむ。
(2) 生活の中で美しいものや心を動かす出来事に触れ，イメージを豊かにする。
(3) 様々な出来事の中で，感動したことを伝え合う楽しさを味わう。
(4) 感じたこと，考えたことなどを音や動きなどで表現したり，自由にかいたり，つくったりなどする。
(5) いろいろな素材に親しみ，工夫して遊ぶ。
(6) 音楽に親しみ，歌を歌ったり，簡単なリズム楽器を使ったりなどする楽しさを味わう。
(7) かいたり，つくったりすることを楽しみ，遊びに使ったり，飾ったりなどする。
(8) 自分のイメージを動きや言葉などで表現したり，演じて遊んだりするなどの楽しさを味わう。

3 内容の取扱い

上記の取扱いに当たっては，次の事項に留意する必要がある。
(1) 豊かな感性は，身近な環境と十分に関わる中で美しいもの，優れたもの，心を動かす出来事などに出会い，そこから得た感動を他の幼児や教師と共有し，様々に表現することなどを通して養われるようにすること。その際，風の音や雨の音，身近にある草や花の形や色など自然の中にある音，形，色などに気付くようにすること。
(2) 幼児の自己表現は素朴な形で行われることが多いので，教師はそのような表現を受容し，幼児自身の表現しようとする意欲を受け止めて，幼児が生活の中で幼児らしい様々な表現を楽しむことができるようにすること。
(3) 生活経験や発達に応じ，自ら様々な表現を楽しみ，表現する意欲を十分に発揮させることができるように，遊具や用具などを整えたり，様々な素材や表現の仕方に親しんだり，他の幼児の表現に触れられるよう配慮したりし，表現する過程を大切にして自己表現を楽しめるように工夫すること。

付録7

第3章　教育課程に係る教育時間の終了等に行う教育活動などの留意事項

1　地域の実態や保護者の要請により，教育課程に係る教育時間の終了後等に希望する者を対象に行う教育活動については，幼児の心身の負担に配慮するものとする。また，次の点にも留意するものとする。

(1) 教育課程に基づく活動を考慮し，幼児期にふさわしい無理のないものとなるようにすること。その際，教育課程に基づく活動を担当する教師と緊密な連携を図るようにすること。

(2) 家庭や地域での幼児の生活も考慮し，教育課程に係る教育時間の終了後等に行う教育活動の計画を作成するようにすること。その際，地域の人々と連携するなど，地域の様々な資源を活用しつつ，多様な体験ができるようにすること。

(3) 家庭との緊密な連携を図るようにすること。その際，情報交換の機会を設けたりするなど，保護者が，幼稚園と共に幼児を育てるという意識が高まるようにすること。

(4) 地域の実態や保護者の事情とともに幼児の生活のリズムを踏まえつつ，例えば実施日数や時間などについて，弾力的な運用に配慮すること。

(5) 適切な責任体制と指導体制を整備した上で行うようにすること。

2　幼稚園の運営に当たっては，子育ての支援のために保護者や地域の人々に機能や施設を開放して，園内体制の整備や関係機関との連携及び協力に配慮しつつ，幼児期の教育に関する相談に応じたり，情報を提供したり，幼児と保護者との登園を受け入れたり，保護者同士の交流の機会を提供したりするなど，幼稚園と家庭が一体となって幼児と関わる取組を進め，地域における幼児期の教育のセンターとしての役割を果たすよう努めるものとする。その際，心理や保健の専門家，地域の子育て経験者等と連携・協働しながら取り組むよう配慮するものとする。

付録7

学習指導要領等の改善に係る検討に必要な専門的作業等協力者（五十音順）

（職名は平成 29 年 6 月現在）

青 山 和 裕	愛知教育大学准教授
池 田 敏 和	横浜国立大学教授
礒 部 年 晃	福岡教育大学教育総合研究所准教授
折 田 和 宙	東京都大田区立赤松小学校主幹教諭
齊 藤 一 弥	高知県教育委員会事務局学力向上総括専門官
	（前神奈川県横浜市立六浦南小学校長）
椎 名 美穂子	秋田県総合教育センター指導主事
清 水 紀 宏	福岡教育大学副学長・教授
清 水 美 憲	筑波大学教育研究科長・教授
下 道 成 人	大阪府泉大津市立条南小学校教諭
盛 山 隆 雄	筑波大学附属小学校教諭
高 橋 丈 夫	成城学園初等学校教諭
中 川 愼 一	富山県南砺市立福光東部小学校校長
日 野 圭 子	宇都宮大学大学院教授
星 　 千 枝	株式会社ベネッセコーポレーション主任研究員
増 本 敦 子	東京都杉並区立西田小学校教諭

なお，文部科学省においては，次の者が本書の編集に当たった。

合 田 哲 雄	初等中等教育局教育課程課長
平 野 　 誠	大臣官房教育改革調整官
金 城 太 一	初等中等教育局教育課程課課長補佐
岡 村 勝 文	初等中等教育局教育課程課専門官
笠 井 健 一	初等中等教育局教育課程課教科調査官

小学校学習指導要領(平成29年告示)解説　算数編

MEXT 1-1705

平成30年 2月 28日	初版発行
平成30年 3月 31日	二版発行
平成30年 7月 18日	三版発行
平成30年11月 30日	四版発行

著作権所有　　　　文部科学省

　　　　　　　　　大阪市住吉区南住吉4-7-5
発 行 者　　　　日本文教出版株式会社
　　　　　　　　　代表者　佐々木 秀樹

　　　　　　　　　広島県呉市広白石1-2-34
印 刷 者　　　　株式会社 ユニックス

　　　　　　　　　大阪市住吉区南住吉4-7-5
発 行 所　　　　日本文教出版株式会社
　　　　　　　　　電　話　　06-6692-1261

定価　本体224円+税